珍藏本
纪念版

汉译世界学术名著丛书

街角社会

一个意大利人贫民区的社会结构

〔美〕威廉·富特·怀特 著

黄育馥 译

商务印书馆
SINCE 1897 The Commercial Press

2017年·北京

William Foote Whyte
STREET CORNER SOCIETY
THE SOCIAL STRUCTURE OF
AN ITALIAN SLUM
Fourth Edition 1993
The University of Chicago Press
Licensed by The University of Chicago Press,
Chicago, Illinois, U. S. A.

经美国芝加哥大学出版社许可根据 1993 年第四版译出

汉译世界学术名著丛书
（120年纪念版·珍藏本）
出版说明

2017年2月11日，商务印书馆迎来120岁的生日。120年前，商务印书馆前贤怀揣文化救国的理想，抱持“昌明教育，开启民智”的使命，立足本土，放眼寰宇，以出版为津梁，沟通中西，为中国、为世界提供最富智慧的思想文化成果。无论世事白云苍狗，潮流左右激荡，甚至战火硝烟弥漫，始终践行学术报国之志，无改初心。

逡译世界各国学术名著，即其一端。早在20世纪初年便出版《原富》《天演论》等影响至今的代表性著作，1950年代后更致力于外国哲学和社会科学经典的译介，及至1980年代，辑为“汉译世界学术名著丛书”，汇涓为流，蔚为大观。丛书自1981年开始出版，历时三十余年，迄今已推出七百种，是我国现代出版史上规模最大、最为重要的学术翻译工程。

丛书所选之书，立场观点不囿于一派，学科领域不限于一门，皆为文明开启以来，各时代、各国家、各民族的思想与文化精粹，代表着人类已经到达过的精神境界。丛书系统译介世界学术经典，引领时代思想，为本土原创学术的发展提供丰富的文化滋养，为推动中国现代学术和现代化进程做出了突出的贡献。

为纪念商务印书馆成立120周年，我们整体推出“汉译世界学术名著丛书”120年纪念版的珍藏本，寄望既利于文化积累，又便于研读查考，同时向长期支持丛书出版的译者、编者和读者致以敬意。

两甲子后的今天，商务印书馆又站在了一个新的历史时间节点上。我们不仅要铭记先辈的身影和足迹，更须让我们的步伐充满新的时代精神。这是商务人代代相传的事业，更是与国家和民族的命运始终紧密相连的事业。我们责无旁贷，必须做好我们这代人的传承与创造，让我们的努力和成果不仅凝聚成民族文化的记忆，还能成为后来人可以接续的事业。唯此，才能不负前贤，无愧来者。

商务印书馆编辑部

2017年10月

出版说明

威廉·富特·怀特是美国芝加哥学派社会学家，美国艺术和科学研究院院士。1914 年生于马萨诸塞州。1943 年获芝加哥大学哲学博士学位。自 1942 年起，曾先后在俄克拉荷马大学、芝加哥大学、康奈尔大学任教。1964 年任美国应用人类学协会主席，1977 至 1978 年任美国社会学协会主席，并兼任多项职务。1982 年曾来华讲学。本书是他的成名之作，也是他最重要的一部著作。其主要著作还有《拉丁美洲美国企业中人的问题》(Human Problems of U. S. Enterprise in Latin America，1956)、《组织行为：理论与应用》(Organizational Behavior: Theory and Application，1969)等书。

在哈佛大学青年研究员基金的资助下，作者于 1936 至 1940 年，对波士顿市的一个意大利人贫民区(即作者称之为“科纳维尔”的波士顿北区)进行了实地研究。他以被研究群体——“街角帮”一员的身份，置身于观察对象的环境和活动中，对闲荡于街头巷尾的意裔青年的生活状况、非正式组织的内部结构及活动方式，以及他们与周围社会(主要是非法团伙成员和政治组织)的关系加以观察，并及时作出记录和分析，最后从中引出关于该社区社会结构及相互作用方式的重要结论。本书即是对这一观察过程、所获资料及结论的翔实而生动的记述。

本书第一版于 1943 年出版。1955 年作者在第二版出版时增写了附录一，描述他在科纳维尔生活和工作期间使用的研究方法和个人的经历。1981 年出版的第三版又增加了"重访科纳维尔"一节，跟踪描述了书中几个主要人物截止到 1980 年以前的经历，并简单提及这一地区本身的变化。此外还增加了作者最重要的研究助手安杰洛·拉尔夫·奥兰代拉的一篇讲演稿，即"怀特对一个弱者的影响"一文。奥兰代拉雄辩地说明，在怀特及《街角社会》一书的影响下，他如何从一个在科纳维尔街角闲荡的意大利青年转变为一名出色的城市公共工程部门负责人。其中十分重要的一个原因是，他在后来的军队和平民生活中成功地运用了怀特教给他的研究方法。

1991 年，本书在出版近半个世纪之后，突然又成为学术界关心的一个新的焦点，一些学者撰文评论《街角社会》，对作者使用的参与观察法提出质疑。有人甚至指责作者在与被研究者的关系方面违背了职业道德。作者认为他无须为他的品德或这本书的声誉辩护，因为这些学者都承认《街角社会》是"一部社会学的经典"，然而他们提出了一些值得进一步探讨的问题，涉及在过去 50 年内对社会学研究的批评标准的变化。这促使作者在略加修改后于 1993 年出版了本书的第四版。在增写的"50 年后重访街角社会"一节中，他回答了评论者的质疑，对研究者与被研究者的关系、后基础批评等问题发表了意见。

正如社会学界普遍认为的那样，《街角社会》是早期运用参与观察法进行实地研究的一部完整的记录，是研究组织文化的一个"样板"，它开辟了在城市中进行实地研究的新领域，并确立了研究标准。因此早在40多年前就被列为社会学经典著作，至今在美国大学里仍被作为社会学必读书，并被那些从事城市实地研究的社会学家和社会工作者视为一本研究方法方面的标准参考书。

怀特先生对本书在中国翻译出版表示欣喜和支持。他主动向译者寄赠刚刚出版的第四版图书，并应邀为中译本写了序言。在此，我们谨向怀特先生致以诚挚的谢意。

商务印书馆编辑部

1993年11月

献　给

科纳维尔的街角青年们

目　录

第二编　非法团伙成员和政治家

第三编　结论

附　录

图表目录

中文版序言

我最初接触中国社会学是在1942年秋，当时我刚开始在俄克拉荷马大学任教。有一位政治学系的教授组织了一门关于“太平洋地区民族”的课程。这门课需要有两个讲座，分别讲中国和日本的情况。原来讲这两讲的教授均在战争中去军中服役，于是这门课的组织者问我能否接替这项工作。我对他说，我对中国或日本从无研究，但他恳求我即席讲点儿什么。

我曾读过约翰·恩布里介绍一个日本乡村的《须惠村》和费孝通的《江村经济——中国农民的生活》。鉴于我认为自己对这两个国家均无力作出全面的论述，我决定把力量集中放在农村生活方面，而那两篇杰出的研究反映的正是这方面的情况。

通过我的儿子马丁·金·怀特，我也间接地与中国有了联系。在美国的中国研究方面，马丁已成为居领先地位的学者之一。他曾在密歇根大学参加过对底特律市及其周围地区的调查。在这些经验的基础上，他与其中国同行们一道，对几个中国城市里的家庭生活和家庭关系开展了一系列调查。他还和他在密歇根大学的其他同事，与四川大学师生一起对成都进行调查(1987)，与北京大学师生一起对北京和保定进行调查(1991)。

这些项目有着几个彼此相关的目的：增进对于我们两国内的家庭生活和家庭关系的了解，有助于在参加调查的大学之间发展有关研究方法和理论的知识。

费博士访问加拿大时，我和马丁·怀特曾在多伦多的一次研讨会上见到了他。在他访问美国的大学时，他说明宁愿住在教授家里，而不愿住宾馆。在密歇根大学，他与马丁一家住在一起。在科奈尔，凯瑟琳和我则很高兴地请他住在我家。与他的交谈重又激起了我们对中国的兴趣。

1982 年春，凯瑟琳和我受国家科学基金会资助，访问了中国。我在北京、西安和上海作了关于美国社会学的演讲，并与大学里社会学和社会科学专业的师生进行了讨论。我们在中国过得很愉快。假如我没有退休，我一定会被吸引着去开始一个新的研究生涯，即中国研究。

1993 年出版的《街角社会》50 周年版中文译本的问世，将成为我对中国社会学和社会人类学的发展做出的贡献，对此我感到十分高兴。直至不久前，社会学界似乎有一种普遍的想法，认为我曾使用的参与观察法与其他定性方法一样，已经过时，正在被调查研究和统计分析排挤到一旁。人们认为定量社会学才是未来的大势所趋。

这种趋势在美国社会学中似乎已经改变。社会学家们并不是要摈弃调查研究，而是逐渐认识到，仅凭调查，你的理解无法达到你通过已发展得十分纯熟的定性研究所能达到的深度。最近，国家科学基金会正向定性社会学研究提供资助。看来，人们已日益认识到，社会学的前途将越来越多地有赖于定量和定性方法的结合。

威廉·富特·怀特

1993 年 8 月

第四版序言 xi

我为本项研究进行的实地工作是靠哈佛大学的一项青年研究员基金的资助(1936—1940 年)。从 1937 年 2 月到 1938 年 5 月，我与一个意大利裔美国人家庭生活在一起，这家人在帕门特大街 7 号开着一家餐馆。我与凯瑟琳•金结婚以后，我们搬到同一地区内的汉诺威大街 477 号我们自己的公寓里，这个地区就是波士顿北区，我称它为科纳维尔。在 1940 年 7 月我离开波士顿之前，我已经写完了《街角社会》的初稿。1940 年到 1942 年，我在芝加哥大学读研究生期间，我又重写并压缩了在波士顿写的初稿，但对我的分析和理论方向未作任何改动。《街角社会》的第一版于 1943 年出版。

如果没有研究员学会赋予我的支持和完全自由，我绝不能进行对科纳维尔的这项研究。我个人深深地感激社会人类学家康拉德•M. 阿伦斯伯格，他作为一名青年研究员的时期与我的这一时期有所重叠。我在开始我这项研究之前就曾与他讨论过我的计划，在研究过程中，每前进一步也都得益于他的忠告和批评。埃利奥特•D. 查普尔和阿伦斯伯格曾共同拟定了研究相互作用的概念框架，而这也正是我在全书中使用的框架。

关于我最初的研究计划，我曾从研究员协会主席劳伦斯•J. 亨德森那里获得了使我很伤脑筋的，然而却是至关重要的忠告。哈佛大学商学院的埃尔顿·梅奥则指导我学习了我在研究中使用的访谈技术。

约翰·霍华德和我一样，是一名青年研究员，他曾在科纳维尔从事过为期两年的实地研究。是他首先提出，对领导层的分析将提供一种使整个研究成为一体的方法。

凯瑟琳·金·怀特与我一起度过了我在科纳维尔的最后两
xii 年。她绘制了图表，并在撰写这部书稿的各个准备阶段对它提出批评意见。她以前曾为纽约的出版商们设计过书的护封，因此，她志愿为本书的第一版设计了护封。

在芝加哥大学，我在修改书稿的过程中，曾得到社会人类学家 W. 劳埃德·沃纳和社会学家埃弗雷特·C. 休斯有益的建议。除《街角社会》外，他们还帮助使我在芝加哥大学读研究生时的经历成为一种令人振奋的学习过程。

为了这本书的第二版（1955 年），我写了附录一，描述了我在北区生活和工作期间使用的研究方法和个人的经历。

为了这本书的第三版（1981 年），我增写了“重访科纳维尔”一节，跟踪描述了书中几个主要人物截止到 1980 年以前的经历，并简单提到了这一地区本身的变化。在第三版中，我首次说明了研究地点是波士顿北区，并道出了几个主要人物的真实姓名。

附录二，即“怀特对一个弱者的影响”，是我的最重要的研究助手安杰洛·拉尔夫·奥兰代拉（萨姆·佛朗哥）在一次标志着我退休的康奈尔大学讨论会上的致辞。在这里，奥兰代拉雄辩地说明了我们曾如何在一起工作，以及我们发展的方法曾如何有助于他在后来的军队和平民生活中担任领导工作。

所有这些资料略经修改之后，都被包括在这个 50 周年的新版本中。我在附录一中增加了“50 年后重访街角社会”一节。促使这一版问世的动力是学术界突然又对这本书产生了兴趣。1991 年，彼得·弗罗斯特和他的同事们编了《重新构想组织文化》一书，并用很大篇幅介绍《街角社会》，其中包括重印了我的关于论述方法和经验的附录，作为研究组织文化的一个“样板”。随后是 4 位行为科学家有关《街角社会》的文章以及我对于这些评论的反应。1992 年 4 月号的《当代人种志杂志》上刊登的则完全是有关“重访街角社会”的文章。在编者序言之后，这期杂志先刊登了 W. A. 玛丽安娜·贝伦的文章，在我于 1940 年离开北区之后的 30 至 45 年之间，她曾几次访问北区，并访问了我曾研究过的一些人和其他一些人。根据这些资料，她论证说，我对北区的描绘是一种歪曲，并违背了职业道德。接着是我本人对此进行的反驳以及安杰洛·拉尔夫·奥兰代拉的文章——他原来是个街角青年，曾在我这项研究中与我一起工作。这期杂志最后刊载的是由 3 位行为科学家撰写的关于这场争论的文章。 xiii

在这两份出版物中，这 7 位行为科学家都承认《街角社会》是一个里程碑。然而，他们也提出了一些值得进一步讨论的问题，涉及在过去 50 年内对社会学研究的批评标准的变化。此外，这些争论还涉及一些带根本性的问题，如社会学是否是一门科学，或者，社会学家是否应该努力使它成为一门科学。

我在“50 年后重访街角社会”——即附录一的最后一部分中论述了这些问题。

xv

引言：科纳维尔和它的人们

在“东城”的中心地带，有一个叫作科纳维尔的贫民区，那里居住的几乎都是意大利移民和他们的后代。对于这个城市的其他人来说，这是一个神秘、危险和令人忧虑的地区。从高级的商业区大街步行到科纳维尔，仅仅需要几分钟的时间，但是商业区大街的居民走到这里来，却是从一个熟悉的环境进入了一个未知的世界。

多年来，科纳维尔一直被认为是一个问题区，而且，在我们与意大利交战期间，这个问题日益引起这一地区以外的人们的关注。他们生怕这个意大利人贫民区的居民热爱法西斯主义和意大利甚于热爱民主和美国。他们早就觉得科纳维尔与社会其他地区格格不入。他们认为它是干非法勾当的人和贪污腐败的政客、贫穷和犯罪，以及起颠覆作用的信仰和活动的大本营。

体面的人们对科纳维尔的情况了解得很有限。他们也许听说这是美国人口最稠密的地区之一。每当为了向上层阶级人士表明下层阶级恶劣的住房条件而组织巡回视察时，这里都是最令人感兴趣的地区之一。通过参观或统计数字，人们可以发现，那里难得有浴缸，狭窄失修的街道上到处是孩子，青少年犯罪率很高，成年人犯罪十分普遍，在萧条时期这里的很大一部分人是靠家庭救济金或公共事业振兴署维持生活。

由此看来，科纳维尔人好像是社会工作的对象、刑事案件中的被告,或者,统统是“下层阶级”的成员。这样的描绘中有一个错误:其中没有人。那些关心科纳维尔的人谋求通过泛泛的调查来解答只有最熟悉当地的生活才能解答的问题。要达到这样的了解,唯一的办法是到科纳维尔去生活,并参加那里的人们的活动。xvi
如果你这样做,就会发现你面前的这个地区完全是另一种景象。以前看上去圮废失修、拥挤不堪的建筑物和大街小巷向后隐退,为科纳维尔舞台上的演员们组成了一幅人们所熟悉的背景。

你在进入科纳维尔以前,也许已经从报纸上知道了那里的某些非法勾当团伙成员和政治家的情况。不过,报纸上描绘的是一些非常特殊的情况。假如一名非法团伙成员犯了谋杀罪,那是新闻。而假如他悄悄地做他的日常生意,那就不是新闻。假如某位政治家被控告受贿,那是新闻。而假如他四处奔波照常为他的选民办好事,那就不是新闻。报纸上集中注意的是危机——惊人的事件。在危机中,“大人物”变成了公共财产。人们把他与他在其中行使功能的社会分开,评价他的标准也与他自己群体的那些标准不同。这也许是对违法者提起公诉的最佳方式,却并非了解他的好方法。要想了解他,必须将他放回到其社会环境之中,并观察他的日常活动。要理解惊人的事件,就必须联系日常的生活模式来认识它——因为科纳维尔的生活是有一种模式的。中产阶级的人们把这个贫民区视为一团糟,一种社会混乱状态。而了解内情的人却在科纳维尔发现了一个高度有组织的、完整的社会制度。

所以,由此可见,对于就科纳维尔提出的问题,无法立即直接作出解答。只有在摸清了它的社会结构及它的行动模式以后,才能回答具体的问题。这就需要去研究新的领域。为了了解现有的组织是如何发展起来的,我们不妨回顾一下当地意大利人居留地的历史。然后,我们就该走进去结识那里的人们,以便从他们身上发现他们所生活在其中的那个社会的性质。

对于今天的科纳维尔来说,它的历史始于 19 世纪 60 年代。那时,一小批热那亚人共同在当时是爱尔兰人居住区内一角的一条小巷里安了家。在 19 世纪 70 年代和 80 年代,意大利移民还只
xvii 是一股缓慢扩展的细流,而到了 90 年代和新世纪的头 10 年,这股细流则发展为滔滔洪流。最先到达这里的是来自意大利北部的人,但是大批到来的移民则来自南部,尤其是来自那不勒斯附近和西西里。待到南部的移民达到最高潮的时候,多数早期来到这里的热那亚人定居者已经搬到东城的其他地区或市郊的城镇里去了。

早在 1915 年,科纳维尔的种族构成情况就和今天差不多了。除了几家爱尔兰人以外,其他种族的人都搬走了。与意大利人同时来到这里的犹太人也被取代了,不过其中许多人仍保有科纳维尔的商业股份,尤其是在纺织品零售业内。

意大利人定居者不仅带来了他们的语言和习俗,而且把他们的相当多的同乡也带来了。移民们吸引着他们的亲朋好友。来自同一个镇子的人们,即**同乡**,都住在同一地区,组成了互助的团体,并且每年都像他们在意大利时那样庆祝他们的主保圣人节。同乡们在一个社会内又组成若干小社区,甚至时至今日,人们还可以按照移民们的原籍划出科纳维尔的分区,不过这些界限随着年青一代的成长正在渐渐消失。

第一代移民社会首先是围绕着家族组织起来的,其次是按照

同乡的系统组成的。教父教母-教子教女关系则加强了家族之间的联系。依靠血缘和礼仪结成的亲属以及家族的朋友们,在一个彼此负有义务的错综复杂的网中被联系在一起。一人有难,众亲友都会来帮助;而当他重新得志时,也会与曾经帮助过他的人分享幸福。

在科纳维尔生活的结构中,移民们大体来自什么地区也起着重要作用。曾拥有较多的经济机遇和受教育机会的北部意大利人 xviii
一向看不起南方佬,而西西里人则地位最为低下。鉴于在南方佬来到这里之前,许多北部和中部意大利人已经定居此地,因此在殖民时期人们很强调这些差别,而且上述差别至今仍然没有完全消失。

随着在美国出生的一代长大成人,科纳维尔的生活模式经历了深远的变化。忠于同乡这条纽带不再像能束缚父亲一样地束缚儿子了。甚至于连意大利人的家庭也破裂为彼此分开的两代。在意大利出生的人被年青一代称作“外国佬”。子女们常常对其父母有很强烈的依恋之情,却又看不起父母。也有一些长者保持着受人尊敬的地位,不过总体看来,他们并不拥有许多社会中的老一代人特有的那种权威。

年青一代已经建立起它自己的、受老年人影响较少的社会。在男青年的行列中,人们主要分为两大部分:街角青年和男大学生。街角青年是一群群这样的男人——他们的社会活动集中于某些街角地带以及相邻的理发店、小吃店、台球房或俱乐部活动室。在他们这个年龄组内,他们处在社会的底层,同时也构成了科纳维尔男青年中的绝大多数。在萧条时期,他们中间大多数人都失业了,或者只能当临时工。他们中间只有极少数人上完了中学,许多人都是还未读完8年级就辍学了。男大学生是一小群男青年,他们由于接受了高等教育而地位升高到街角青年之上。由于他们努力要使自己成为专业人才,所以仍然在作向上的社会流动。

在一个像我们这样的社会中,人们有可能从生活在社会的底层开始并向上移动,因此重要的是去发现哪些人的地位在上升以及他们如何在使自己的地位上升。这不仅提供了正确观察科纳维尔的视角,同时也表明了科纳维尔以外的世界可以为当地人做些什么。多克和他的一帮街角青年的故事以及奇克和他的男大学生俱乐部的情况显示出这两个群体之间的差异,并解释了成员们个人的不同经历。

xix 多克和他的小伙子们与奇克和他的俱乐部成员们代表了当地社会中的很大一部分人,同时,他们又都是科纳维尔的"小人物"。为了了解他们,必须发现哪些人是"大人物",并知道他们如何起作用。在科纳维尔,这些大人物是非法团伙的成员和政治家。

科纳维尔与南区和韦尔波特一起,组成了东城的第四选区。直至不久前,这个选区还被克利夫兰俱乐部控制着,该俱乐部是位于南区的一个爱尔兰民主党政治组织。在意大利人刚到科纳维尔安家落户并开始取代爱尔兰人的时候,这两个种族之间曾有过激烈的冲突。随着爱尔兰人搬出这一地区,这种敌对情绪转入政治领域。意大利人中的政治家把科纳维尔组织起来,推翻爱尔兰人对这个区的控制。

禁酒时期的违法活动是围绕着酒的非法买卖进行的。随着禁酒法的废除,非法团伙的成员又靠操纵赌博活动发迹。科纳维尔的男人们在这方面曾扮演了十分引人注目的角色,不过,他们的爱尔兰人和犹太人同行们也参与了东城的这些非法团伙活动。

这些非法活动团伙和政治组织在科纳维尔,从社会的最底层到最高层,可以说无处不在。它们互相紧密勾结,共同构成了这一地区生活中的一个重要组成部分。它们为我们了解“小人物”和“大人物”们的行动提供了一个总的框架。

在这项研究中,我们将很少注意一般的科纳维尔人。我们将遇到具体的人,并观察他们所做的具体的事。普遍的生活模式固然重要,但只有通过观察那些以其行动构成了该模式的个人,才能建立起这一模式。

首先登场的将是“小人物们”(第一编)。我们将看到他们如何组织其本群体的活动;然后,将那些群体置于社会结构之中,我们再向上去观察那些“大人物”。对于非法活动和政治组织的描述(第二编)将提供总的情况,不过我们仍然关心具体的人。问题是:是什么使一个人变成了大人物?他用什么方法得以统治这些小人物?要回答这个问题,让我们来看一看托尼·卡塔尔多。他是个赫 xx
赫有名的非法团伙成员,除了别的以外,还关心如何控制街角青年。他是怎么干的呢?再让我们看看科纳维尔的州参议员乔治·拉韦洛是怎样组织他的竞选的吧!他需要得到街角青年们的支持。他怎样得到呢?我们大致知道,科纳维尔的政治组织和非法团伙的头目们是彼此合作的。但是,这种合作是什么性质的呢?它的基础是什么?又是怎样建立起来的呢?为了解答这个问题,让我们再来看一看具体的人,看一看当他们在其职业生涯中遇到不同情况时,如何针对彼此采取行动。

如果我们能够熟悉这些人,并理解了小人物与小人物之间,大人物与小人物之间,以及大人物与大人物之间的关系,那么,我们就会知道科纳维尔的社会是如何组织的。在这一认识的基础上,就有可能解释人们的忠诚以及政治和非法团伙活动的重要意义。

第一编

街角青年和男大学生

3 第一章　多克和他的小伙子们

一　诺顿帮的成员

诺顿帮是以多克为首的一帮人。这个群体主要是靠多克联合在一起，并围绕着多克而建立的。在多克未成年的那些时候，诺顿街上每个按照孩子们的重大年龄差异划分的群体都形成一个少年帮。有一个其平均年龄比多克大3岁左右的帮；有多克的帮，其中包括纳特西、丹尼和其他许多人；有一群孩子大约比多克小3岁，其中包括乔·道奇和弗兰克·博内利；还有一群年龄更小的，卡尔和汤米就属于这个群体。

据我所知，鉴于诺顿帮产生于这些早期的群体，所以有必要对其历史背景有所了解。而多克的经历则最能说明诺顿帮的发展过程。

多克于1908年出生于诺顿街。他的父母来自阿布鲁齐省，是最早在这条街上落户的非热那亚人的意大利人。多克的家庭是一个大家庭，他是年龄最小、最受妈妈宠爱的孩子。他幼年丧父。他在3岁时，因患小儿麻痹，使他的左臂萎缩，以致再也未能恢复正常；不过经过持续不断的锻炼，他终于努力使它发育得除重活外，别的都能干了。

多克是这样谈到他的早年生活的：

我小的时候总是穿得非常整洁。我总是穿一身干干净净的衣服，当我坐在门口的台阶上的时候，妈妈让我一定要垫上一张报纸。……别人的妈妈会对她们的儿子说，“你看人家迪基①是怎么穿衣裳的。你怎么就不能像迪基那样？”他们不喜欢我，这是很自然的事——直到后来我向他们表明他们必须尊重我。……

我第一次打架是在大约12岁的时候。我有一个比我大两岁的哥哥。他和一个像我一样高的男孩争论起来。他对我说，“和我打，他的个子太小了，你去和他打。”开始我不想打，但最后我和他打起来了。我狠狠地揍了他。……从那以后我开始认为，也许我是蛮有本事的。

纳特西有一度曾经是我们这一帮的头儿。我是他的副 4
手。他的个头儿比我大，在我最后打败他之前，他曾好几次打败过我。在他打败我的时候，由于周围的人不多，所以我也不在乎。可是有一次他违背了他说不打我的诺言，当时周围围了一大群人。我是个很有自尊心的孩子。我不能让他就这么跑了。……喏，我和他摔跤，并且把他摔倒了。我说，“要是我放你起来，你答应不答应不打我？”他答应了。可是当我放他起来并转身走开的时候，他打伤了我的鼻子，把我的鼻子打流了血。我追上去，狠狠地揍他，但被大孩子们拦住了。……第二天，我看见他正靠着墙站着。我走上去对他说，“我要宰了

① 多克的爱称。——译者

你，”并给了他一拳。他没有还手。他明白他打不过我。后来这件事就传开了。于是从那以后我就成了头儿，他是我的副手。……当时我十三四岁。……在我打败他以前，纳特西是个狂妄自大的家伙。……从那件事以后，他好像失去了他的威风。我想和他谈谈，设法让他振作起来。

在我打败他之后，我告诉男孩子们应该怎么做。他们听我的。假如他们不听，我就揍他们。我这一帮里的每个孩子都曾挨过我的揍。在我这条街上，有一个男孩是西西里人。我揍了他以后，他告诉他爸爸了，于是他爸爸出来找我。我藏在房顶上。等他爸爸走了，纳特西通知了我。我再次看到那个孩子的时候，又揍了他一顿——因为他在他爸爸那里告了我一状。……可是，比尔，我并不是一个那么粗野的孩子。我打了他们以后总是感到抱歉。

他们都信任我，比尔。这就是我为什么要做一些这样的事的原因。如果我们的孩子们中间有人在别的街上挨了打，我就会和他一块儿到那里去。后面还会跟着两三个我们的男孩，他们不是去帮助打架的——只是观阵。我会问这个孩子，“是谁打的你?”他就指出那个打人的家伙，而我就会把这小子揍一顿，并对他说，“不许你再碰这孩子一下，懂吗?”

我小时候像只小老虎。我谁也不怕。多数孩子在打架的时候都只是互相推推搡搡，我却用我的右拳猛打。我有这个力量。除招架时外，我只能用这一只手打，可是这博得了更多的尊敬。他们说，“要是他的两只手都好好的，他什么事干不出来?”他们认为因为左手坏了，右手才更有劲——也许是这

> 样。……这还不光是打拳。我是一个总想要有所作为的人，是个非常聪明的人。

多克对他的胳臂非常敏感，他不许任何人由于他的残疾而原谅他。他在家里用大量的时间练习拳击，以提高速度和协调性。

对多克的最严重的挑战来自托尼·方丹纳。正如他对我说的：

> 在我们还都是小孩子的时候，托尼是我这一帮的。他是个打架能手。当他作为业余爱好者进入拳击场时，一开始就以猛烈出拳打赢了三场比赛。他成为职业选手以后，仍然能把对手击倒。……当时我是这一帮的头儿。我是个火性人，而他却开始变得对我越来越放肆了。有一天晚上，他开始欺负我并口出狂言。我听着他说，心想，“他一定够厉害。他能把人击倒，那拳法不是闹着玩儿的。”所以过了一会儿，我说，“我要上去睡觉了。”我脱了衣服上床，却睡不着。于是我穿上衣服又下来了。我说，“你再对我说一遍！”他这样做了，我朝他“砰”地就是一拳！……可是他不肯和我打。为什么？我想是为了面子。后来我们到操场上戴上手套打了一场。比尔，对我来说，他太棒了。我与他不相上下，不过他是太厉害了。……他能够打中我！

只是在我向他提问时，多克才告诉我这些事，而且，当他讲完一件他“打倒”了某个对手的事件之后，总要半表示歉意地说，其实他并不是那么凶，他也不大明白怎么会发生这样的事。

与其他某个帮发生冲突是常有的事，结果就是“打群架”：

> 有一次，我们这一帮里的两个小子在梅因街上想勾搭两个女孩子。她们的男朋友把我们这两个小子赶回到诺顿街。

于是我们集合起来，把这两个男朋友赶走，他们是从哪儿来的，又被赶回到哪儿去。他们转回来，把戈登街、斯威夫特街和梅因街的他们的人都叫来了，一起追我们。……事情通常都是这样开始的。某个孩子被我们的一个男孩揍了一顿，然后他就会回到他住的那条街上叫他的人。他们会到我们的街上来，我们就会和他们对打。

这一回，他们拿着香蕉梗和奶瓶子。我们也武装起来。我们总是把武器藏在地下室里，以便在有紧急情况时随时可用。不过，这些家伙有50个人，而我们只有16个人，所以我们撤退到门道和地下室里，等着他们平静下来。……他们转悠了一会儿，什么也没干，直到我发出出击的信号。然后我们向他们冲过去。我拿着一个香蕉梗朝自己周围乱抡。一路抡着到了梅因街，后来我越过了边界，所以不得不又抡着回来。……他们总是围着操场摆上水泥花盆。我们把这些花盆撞倒了。他们恨不得碰到谁就宰了谁，可是我们并不想打人，只是想吓唬吓唬他们。……过了一会儿，事情平息下来，他们走了。

我记得我们打群架从来没真输过。你别以为我们从来不逃跑，有时我们也逃，拼命地逃。他们会追到我们这条街上来打我们。我们可能会四处散开，有的上房，有的钻地下室，没准儿去哪儿。我们在这些地方拿起战斗武器。然后，他们会回到大街的另一头，给我们一个重整旗鼓的机会。我们就一个接一个地走出来——在我们全部走出来作好准备之前，他们从来不袭击我们。然后我们向他们发起攻击——我们干得很漂亮。他们也许被打散了，然后我们就回到这条街道上我们占领的一头，等着他们再次集合起来。……最后总是我们把他们赶回到他们的街上去。在那儿，我们不袭击他们。我们从来不去惹麻烦。我们只是在我们自己的街上和他们打架，但我们在这里总是取胜。

你知道，诺顿帮是比较不错的一帮。在科纳维尔，我们这 6
条街是最好的。我们不偷醉鬼[即偷醉汉的东西]，也不掷骰子赌博。有时候我们不买票偷偷溜进电影院去看电影，但是你还要我们怎么样？……泰勒帮就更无法无天。他们偷东西，还搞掷骰子赌博。我们过去常和泰勒帮打群架。过了一段时期它渐渐不行了，后来它就和诺顿帮合并了。他们的打架冠军是约翰尼·戴考萨，他们中间跑得最快的是迈克·托尔。在我们这一帮里，我样样都是第一名。在我们合并时，我必须绕着这个街区和迈克赛跑。其他人为我们测时间。他跑了26秒。然后是我跑。在我从这条街跑过来时，我能听到人们在喊，“多克，加油！多克，加油！”我也跑了26秒。所以不分胜负。这些人总爱争论，“约翰尼能胜过他。”“不对，多克能胜过他。”然后我们会彼此上下打量一番，可是不会打架。我想我们还是互相尊重的。……后来，约翰尼成了职业拳击手，而且干得挺不错。迈克是圣帕特里克学院田径队的赛跑冠军。

各帮之间打群架的情况并不太多。我们相互之间是很尊重的。……

我们并没有要出去杀他们。我们也不想伤害任何人。这不过是闹着玩。……我不记得曾有哪个人被瓶子打中了头。

也许在腿上或后背上会挨一下，但不是在头上。只有一次有人受了伤，这就是查利被罐头筒打中了眼睛。当时我们正在操场上和金街的人打架。我们发起进攻，查利冲在最前面。等他冲进金街时，有人扔过来这只罐头筒，开着口的一端正好打在他的眼睛上。这一下谁都不打架了。他们一看到他的眼睛流了血，都吓坏了。……我们把查利送回家。我还记得大夫在处置他的眼睛时他的尖叫声。这件事给我们的印象很深。我们以前从来没想到过有人会因为打架而终生残废。……从那以后，再也没有发生过打群架的事。我不记得后来还有过这样的事。……后来，我们年龄大一些了，大约十七八岁了。我开始和比我大的人们在一起，与我的那帮男孩子见面也不那么多了。他们承认我是他们中间的一员，这是很高的荣誉。但是当我不再和以前一样经常和我的那群男孩子见面的时候，我们这个帮也就散伙了。

多克一生中曾有两个阶段参加了诺顿街街坊文教馆的活动。按照他的说法：

我小时候常去街坊文教馆，不过后来我就不去了。我再次去那里是因为“晚霞剧社”。“晚霞剧社”在那里很得宠。长期以来他们一直演戏，名气很大。卢·达纳罗常对我说演戏如何如何难，你得经过多少多少训练。丹尼则使劲怂恿我参加进去，胜过他们。他非常相信我。在任何需要智慧的事情上他都支持我。丹尼和我凑在一起，估计我怎样才能加入那个剧社。你必须得到全体通过。剧社成员中有些人认识我，也有的不认识我，但是我想办法活动，并且通过表决加入了剧社。过了一阵子，我在他们的两出大戏中都担任了主角，街角所有的小伙子都来看了这两出戏。

当时，每个俱乐部都有两名成员参加街坊文教馆委员会。 7
我是“晚霞剧社”的代表，还当过一年街坊文教馆委员会的主席。那时候我非常活跃，我们还筹款为街坊文教馆买了一台新扩音器。

大约就在那段时期，汤姆·马里诺的一帮人来了，他们自称是“街角游民”。他们有 100 人。我认为他们之所以到这里来，是因为当时他们找不到聚会场所。他们仇恨“晚霞”，因为“晚霞”受社会工作者们宠爱，我们在这里想干什么就可以干什么。……有一次，乔·卡迪奥到汤姆·马里诺的店里去为剧社买一些喝咖啡时加的奶油。一听他们说没有，他把两个手指啪地一弹，把脚一跺，说，“噢，呸！”当时游民帮的小伙子们都在场，听见这句话以后，他们咽不下这口气。从那以后，他们就把“晚霞”叫作“奶油松饼”。我常和他们为了这件事争论。当时，我在那个街角呆的时间和在其他地方一样多，已经和这群“街角游民”打成一片了，所以他们总说我们是“奶油松饼——只有一个人是例外”。我告诉他们许多人都是例外，可是我没有办法使他们改变看法。……

这群游民来到这里以后，就想操纵这个地方。他们着手尽量收买选票，以便能由他们选出街坊文教馆委员会的主席。他们带女孩子们出去玩，给她们买汽水喝。他们还的确搞了一次大规模的竞选活动。鲍德温小姐想让我再次竞选主席，因为她认为我干得挺好，可是我拒绝了。“晚霞”提名特德·里奇奥为候选人，游民帮提名的是弗雷德·曼蒂亚。特德一败涂地。可是那次选举以后他们告诉我，假如是我再次参加竞选，他们不会提出任何人来反对我。……

游民帮的确打算把这个地方闹一个底朝天。他们根本不把社会工作者放在眼里。有一天，我听见盖伊·波莱蒂在大厅里和拉姆齐先生讲话。他确实满嘴脏字。拉姆齐先生也只好听着。他又能怎么样呢？……还有，他们老给警察局打电话，告诉警察，"诺顿街街坊文教馆发生骚乱，赶快派平定骚乱的警察缉捕队到这儿来。"于是就会有两名警察来到这儿，和这帮小伙子开玩笑，因为他们是好朋友。但是对于街坊文教馆来说，这就显得很丢面子。……有一天晚上，游民们在餐馆里开晚会，并在香甜混合饮料里掺了烈性酒。他们准备了两大盆这种饮料，一盆是给社会工作者的，另一盆是给晚会的。但是有两个女孩喝醉了，于是鲍德温小姐发现了那另一盆饮料的问题。她与他们争论起来，盖伊·波莱蒂让她出去。他骂她是一个××。我看见她哭着下楼去了。……

那真是糟糕极了。那时，我是少年加拉哈德[①]，毅然出来捍卫街坊文教馆。有一天晚上，当我走进马里诺的商店与他们争论时，他们都在那里。盖伊·波莱蒂在那儿——他是个重量级的拳击手。弗雷德·曼蒂亚也在那儿——他是个轻重量级运动员，是个出色的职业拳击手。他们正在说话，但我打断了他们。我说，"等一等，听我说！"然后我对他们讲了一通。他

① 加拉哈德是亚瑟王传奇中心地纯正的武士。——译者

们反驳我，而且争执得很厉害。关于社会工作者们，他们说了一大堆话。“他们是一群势利小人。”“他们就会唱高调。”“他们在这儿算老几，就觉得比咱们强？”他们振振有辞，我无言以对。但是我说，“不管怎么说，这个文教馆办了一些好事。咱们这个地区这么拥挤，总得有个聚会的地方呀！”……他们用 8
这种粗野的举动把许多人赶出了街坊文教馆。我告诉他们，母亲们都很信赖这个地方，认为她们的女儿在这里很安全，可是现在游民们却正在毁坏这种声誉。我对弗雷德说，“只不过是因为在那儿的其他人都不撒野，你才这么撒野。”

“哦，不对，”他说，“我不管在哪儿都这么粗野。”

我说，“要是特里·乔瓦尼在那儿，你就不敢撒野了。”这话他不爱听，因为特里曾经多次打败过他。好，结果他同意去向鲍德温小姐道歉。……

大约就在这段期间，他们又卷入了另一场争论。当时，每逢露营季节开始和结束时，街坊文教馆都要举办一次男女都参加的周末露营活动。这是这个季节里最大的社交事件，少男少女们年年都盼望着这些周末。他们受到很好的监护，我从来没有听说过在露营时发生过任何两性关系问题。这只是美好清白的娱乐。可是这一次，游民帮里有人弄来点儿酒。杰西·奥鲁尼的确是个乖孩子，一点儿也不野，可是却喝醉了。那天夜里，他走进厨房，鲍德温小姐正好在那里。他说要一杯咖啡。鲍德温小姐对杰西说，他醉了，让他去睡觉……自从那件事以后，露营活动就不许男人参加了。露营只为女孩子们举办，只有小男孩还可以参加。为此，小伙子们非常愤怒。他们向培根先生[负责人]提抗议，又四处告状，还想向委员会提出请求，但是培根先生就是不肯答应。过了一阵子，这阵骚动平息下去了，什么问题也没有解决。……

大约就在这个时期，“晚霞”解散了。他们已经在街坊文教馆里呆了10年或12年，有些小伙子要结婚了，所以，“晚霞”的解散与这也有些关系。不过，我敢肯定它的解散在某种程度上是由于来自游民帮的压力把他们撵出了街坊文教馆。游民帮一逼他们，他们就畏缩了。我说他们是懦夫，并想让他们继续把剧社办下去，可它到底还是解散了。

“晚霞”退出以后，游民帮也在外面找到了一间聚会厅，就再也不到街坊文教馆去了。我认为他们并不是被正式踢出来的。他们是在还没有被撵出来之前就退出来了。当汤姆·马里诺进入政界时，由于这个俱乐部的名字听上去不大好，所以他们把名字改成泰勒·A.C.，以示对埃伦·泰勒的纪念。埃伦·泰勒是一位受全体社会工作者爱戴和尊敬的社会工作者。可是，如果想一想游民帮曾经经常出入街坊文教馆时的情况，这个名字就令人觉得很可笑了。

自从游民帮退出以后，街坊文教馆里再也没有出现过像他们那样的群体。由他们让自己的人担任街坊文教馆委员会主席的那一年也正是这个委员会存在的最后一年。……

在“晚霞”和街角游民帮离开以后，我本人也离开了街坊文教馆。

多克发现学校的功课很容易。他在学校和专业图书馆里广泛地阅读。在读完中学三年级以后，他离开学校，到一家彩色玻璃公

司去工作。艺术工作一直是他很感兴趣的工作，他在公司里干得 9
十分出色，并可望迅速得到提升。但是后来出现了大萧条，这家公司倒闭了，多克也失业了。最初，他积极地到处找工作，并在家里继续他的艺术工作，但是，当他的一切努力都无济于事时，他不再找工作了，甚至对艺术也失去了兴趣。

多克和他的姐姐、姐夫生活在一起，所以吃住不成问题，但是他特别不愿意拖累他们。随着联邦救济计划的开始，他可以去公共事业振兴署找工作做，不过，由于他是个没有家小的单身汉，所以不能指望找到稳定的职业。在工作日之余以及漫长的解雇期内，他几乎把全部时间都消磨在街角了。

丹尼是他最亲密的朋友。正如多克告诉我的：

> 丹尼住在诺顿街附近的斯通街。我至今还记得他到我们这条街上来的那一天，当时他还是个小孩子。他是个拉丁美洲血统的美国人——英语说得磕磕巴巴的。那帮小子拿他开心，可是我却从一开始就喜欢他。我叫他来参加我们这一帮，我们干什么他也干什么。后来他就和我们分不开了。

在这个孩子帮解散以后，多克和丹尼仍然在一起，不过人们不常在诺顿街上见到他俩。

丹尼在读完8年级以后离开了学校，到一家工厂工作。他还在盥洗室里组织掷双骰子赌博来增加他的收入。在失业未找到新工作期间，哪儿有劳资纠纷他就到哪儿去工作，给哪边干都行——“不管是谁，只要给我钱。”丹尼身强力壮，在劳资冲突中很有打架的经验，但是他并不喜欢这个工作。他是为了从中挣到钱才去打架的。在我呆在科纳维尔的整个时期内，从未听说丹尼找茬儿和谁打过架。

由于通过了新劳工法和政府针对破坏罢工的机构采取了行动，断了丹尼的一个财源。他只好与迈克·乔瓦尼和迈克的兄弟特里一起，求助于掷双骰子赌博。

迈克曾经是他在金街的一帮孩子的头儿。他也是很早就离开了学校去工厂干活儿，而且不管哪儿有劳资冲突，他都积极参加。和丹尼不同的是，他只为一方——工会工作。正如他所解释的："工会主义就像一种宗教。你有了那些信仰，就必须坚持它们。"在禁酒时期的最后几年里，在他这个行业的工厂里很难找到工作，迈克就靠着开设掷双骰子的赌局和一家非法的秘密小酒馆谋生。他不喜欢掷双骰子赌博，这也赚不了多少钱，因为他不让那些特别禁不起输钱的人来赌。他以为他有"合适的关系"来保护这个秘密小酒馆，可是警察的查抄还是迫使他停了业。他又开了一家小吃店，但这也不赚钱，因为吃饭的人中间赊账的太多。在经营这家小吃店期间，它为迈克和他的朋友们提供了一个社交中心。丹尼是那里的常客，多克有时也到那里去。

朗·约翰是来自科纳维尔的另一个地区的一名年轻人，常和迈克这群人在一起。在他的哥哥因谋杀而被判终身监禁之前，他曾一直和一个特别粗野的帮混在一起。母亲的提醒使朗·约翰开始为自己的前途担忧。丹尼和迈克劝他与以前的伙伴一刀两断，来和他们在一起。有一段时间，他们为他提供零用钱，并让他为他们的掷双骰子赌博放哨（看着有没有警察到这里来），给他少量的工钱。后来，他在一家工厂里找到了工作，一年到头经常能找点儿零工做。

在多克的孩子帮解散以后，唯一继续在诺顿街消磨全部空闲时间的成员是纳特西。由于他和年龄较小的男孩子混在一起，多克和丹尼称他为“孩子王”。弗兰克·博奈利对他特别依恋。乔·马科，人称乔·道奇，则是他俩的好朋友。原来属于一群年龄更小的孩子的卡尔和托米此时也接受了纳特西的领导。亚历克曾和乔·道奇的一个弟弟是同学，他最初是为了和乔在一起才经常到诺顿街来的。

那时，纳特西是个兼职的邮局雇员，弗兰克正试着想从事职业棒球运动，乔则在一个采石场里找到一份工资很高的季节性工作。卡尔和托米都在工厂里有固定的工作，亚历克在市场区有一份季节性工作。

就我所知，除了迈克的一群人和纳特西的男孩子们以外，诺顿 11
帮里还有三个人。安杰洛·丘西、弗雷德·麦基（麦卡卢索）和卢·达纳罗都与多克关系密切。几年前，弗雷德的叔叔曾在诺顿街开了一个食品杂货店，有时候让弗雷德来照看。有一天，丹尼让小伙子们对他干了一件恶作剧的事。他们在收款台前站成一排，并要他付保护费。弗雷德被搞得很狼狈。最后多克觉得他怪可怜的，才说明了这是怎么回事，弗雷德这才放了心。于是他把多克视为恩人，甚至在这个杂货店被拍卖之后，他仍然常常和多克在一起。

卢·达纳罗曾给培根先生，即诺顿街街坊文教馆的负责人，干过好几年活儿，甚至就住在馆内。街角青年们觉得他自以为比他们高一等，所以不愿与他交往。多克和卢的表哥很熟。这对表兄弟之间关系不好；多克认为这太糟糕了，所以，当他与卢的表哥一起外出时，总坚持让卢同行。就这样，他和卢成了朋友。当卢与培根先生终于分手，搬出街坊文教馆时，他与多克的友谊使得他有可能被街角青年们所接受。

弗雷德和卢都住在城郊，但是他们开车到东城来干零工，并到科纳维尔来和多克及其朋友们在一起。

多克第一次见到安杰洛时，安杰洛极为腼腆，也没有朋友。他的大部分时间都是在家里拉小提琴，希望有一天能在管弦乐合奏中演奏。多克和安杰洛成为朋友以后，安杰洛才有可能加入街角青年的队伍。

虽然在这些人之间已经存在着深厚的友情，但是诺顿帮作为一个组织，却直到1937年初春才开始行使功能。正是在那个时候，多克回到了街角。纳特西 、弗兰克、乔、亚历克、卡尔和托米都对多克十分敬重，并聚集在他的周围。安杰洛、弗雷德和卢也追随多克，把街角变成他们的大本营。丹尼和迈克之所以被吸引到诺顿街来，是由于他们与多克的友谊，同时也由于他们的赌局就设在“街角”旁边。朗·约翰则是跟随丹尼和迈克而来的。

12 人们变得习惯于一起行动。相互义务也把他们彼此拴在一起。当他们在一起的时候，常有人会感到别人有求于自己，而被帮助者又想予以回报，这种情况数不胜数。这些相互报答的活动激励着对群体的耿耿忠心。

诺顿帮的成员也有等级之分。多克、丹尼和迈克的地位最高。他们比除纳特西以外的其他所有的人更年长，在社会活动中本领也更大。虽然随从者们只限于在一个街角的狭小范围内活动，多克、丹尼和迈克却在其他许多群体中有他们的朋友，并且在科纳维尔的很多地区赫赫有名，受到尊重。他们的作用之一，就是当一名随从者必须走出他习惯的社交范围并需要他们陪伴时，向他提供这种支持。这三位领袖还由于他们的聪明才智和自我表达力而受到尊敬。多克的辩才尤其引人注目。当他偶尔卷入一场争论时，他通常都能在不使对手丢脸的情况下凭机智取胜。我从未见到这三位领袖靠体力来行使他们的权威，不过，他们以前打架时的名气往往有助于维持他们的地位。

多克是这一帮的头儿。诺顿帮的成员在他们还是小孩子的时候，就是多克的人。虽然后来人员有变化，但他们仍然被认为是多克帮。

掷双骰子赌博及其社会义务使得丹尼和迈克不能像多克那样，花那么多时间和诺顿帮在一起。他们与随从者的关系不那么密切，所以希望由多克来领导。

朗·约翰处于一种很不寻常的地位。虽然他的年龄比多克小5岁，他与三位头儿的交情却使他高人一等。正如多克解释的那样：

> 这是因为我们一直用心照料朗·约翰。当我们到某个地方去的时候，总要叫朗·约翰和我们一起去。我们走到他跟前，拍拍他的背。我们对他十分关心，以致其他人也不得不尊敬他。

尽管如此，他在随从者们面前却没有什么权威。当时，他经常在掷双骰子赌博时把他每周挣的钱都输个精光，所以别人就以这件事来反对他。

那些设掷双骰子赌局的人与那些在这里赌博的人之间有着重 13
要的社会区别。设赌局的人身份有点儿像商人，而掷骰子的人则被认为是一群“笨蛋”。诺顿帮作为一个群体，自以为比掷双骰子的人高一等，这时朗·约翰试图丢弃赌博的恶习，但没有成功。

在1937年春天，纳特西的地位已被非正式地承认高于弗兰克、乔和亚历克，但是他与一个女孩的关系却已经开始损害他的名声。人们并不要求一名街角青年成为正人君子，但是如果他与一

诺　顿　帮

1937年春季和夏季

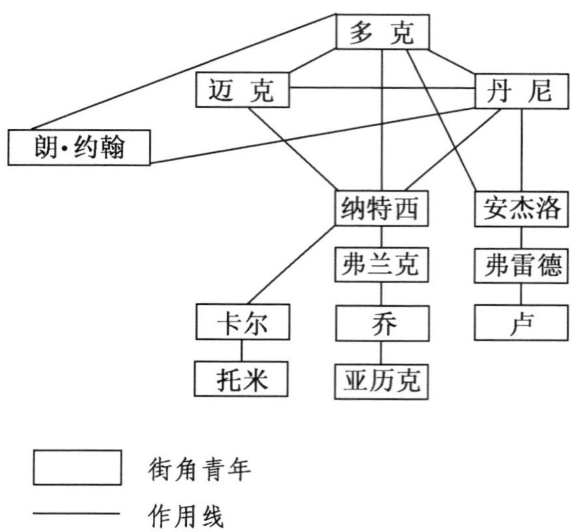

方框的位置表示相对地位

个“不怎么样的”女孩结婚，就会有损于他的地位。纳特西和这个女孩的关系已经相当深了，以至于结婚似乎已是势在必行。对于朋友们的批评，他的反应是逐渐地退出了这个帮。直到我快离开科纳维尔前，他在诺顿帮里再也没有扮演重要的角色。不过在1937年春季和夏季，他依然是一个比较重要的人物。

随着故事的发展，多克已经29岁了；迈克，29岁；丹尼，27岁；
14 朗·约翰，24岁；纳特西，29岁；弗兰克，23岁；乔，24岁；亚历克，21岁；安杰洛，25岁；弗雷德，25岁；卢，24岁；卡尔，21岁；还有托米，

20 岁。附图展现了当时这些人之间的关系。为了称呼简便，我将把最高层的四个人称为“领袖”，用“随从者”来表示其他人。假如你没有忘记朗·约翰的特殊之处，这张图就不会使你感到糊涂。

二　保龄球和社会地位

1937 年 10 月的一天晚上，多克安排了一场与意大利人社区俱乐部之间的保龄球比赛，这个俱乐部主要由大学生组成，他们每两周在诺顿街街坊文教馆有一次聚会。虽然多克是这个俱乐部的成员，而且由于他的推荐，诺顿帮的安杰洛、卢和弗雷德也被批准加入了，但它的目的是要成为受过良好教育的上等人的组织。诺顿帮的其他人感到这个俱乐部“很高贵”，在街角一带，它被叫作“男青年会”。对于自己的群体中有人能加入这样一个俱乐部，他们多少感到有些得意；不过，他们对它的看法主要来自俱乐部的主任奇克·莫雷利和另一名重要成员托尼·卡迪奥的为人。他们认为这两个人都是狂妄自大的势利小人。因此，诺顿帮非常重视这场比赛。

多克是诺顿帮的领队。他挑选朗·约翰、弗兰克、乔和托米组成他的队。在这个时期，丹尼和迈克都不打保龄球。社区俱乐部的领队是奇克和托尼。

人们情绪激昂。诺顿帮的人们朝着俱乐部的保龄球选手狂呼乱叫，制造出各种噪音来分散他们的注意力。俱乐部的成员们在一开始领先时兴高采烈，但是随着诺顿帮的分数赶上来并大大领先，他们就都不怎么出声了。

比赛之后，我问弗兰克和乔是否还有他们更迫切地想打败的队。他们说，假如他们要排出他们最希望打败的人，他们将挑选奇克·莫雷利、托尼·卡迪奥、乔·卡迪奥（托尼的弟弟）、马里奥·特斯塔和赫克托·马尔托。后三者都曾属于“晚霞剧社”。

弗兰克和乔说，他们并不反对社区俱乐部的其他三个人，不
15 过，小伙子们之所以这么迫切地想打败这个队，是为了让奇克和托尼能够“安分一点儿”。重要的是，弗兰克和乔并不是根据球技来选择他们最希望打败的人。这五个人都是优秀的保龄球手，但这不是作出选择时的决定因素。攻击的目标是他们的社会地位和抱负，正是这个才使得战胜社区俱乐部如此令人称心如意。

卢·达纳罗和弗雷德·麦基曾为俱乐部喝彩。尽管他们是俱乐部的成员，小伙子们仍觉得不能原谅他们。丹尼说：“你们俩是一对叛徒——是本尼迪克特·阿诺德[①]。……你们和诺顿帮的小伙子们是一伙的——可是你们却反对他们。……行啦，我可不稀罕你们的支持。”

弗雷德和卢被夹在两个群体之间，所以不得不面临这个感情不专一的问题。而多克在街角的地位非常巩固，所以甚至没有人认为他有可能替社区俱乐部打球，反对诺顿帮。

这是这两个队之间进行的唯一一次比赛。街角青年们为他们的胜利而感到满足，俱乐部也不想再赛了。托尼·卡迪奥反对诺顿帮企图分散他那队的注意力的做法，他说，和这么缺少体育道德的

① 本尼迪克特·阿诺德（1741—1801），美国独立战争时的将领，后因私通英军而逃亡英国。——译者

人玩保龄球太没意思了。然而，诺顿帮与俱乐部的成员个人之间却发生了冲突。11 月的一个晚上，多克、弗兰克·博内利、乔·道奇和我正在玩保龄球，奇克·莫雷利和卢·达纳罗一起走进来了。我们同意三个人一队，组成两个队，由奇克和多克选择在哪个队。奇克选了卢和我。起初比赛不分胜负，但是在掷第三组木球时，多克干得十分出色，使他的队遥遥领先。在快掷完这组球时，奇克坐在乔·道奇旁边，对他咕哝说，“你是个不中用的东西。……你玩这个根本不行。”

乔一直没说什么，直到奇克把他的话重复了好几遍。于是乔站起身来，向奇克还击了，“你这个自高自大的××！我真想把你臭揍一顿。我从来没见过你这么狂的人……你这个自高自大的××！”

多克站在他俩之间以防他们打起来。奇克什么也没讲，多克
设法让我们这六个人都默默无言地上了电梯。乔还不解气，他大 16
声对我说，“总有一天会有人治治他。有人会揍他一顿，把他的狂劲打下去”。

我们走出这栋房子以后，卢和奇克一起走了，我们剩下的人走进詹宁斯的自助餐厅吃点儿“咖啡点心”。我们议论起奇克：

多克：幸亏你没打他。他们会因为杀人罪把你逮起来。你这么壮，那小子可禁不住你打。

乔：是呀！可是如果我不是某个人的对手，我就不会去惹他。……他不应该惹我。……即使他想说那些话，也应该笑着对我说。不过我想他确实是那个意思。

多克：这个可怜虫，那么多人都想揍他——而且他心里

> 明白。
>
> 弗兰克：我原来一直还挺喜欢他的，直到那天晚上，我们到大都会舞厅去。……他根本不和大伙儿在一块儿，而是躺在一个长沙发上，好像想让别人抚弄他似的。他一点儿也不合群。

在开车把奇克送回家以后，卢到詹宁斯的自助餐厅来找我们。他说，为了这件事，奇克心里觉得很别扭，不知道是什么使得人们想揍他。卢补充说，“我知道他并不是那个意思。如果你了解了他，就会知道他的确是一个很了不起的人。在他身上只有一点我不喜欢。”接着，他说有一次，奇克和一名舞厅招待为了这家舞厅的管理条例中的一个专门术语争论起来。卢的评论是，“他就是想表现自己有多么聪明”。

几天以后，乔的气消了，于是多克劝他去道歉。

多克保护奇克并非出于友谊，也不是因为他俩同在社区俱乐部里工作。在俱乐部里，多克领导的一派普遍对奇克怀有敌意，他本人对奇克总想对这个组织发号施令也常常提出批评。但是，这两个群体里都有多克的朋友，他不愿意见到这两个群体之间发生摩擦。虽然在诺顿帮与奇克之间不可能建立友谊，但多克的作用是注意使二者之间保持过得去的关系。

社区俱乐部的这场比赛的作用在于，它在诺顿帮里激起了保龄球热。在此之前，小伙子们是零散地，而且常常是在其他群体中
17 玩保龄球；而现在，这项活动破天荒地成为他们日常社会生活中的一项固定内容。在整整一个冬季，朗·约翰、亚历克、乔·道奇和弗兰克·博奈利每周都有好几个晚上打保龄球。其他人也经常玩，而

且每周至少有一个晚上是全体打保龄球的人都出现在球场上。

在撞击烛形木柱时要想得高分，必须有几次头两个球就让它们全部撞倒或者第一球就撞倒全部木柱。除非第一球就在不足一英寸的间隔中正好打中那根最主要的木柱，一球撞倒全部木柱的情况几乎是不可能发生的。由于小伙子们都没有这样明确的目标，所以，虽然他们认为一名优秀的保龄球手应该比劣等球手得分多，一球击中全部木柱却被认为是碰运气。他们在判断一名保龄球手的优劣时，是看他的头两个球能否撞倒全部木柱，以及在掷出第一球以后“除去”场上留下的木柱的本领。

打保龄球受到许多心理障碍的影响。任何体育运动中都存在一些关键时刻，这时，如果一名选手想要“成功”，就必须在精神上极为沉着镇定。然而，在那些团体赛，特别是持续时间较长的比赛中，选手有时会沉醉在竞争的激情之中，还没有来得及“紧张起来”，就已经错过了“临界点”。但是，如果是在一个由五个人组成的队里参加比赛。保龄球手必须在球场上呆很久才能轮到他，并且有足够的时间反复琢磨他的失误。当一个人面对 10 根木柱时，他也许会毫不在乎地把球掷过去。但是当只剩下一根木柱还立在那里，而且他的对手们叫嚷着“他打不中”时，他就感到了压力，往往会“紧张起来”，失去控制。

如果一名保龄球手相信自己能打好一个很难打的球，他就有可能打好，或者极为接近这个成绩。如果他没有信心，他就会失败。保龄球手之所以有信心，是因为他过去曾打过同样的好球，并且已经对取得好成绩习以为常。但不仅如此。他之所以有信心，还因为他的伙伴们——无论是站在他一边的还是反对他的——都认为他能打好。假如他们不相信他，那么，保龄球手就既要与他们的讽刺挖苦、又要与自己的犹疑不定作斗争。在说明上述情况后，在研究一个人打保龄球的记录时就必须考虑到他与他的伙伴们的关系了。

在 1937 到 1938 年间的冬春季节，对于诺顿帮来说打保龄球是最重要的社会活动。每星期六晚上诺顿帮内部和个人间的比赛成为一周内的头等大事。在一周内的其他日子里，小伙子们则议
18 论上个星期六发生的事以及即将到来的星期六晚上会出现什么情况。一个人在球场上的表现会受到不断的评价和批评。因此，一个人玩保龄球与他在群体中的地位有着密切的联系。

用以与社区俱乐部对抗的球队由两名地位高的人（多克和朗·约翰）和 3 名地位低的人（乔·道奇、弗兰克·博奈利和托米）组成。当保龄球变为一种固定的群体活动时，诺顿帮的球队逐渐沿着不同的路线发展。丹尼加入了星期六晚上的一群，并很快使自己获得了某种地位。他打得十分出色，并把多克作为他最希望打败的对手。在他们之间有一种善意的竞争。在个人比赛中，通常是丹尼取胜，不过他在团体赛时的平均得分不如多克。在与社区俱乐部的那场比赛之后，多克挑选人员，组成一个球队，以代表诺顿帮去和其他街角帮以及俱乐部对抗，他挑选了丹尼、朗·约翰和他自己，在这个应由 5 人组成的球队中还空着两个名额。当时，从来不是一名优秀保龄球手的迈克还刚刚开始经常玩保龄球，尚未树立起他的声望。十分重要的是，补上这两个空缺的人并非来自诺顿帮内部。在一个星期六晚上，小伙子们与纳特西的表哥克里斯·特鲁多和只是在保龄球场上才和他们有交往的马克·查姆帕一

起玩。这两个人都很有名气，是一流的保龄球手。多克征得丹尼和朗·约翰的同意后，选中他们来为诺顿帮打球。只有当这个正规球队中有人缺席时，诺顿帮中的某个随从者才会被叫来打球，而且在这种场合下他绝不会去突出自己。

随从者们并不满足于充当后补选手。他们声称没有给他们证明自己的才能的机会。1938 年 2 月的一个星期六的晚上，迈克组织了一场群体内部比赛。他的球队由克里斯·特鲁多、多克、朗·约翰、他本人和我组成。丹尼当时正在生病，所以用我来替换他。弗兰克、亚历克、乔、卢和托米组成了另一个队。人们对这场比赛比对一般的“分组”比赛兴趣更浓，但是随从者们打得很糟，而且一直不走运。

在这次比赛以后，随从者们被公认是二级队，而且再也没有向 19
多克、丹尼、朗·约翰、马克和克里斯的队挑战，而是各自去努力提高自己的地位。

仅就体育天才而言，弗兰克应该是一名优秀的保龄球手。他的球艺曾使他在半职业性球队中赢得一席之地，并被许诺——不过未得兑现——在一个二三流的职业球队中得到一份工作。妨碍他的并非缺乏练习，因为他和亚历克和乔·道奇一起打保龄球的次数多于多克、丹尼或迈克。在 1937 和 1938 年间的那个冬天，弗兰克在这个群体中尤其处于一种寄人篱下的地位。他和亚历克一起，在亚历克的叔叔开的点心铺里消磨时光。由于他几乎整整一冬天未找到工作，所以他参加群体活动时的开支主要靠亚历克提供。弗兰克栽到了群体的最底层。经济上的依赖性折磨着他的精神。虽然有时他打保龄球打得很不错，但他从未构成一种有可能打入一级队的严重威胁。

1937 年 6 月发生的几件事进一步说明了弗兰克的地位。迈克把诺顿帮的一些人组织起来，成立了一个棒球队，与诺顿街一帮年纪更小的街角青年比赛。根据弗兰克打球的成绩记录，大家认为他无论在哪个队都是最佳队员，然而他却表现得糟透了。他对我说，“当我和我认识的人——像那帮小子——打球的时候，我好像就不会打了。我为斯坦利·A. C. 在德克斯特、韦斯特兰或者在城镇以外的其他地方比赛时，打得要比这好得多。”弗兰克已经习惯于低人一等，所以当他与他本群体的人较量时，即使这是他最有希望获胜的运动，他也无法取得优秀的成绩。

一天晚上，我听到亚历克在朗·约翰面前吹牛，说他的打球法可以战胜一级队里的任何一个人，把他们都打败。朗·约翰用这样几句话来表明对他的挑战不屑一顾，“你以为你能战胜我们呀！可是，一到了那种压力下面，你就完了！”

亚历克强烈反对这种说法，不过他也认识到群体对他的球艺的普遍看法。在那个季度里，他创造了单人最高得分，而且，当他平日与弗兰克、朗·约翰、乔·道奇和我在一起打球时，常常胜过我
20 们。但是到了星期六晚上，当群体成员都聚在一起时，他的表现就大不一样了。在这次谈话之后不久，亚历克曾经有过好几次机会来证明自己的能力，但他每一次都“表现失常”，都失败了。

卡尔、乔、卢和弗雷德的球艺不佳，从未达到过可以获得承认的地步。托尼是公认的一流保龄球手，不过他主要是和一群更年轻的小伙子一起打球。

1938 年 4 月下旬的那场比赛是最能使人了解成员们打保龄

球时的地位的比赛之一。多克有一个想法，认为我们应该在群体成员之间进行一次个人比赛，以此来把这一季度的活动推向最高潮。他说服球场主拿出 10 美元作为奖给得分最多的三名球手的奖金。经决定，只有那些经常打保龄球的人才有资格参加这次比赛。根据这一规定，卢、弗雷德和托米都被排除在外了。

人们对这场比赛的兴趣很大。关于各个保龄球手可能表现如何，人们议论纷纷。多克、丹尼和朗·约翰各自列出了预测名单。他们一致认为前五名将包括他们本人、马克·查姆帕和克里斯·特鲁多，不过对这前五名名次的排列预测得不尽相同。接下来的两名被普遍认为将是迈克和我。所有的人都把乔·道奇排在最末，而亚历克、弗兰克和卡尔则被排在接近于最末的位置。

随从者们没有排这样的名单，不过亚历克吹出风来说，他打算给这帮小子点儿颜色看看。乔·道奇发现大家一致选定他是最后一名，十分恼火，并扬言他会赢。

由于克里斯·特鲁多在比赛时没有露面，比赛缩小到在 10 个人之间进行。在掷出前四个球以后，亚历克领先了几分。他转过头来对多克说，“今天晚上我非赢你们这帮小子不可。”但是后来他开始无法命中目标，由于连连失误，他不再尝试了。在打完一局以后的间隔时间，他出去喝酒，结果喝得满脸通红，站都站不稳了。他投球时漫不经心，装出一副对比赛毫无兴趣的样子。他一败涂地；几个球之后，他的得分在记分单上就从第一名落到了最后一名。

球手们结束比赛时的名次排列如下：

1. 怀特	6. 乔
2. 丹尼	7. 马克
3. 多克	8. 卡尔
4. 朗·约翰	9. 弗兰克
5. 迈克	10. 亚历克

根据多克、丹尼和朗·约翰的预测,这场比赛中只有两件事是出人意料的,即马克打得非常糟和我的获胜。不过,重要的是要指出,无论是马克还是我,都不完全符合这个群体中任何一方的条件。马克只在保龄球场上与这些小伙子有交往,在群体中并没有公认的地位。我呢,虽然与所有的小伙子都处得很融洽,但我与领袖们比与随从者们更接近,因为多克与我有私交。假如不把马克和我考虑进去,那么,比赛成绩就几乎完全如领袖们所料,这也正是随从者们惟恐出现的结果。丹尼、多克、朗·约翰和迈克共同名列前茅。乔·道奇打得比预想的要好,不过即使是他,也未能挤进水泼不进的领导阶层。

几天以后,多克和朗·约翰与我一起谈论起这场比赛。

> 朗·约翰:我只想着千万不能让亚历克或者乔·道奇赢。他们要是赢了,就乱套了。
>
> 多克:就是呀!我们没想在这场比赛中难为你,因为我们都喜欢你,别的小伙子也都喜欢你。假如有人存心为难你,我们会保护你的。……要是乔·道奇或者亚历克领了先,那可就不一样了。我们会劝他们别这样做。我们还会乱喊乱叫。我们确实会使坏。……

我问多克,假如亚历克或乔赢了,会出现什么情况。

> 他们不懂得怎么对待胜利。正是为了这个，我们才努力要打败他们。假如他们赢了，人们就会嚷嚷吵吵，争论不休。我们会说这是碰运气——诸如此类的话。我们会想办法让他们再参加一次比赛，然后打败他们。我们必须让他们安分一点。

每个街角青年在打保龄球时，都预料到会有人起哄，不过起哄的形式多种多样。我早在掷出第二组球以后，分数就已经领先了。这时，我受到的只是善意的嘲弄。领袖们看着我，又惊讶，又觉得 22
有趣。说实在的，是他们默许我取胜。

即使如此，对我的胜利也需要作某些校正。他们打趣地称呼我“冠军”，甚至“高级冠军”。我没有接受这个称号，而是坚持要求得到承认。多克安排让我与朗·约翰比一次。假如我赢了，就有权向多克或丹尼提出挑战。我们四个人一起来到球场。在多克和丹尼的激励下，朗·约翰取得了决定性的胜利。因此我也就没有再进一步提出挑战。

亚历克只是暂时被他的失败搞得抬不起头来，好几天没有在街角露面，但后来他回来了，并努力想东山再起。在小伙子们去玩保龄球时，他向朗·约翰提出挑战，要和他进行一场个人比赛，并且打败了他。亚历克又开始说话了。他再次向朗·约翰挑战，并再次打败了他。秋天，当人们又重新开始玩保龄球时，朗·约翰变成亚历克最欢迎的对手，而且在一段时间内，亚历克几乎总是领先。他为此洋洋得意。朗·约翰解释说，“他好像对我施了魔法，把我镇住了。”别人也这样解释这些事件——这只不过是为这种比赛结果找的一种古怪的遁词。

重要的是，在提出挑战时，亚历克选择的对手是朗·约翰，而不是多克、丹尼或迈克。这倒不是因为朗·约翰的球艺没把握。他平时的水平与多克或丹尼差不多，而且高于迈克。他是这个最高级群体的成员，其本身却并不具备做领袖的资格——他的社会地位才正是他的弱点之所在。

当朗·约翰和亚历克在群体以外打球时，亚历克是有可能取胜的。在团体赛中，朗·约翰仍被认为是可靠的选手，这对于一个人在群体中的地位来说更为重要。不过，领袖们仍然觉得亚历克不应该打败朗·约翰，于是试图扭转这种局面。多克告诉我：

> 这些日子亚历克不那么放肆了。他追逼朗·约翰的那种方式把我气坏了，我揍了他。……后来我又找朗·约翰谈话。约翰是个内向型的人。他总是顾虑重重，有时候觉得自己不如别人。他不会像亚历克那样咄咄逼人，而如果亚历克对约翰说约翰永远不是他的对手，朗·约翰就会认为亚历克比自己
> 23 强。……我找他谈了。我让他认识到他可以比亚历克打得更好，使他相信他确实是个更出色的球手。……你就等着瞧他俩的下一次比赛吧！我敢打赌朗·约翰会打败他。

在下一次比赛中，朗·约翰真的打败了亚历克。他还做不到场场必胜，可是他俩已经变得势均力敌了，以至于亚历克对这样的比赛不感兴趣了。

1937 至 1938 年活动季节的记录表明，社会地位与保龄球成绩之间有十分密切的联系。这种联系的形成是由于打保龄球成为这个群体最主要的社会活动。它变成一个人借以保持、获得或失去威望的主要工具。

打保龄球的得分记录并非自然而然地符合这种模式。某些习惯的行为方式对个人造成压力，其中最主要的是挑选队员时的态度以及成员们彼此之间的口头攻击。

通常是由两个人来挑选和哪些人为一方，以便把群体分成两支五人的球队。挑选者常常是——但并不一贯是——那些最出色的球手。如果他们不分高下，就常常由两个很差劲的球手来作选择，不过在任何情况下，这个过程基本上都是一样的。每个人都竭力要从尚未入选的人中间挑最好的球手。如果在场的不止10个人，那么，就只限于在最先到的10个人中间进行挑选，因此一个劣等球手，只要来得早，也能入选。每星期六晚上都要进行好几次选择，用这种方法来不断使人记起他的伙伴们对他的能力的估价，以及他们期待他取得什么样的成绩。

当然，个人的偏爱影响着对球员的选择，不过，假如一个人挑选了一群很差劲的球员仅仅是因为他们都是他最亲密的朋友，那么，谁都不会满意他的这种做法，尤其是他的队友。诺顿帮的惯例是，由输了的队替胜队支付他们掷一组木球的费用。作为一条规则，这点小意思在保龄球中倒也算不了什么。不过，谁也不愿意没有享受一番势均力敌的较量的乐趣就往外掏钱。因此，高明的保龄球手和拙劣的保龄球手作出的选择是非常一致的。大家都清 24
楚，为了使比赛有意思，应该首先挑选哪些人。

当多克、丹尼、朗·约翰或者迈克在打保龄球时分别属于敌对的两方时，他们会善意地相互取笑。人们期待他们得到好分数，如果得了坏分数，则被说成是运气不好或者临场竞技状态欠佳。可是，当一名随从者有可能改善他的地位时，人们的议论就完全是另一种腔调了。小伙子们对着他叫喊，说他是碰运气，说他“难为他的头儿”。人们竭力要使他相信，他本不应该打得这样出色，对于他来说，取得好成绩是不正常的。这种类型的口头攻击对于使成员们“安分守己”十分重要。随从者们尤其喜欢采取这种做法，所以实际上他们是在努力互相压制。朗·约翰是最经常遭到这类攻击的目标之一，并经常以牙还牙；而多克、丹尼和迈克却很少使用这一武器。不过，亚历克或乔方面的这种心理压力常会给领袖们造成真正的威胁。

群体行动的起因是影响局势的另一个因素。与社区俱乐部的那场比赛实际上使保龄球开始成为一项群体活动，而那次比赛是由多克安排的。群体活动最初是由群体中地位最高的人们发起的，而一个人鼓励开展他所擅长的活动，不鼓励他不擅长的活动，这是很自然的。不过，这无法解释迈克的表现，因为，在星期六晚上保龄球场的活动变成诺顿帮的固定活动之前，他的球艺从来不佳。

人们在其他群体眼中的地位也对于保持群体内部的社会区别起着作用。在 1938 至 1939 年的活动季节里，多克开始记录每个人在每个星期六晚上的得分，从而可以严格按照球手们的平均分数来挑选诺顿帮球队队员，以免有人指责有偏有向。一天下午，我们在谈论打球的成绩时，我问多克和丹尼，假如二级队的五名队员的平均分数高于一级队，那会怎么样？他们那时会变成一级队吗？丹尼说：

25 假设他们真打败了我们，而圣马科斯队的人想来和我们赛球，我们就会告诉他们，那帮人其实是一级队。但是圣马科斯队的人会说,“我们不想和他们赛,我们想和你们赛。”我们会说,“明白了,你们是想和多克的球队赛?”然后我们会和他们赛。

多克补充说,

比尔,我想让你明白,我们这样做是遵循民主的原则。是别人不想让我们搞民主。

三　诺顿帮和阿芙罗狄蒂俱乐部

1938 年 3 月,诺顿帮与阿芙罗狄蒂俱乐部的女孩子们结识了。这个俱乐部有 12 名成员,她们中间多数人都生得很俊俏,个个都穿得很讲究。她们每周在诺顿街街坊文教馆与一位社会工作者见一次面。女孩子们去看戏,举办社交聚会,而且每年把她们的俱乐部会费攒起来到某个有趣的地方去旅行。

在 1937 至 1938 年间的那个冬天,意大利人社区俱乐部与阿芙罗狄蒂俱乐部变得非常友好。他们在同一个晚上在街坊文教馆聚会,有时还共同举行社交活动。女孩子们十分重视受教育的程度,并且特别想给社区俱乐部的男孩子们留下一个好印象,尽管她们觉得他们中间有些人自高自大。虽然小伙子们对这些女孩很感兴趣,但是社区俱乐部的一些头面人物却急欲和意大利女青年会的姑娘们交往,于是在他们的社交往来中把阿芙罗狄蒂的女孩们和科纳维尔均丢在一旁了。虽然个别会员仍然对某些女孩子保持着一定的兴趣,但是到 3 月份时,这两个俱乐部还是慢慢地分道扬镳了。

多克、安杰洛、卢和弗雷德是通过作为社区俱乐部的成员而认识这些女孩子的，不过在3月份以前，诺顿帮作为一个整体与阿芙罗狄蒂俱乐部并无社交往来。从各种表面现象来看，他们对这个俱乐部是持敌对态度的。1937年6月，我听到他们谈论嘉利——她是阿芙罗狄蒂俱乐部里最标致的姑娘之一：

> 纳特西：她是个漂亮姑娘，可是我不喜欢她。
>
> 弗兰克：要是你也花三个钟头化妆，你也会很漂亮。
>
> 朗·约翰：她那两条腿可真够粗的。你们从来没有注意过她的腿？这就是她总穿那么长的裙子的原因。
>
> 26 乔·道奇：谁有钱她就找谁。你要是有辆汽车，她就喜欢你。我喜欢神气活现地开着我的车，让她坐在我旁边。……她只不过是一只野猫。

除了属于社区俱乐部的这4个人以外，诺顿帮的人们几乎从来不登街坊文教馆的门。这些女孩子是在一条不同的社会轨道上运行，诺顿帮认为她们很“高贵”，也很骄傲。不过他们不可能不感到她们很吸引人。

多克告诉我：

> 他们倾慕这些女孩子已经很久了，而且总催着我想办法安排和她们约会。……星期五晚上社区俱乐部打算在开会以后打保龄球。他们想让我和他们一起打，可是我推托说我过一会儿要出去。……后来我把这帮小伙子[诺顿帮]召集到一起，告诉他们，我们要和姑娘们打保龄球。……我想，阿芙罗狄蒂俱乐部还以为是要和社区俱乐部打球呢！我要是请她们和这帮人打球，她们也许就不来了，因为这帮人比较粗野。……可是

我把他们直接就带到这儿来了，结果我们打了球。

那天晚上非常成功。星期六晚上这两个群体再次一起打保龄球，而且每次打完球，都到詹宁斯自助餐厅吃一点“咖啡点心”。

亚历克和我说起这个开端：“以前我们以为她们盛气凌人，我猜想她们把我们当成一帮无赖。……现在我认为她们喜欢我们这帮人。我们正在取代社区俱乐部的地位。”

有好几个星期，这两个群体的成员几乎每天晚上见面。这给诺顿帮的社交生活带来了重要变化。

一天晚上——就是在第一次赛保龄球之后仅仅过了 4 天——我非常吃惊地发现亚历克、乔•道奇、托米和朗•约翰在诺顿街街坊文教馆的游艺室里围着桌子打牌。多克则一个人坐在一张桌子旁边看杂志。我在他旁边坐下来，请他解释这是怎么回事。他告诉我，小伙子们想去玩保龄球，可是他不想去，于是他让他们到街坊文教馆来，并答应找几个姑娘来和他们一起玩牌。此时姑娘们还未到，但是小伙子们一进来就自己玩开了。

除了丹尼和迈克以外，诺顿帮的人们开始几乎每天晚上都到 27
街坊文教馆来，或他们自己，或与姑娘们一起玩牌。有时候，当他们站在街角时，姑娘们会请他们进来。

社会工作者们并没有努力把诺顿帮拢到街坊文教馆里来。负责游艺室的哈洛伦小姐总想像对待由她主管的年龄更小的男孩女孩那样对待诺顿帮。街角青年们即使对最细微地表现出来的恩赐态度也会很快注意到，而哈洛伦小姐的态度却明显得令人厌恶。有好几天，小伙子们似乎只有一个心思，就是相互间用他们所能使用的最激烈的言辞谴责哈洛伦小姐。

朗·约翰与街坊文教馆里的人之间的社会地位差别最大，也是第一个退出的。他与哈洛伦小姐之间发生了一次特别不愉快的冲突，事后，他对小伙子们说他再也不会进街坊文教馆的门了。两天之后，我和他正在街角呆着，天下雨了。我不知道他的那个决定，所以建议到街坊文教馆去。他同意了。可是，刚一开门就遇见了乔·道奇。乔嘲笑他说，“我还以为你再也不会到这里来了呢！”

朗·约翰十分尴尬。我们又走到雨中，他忧心忡忡地说，“我觉得每个到那里去的人都以为自己比下一个进来的人高级一点儿。”

从他们在游艺室度过的第一个晚上算起，两个星期之后，诺顿帮的全体成员都离开了街坊文教馆。

小伙子们从一开始就非常严肃地对待他们与姑娘们一起的活动。他们第二次去打保龄球时，亚历克从他叔叔的商店里带去一盒糖果。在下一个星期六，他又带去许多点心。

多克告诉小伙子们，奥勒尼姐妹和她们的表姐妹们在离城数英里远的湖上有一个夏令营。假如小伙子们与这些姑娘关系友好，他们也许会在夏天的某个时候被邀请到乡下去呆一天。这种使姑娘们离开社区俱乐部的可能性是另一个诱因。

28 诺顿帮的确不久就取代了社区俱乐部，不过取得这一胜利只是由于对方的弃权。托尼·卡迪奥迷上了姑娘们中间最有吸引力的海伦，但是俱乐部的其他成员却不再对阿芙罗狄蒂俱乐部感兴趣了。不过，鉴于托尼被认为是两名最狂妄自大的成员之一，所以击败他使诺顿帮感到几乎是心满意足了。

这两个群体初次会面后，过了一个星期，我问亚历克他认为与姑娘们的交往对诺顿帮有什么影响。他说，“小伙子们相处得更和睦了，现在不再那么经常争吵不休了。”当时，阿芙罗狄蒂的姑娘们和诺顿帮见面时是全体都在一起。亚历克评论说：

> 假如我和她们一起出去几次，就能说出我喜欢哪个姑娘了。……可是你一开始是和一个姑娘一起出去，结果发现这是个蠢丫头。这可就麻烦了。你怎么办呢？她们都是一群的，所以你很难从中再去另找一个姑娘。

小伙子们只得小心翼翼地进展。他们可以尽量地向海伦献殷勤，因为她是他们大家共同的战利品。可是，要与其他任何姑娘结成对，就需要事先对形势进行慎重的考虑了。

一周以后，诺顿帮朝这个方向迈出了第一步。乔·道奇、朗·约翰、弗兰克·博奈利和我正在街角站着。安杰洛·丘西在大街的那一头碰上亚历克，并告诉亚历克他刚刚看见三个阿芙罗狄蒂的女孩子正往詹宁斯的自助餐厅走呢！她们说，那天晚上是个开车出去兜风的好时候，可是她们不相信乔·道奇真有小伙子们都在谈论的那辆大轿车。亚历克向我们走来，把乔叫到一边。后来乔就离开我们，穿过操场到金街去了。弗兰克一直留心地看着，此时转过身来问我想不想和他一起到詹宁斯的自助餐厅去。我说我认为时间太早，弗兰克就一个人走了。亚历克问我是否想和他一起去詹宁斯的自助餐厅。朗·约翰说，“你别在这儿蒙我们了。干嘛不说实话，告诉我们你想去兜风？”

我问朗·约翰想不想和我们一起走着去，他拒绝了，但他说我应该去。

在亚历克和我沿着梅因街走过去时，他说我们要和乔·道奇在他的汽车里碰头儿，开车去詹宁斯的自助餐厅，带姑娘们出去玩。 29

"可是现在弗兰克已经到詹宁斯的自助餐厅去了。……他不应该这么做。"把弗兰克排除在外有两条理由：他和女孩子们一起很害羞，而且他没有钱来招待她们。

我们走进詹宁斯的自助餐厅去和那三个姑娘说话。她们中间有一个人必须早回家，但她怂恿其他两人去兜风。我说服乔和亚历克让我留下来。这时弗兰克已经进来了，自己在一张桌子旁坐了下来。等乔和亚历克同姑娘们出去以后，我就坐到弗兰克身边。过了几分钟，朗·约翰和纳特西进来和我们坐在一起。朗·约翰问，"比尔，这是怎么回事？他们把你骗了？"我解释了发生过的事，但他说他不喜欢他们这种行事方法。

弗兰克和亚历克曾经是最要好的朋友，他们曾在那糕点铺里相处多时。可是现在，亚历克变得与乔·道奇更亲密了，他们还开着乔的父亲的车带姑娘们出去玩。弗兰克对我说：

> 让他们和那群丫头出去吧！他们捣了好几次鬼了。他们说要出去办点儿事，可是后来你却发现他们和女孩子们在一起。我一辈子也不会干这种事。……交个朋友可真不容易呀！你随时都可以遇上个姑娘。……可是要交个真正的朋友却要用好多年的时间。

亚历克和弗兰克之间的隔阂迅速加深。复活节是亚历克的叔叔的糕点铺最忙的时候，亚历克曾经答应到时候给弗兰克找点临时的活儿干。弗兰克说，亚历克干脆决定不给他活儿干了。亚历克则说他去找过弗兰克，可是弗兰克非常粗暴和不高兴，所以他不愿意再为弗兰克伤脑筋了。弗兰克和亚历克曾在不同的时候向多克诉说他们的事。亚历克抱怨说，他曾为弗兰克做过那么多事，而弗兰克却忘恩负义。弗兰克抱怨说亚历克在姑娘的事情上骗了他。多克十分同情地听着他们的诉说，却无法解决问题。乔·道奇的轿车和阿芙罗狄蒂的姑娘们已经在他们之间造成了一条太宽的鸿沟。

亚历克和乔的活动使他们在诺顿帮的所有其他成员中很不得
人心——只有卡尔和托米除外，他们也有汽车。他们仍然在街角 30
厮混，但有一段时间这只不过是因为别人对他们宽容罢了。

有一个星期六的晚上，诺顿帮正在和姑娘们打保龄球。曾经是晚霞剧社成员的10个人也在相邻的两个球道上玩。

丹尼和迈克来晚了，他们自己坐在一旁，谁请他们玩，他们都不肯，只是带着显而易见的反感看着人们玩球。丹尼告诉我，“我不喜欢和女孩子们一起打球。没有竞争。……那末，如果你一下命中了，也什么都不能说。你说话必须留神。”

在那天晚上玩球快结束时，迈克把多克叫到一旁。他指着晚霞剧社的那些人说，“咱们过去老说人家是奶油松饼，可现在，和你们一比，他们成了伐木大汉了”。

多克笑了。迈克给了丹尼一分钱，丹尼又把它给了多克，说，“你把它扔起来，瞧瞧你是不是个男人。要是正面朝上，你就是个男人；要是反面朝上，你就不是。”

多克对此一点儿也不动气。可是后来，丹尼把晚霞剧社的马里奥·特斯塔叫过来，让他告诉多克，奶油松饼现在已经变成伐木大汉了。马里奥大笑起来。多克生气了。丹尼对他说，“我让你20根木柱也能打败你。我和女孩子们玩，都是让她们20根木柱。”

多克接受了这一挑战。丹尼得 104 分，多克得了 84 分，于是丹尼快活极了。多克说他并不在乎输了 20 分；下次他也许还能比丹尼多得 20 分呢！他也不在乎被取笑和女孩子们一起玩球。他说让他生气的仅仅是因为丹尼把晚霞剧社的人扯进了这场争论。虽然他曾经是他们剧社的成员，但他为他在诺顿帮中的地位感到自豪，他对于任何使诺顿帮在晚霞剧社的人面前丢丑的事都很敏感。

赛完球以后，在詹宁斯的自助餐厅里，多克离开了那些女孩子，坐到丹尼身旁。丹尼承认他不该让晚霞剧社的人加入那场争论，并表示抱歉。多克说，他当时不打球是因为他与迈克和丹尼一样，不愿意在打保龄球时把他俩丢在一旁。

31 次日下午，丹尼和迈克站在街角，对弗兰克、朗·约翰和我讲起他们对我们与阿芙罗狄蒂的女孩子们交往的想法。丹尼想知道我们从中得到了什么。

> 假如你们想和她们出去寻欢作乐，你们必须有钱，可是你们中间连一个能拿出一角钱来的人都没有，所以趁早丢了这个念头吧！
>
> 亚历克对我说，“我要把她们一个个都撂倒。”
>
> 我告诉他，“我敢拿钱和你打赌，你一个也撂不倒。你要是把她们中间的一个姑娘撂倒了，你就得和她结婚。这是你撂倒其中一个的唯一办法。”

朗·约翰说，他压根儿就不大愿意和这些女孩子一起打保龄球。弗兰克说，起初他很喜欢跟她们一起玩，不过如今这已经一点儿意思都没有了。迈克说，他和丹尼将组织一个“牢骚委员会”并重新接受我们中间的一些人加入科纳维尔莽汉队（这是一支棒球冠军队的名称，他曾在该队打球）——假如我们发誓再也不和那些女孩子一起打保龄球的话。弗兰克答应了。朗·约翰开玩笑地说，他绝不申请加入这个棒球队，而丹尼则说，只要他有一口气，绝不让朗·约翰回来。

马克·查姆帕来了，带着弗兰克，与乔·道奇和卡尔一起开着他的车去兜风。卢·达纳罗也开着车来了，丹尼、迈克、朗·约翰和我爬进他的汽车，又到多克家接了多克，然后开车前往克莱顿，把车停在那儿的保龄球场。丹尼和多克来挑人。多克挑了卢和迈克；丹尼挑了朗·约翰和我。但是后来迈克又提出异议。他想和丹尼在一个队以捍卫科纳维尔莽汉队的荣誉。我和迈克换了队，后来多克、卢和我以三盘两胜的成绩赢了丹尼、迈克和朗·约翰，这主要归功于多克的高超球艺，他的最后得分大大超过了丹尼，从而感到他已经报复了前一天晚上丹尼对他的羞辱。比赛结束后，多克问莽汉队是否肯重新让我们全体加入。迈克说可以。于是我们在一种亲亲热热的伙伴气氛中，开着车一起返回科纳维尔。

事后，多克和我谈起了上述进展：

> 起初我很喜欢和姑娘们一起打保龄球。我曾希望迈克和丹尼也和我一样。由于他们不是这样，我也不再那么喜欢和她们一起玩了。……我知道他们不喜欢。他们跟我说过，“这不合理。女孩子们把球场都占了。”……你可以说，我们之间 32
> 在与女孩子们一起玩球的事情上有一些摩擦，不过你看到是怎么解决的了吧！问题其实并不严重。我们马上就又取得一致了。

在打保龄球的活动季节快要结束时，星期六晚上再次变成了男子汉的夜晚。与阿芙罗狄蒂的女孩子们的社交关系又持续了几个月，不过规模比以前小。在群体活动的高潮过去之后，继续吸引着小伙子们的，主要是女孩子们的夏令营。在七八月份，小伙子们曾好几次驱车去夏令营。

亚历克一向吹嘘他与女人交往的本领。多克对他不大在意，但其他小伙子觉得应该想办法让他安分一些。4 月里的一天晚上，他们在拿亚历克开心，这时，正如多克说的，亚历克向他挑战了：

> "既然你是个情场上的高手儿，我请你显显你的本事呀！"
>
> 我说，"亚历克，我也许不如你长得漂亮，也没生着你那样的头发，可是甭管什么时候我都能把你挤到一边儿去。"
>
> 亚历克说，"不可能！不可能！"
>
> "算啦！"我说，"我现在比过去大了，不想只是为了表明我能够把一个姑娘从一个男人身边带走而这么干。"
>
> 可是后来丹尼却说，"多克，我想你是想溜吧！"
>
> 这个混蛋！既然丹尼这么说，我就非干不可了。他这么说只不过是激将法，可是我说，"好吧，丹尼，我选中了海伦。星期六晚上见。你瞧着吧！"……星期六晚上亚历克没有在那儿看到那一幕。这太可惜了。我们在比女孩子们呆的地方低一层的球场上打保龄球。我上楼去看海伦，并请她下来。我有话要和她说。过了几分钟，她下来了——是一个人下来的。整个晚上她都坐在我身边，在那群小伙子们中间，她是唯一的女孩子。这下丹尼服了。后来他告诉我，"多克，你仍然是情

场上的高手儿。”

由于亚历克不在场，所以他仍然不信服，而且继续吹牛。一个月以后，丹尼再次敦促多克让亚历克安分一点。起初，多克为亚历克这种令人讨厌的自吹自擂的脾气训了他一顿。由于这毫无效果，多克问他，“在那些女孩子中间，你和谁确实合得来？”亚历克说他和米尔德丽德最合得来。

“那好吧，你再带着她出去玩两次，这样你就可以确实和她情投意合了，然后，我要把她从你身边夺走。”

亚历克抗议说不能这么办。后来多克和我评论这件事时说：

> 其实我觉得我办不到，不过，不管怎么样我还是这么说了。我完全是被激起来的。……事后，亚历克把我叫到一旁，告诉我，他爱米尔德丽德而且想和她结婚，所以我应该罢
> 手。……我说，“好吧，亚历克，我就是想听你说这句话。”…… 33
> 我认为他并不是真爱她，不过，这一带有一条奇怪的规矩。假如他说了他爱她，我就不许再去招惹她了。

由于在与女孩子们的关系上，亚历克比除乔·道奇以外的任何人都更为积极，所以需要由领袖来进行干预，以便使他不要太过分。几个月之后，他向米尔德丽德求婚，在遭到拒绝后，他对阿芙罗狄蒂的女孩们丧失了兴趣。一年以后，他和另一个女孩结了婚。

在多克接受了亚历克的第一次挑战，并开始“挑逗”海伦时，他就意识到自己是在冒险。要想爱上她是很容易的，可是多克没有钱，也没有工作，而这是结婚的基础。

当女孩子们看到多克和海伦在一起时，这一结合似乎是很自然的事。海伦最亲密的朋友之一多萝西常常说他们真是动人的一

对。4 月，海伦病了。正如丹尼说的：

> 多萝西总是暗示鲜花。她对多克说过两次，“海伦病了。你怎么不给她送些花去?”……这把我惹火了。她真是个笨蛋。难道她不知道多克没钱买花？……昨天晚上，我和朗•约翰决定以多克的名义给她送些花去。他极力劝我们别这么做，可是今天早晨，我们到西尔弗顿街的花商范德华特那里去了。……他有兰花，15 美元 3 朵——这太贵了。我们要了玫瑰；我们告诉他这不是送给情人的，而是送给一位生病的朋友的。于是他建议我们买泪珠玫瑰。我们花 5 美元买了 12 朵。……要是在这附近，我们用这些钱可以买 6 打玫瑰花，可是假如我们从这些花店里买花，他们就会派一个墨西哥人上门送花。范德华特有一辆很漂亮的汽车，他们是让一名身穿绿色制服的送货人到各处送花。……可是，用那 5 美元我们干什么不行呀！

多克是怀着复杂的感情来迎接这一友好的表示的。他意识到这有助于他的名望，可是这会使海伦认为他是认真的。最后，他告诉多萝西和海伦，是小伙子们代表他这样做的。

此后不久，小伙子们在詹宁斯的自助餐厅里时，有一个女孩子嘲笑多克作为情场上的高手的名声，并扬言他不敢和她一起出去。多克是这样对我说的：

> 那群丫头把我惹火了。她们是一群傻瓜，可是她们的做法就好像她们什么都懂得似的。……好吧，我说我要和她一起出去。可是她说，“首先你必须参加我举办的舞会。”
>
> 我问她，“都有谁要去?”

“托尼·卡迪奥、奇克·莫雷利和安杰洛·丘西，”她说。

“还有别人吗?”

“没有别人了。”

这一下我生气了。丹尼、朗·约翰和弗兰克就和我坐在同一张桌子旁边，可是她没有邀请他们。……我告诉她，“不行，我那天晚上要到另外一个地方去。”

她说，“这不是真的。你就是不想来。”

“对，”我说，“我就是不想来。”

她火了。当她走回到她的餐桌时，我转向小伙子们。他们都非常懊丧。我对他们说，“别介意这件事，她是个傻瓜。她太笨。”

虽然多克无法保护他的小伙子们免遭这种社会歧视，但他至少表明了自己和他们是一起的。

与阿芙罗狄蒂的女孩们的交往，加上保龄球活动，给朗·约翰的生活带来了重要变化。1937 年春天，他在掷骰子赌博中把钱都输光了。到 1937 年秋天，他赌博的次数开始减少，而到了冬天，他就完全不赌了。春天，我对他说，这么长时间不去掷骰子赌钱，他一定要有很大的毅力。他耸了耸肩膀说，“你知道实际上是什么使我一冬天不赌钱吗？保龄球！”

随着朗·约翰逐渐放弃了赌博并开始与阿芙罗狄蒂的女孩们来往，他对女人的态度也开始改变。每当他静下来考虑这件事时，总是对她们那种在社会上高人一等的态度忿忿不满，可是在其他时候，他又发现和她们在一起很快活。虽然他从来没有认真地想过与她们中间的一个结婚，但他对我说，“假如我能找到一个我真正能爱上的姑娘，我明天就结婚。……我说的是真话。”

在一段很短的时间里，朗·约翰从诺顿街的一个粗野下贱的角落移到了一个比较受人尊重的角落，从掷骰子赌博的场所移到了保龄球场，又从保龄球场移到了一群出类拔萃的姑娘中，甚至在一个短时期内还曾与她们一起进入街坊文教馆。正如多克评论的那样，“这是一种蜕变。”

把诺顿帮与阿芙罗狄蒂的姑娘们凑在一起的是多克。当丹尼和迈克想使他们分开时，他们集中全力说服多克。如果有两名随
35 从者离去，这不会使群体有什么大变化。可是，丹尼和迈克的地位如此之重要，以至于如果没有他们，诺顿帮就不能继续成其为诺顿帮了。此外，他们是多克最亲密的朋友，每当他必须在他们与其他人之间作出选择时，他总是选择他们。与姑娘们一起打保龄球有可能使诺顿帮分裂，于是丹尼和迈克向多克施加影响，以重建群体的团结。到了秋季，诺顿帮与阿芙罗狄蒂的女孩子们逐渐疏远了，以致你可以听到诺顿帮对女孩子们又表现出和在与她们相识以前相同的态度。只有亚历克、乔·道奇和弗雷德·麦基实际上选择了和女孩子们在一起，而他们与诺顿帮的关系则变得相当淡漠。最后乔和弗雷德都和这群姑娘中的成员结了婚。

与姑娘们的交往和打保龄球一样，也是一种获得、保持或失去在群体中的声望的手段。正如在打保龄球时一样，必须使亚历克安分一些。为了使群体顺利行使功能，非正式地承认和保持声望的等级高低是必不可少的。

四　多克的政治竞选

对于漫不经心的观察者来说，街角的这一帮人似乎多年来毫无变化，而实际上，变化却一直不断发生；而且，随着小伙子们进入而立之年，这个帮本身也逐渐趋于分化瓦解。有的成员已经娶妻生子。即使他们还继续在街角闲荡，他们的兴趣也已不再局限于这一社交领域。由于结婚，有的人搬出了科纳维尔；而且，甚至在他们回来与小伙子们一起消磨时光时，也已不再是当年那样的积极分子了。处于这一生命阶段的街角青年应该做的是“安家立业”，谋到今后能养活自己和家人的职业。他变成了另一个人，他的一帮要么分道扬镳，要么并入某个更大的俱乐部组织。

多克如今已经 30 岁了，必须为自己的前途作出某种决定了。自从彩色玻璃厂倒闭以来，他一直没有找到稳定的工作。他没有受过别的专业训练。他的聪明才智，特别是他操纵街角青年的本领使他好像天生适合于从政，他的许多朋友也怂恿他参加竞选。36
迈克·乔瓦尼尤其坚持要他这样做。他曾对我说过：

> 你知道，有的人自己做不成什么事，可是他们能使别人为他们做。我大概就是这种人。我身上缺少某种东西，可是我能在别人身上发现这种东西。

1937 年春，多克和我谈起他的看法：

> 我告诉迈克不要再想政治。……他说，“你可不能这样。我四处奔走弄来了这些名单，又逐个给他们打电话。”我让他忘了这件事。……我不能没有工作光干这个。你知道在被解

> 雇以后身无分文是什么滋味吗？不知道下一个美元将从何而来。我希望你永远不要有这种体验。我尝过一回这滋味了；我不能再尝一回。……可是比尔，我能干什么呢？我是个半吊子的艺术家。假如我是搞艺术的，我不会雇一个像我这样的人。别的事我还能干什么？也许我应该设法找个文职的差事做做，可是一天到晚呆在办公室里会使我心烦。……但是假如我参加竞选，我就必须得有个工作——甭管什么工作。……我不应该呆在这儿。我姐姐照顾我，我姐夫也是个好人，可是这对他们来说没有什么用。有时候他们想亲热亲热，可是因为我在旁边，他们不能。……我应该自己出来单过。我应该考虑结婚。假如我有工作，我也许会这样做。我对这码事并不大感兴趣——可是姑娘们希望我这么干。我这个人十分自负，所以总想知道她们是不是爱上我了。……可是后来我还是把她们甩了。……我又能够给一个姑娘什么呢？如果找不到一份好工作，我决不结婚。我可不那么蠢。……我根本就不该到这里来。

每当小伙子们怂恿他竞选时，多克就会对我说，“比尔，别理会这件事。他们只不过是想找个人来为他欢呼。”

一年之后，多克的个人状况并无好转，然而他却对朋友们的主张让步了，同意竞选州议会众议员。

政治竞选只不过是为多克带来了更多的麻烦。如今，他比以往更感到必须有一个职业。对于他不曾受过正规教育，他很敏感，而失业则是他的另一个负担。他竞选需要钱，而且他并不想让别人说他参加竞选仅仅是为了给自己找个工作。

在1938年春天，他时常听他住在代德菲尔德的姐姐说起，公共事业振兴署的项目管理人曾暗示如果他依然需要找工作，他们可以为他安排个位置。如果多克到位于代德菲尔德的公共事业振 37
兴署工作，他就不能把科纳维尔作为他的正式住处，并且不可能参加竞选。他曾告诉我他再也坚持不下去了，决定尽一切努力到代德菲尔德的公共事业振兴署去工作。后来他又说，他之所以没有去代德菲尔德找任何人，是因为他不能使那些希望他竞选的人失望。

他在科纳维尔的姐姐想搬到代德菲尔德去住。她的两个最小的儿子正在学着街上人们说的野话，变得很不好管；她想带他们离开科纳维尔。假如她搬走，多克就得和她一起搬，于是她问多克这对于他的政治抱负会有什么影响。他对她撒谎说，他对政治已经不感兴趣了。由于代德菲尔德没能满足她的要求，所以她推迟了搬家的时间，而多克也就在科纳维尔留下来了。

多克相信，假如他请求某些当地的政治家替他说情，他就可以在东城的公共事业振兴署找到工作，不过他为这一任命付出的代价将是退出竞选。所以，他自己去提出求职申请。作为一个没家没业的单身汉，他知道他被录用的机会很少，因此当他的这一努力毫无结果时他并不感到惊讶。

马洛里夫人是诺顿街街坊文教馆的就业指导。她对多克产生了兴趣并安排他到一家很有名的彩色玻璃公司去干一个月的活儿。他的工资是每周10美元，将由街坊文教馆支付。多克满腔热情地去工作，希望能为自己谋得一个长期工作。到了月底，这家公司的老板夸奖他干得不错，并且说如果由街坊文教馆出钱让他再干一个月并增加些经验，他们也许能雇用他。马洛里夫人建议这样做，但是培根先生说，“我们为多克做的已经够多的了。”因为还有其他一些穷人需要予以关心，他感到，除非公司肯定答应会雇用多克，是不应该再向他提供资助的。但这家公司并没有作出许诺，这项计划也就放下了。这一个月的工作给多克带来的仅仅是辛酸的失望。

38 那年春天和夏天，培根先生给了他一个机会，在街坊文教馆里教人们制作彩色玻璃，每周一个晚上，每节课 2 美元。马洛里夫人希望到秋天让他在私立学校里讲课。而培根先生却认为夜校的课能使多克有机会表现他的创造力。多克对马洛里夫人说，如果找不到一份真正的工作并有一些保障，他在这样一个班里任教是不会安心的。她让他去谢谢培根先生为他提供了教课的机会，多克答应了，但他却从未去表示过感谢。他知道培根先生认为他得过且过、十分懒惰。有时候他真想去找培根先生争辩一番。他没有这样做，不过他至少努力避免采取任何有可能使他受社会工作者控制的行动。

科纳维尔街坊文教馆的馆长史密斯先生对于开展一项娱乐计划很感兴趣，这项计划是由主管青年工作的肯德尔先生提出来的。他想筹集资金在一个空仓库里开设娱乐中心，以便使不愿到街坊文教馆来的街角青年有个活动场所。我建议多克去担任其中一个中心的管理人并让多克与史密斯先生见了面。我曾希望多克会给人留下一个好印象，但他却几乎一语不发。后来，由于我的劝说，多克又去见史密斯先生，但他只是坚持说他很喜欢建立娱乐中心的想法，不过除非他能找到某种能立刻解决他的生活问题的办法，他什么也干不了。多克的态度使史密斯先生困惑不解。我问多克这是怎么回事，他解释说，第一次去见史密斯先生时，他忽然觉得头晕目眩，而他只能把这瞒着不让我们知道。在此之前有一个时期，在他面对严峻的经济困难时，他也曾有过这种症状。只要呆在一间挤满了人的屋子里，他就会感到头晕。如果他必须去参加某个舞会，他就让安杰洛过 10 分钟以后进去，说街角有人找他，然后他就有借口逃脱了。

即使他给史密斯先生留下好印象，这项计划也要等到秋天才能实行，所以它不能使多克立刻得到经济资助。多克对我说：

> 比尔，这个想法很好。应该干。……假如我有钱维持生活，我会一分钱也不要，去干这个工作。可是现在我连想也不能想。我必须先让生活有一些保障。我需要有个工作，什么工作都行——一份固定的工作，现在就要！……然后我才能考虑别的事。 39

这时，多克的竞选开始了。迈克自我任命为竞选干事，并以富于感染力的热情为竞选工作四处奔走。在竞选年的春末和夏季的几个月里，主要活动是为候选人“大造舆论”。他最亲密的朋友们从一个街角到另一个街角，让小伙子们知道他们的勇士“在战斗”。迈克被看成是一流的“选举干将”，他的初步工作是颇有成绩的。他唤起了他那伙人的兴趣。韦尔波特的一个由多克的同乡组成的俱乐部的头头们保证支持他。科纳维尔一个政治俱乐部的领袖答应支持他。许多在他们自己的科纳维尔群体中颇有影响的街角青年来找多克，并发誓为他的事业出力。而多克却按兵不动。迈克不断地催他行动起来，去“成立一个委员会、起草一份政策宣言、组织一次舞会来筹款，把工作开展起来”。

最后，迈克对多克十分反感，他对多克说，“你有一个很好的机会在这场斗争中取胜，可是我要当着你的面告诉你——你是个懒虫。”

由于在这次竞选中选民们只能选两个人，而迈克·凯利议员又肯定会再次当选，所以，多克如果要有机会获胜，就必须成为最强有力的意大利人候选人。他是初次参加竞选，这种期待未免过高了。不过，他依然被认为是一位很有实力的候选人。一位主要的意大利人候选人的朋友们在劝说多克退出竞选时，预测他得到的选票不会超过 1,500 张。但是在这样的竞选中，1,000 张选票就足以使一个人成为重要的政治人物了。

7 月底的一天，多克没和任何人商量就退出了竞选。当我问他为什么这样做时，他说，“参加竞选的人太多了，比尔。有 32 名候选人呢。”但是后来他承认这并不是真正的原因。

> 参加竞选的人越多，对我越有利。……问题在于对我来说，那些社会要求太多了。我和小伙子们在詹宁斯的自助餐厅时，有一个人走到我面前，想让我买一张什么票。我尴尬极
> 40 了，所以只好拒绝了。比尔，总有这类的事发生。……作为一位政治家，我应该参加宴会，出席会议，可是我不能去，因为我没有钱。人们向我走过来，和我要名片，要不干胶的标签和徽章。我却什么也拿不出来。……在政界中这样可不行。他们会用这个来反对你。如果你不买他们的票，他们就称你是不值钱的劣等货。他们背地里说你的坏话。……我为这发愁。有好多天夜里，我在屋子里走来走去，一直到凌晨三四点钟。

> 我真受不了，比尔。退出来也不容易。韦尔波特的同乡们都气炸了。那么多人都曾保证会支持我。而我从来也没有请求过任何人的支持。一次都没有过！都是他们来找我。现在一切都过去了，我想我当初是能够取胜的。我真这么想。……下一次，除非我的口袋里有200美元，我是不会参加这场争斗的。不过，这一回对我来说确实是有利时机。两年以后——谁知道会发生什么事？……是呀，我参加的时候倒是也蛮有意思的。

多克在年轻的时候，在整个科纳维尔以及远离其中心的地区也曾是个风云人物，无论到哪儿，总会有一群随从者。他自己并没有花费什么努力，就博得了名望，成为有影响的人物。数年的失业却破坏了他的信心，并使他的社会活动范围逐渐缩小。正如他告诉我的：

> 直到你来到这儿前不久，我才又开始在诺顿街上混。现在，其他任何地方我都不去。我总是在那个街角。我非常厌恶我自己，所以不到任何别的地方去。

要想在政治上取得成功，街角青年必须能够走出他自己的帮，不断扩大他的社会影响面。他必须能够结识新的群体并参加他们的活动。多克却恰恰是反其道而行之，而且他知道这一点。他的自信心并没有完全消失。他确信如果他有一个稳定的职业，是能够扭转他生活的方向的。那时候，他就能够有钱花，在参加群体的活动时也能按人们期待他的去做。当他放弃了找到一份工作的希望时，他认识到自己的道路已经与成功的政治家的道路离得越来越远了。鉴于他不能同时走两条路，他选择了唯一的一条出路。

多克退出竞选的消息对诺顿帮是一次毁灭性的打击。迈克变得狼狈不堪。当他使多克成为他的斗士的时候，他被自己的热情冲昏了头脑。如今他的信念动摇了。多克依然是他亲密的朋友，但是他开始谈论多克的缺点，这是以前从未有过的事。多克是个
41 很出色的人——这大家都了解——不过他恰恰不具备获取成功的
动力，人们不得不原谅他的缺乏勇气。迈克是个“干将”。他具备多克所欠缺的东西。多克已不再是迈克的领袖。

多克的行动同样也扰乱了其他街角。如果一个街角青年领袖把他的朋友们动员起来了，并唤起他们的热情来支持某个候选人，后来这名候选人却突然退出了竞选，这个群体的威信就会受到严重的破坏。这个领袖让他的群体支持错了人，于是他的声望也会下降。人们会怀疑这名候选人出卖了他的朋友们，怀疑他曾与另一名政治家讨价还价，由此利用了他们对他的支持，以获得某些物质上的好处。

多克的地位很牢固，因此足可以向那些对他退出竞选感兴趣的竞争对手要求点儿什么，然而，他却是无条件地、独立自主地退出竞选的。有谣言是不可避免的，但是由于谁也无法证明多克干过什么不光彩的事，所以他的声誉并没有被损害。

在他的竞选达到高潮时，多克曾是一支人数不断增多的支持者大军的领袖。而当他退出竞选后，出现了一次大改组。他的影响曾经很强大的那些街角转而支持别的候选人。甚至属于他自己那一派的小伙子们也去支持另一位候选人——泰勒俱乐部的头头儿汤姆·马里诺的竞选。当汤姆和多克都参加竞选时，人们曾经非正式地承认这两个群体的成员都会同时投这两个人的票。而在多

克退出以后，汤姆就变成这条街上最重要的人物了，多克变成仅仅是“一个小伙子”。

以前，多克曾在诺顿帮的政治讨论中起着领导作用。随着这次选举的日趋临近，他却明显地沉默了。他不领导任何人，只是到处游荡。他甚至有许多时间不和自己的一帮人在一起。他能够一连几个小时独自坐在斯蒂芬尼光线昏暗的理发店的后排座位上。

五　解体 42

假如这是一部文学作品，那么故事到此就该结束了。曾经是那般活跃的多克已经退出了他的帮，而由于没有他的领导，诺顿帮也开始解体。然而，对于多克和他的朋友们来说，生活仍在继续，某些发生在他们身上的事情说明了他们个人之间关系的性质。

丹尼和迈克不再积极参加群体的活动了。对于赛马赌博的兴趣的增长使得掷骰子赌博赚不到多少钱了。在 1938 年秋天，丹尼找到了一份工作，和斯庞吉在一起。斯庞吉是在科纳维尔做非法生意的，他经营一个马房，并且设一个掷骰子赌局，吸引的顾客比参加游乐场赌博的顾客要多得多。丹尼的工作使他整个下午和晚上都得在斯庞吉那里忙碌。他没工夫再在街角闲荡了。

掷骰子赌博的结束使得将迈克与诺顿街联系在一起的一条主要纽带不复存在了。他在公共事业振兴署工作了一段时间，但后来被解雇了，于是他把他的时间用来在城里找零活儿干。由于他手头拮据，所以很少能和小伙子们一起打保龄球。

尽管小伙子们中间有人身无分文，但是，只要还有人能为别人出钱，群体的活动就可以继续下去。如果成员们都没钱了，许多活动就必须停止了。这就是 1938 年秋季诺顿帮面临的局面。除了在街角闲荡以外，他们已经不能再有什么活动，而能够留下来在街角闲荡的人也寥寥无几。卡尔和汤米大部分时间都和一个年纪更轻的群体在一起。卢和弗雷德也不像以前那样频繁地到科纳维尔来了。亚历克把注意力都集中在他的未婚妻身上。纳特西又开始在诺顿街上消磨时光，他的表兄，以前总和这帮人一起玩保龄球的克里斯•特鲁多有时和他在一起。在最初的 13 名成员中，只剩下了纳特西、朗•约翰、弗兰克、乔•道奇和安杰洛。

科纳维尔街坊文教馆获得了一笔资助，来向它的娱乐中心计划提供 6 个月的经费。史密斯先生曾打算雇用受过训练的社会工
43 作者，但他同意让多克负责三个娱乐中心中的一个。诺顿街街坊文教馆的一名工作人员在回答史密斯先生的询问时替多克美言了几句。当培根先生听说要任用多克时，他发表评论说，“他不是我要选来做这项工作的那种人。”

从 1939 年 1 月初开始，除星期天以外，每天下午和晚上，多克都要一直在他的中心里忙到晚上 10 点钟。这使他没有工夫在街角闲逛了。诺顿帮里有一部分人在娱乐中心消磨一段时间以示响应，不过他们的活动的性质发生了变化。

多克的新工作帮助他恢复了自信。史密斯先生说，在中心开业的筹备工作期间，多克无精打采的，致使他曾生怕多克无力胜任这项工作。可是中心开业以后，多克就把心思都放在工作上了。他变得完全可以信赖，很快就使一切都顺利地运行起来了。刚开业那两天，他曾遇到有人偷东西的麻烦，不过，没出一个星期，被偷

走的东西就都被还回来了。此后，偷东西的情况就有了很大改变。小伙子们把据他们说是找到的或者是曾经给他们的东西捐赠给中心，但多克怀疑这些东西是他们偷去的。不管这些东西来路如何，反正这些捐赠表明小伙子们已经把中心当成他们自己的中心了。

多克的背景使得他比社会工作者更具有重要的便利条件。虽然他不认识其中心所在地区内的年龄较小的男孩子，却认识他们的哥哥、表兄或家长中的一些人。他还能号召他的朋友们帮助他。有一段时间，迈克·乔瓦尼曾在中心每周讲一次拳击课。多克的经验还使他能够通过短时间的观察对每一个街角青年群体作出估价。中心开业的第二天晚上，他就已经能对我说出每一个街角帮里有多少人，他们经常到什么地方去，以及这一群人的头儿是谁。他对这些领袖人物的承认表现为，在关系到他们的群体的问题上，让他们负责作决定。他没有遇到严重的纪律方面的问题。不久，他的中心就被组织得能自行运转了，多克只在裁定纠纷、解答问题和提供忠告时出面。

而那两名社会工作者的情况是，其中一名遇到了这样一些问 44
题：如打破窗户、偷东西和普遍的不守规矩，以至于他负责的中心开业才几个星期就被迫关闭了。另一名社会工作者费了好大劲才支撑了 6 个月，不过要是没有多克的帮助，他能不能做到这一点就很难说了。多克认识一些经常在这个中心附近闲逛的年龄比较大的街角青年。年轻的男孩子尊他们为“硬汉子”。多克说服他们到中心来，安安静静地玩牌，以便树立一个好榜样。那位社会工作者承认这对他非常有帮助。还有的时候，弗兰克、乔和朗·约翰到中心来劝架，并帮助维持秩序。

每个关心这项计划的人都承认，在这三个中心中，多克的中心是唯一真正成功的。不过，这个工作并没有永久性地解决他的问题。6个月以后，这项计划没能够再次获得资助，多克也再度失业。虽然史密斯先生说他愿意帮助多克找个工作，但他在考虑多克的工作时，并没有将这与他的正规计划联系起来。那年的夏天和历年的夏天一样，街坊文教馆为科纳维尔青年举办的夏令营雇用的领队清一色地是外地的大学生。

多克在娱乐中心工作期间，晚上下班之后仍能继续见到丹尼。多克失业以后，开始经常和丹尼一起，呆在斯庞吉那里。虽然在生意不景气时，斯庞吉无法给丹尼一份稳定的工作，但他喜欢丹尼来和他作伴，丹尼的不少个人花用也是由他支付的。斯庞吉和多克很快就成了好朋友，而且无论斯庞吉到哪儿去，都总愿意有多克为伴。

诺顿帮中的一些人也在斯庞吉那里消磨时光，不过他们并不认为这是他们的聚会地点。在诺顿街的街角，一个新的群体出现了。安杰洛、纳特西、弗兰克、乔、菲尔·普林西皮奥和保罗·戴马夏混在一起。菲尔和保罗是大学里的研究生，他们曾加入过意大利人社区俱乐部，不过后来投奔了街角青年。他们与安杰洛的关系尤其密切。安杰洛是这一帮的头儿，纳特西的地位仅次于他。

45 诺顿帮的解体牵扯到个人社会地位的重要变化。多克谈到他与斯庞吉的关系时对我说：

> 斯庞吉说了算。这是很自然的。这是他的地方，而且周围许多人都听他的。可是他不能随便支使我。……有时候，丹尼只是为了激我的火，叫斯庞吉让我跑腿儿。斯庞吉走到

> 我跟前,可是他甚至还没开口,就自己先笑起来了,这件事对他来说显得那么滑稽。他试着交给我两角五分钱,说,"嘿嘿,多克,去给我买点儿东西来。"
>
> 我告诉他,"你自己去吧。"他笑了。他觉得这是一个特大的玩笑。……我告诉他,他休想收买我。
>
> 他说,"我还没说出来要给你一辆别克车呢!"当然,一辆别克车可是个大家伙。他说,唯一的问题是他给我的报酬还不够多。我告诉他,就是他出 100 万美元也休想收买我。……他知道有些事我是决不会去做的。我和他的生意毫无关系。

尽管多克为保持他的独立性而自豪,他却已不再是一位领袖了。

朗·约翰把他的时间分别花在斯庞吉那里和诺顿街的街角。这种重新组合将他置于一种极容易受责难的地位。在斯庞吉的"下流场所"出出进进的有两群人:核心和随从。斯庞吉把他的兄弟、丹尼、多克和另外两个人算作核心。当他去用一点"咖啡点心"、开车兜风或看电影时,他会请他们与他作伴。他不请朗·约翰,于是朗·约翰被排除在核心之外。没有多克、丹尼和迈克的支持,朗·约翰在依然留在诺顿街上的人们中间是没有地位的,也不知道应该到哪里去。

保龄球活动的过程清楚地表明了诺顿帮遇到的情况。在 1937 至 1938 年的活动季节里,小伙子们每星期六晚上刚过 8 点钟就到球场来了,并一盘接一盘地一直玩到午夜闭馆的时间。在 1938 至 1939 年的活动季节里,直到晚上 9 点钟以后才开始打保龄球,而且每一盘与下一盘之间间隔很长时间,晚上到 11 点钟前后就结束了。原来是10个人玩，其他人等着轮到自己，现在是球场上只看到6至8个人。多克在他的娱乐中心一直要忙到10点，丹尼和迈克也不常来。有几个小伙子对我说，保龄球好像一点儿意思都没有了。

46 第二年，球场上再次拥挤起来，不过玩球的人们中间有许多是新人，以至于这个群体好像已不再是诺顿帮了。有一次，多克发表评论说：

> 除非在球场上，里科和奇克·莫雷利从来不和我们在一起。……有一天晚上，我和奇克在球场上争论起来。他完全有理，但是我的话说得非常圆滑，最后使他不得不为他说的话道歉。当然，小伙子们都站在我一边。……他说我们是一个小集团，说我们玩球的时候有偏有向。当然，这是实话；我们确实是一个小集团。可是我仍然让他说出我们不是。
>
> 在我们和圣马科斯队赛球的那天晚上，丹尼也到球场来了。我问他们是想和一级队赛还是和我的队赛。他们说，“你的队”。于是我告诉丹尼，“你如果想玩，就在我的队。”他说他不想玩，他病了一场，还没有完全好。这样一来，我们就没有必要为了让他上场而让里科或奇克下去了。可是今天，丹尼和迈克都想玩，我也想和他们一起玩。对于我来说，打保龄球不仅仅是一种运动。和不同的人一起玩，给我的感觉不大一样。我想和我的朋友们一起玩。所以我告诉丹尼和迈克这个星期六来这里看看形势。假如没有他们的地方，他们就到下几个球道去，或者上楼。我对他们说，“这样一来，你们就把我拉走了。”我会跟他们去，无论是谁，只要想跟着我们，都可以

来。这样，它就又真正成为我们的队了。

由于丹尼和迈克在后来的那个星期六没有露面，此后也不经常来，所以没有出现这一决定性的突破。小伙子们继续在一个人员混杂的群体里打保龄球。

1939 年 10 月，多克告诉我，“纳特西打算要东山再起。近来我和丹尼不大经常到这里来，他就想要接管。他鼓动小伙子们和我们挑战赛球。”纳特西让弗兰克、卡尔和托米与多克、丹尼、克里斯和朗·约翰赛球。多克的球队赢了第一场，但比分相当接近；纳特西再次挑战，他的队把比分拉平了。纳特西的小伙子们心满意足；也没有再安排比赛。

在这两场比赛中，纳特西表现得非常突出。在此之前，他很少打保龄球，并被认为是个很差的球手。在第一次比赛中，他打得很好；在第二次比赛中，他把所有的竞争对手都远远地甩在后面。他还带头喝彩。他不断地给他的队鼓劲，又不断地嘲弄他的对手。他不时地喊，“你们见过的最佳球手是谁呀？”

他的队友们对他喊着回答，“纳特西！”

有好几次，丹尼也开玩笑地跟着帮腔。第二次比赛结束后，纳 47
特西对我说，“比尔，我是不是一个有鼓动性的领袖？”

第二个星期六，纳特西本人向他的表兄克里斯·特鲁多提出挑战。克里斯·特鲁多在当时被认为是诺顿帮里的最佳球手。克里斯赢了，但是纳特西再次挑战，并在后两轮中打败了克里斯。

正当多克、朗·约翰、克里斯、奇克和里科与圣马科斯队赛球时——他们输了一分——纳特西和弗兰克却丢下他们到旁边的球道上打球去了。队员们觉得，如果纳特西在这儿当拉拉队，是可以使圣马科斯队输球，从而使多克的队转败为胜的。所以朗•约翰对弗兰克说，“你们这帮小子可真差劲。我们需要你们鼓劲的时候，你们倒跑了。”

弗兰克回答说，“我们想打球的时候，凭什么应该去给你们助威？你算老几呀——你是老板？”

在诺顿帮是一个群体的时候，二级队从来没有机会和一级队赛球。在这个群体一分为二以后，多克、丹尼和迈克就无法再让他们的随从者们服服帖帖的了。纳特西有了在他那群球员中称王的机会，尽管他还不很熟练，却以一种与他的新地位相称的表现达到了目的。

在纳特西的地位提高的同时，朗•约翰却每况愈下。早在1939年春天，朗•约翰的地位就在显著下降了。他的球艺退步，在那年春季的最后一次个人有奖比赛中，得了倒数第二名。在1939至1940年活动季节的头一个月，他也未见长进。在与纳特西的球队赛球时，朗•约翰打得很差。多克和丹尼大概会对他说，“哎呀，你和以前比，好像变了一个人。也许你今年没有资格呆在一级队了。”

这些话都是以一种开玩笑的口吻说的，不过它们象征着已经发生了变化的人际关系。纳特西的队员们仿佛感到了朗•约翰孤立无援的地位，于是又加倍地对他进行口头攻击。他们对他的攻击一向多于对多克、丹尼或迈克的攻击，不过现在，在纳特西的领
48 导下，他们对他发起连珠炮般的无情攻击，意在摧毁他的自信心。既然他的球打得这么糟，朗•约翰就几乎无言为自己争辩了。

有一天下午，多克来和我商量朗•约翰的事。他曾向多克透露，说他已经好几个星期没有睡好觉了。正像多克说的：

> 我和他讨论这件事。……每当他半睡半醒、被单盖住他脸的时候，他就醒了，以为自己死了。……我对他说，“约翰，你小时候一定遇上过什么事。也许有时候你正在玩，有人把一件上衣扔在你头上，你就以为你要被闷死了。”可是他想不出曾有过这样的事。我让他再多想一想他小时候的事，最后他想起来了。那是在他 8 岁左右的时候。他得了肺炎，病得很厉害，医生对他妈妈说他死了。他们把被单拉上来蒙上了他的脸。等他醒过来，他听见妈妈在拼命地哭叫，亲戚们也在哭，以为他死了。后来他动了动，他们看到他动，就拉下了那被单，大家都喜出望外。可是这一定在约翰头脑里留下了很深的印象。当他把这个故事讲给我听的时候，我向他解释了让这样一件事烦扰自己有多么愚蠢。……

我对多克说，要达到治疗效果，光这样做还不够。我建议，如果他把朗·约翰带进斯庞吉的核心，当别人攻击朗·约翰的时候，他和丹尼为他的球艺辩护并且鼓励他，或许能消除他的紧张。多克对此表示怀疑，不过他同意看一看能做些什么。没过多久，他就使朗·约翰有了进入斯庞吉的核心的资格。正如他解释的那样：

> 我对斯庞吉什么也没说，不过我已经摸透了他的脾气。我只是一个劲儿地吹捧朗·约翰。如果他不在，我就问小伙子们他在哪儿。等他来了，我就对他说，“喂，朗·约翰，你这个坏小子！”然后问他到哪儿去了。我那么关心他，以至于他马上就进了核心。斯庞吉开始请他和我们一起出去。现在，即使我不在的时候，约翰也在他那儿。

与此同时，多克和丹尼在保龄球场上也开始支持他。朗·约翰的球艺开始提高。不久他就打得像他在 1937 至 1938 年活动季节时一样好了。在作为 1939 至 1940 年活动季节的高潮的那次个人比赛中，他得了一等奖。他再也不和多克谈论他的噩梦了。

附图表明了诺顿街形成的新群体的结构。

49 由于安杰洛不打保龄球，纳特西在球场上可以充当领导。但是当小伙子们在街角时，他就不是安杰洛的对手了。卡尔和托米在球场上跟着纳特西，不过他们很少到街角来。唯一与纳特西个人要好的是弗兰克。菲尔和保罗由于参加意大利人社区俱乐部而和安杰洛成为亲密的朋友，乔也和安杰洛很要好。

安杰洛的小伙子们

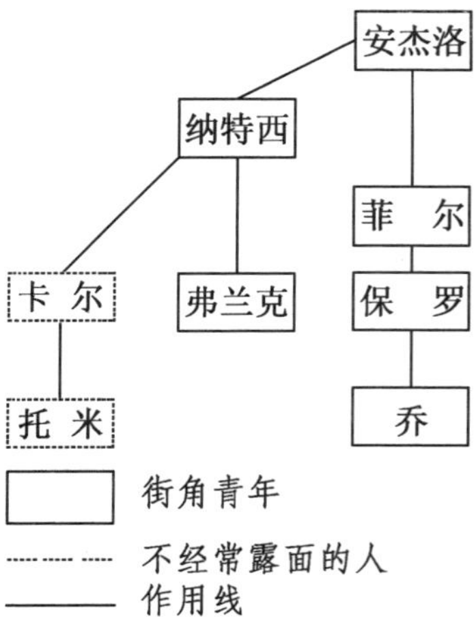

方框的位置表示相对地位

安杰洛在街角的强有力的地位在一定程度上是靠他在科纳维尔戏剧俱乐部的活动，而纳特西不属于这个俱乐部。1939 年冬末，小伙子们怂恿多克为他的这帮人找一个集会室，以便使诺顿帮能凑在一起。多克在和史密斯先生商议娱乐中心的计划时，提出他的小伙子们是否可以在科纳维尔街坊文教馆里有一间集会室。史密斯先生把街坊文教馆里最好的一个房间给了多克，每周可使用一个晚上。多克找来安杰洛、乔、弗兰克和朗·约翰，还有阿芙罗狄蒂俱乐部的几个女孩子和其他几个男人和女孩子，成立了科纳维尔戏剧俱乐部。此后，由于他在娱乐中心的工作太忙，所以无法出席会议。但他信任安杰洛。安杰洛在有关俱乐部方针

的问题上要听取多克的意见，每当多克不在时，就由他来主持会 50
议。这加强了安杰洛在街角的地位。

多克向我说明当安杰洛和小伙子们在一起时是怎么办事的：

> 上星期的一天晚上，我在去参加一个宴会的途中，在斯蒂芬尼的理发店里停了下来。整个这一帮人全在理发店里。我问安杰洛，“你们今天晚上这是干什么呢？”
>
> 他说，“我也不知道，我想不过是闲呆着吧。”
>
> 我让他和我一起去参加宴会。他说他不能去，有人请过他，他曾说过他很忙。……后来我转向菲尔，问他在干什么。“我不知道。他们干什么我就干什么。”然后他望着安杰洛。我问保罗，他也给我同样的回答。我又一个接一个地问乔、纳特西和弗兰克，而他们说的都完全一样，“我不知道。他们干什么我就干什么。”……而“他们”是指安杰洛。……我说，“那好吧，我回头来看你们。”……后来，我们来到詹宁斯的自助餐厅，这帮人已经在后排的一张桌子旁就座了。我和与我同来的人们坐在一起。这一点儿也没有什么不对。可是过了一会儿，安杰洛走过来坐在我旁边。他有件事想告诉我。我还以为他只打算过来呆几分钟呢！可是他呆的工夫太大了。保罗拉过来一把椅子，然后菲尔也过来了。他们一个接一个地走过来，最后他们这6个人全过来和我们在一起了。他们只好又拉过来一张桌子，好坐在我们旁边。……好，假设是保罗有话想对我说。他可以走过来，想呆多长时间就呆多长时间。只要安杰洛不过来，其他人就一个也不会动。

假设有一天晚上他们5个人在斯蒂芬尼的理发店里，而安杰洛未到。菲尔也许会说，“咱们去看一场电影吧！”纳特西会说，“好呀，不过咱们得等安杰洛。”于是他们就等着他。假如过了一会儿他还不来，他们就去找他。他们到他家去，想找到他。只有在等过他之后，他们才觉得可以没有他而到别的地方去。等待安杰洛好像是一种义务。……

假设他们找到了他，并请他去看电影。如果他说，“好吧！”，他们就去看。可是如果他说，“不去”，他们也就不去了。

弗兰克和纳特西有时候说安杰洛的坏话。弗兰克对我说，“他净胡说八道。他让我等着他，我只好等着，等了一个钟头他才来，可是，我要是晚到 5 分钟，他们就丢下我走了。”……纳特西说，“昨天晚上安杰洛告诉我 10 点半在詹宁斯那里见面。我一直等到 12 点他也没来！”……纳特西所说的那个晚上，安杰洛是和我在一起。……他们在我面前骂安杰洛，只是希望我会同意他们的说法。假如我说他们是对的，我不知道会出现什么情况。但是我说，“不对，安杰洛可是个好孩子。”

不，安杰洛并不知道他是他们的头儿。如果你把这告诉他，就把他毁了。他就不知道怎么办了。

我问，假如安杰洛不在，多克来到这 5 个人跟前让他们到某个地方去，会出现什么情况。

51 他们必须先找到安杰洛。这像是一种义务。你明白了吧，如今我实际上已经不属于那个集团了。我和他们在一起的时间不够多。除非安杰洛表示同意，他们什么也不会做。……安杰洛和我是好朋友。他总问我在干什么，我知道，如果我让他跟我来,他就会来。

还有一天晚上,我在街角看到了纳特西、弗兰克、菲尔和乔•道奇。他们在等安杰洛,然后打算去散步。我顺着大街往前走,碰见安杰洛走过来。我对他说——倒不是因为我想表示我是个头儿,而是因为我想让他那么做——我说,“安杰洛,你在街角等着我,然后咱们一起到大都会饭店去。……”等我回来时,他们都在等我。我们一起动身,走过几个街区之后,菲尔问我们要去哪儿。我说安杰洛和我要去大都会饭店。菲尔对安杰洛说,他们等了他整整一个晚上,现在他倒要丢下他们走了。我告诉安杰洛我并不想把他从小伙子们那里带走,他要是想留下来和他们在一起就可以留下来。但是他跟我走了。他们在某某街角处离开了我们。我回过头去看看他们往哪儿走。他们分手了。弗兰克和纳特西走一条路,菲尔和乔走另一条路。

如今,是安杰洛使这个集团凑集在一起。假如他离开一个月,他们就散伙了。

到1941年初春,安杰洛仍然是这群小伙子的头儿。尽管他们常常对他作出的决定表示不满,却一直追随着他。多克到街角来的时候不多,而安杰洛则感到胸有成竹,以至于不再费事去找他商量这个群体或俱乐部的计划。后来,有一天晚上,多克在戏剧俱乐部的一次会议上露面了。安杰洛提出了一条已经确定的行动方针。多克认为安杰洛的想法是愚蠢的,并且说出了这一看法。当多克领头反对他时,安杰洛的追随者们都背叛了他,他的建议被推翻了。安杰洛感到很难适应这种新形势,于是退出了戏剧俱乐部。

有一段时间，他都不肯和多克讲话。他希望小伙子们会站在他一边，可是他们却支持多克，并随意地说安杰洛的坏话 。多克保护了安杰洛。过了一段时间，安杰洛回到俱乐部与多克讲和了，于是他们的关系又变得很像在安杰洛成为街角青年的领袖之前的那种关系。当安杰洛在俱乐部里的权力被摧毁时，他也失去了对街角的控制。再也没有一个领袖来把小伙子们聚集在一起了，多克帮的最后残余也就此从诺顿街上消失了。

第二章　奇克和他的俱乐部 52

一　奇克·莫雷利的故事

鉴于奇克·莫雷利和他的意大利人社区俱乐部的某些成员在诺顿帮的故事中已经出现过，就不用专门介绍了。不过，到目前为止，我们对他们的认识还只限于他们对一群街角青年的影响。为了了解他们是什么人以及他们的发展情况，有必要走进这个俱乐部，观察他们的行动，并听一听他们的自我介绍。

奇克·莫雷利是这样讲述他的故事的：

> 我出生在意大利，直到 8 岁才来到这里。……我生在离那不勒斯不远的阿韦利诺。我父亲在那一带是个很有势力的人物。他创立了一个政党，竞选过市长而且差一点儿就当选了。我想从政在我们家是有传统的。……我认为我的智力是从我父亲那儿得到的。现在我意识到我所做的事都是他曾经想要做的事。
>
> 我父亲来到东城 9 年或 10 年以后，我母亲和我才来到这里。他开了一个水果蔬菜商店，还有一个小小的面包糕点铺。我们到这儿不久我父亲就去世了，抛下了我母亲、姐姐和我来自己照看自己。我们卖掉了他的产业，卖了一点儿钱，不过不

久就花光了。

我最初的工作是卖报。我从一开始就每周都能靠卖报挣5美元。我干得很努力。我迫切地想有出头之日。过了一段时间，我星期六卖报能挣到2美元，每周总共能挣大约10美元。我总是把挣到的每一个镍币都带回来交给母亲，因为我不知道怎么花。而她也不知道在这个国家里怎么花钱，于是她也攒着。……我经常出去拾柴。家里烧火用的柴都是我拾来的，只有在天最冷的时候，我们才买一点儿煤。……后来我在放学以后到一家冰淇淋店里当店员，有段时期每周挣10美元。……上中学时，我在我叔叔那里找了一份工作。他是卖私酒的。我是不得已才干这个活儿；我别无出路，因为我需要钱。我在那儿干了一段时间，掺酒精，在柜台上卖。有一回我差点儿被捕。我没被抓起来纯粹是幸运。……

我干卖私酒的活儿时挣的钱挺多。那时候我花钱大手大脚。我常去参加舞会，而且只要有两个人和我一起，我总要请
53 他们去喝咖啡或喝酒。就这样，我浪费了很多钱，可是现在回过头来一看，我要是早点儿接受教训就好了，那时候手头并不像现在这么拮据。……有一年夏天，我和某个朋友一起出去寻乐。整整一个夏天，我们每周去参加三次舞会或宴会，而且总是我为他出钱。平时我还会交给他两块钱，省得他要是遇上个姑娘会感到难为情。我想不到如果有一天我向他要一角钱，他会不给我。可是这一天确实来到了。那正是在我打算回去上学之前。这天晚上，我知道他刚刚拿到工资。他来找我，让我和他一起出去跳舞。我说我很想去，不过我的钱不够

买票的。我还需要一角钱。

他说,“哎呀,我有30块钱,不过这些钱我自己还要用。”

我说,“你别担心,我找别人要。”

这件事给了我一个教训。从那以后,我再也不会为任何人那么尽心费力了。我总要有所保留。……我不知道你是否也发现了这一点,不过我的经验是,当我的行动有所保留而且不去追着巴结人的时候,我反倒有了更多的朋友和更深的交情。……也许我多少受了我母亲的影响。她历来认为你不应该过分信任一个人,你应该有点儿保留。她时常这么对我说。

我问他,他从意大利到这里时是否感到很难适应。

是的。由于我讲话的方式,我的同学们嘲笑我。可是他们这样做并没有什么。不管怎么说,我们都是来到这儿的意大利人。不过我仍然总是对我的讲话方式很敏感。我想我讲话带口音的时间并不很长,可是直到不久前才有人对我指出我说话时从来发不出“th”的音。……

我和男孩子们在一起做许多事。我打橡皮球,你们玩这种球是用拳头。我在这方面是冠军。我不擅长打棒球或踢足球,这也许因为我用于其他游戏的时间太多了。

我问他是否曾经和一大群伙伴来往。他说是的。他是不是这帮人的头儿呢?

我不知道。我不愿意说就是那样。我知道总是他们来叫我,而不是我去叫他们。我总是在家里等他们。这倒并不是我想让他们到我家里来找我,这只是成了一种习惯。我们打牌时，总是在我家里。我们晚上在我家里打牌，有时候我说，“对不起，伙计们，我得出去一趟，”于是大家就不接着玩了。

我上了中学。我不知道我为什么要上中学，只知道我一向喜欢上那些课。当时我并不认为自己能上大学，可是我不知道假如当初没上大学，我会去做什么。我想出去闯天下。
54 我不满足于就呆在我呆的地方。……我在我叔叔的店里干活时，结识了下层人物中的最下层——无业游民和醉鬼。有时候，我不知道自己到头来会不会也落得像他们一样。……我们的确也有一些上流的顾客。有一位是法官。还有一个人受过非常良好的教育。有一次，这个人到店里来想赊点儿酒，我不能赊给他，倒不是因为我不想赊给他，而是因为我叔叔吩咐过我。我们争论起来，他说了一些伤害我的话。他说，“奇克，我真希望能看到你上大学，你这种言谈举止会使你自己变成一个傻瓜。”……我对这些事情是很敏感的，这伤害了我。事后我立即进城买了两本书。一本是关于英文的书，另一本是关于礼仪的。我也不知道为什么买那本礼仪的书，可是我回家以后，把它整个读了一遍。我想知道所有我应该做和不应该做的事。

我上中学三年级的那年夏天，在海滨的一次舞会上遇到了一个名叫伊迪丝·克拉克的女孩子。我们相处得很好，她记下了我的电话号码。她说等回到东城以后，她会来看我。几个月过去了，她却音信全无。我决定忘掉这件事。可是后来，在我高中的最后一年，有一天，有人到图书馆里告诉我，有个叫伊迪丝的女孩子曾到我叔叔的店里找过我。我甚至都想不起来她是谁了，但还是给她打了电话。后来，我们见了面。大约有两年，我每隔一个晚上就去看她一次。她和一位巴勒斯太太住在一起。巴勒斯太太从一开始就喜欢我。她能在向别人介绍她自己的儿子之前先向人介绍我。我从她和伊迪丝那里学到了不少东西。我开始结交不同的人。无论我和伊迪丝一起到哪里去，我都要看她怎么做，然后我也怎么做。有时候我注意到她并不完全按照礼仪书上写的去做，不过，当然，我什么也没说。我从她身上学了不少东西。……有一次我问她，我讲话的方式是否有什么不妥的地方，她说她从未注意到有什么不妥。现在我知道了，当时我发不出 th 的音，可是也许是她不想伤害我的感情。……过了一段时间，我开始注意到有些人知道得还不如我知道得多。当我和几个小伙子和姑娘一起乘旅馆的电梯时，我会注意到其他小伙子都没有摘下他们的帽子。或者，当我和另外一个人坐在餐桌旁，这时走过来一位姑娘，我会站起身来，而他却不会。这时，我开始觉得，我并不是那么糟糕。……

比尔，如果说我在某个方面有天才，假如我还有点儿天才的话，那就是模仿的天才。当有人以一种特定的方式讲一件事的时候，通常我都能模仿他，虽谈不上百分之百地像，但也能很像。我上大学的时候，总是注意教授讲的每一件事，所以我能学到他讲话的方式。晚上回家以后，我除了日常的学习外，还总要在面前放一本伟人传记，边上再放一本词典。我会读得入了迷，要是有个不懂的词，我就查词典，并把它写在一

55 张纸上。在我睡觉之前，我总要把它们复习一遍。还有，每天晚上我都要大声朗读 10 或 15 分钟。读什么内容倒也无所谓，我只是想使我发音更好些。……我总想变得更高雅些。我总在追求高雅。……

当我母亲告诉我要让我上大学时，我很吃惊。不过她积蓄了一些钱，我每到夏天也总是找工作做。有两年夏天我找不到工作，我就和卢·达纳罗一起推手推车。有一次，我的一位朋友问我推手推车是不是觉得难为情。我对他说，“我干嘛难为情？这是我的主要生活来源。”

上小学的时候，学生都是意大利人。上了中学[在韦尔波特]，就有不同的种族了。在圣帕特里克学院的 1,400 名学生中，只有大约 100 名意大利人。大约 1,200 名是爱尔兰人，其余的 100 人则属于不同种族。我上大学以后注意到了这一区别。我们感到受歧视。开始时我很胆小。有时候，甚至当我知道正确的答案时也不愿意举手，因为我怕人们会笑我表达的方式。可是上了二年级以后，我开始初露头角。我在课堂上发言比以前多了。我还记得在一堂英文课上，我们讨论《麦克佩斯》①。我对这个戏讲了一些看法，而教授不同意我的看法；但我坚持我的观点，为此他把我大大夸奖了一番。他把这叫作“莫雷利先生的学说”。这大大增强了我的信心。

我上三年级时，有几名意大利学生从意大利来参观各类大学。我被指定为圣帕特里克学院中一个由 30 人组成的委

① 莎士比亚的著名悲剧之一。——译者

> 员会的领导人，带他们各处参观。……当时学校里不教意大利语。这不合理。你想想，他们居然教西班牙语，而不教意大利语。与意大利人对文学的贡献相比，西班牙人有什么贡献？……我在圣帕特里克学院组织了一个意大利学会，并任第一任会长。我自己掏腰包印了请愿书，请求校方开设意大利语课。我又找学院院长唐纳利神父谈话。他不大同意，我就和他争执起来，问他能否说出一个比但丁更伟大的诗人。他说不能。我说，不管什么领域，只要他能说出一个爱尔兰人，我就能说出一个更棒的意大利人。他争辩说，也许没有足够的学生上这门课。我说，至少会有20名学生，如果没有，可以取消嘛。……那年秋天开了意大利语课，萨雷尔诺教授来到这个学校。……有30名学生上这门课。因为我是毕业班的，所以我本人无法上这门课，但是意大利学会扩大了，它演戏，还举办了其他许多活动。

关于他的个人交往，奇克告诉我，他特别珍视与托马斯·L.布朗的友谊，后者是东城一位著名的律师。他说，布朗对他的影响很大，经常纠正他的错误和向他提出忠告。有一次，他问布朗是否认为意大利人受歧视。这位律师回答说，“奇克，别犯傻了。只有笨 56
蛋才歧视意大利人。聪明人是不会这样做的。”

奇克说这给他留下很深的印象。他开始认为是意大利人自己的过错。

> 到这里来的意大利男孩子们有一种低下感。我本人就有。我说的是真话。当我听说有人认为我很出色时，我不知道我有什么出色之处。我看不到这一点。当我说我不行的时

候，并不是在假谦虚。这是事实。……我认为，克服这种低下的唯一方法是走出去，和别人交往。如果你不能和别人打成一片，你就永远克服不了那种感觉。

我问奇克，他是怎样碰巧进了艾维大学法学院的。

我在圣帕特里克学院上马丁尼教授的法律课。我为由一位意大利人讲授法律课而自豪。我问他我要学习法律应该上什么学校。他建议我上圣帕特里克学院的法学院。于是我提出了申请，并且打算到那儿去学习，直到我遇见了一位姓马里诺的律师。他问我为什么不到艾维大学的法学院去读书。我说，“我有自知之明。那样的地方我进不去。我能留在本校就知足了。”

他告诉我，“奇克，别当傻瓜。既然你已经取得了那个分数，你就能进入艾维大学法学院，在艾维大学法学院得一个学位可比你在圣帕特里克学院得一个学位有分量得多。”

我反复考虑了他的意见，又回家和我母亲商量。不算买书的钱或车钱，要上艾维大学法学院就得花420美元。要是在圣帕特里克学院，我只需要花250美元。我和母亲达成了一个协议。只要她替我把学费交了，其余一切费用我都自己支付。她问我她怎么能够肯定我会遵守这个协议。我告诉她，假如我不遵守协议，我就退学。于是她同意了。从那时起，我们一直遵守这一协议。……我渴望成为科纳维尔第一个到艾维大学法学院学习的意大利男孩。我提出申请，送去了我的成绩，还一起送去了布朗先生的一封信。他把我捧上了天。几天之后，我听到我被录取了。

奇克进艾维大学法学院学习是他在社会和专业生涯中向前迈出的重要的一步。在他的前面还有着一场艰苦的斗争。这以后的几年对于确定他在社会上的地位起着决定作用。在这样的背景下，我们就可以理解意大利人社区俱乐部对于奇克·莫雷利来说意味着什么了。

二　组织俱乐部

奇克的意大利人社区俱乐部可以溯源到初中。九年级的年级 57
教师有一种按照她对学生们学习成绩的估计来给他们排座位的方法。这种特殊的承认使得坐在第一行和第二行前排的男孩子们形成了一个集团。他们甚至还组成了一个只存在了很短时间的俱乐部。九年级的这个集团里包括奇克·莫雷利、帕特·拉索、托尼·卡迪奥、乔·杰努西、保罗·戴马夏、利奥·马尔托和杰里·默鲁佐，在它的外围还有菲尔·普林西皮奥。八年半以后，奇克号召这些人组成了社区俱乐部的核心。他还邀请科纳维尔的其他 5 个人为俱乐部的创始成员，他们是汤姆·斯卡拉、迈克·费拉拉、弗兰克和艾尔·佩里诺，以及吉姆·菲利普。

奇克最亲密的朋友帕特·拉索已开始在圣帕特里克学院上社会工作课。托尼·卡迪奥有一份坐办公室的工作，并打算晚上到法学院上夜校。乔·杰努西是保险推销员，也在夜校里学习法律。保罗·戴马夏正在东部学院完成商学课。利奥·马尔托和杰里·默鲁佐在新近成立的默里迪恩医学院学医。

汤姆·斯卡拉是艾维学院的三年级学生，他学习的专业是英国文学。迈克·费拉拉在圣帕特里克学院读他的最后一年。弗兰克·佩里诺是圣帕特里克学院的研究生，当时在谢尔登大学学医，在东城地区，这所大学在这个领域中仅次于艾维大学。他的弟弟艾尔在圣帕特里克学院读三年级。吉姆·菲利普是东部学院的四年级学生，他学的专业是会计学。

1937 年 1 月初，在诺顿街的街坊文教馆召开了俱乐部成立大会。奇克·莫雷利当选主任；利奥·马尔托任副主任；汤姆·斯卡拉任秘书；弗兰克·佩里诺任司库。

汤姆·斯卡拉在他的记录中这样描述了这次会议：

> 莫雷利先生大致地向集合在这里的人群介绍了这次会议的目的。他宣称，意大利人在世界文明中已经获得了显赫的声望；因此，我们应该把自己视为美国民族中一个至关重要的组成部分。
>
> 我们应该与社会建立联系，主要是与我们知识界的同仁建立联系，因为能够充分认识到意大利人的思想在文艺和科学领域中的影响的，主要是这些人。
>
> 58 我们的下一个目标是让我们的社区了解它们在关于改善其自身的教育和增进地区利益的问题上负有的义务。
>
> 主任（在第二次会议上）提出了他拟定的今年的活动计划。计划中提议的要点既是社交性的，也是知识性的。
>
> 1. 每周由成员们最好就其各自的领域发表演说。
>
> 2. 每月为××报［当地报纸］撰写文章，每一名成员每月要写一篇文章。

3. 每月召开一次意大利人家长座谈会。

4. 演出一部戏剧。

5. 举行一次辩论。

6. 为非成员举行一次演讲比赛。

社交计划

1. 每月为成员们安排社交活动。

2. 为意大利血统的男性知识分子安排非正式的聚会。

3. 为向意大利孤儿院提供救济金而举办舞会。

4. 每两个月举办一次只有男人参加的社交集会。

5. 俱乐部徽章。

第二次会议还批准了一份由奇克·莫雷利和托尼·卡迪奥起草的章程。章程规定了每年选举一次俱乐部的行政人员，对于入会费、会费、惩罚和委员会的任命均有规定，不过没有明确说明申请加入俱乐部的人必须具备什么资格。俱乐部当然要由男青年中的优秀分子组成，但这种优良的素质究竟应包括哪些内容却没有确定。

俱乐部有双重目标：提高成员的社会地位和改善科纳维尔的状况。在组成这个俱乐部时，这些目标之间似乎没有必然的冲突，但后来证明不可能同时谋求实现这两个目标。结果，几乎每一次争论都牵扯到要决定应把重点放在哪个目标上。在吸收新成员和计划新活动时，实际上成员们是在决定到底要一个什么样的俱乐部；而即使他们没有这样明确地说，心里也明白包含的是什么意思。

第一次争论是就这样一个问题出现的，即俱乐部是否应该吸

收没受过大学或专业教育的人。虽然有的成员害怕降低俱乐部的
59 声望，但他们也有一些朋友并不是大学生。乔·杰努西说把这些人排除在外是不民主的，因此，在开了好几次会讨论这个问题之后，最后一致同意成员资格委员会在这样的问题上可自行决定。

当没上过大学的人也有可能加入俱乐部时，多克和安杰洛·丘西就被接纳为成员了，在此后的数月内，卢·达纳罗、弗雷德·麦基、阿尔特·泰斯塔和帕奇·多纳托也经表决被接受加入俱乐部。阿尔特和帕奇都曾是晚霞剧社的成员。阿尔特有一份坐办公室的工作，帕奇经营一个小的承包企业。

与此同期，又增加了一些大学生。迈克·费拉拉介绍来了一位朋友，他也是圣帕特里克学院的四年级学生。奇克带来了文森特·佩罗西，是韦斯特兰人，他和奇克本人一样，打算到艾维大学法学院学习。托尼·卡迪奥带来了欧内斯特·达迪奥，他已在圣帕特里克学院学过两年，后离校从事一项白领工作。

4 月，多克邀请我参加俱乐部的一次会议，并让我加入俱乐部。他对我说，为了让我加入，必须修改它的章程，因为原来只有意裔美国人才能加入。其实并没有这样的规定，不过由于大家很少去参看那成文的章程，所以认为有必要对它加以修正。多克把我的名字提交给由托尼·卡迪奥、汤姆·斯卡拉和菲尔·普林西皮奥组成的成员资格委员会。他告诉我，在他刚加入俱乐部时，多数成员他都不认识，不过现在他很有信心地希望看到这些政治手段必然对我有利。我说我不想由于我的申请而引起一场争论，但多克说他想。

过了很长时间以后，多克对我说起了我这件事的进展情况。

托尼·卡迪奥曾反对我，但是汤姆·斯卡拉和菲尔·普林西皮奥赞成，从而在成员资格委员会中形成了多数。然而，由于还有其他几个人也反对我，要通过这项修正案，托尼的一票是必不可少的。最后，他被说服了，保证投我一票。正如多克对我说的：

> 比尔，我把一切都安排好了。俱乐部的副主任[利奥·马
> 尔托]反对你，所以假如我们需要投票，我打算那天设法让奇
> 克不到会，这样他就不得不主持会议了。可是在会上只有 3 60
> 个人告诉我他们不同意你加入，于是我告诉奇克到会。后来，
> 我们投票时——是用无记名圈选投票的办法——竟有 5 票反
> 对。比尔，他们欺骗了我，我很痛心。我谴责他们中间的两个
> 人投反对票，可他们发誓说他们没有这样做。…… 这没关
> 系，比尔。我只是因为他们欺骗我而感到痛心。……

多克和奇克认为是托尼·卡迪奥食言投了反对我的票，虽然托尼否认，会后奇克说他再也不信任托尼了。在这同一次会上，我被选为新设立的客座成员。在紧接着的那次会上，汤姆·斯卡拉说为我设一个特殊位置是愚蠢的做法，并提议我作为正式成员。这一次这项提议被通过了。

由于我申请加入，使得俱乐部内第一次发生尖锐的意见分歧，但这并没有造成大学生与非大学生的分裂。街角青年们想让我加入，但一些大学生也同样想让我加入。

三　社交活动

莫雷利主任拟定的计划雄心勃勃，足以吸引 12 家俱乐部的注

意。但不久情况就变得很明显了，计划中能够实行的只是其中的一小部分。每月的文章、家长座谈会、辩论、知识界的非正式聚会、筹集救济金的舞会、男士社交集会或俱乐部徽章均未见诸行动。曾经打算并通知过要举行一次非成员的演讲比赛，但由于大家对这个计划兴趣不大，所以未能实现。大学生们的轮流讲演在某种程度上倒是定期在晚间会议上举行了。在第一个季度内，大家的兴趣都集中在排戏上面了。

奇克·莫雷利亲自负责选择第一出戏。他选的是《恐怖之夜》，他的理由是，这个戏既十分有趣，又激动人心，此外还有一个好处，就是交 10 美元版税即可得到这个剧本。多克被批准加入俱乐部是在已经选定了这个戏以后，不过他向我透露了他的想法，认为《恐怖之夜》是一出很不怎么样的戏；奇克之所以喜欢它，只不过是因为他为自己相中了剧中的一个好角色。

有一名成员提议请多克来导演这出戏，但是奇克说，“不，多克
61 要扮演一个特别受人喜爱的人物。”奇克推荐了一个名叫费利克斯·迪卡洛的人，他就住在奇克家的隔壁。其他成员谁也不认识迪卡洛，但他们接受了奇克的建议。

在排戏时，曾经在圣帕特里克学院业余戏剧演出中担任主演的弗兰克·帕里诺坐在大厅的后排，拒绝参加演出，他对多克说，“排戏有什么用？反正奇克是主角。”此后不久，弗兰克退出了俱乐部，随后他的弟弟也退出了。

多克和奇克都试演了剧中的主角，但迪卡洛选中了奇克。有的成员直言不讳地说，他们认为应该由多克当主演，结果终于使奇克提出让多克来取代他。不过，无论多克还是迪卡洛都不同意

换人。

剧中还需要 4 个女角色。多克对我说，在科纳维尔，人们对演戏有很大的兴趣，他觉得，让科纳维尔的姑娘们有机会学习怎样在舞台上表现她们自己与俱乐部改善当地状况的目标是一致的。奇克觉得这是俱乐部建立有益的社会交往的机会。他提议由他来与意大利女青年会的会长取得联系，看看她们能否提供必要的女演员。意大利女青年会是科纳维尔以外的女孩子们的一个组织。大家同意了他的倡议。

在俱乐部的会议记录中记载了奇克·莫雷利去找意大利女青年会的结果：

> 主任大致说明了与××会长及其管理委员会一起开会的情况。最后结果十分令人满意。她们同意在我们的社会活动中向我们提供支持。而我们也要帮助她们。双方都认为这是一项共同的口头协定。

菲利克斯·迪卡洛的导演是一种显示。正如多克说的，“他比任何演员更引人注目。”姑娘们对他的导演十分满意，以致请他担任意大利女青年会将要排演的剧目的导演。多数小伙子一开始也对他印象很好，但是时间一长，他们对迪卡洛的脾气感到厌烦了。多克从一开始就觉得这位导演是个“冒牌货”。

出于对科纳维尔的忠诚，多克和安杰洛想在诺顿街街坊文教 62
馆上演这个剧。奇克和托尼·卡迪奥则想在科纳维尔以外的一个更大、更专业性的礼堂上演。他们的看法占了上风。

奇克设法让女青年会的几位姑娘担任引座员。有一件事他想到得太晚了，这就是他本应该也邀请另一个排他性的意大利人的组织——克拉里昂俱乐部——的姑娘们，这样他的俱乐部就可以与这两群姑娘都建立联系了。

俱乐部成员们认为这个剧是一个重大的成功。扮演英雄的奇克和扮演反面人物的托尼·卡迪奥尤其兴高采烈。只有多克和安杰洛私下里向我表露了他们的相反意见。

不管《恐怖之夜》作为一出戏的价值如何，它却为社区俱乐部开辟了开展社会交往的渠道。参加演出的女演员都是已经工作的姑娘，不过，她们与多数科纳维尔的姑娘不同，她们是从事办公室工作，而不是在工厂里工作。她们很吸引人，穿着讲究，并且有社会地位。与排练有关的社交活动很多。奇克和托尼带头儿对姑娘们献殷勤，不过其他成员也都觉得有义务让她们快活。

与女青年会的姑娘们交往使俱乐部事务中出现了一大一小两次危机。在演出这个戏以后的第一次会议快结束时，欧内斯特·达迪奥站起身来。

欧内斯特：等一下。我有几句话要说。……演出的那天晚上，我身无分文。可是我出来的时候，看见演员中有5个姑娘在附近站着，她们想到一个地方去。当时我想，为了俱乐部，我有责任为她们花点儿钱。我说，“现在我身上没带钱，不过你们要是和我一起到那幢房子去，我就能拿到钱。”于是我坐出租汽车回家，拿了一些钱，后来出去为她们花了4元3角5分。

奇克：喂，这又怎么了？你想让我们做什么呢？

欧内斯特：我想要回我的钱。……我不是作为我个人，作为欧内斯特·达迪奥这样做的。我是作为一个组织这样做

的。……我是为了俱乐部才这样做的。(笑声)

奇克:谁对你说你应该为俱乐部采取行动的?

托尼:他说得对,奇克。他的确心里想着俱乐部的利益。

乔:你以为那天晚上只有你一个人为姑娘们花钱吗?

奇克:是呀!我们全为那些姑娘花了钱,可是我们并没有 63
要求俱乐部把钱还给我们。

托尼:不过达迪奥先生的情况有所不同。在这件事情上俱乐部应该负更多的责任,因为他的钱是花在演员身上了。

乔:她们有几个人?

欧内斯特:有 5 个演员。

奇克:她们中间有两个不是演员。

欧内斯特:那她们究竟是什么人?

保罗:食客。

这场讨论是在笑声中进行的,只有达迪奥一直十分严肃。最后,多克说,"我认为这孩子是诚实的。把他的钱给他吧!"他提议从库存中拿出 3 美元给达迪奥(他同意这样解决)。这项提议以 8 比 7 获得通过。后来,奇克生气地把成员们,尤其是达迪奥训了一顿。

汤姆•斯卡拉宣布这一程序是违反章程的。要拿出钱来,俱乐部必须得到主任和执行委员会的批准。奇克说他不会批准。于是要求达迪奥把那 3 块钱退回来。他说,"好吧,不过明天我要用这钱。我得还账。"

会议一致通过他在下次开会之前将钱退还俱乐部。散会时,达迪奥对多克说,"我不得不拿到这笔钱。"

“可是你用的办法真是糟透了，”多克回答说。

达迪奥再也没有来参加过会。当他一连三次不到会时，他就被自动开除了。但他仍然拿着那3块钱，不管用什么方法想把钱要回来都无济于事。

达迪奥事件使俱乐部损失了一名会员和3美金。与姑娘们的交往还造成了一次比这更严重得多的麻烦。戏上演后，奇克极欲继续保持与意大利女青年会的社交往来。当社区俱乐部计划举办一次联欢会时，他打电话给女青年会会长，请她邀请她的几名会友参加。科纳维尔的习俗是男女分别去参加舞会。女青年会的姑娘
64 们不习惯于这种规矩，大学生们也想打破这一习俗，尤其是和科纳维尔以外的姑娘们一起去的时候。奇克作了一种抹稀泥的安排。他请姑娘们自己来参加联欢会，但如果邀请了5位姑娘，他就要求有5名俱乐部成员负责招待她们。科纳维尔的姑娘们，尤其是在街坊文教馆里认识的各俱乐部的成员，也得到邀请。不过，奇克尤其希望女青年会的姑娘们能玩得高兴。他和托尼·卡迪奥强调一定得有人陪每个姑娘跳舞。其他大学生，除了奇克和托尼强迫他们跳的时候以外，都畏畏缩缩地不好意思。保罗·戴马夏和菲尔·普林西皮奥尤其发怵。多克对这两群姑娘都很关心，她们也都喜欢他，不过他从来不跳舞。其他非大学生的小伙子们则把注意力主要放在本地姑娘身上。

在第一季度的最后一次联欢会上，最明显地表现出大学生与非大学生之间的分歧。我们被邀请到帕齐·多纳托在代德菲尔德的家里去。奇克·莫雷利、托尼·卡迪奥、利奥·马尔托、菲尔·普林西皮奥、乔·杰努西和吉姆·菲利普与女青年会的姑娘们在一起。多

克、安杰洛·丘西、卢·达纳罗和弗雷德·麦基则与科纳维尔的姑娘们在一起。

奇克曾提出让所有的小伙子都要为这次联欢会与女青年会的姑娘们约会，但是非大学生的小伙子们拒绝了。弗雷德·麦基对我说，对于奇克来说，让那些想与这些姑娘约会的人去约会，这没有什么不对；可是，如果他丢下本地的姑娘们去和女青年会的姑娘约会，他就会觉得是对前者的不忠。

在这两群姑娘之间也有类似的分歧。我是带一位名叫玛丽的姑娘一起去的，她在科纳维尔长大，后来搬到了代德菲尔德，不过她不是女青年会的会友。我们和乔·杰努西、托尼·卡迪奥和他的一个朋友，以及三位女青年会的姑娘一起开车去多纳托家。在开往郊区的路上，和托尼及他的朋友一起的那两个姑娘只是彼此之间或是与这两个小伙子谈论未来的假期和社交活动。玛丽很想和她们攀谈，但她们根本不把她放在眼里。后来，她就津津有味地对我讲述女青年会的女孩子们如何都不懂礼貌，有些字她们的发音不对。她还说舞会上所有当地的女孩子都和她一样，不喜欢女青年会的会友。

那些与女青年会交往的人逐渐疏远了科纳维尔的社会。有些 65
人觉得俱乐部应该更快地朝这个方向发展，另一些人则感到应该刹车了。

费利克斯·迪卡洛是在社交方面最敢干的人物之一。在《恐怖之夜》上演后不久，他申请加入俱乐部。在匆匆通过一条会章，规定非成员不得担任导演之后，大家表决同意他加入。在讨论俱乐部的社交计划时，迪卡洛建议举办一次饭后有舞会的宴会。这是向俱乐部提出的耗资最多的一项社交方面的建议。就连奇克·莫雷利也表示反对，说小伙子们办不起。这项提议被否决了，从此迪卡洛再也没有来参加过会。

尽管奇克认为不可能走得这样远、这样快，他却同意迪卡洛为俱乐部提出的目标。当我请多克对俱乐部改善当地社区状况的目标发表评论时，他谈到了奇克的态度：

> ××！他们的目的是改善他们自己。你没听见奇克总说要与科纳维尔以外的一批更高雅的女孩子接近么？的确，她们可能具备更聪明伶俐以及诸如此类的优点，可是为什么不去帮助指导这一带的愚笨的女孩子呢？……有一次，我和奇克、托尼·卡迪奥、帕特·拉索、乔·杰努西一起开执行委员会会议。奇克建议举办一次大型舞会，要入场必须交两块钱，这样就可以使街角的小伙子们不来参加了。我表示反对，和他争论了一个小时。……最后这项建议没有被采纳。

尽管这项建议没有被付诸实行，其他一些建议却有着同样的影响。既然俱乐部的成员们打算给女青年会的姑娘们留下好印象，他们就不能允许非俱乐部成员的街角青年随便进来，分享食品，和姑娘们交往。奇克坚持说只允许俱乐部成员和他们的客人出席社交活动。这项方针被俱乐部采纳了。奇克并不想与街角青年结怨，不过，由于他的主要兴趣是在女青年会的姑娘们身上，所以他实行的方针不可能产生其他的效果。于是，在俱乐部成立后的最初几个月里，它通过本身吸收会员的条件划出了一条社会分界线，并使得大学生们与科纳维尔社会的主体断绝了往来。

四　反对奇克 66

虽然那些非创始成员被通过加入俱乐部以后马上就积极参加了它的活动，奇克·莫雷利却计划为全体非创始成员举行一次入会仪式。多克的情况造成了特殊的困难。他对我说，“比尔，你说这样做是不是很蠢？他们干嘛非要做这种荒唐事？”在举行入会仪式的那天晚上，他与一个姑娘有约会，不过他在7点半的时候来到了街坊文教馆，告诉奇克他有半个小时的空闲时间，如果小伙子们着急，可以去接他。奇克说，假如他向多克让步，是会挨骂的。

入会仪式是在多克缺席的情况下进行的。奇克试图让我们接受他关于举行大学生联谊会入会仪式的想法，却又不能一心一意地这样做。所以，仪式结束后，他显得闷闷不乐。

在接下去的那次会上，成员们让多克先离开房间，他们好讨论应该如何处罚他。最后，以一票之差通过了一项罚款一元的动议。卢·达纳罗和弗雷德·麦基竭力想表决反对罚款，但是奇克裁定，由于在举行入会仪式时他们还不是俱乐部的成员，所以他们根本没有资格参加表决。

起初，多克什么也没说就接受了这一决定，可是当他后来听说会上不许卢和弗雷德参加表决时，他对奇克说，这只不过是他俩之间的私人纠纷，奇克这种强行处罚的做法休想得逞。奇克说他这样做完全是为了对俱乐部最有利。

在下一次会上，多克重新提出处罚的问题。讨论情况表明，没有一个人仍然赞成罚款。有人提出取消处罚，这项提议直到奇克打破了表决中势均力敌的局面后才被否决。后来他建议今后找个时间再举行一次更严格的入会仪式。这一次是无记名投票。奇克对多克解释说，处罚之所以有必要是为了提高俱乐部的声望。奇克感到满意，多克也是如此。以后再也没有举行过另一次入会仪式。

在入会仪式问题得到解决后不久，奇克遇到了对其领导地位
67 的最严重的挑战，就连他最好的朋友也无法恭维他处事圆滑了。其实他并不赞成圆滑。有一次，他对我说，这样做和孩子们打交道不成问题，但是当他和成年人在一起时，他对他们有什么看法就直说出来，并期待他们能以一种建设性批评的精神来对待他的话。在第一个季度快结束时，他好几次对俱乐部成员们说他所做的一切都是为了俱乐部，并责怪他们懒惰和缺乏热情。在会议上由他规定俱乐部的章程。有一次，他为了要结束一场争论，竟说，“不管怎么说，我是主任，我说了算。”

虽然多克和他那些非大学生的小伙子们从来不把奇克的领导地位放在眼里，但如果奇克能得到大学生们的一致支持，他的地位是可以很保险的，而他却以种种方式逐渐失去了这一支持。

在与另一个俱乐部进行的一场保龄球赛中，奇克打得相当漂亮，而乔·杰努西却打得一塌糊涂。奇克说今后赛球时得找个人把乔换下来。多克表示反对。他对我说，他认为乔和奇克的球艺不相上下，况且，奇克没有权力决定应该让谁打球。由于奇克再也没有提起这件事，所以也没有公开决裂。不过这件事使乔感到很不愉快。

在《恐怖之夜》上演后的几次会上，奇克问托尼·卡迪奥是否把

他没上交的票款还给了俱乐部。托尼说他正要向剧委会主席乔·杰努西提交一份报告。奇克说，“我那份报告早就交上去了，你在这件事上做了什么干嘛不能明说?”他的话把到会的人都气坏了。托尼气愤地表示抗议，然后用一种法官的口吻又加上一句，“我认为主任太爱对别人进行人身攻击了。这样下去，俱乐部非垮台不可。”

“哎，算了算了，”奇克说。乔·杰努西也责备奇克。

起初，汤姆·斯卡拉是奇克的忠实支持者，但是他们的友谊逐渐冷淡下来了。汤姆学的是英文专业，很喜欢使用一些冷僻、古体的词。在写备忘录时，开头是采用一种朴素的、公文式的风格，但随即把笔锋一转，写这些会议如何“发生不测”或“涉及焦点”。这 68
位秘书打算使他对1937年暑假前最后一次会议的描述成为他的佳作：

> 意大利人社区俱乐部于午后8时30分整会集诺顿街街坊文教馆，举行入夏前最后一次正式诗歌吟唱盛会。此际，太阳已逾子午线达8个小时了。

在此之前，有一次奇克对我说：

> 如果有人用一大串深奥的词句，这帮人就觉得他是天才。我可以对你说出俱乐部里的5个人的名字，他们之所以把汤姆·斯卡拉当作天才，只不过因为他用了一些他们以前从来没听到过的词。他们为了我们的俱乐部而鼓励他，其实是宠坏了他。……比尔，我可以坦率地告诉你，我可不主张这样做。我认为这不是艺术。我觉得这很让人讨厌。……真正的艺术是朴素的。我读过荷马的《奥德赛》的原著——在圣帕特里克学院——我要告诉你的是，那里面并没有很多高深的词句。

> 一切都是以一种十分简明的方式讲出来的，当然，深刻而感人，但用词朴素。……

奇克毫不犹豫地在会上表示了这一意见。汤姆喜欢与会员们逗乐儿，但与此同时他也为自己的作品而洋洋得意。当奇克试图劝阻他这样做时，他顽固地坚持，而且自然而然地被拉到那些非大学生的成员们一边，因为他们最欣赏他的作品。

奇克曾在处理杰里·默鲁佐加入俱乐部的问题上得罪过杰里、利奥·马尔托和吉姆·菲利普。杰里曾被邀请作为俱乐部的创始成员，但因为生病没来出席创建会议而未能实现。奇克建议对杰里加入俱乐部可以免费，不过他不能作为创始成员，所以应该参加一次入会仪式。杰里在好几次会上强烈要求做一名创始成员，并得到利奥和吉姆的大力支持。虽然大多数人在表决时都反对，杰里和他的朋友们仍继续提出抗议。

当奇克宣布撤销杰里在司法委员会里的职务时，引起了一次与杰里的公开冲突。杰里要求他作出解释。奇克说，“你听我说，我根本用不着回答你。可是既然你非要求我解释，我就告诉你吧！”他指责杰里在会上捣乱，在举行入会仪式时大喊大叫“闭你那××！”从而破坏了仪式的严肃性。汤姆·斯卡拉反对在会上重复
69 这种语言。杰里非常生气，要求给他一个机会为自己辩护。他以一种几乎失控的声音，坚持说他的行为与其他许多成员的行为并没有什么不同。当奇克想和他争论时，杰里喊道，“我提议弹劾主任。”汤姆·斯卡拉附议。这时，奇克平静下来了。他要求讨论。托尼·卡迪奥说，章程中没有关于弹劾的条款，他建议加进一条。奇克说必须认真地提出指控。吉姆说，他反对俱乐部主任在会议上

进行人身攻击，反对他对待成员们的态度。多克让吉姆收回他的提议，以便可以通过一项关于弹劾的修正案。吉姆不肯，他说只要多数人表示坚决赞成，就足可以把一名职员撤职。汤姆·斯卡拉说他对这条提议的附议是开个玩笑，现在他希望撤销这条提议。多克提议如果成员中有四分之三的人表决通过，就应该能撤任何职员的职。保罗·戴马夏表示反对，他说这意味着任何人在任何时候都可以提议弹劾。他建议将这些指控提交司法委员会，再由司法委员会将它们提交俱乐部。多克赞成这一修正。托尼·卡迪奥反对，他说任何成员都应该能在任何时候提出这样的动议。由多克提出，经保罗修正的这项提议被通过了。

要弹劾奇克·莫雷利的想法并不是一种新的想法。托尼·卡迪奥虽然事先并没打算在那次会议上有什么行动，私下里却已经在刺探几名会员的想法。假如多克想让他的非大学生成员们赞成弹劾，那项提议大概一下子就被通过了，可是他却采取了相反的立场。他对我说，尽管他不喜欢奇克·莫雷利，他却不愿意使奇克蒙受这样的羞辱。

托尼·卡迪奥曾有过把奇克撵下台的机会，但他却放过了这次机会。一有人提出弹劾的动议，托尼就应该采取有力的行动来使这一动议获得通过。可是，当危机出现时，他却满脑子条条框框。假如他认定一切都应该合乎法定的条例，他满可以代之以另一项
动议，即要求主任辞职。在这个问题上，奇克将无法反对一项不利 70
于他的表决。但托尼提议通过繁琐的程序来修正章程，这时他酿成了自己的失败。多克和保罗拟出修正案以后，奇克的地位再度巩固。在召开下一次会议之前的那些日子里，主张弹劾的人们曾

试图动员别人支持他们，但由于没有多克和那些非大学生的小伙子们的支持，他们远远没能凑够必要的四分之三的票数。

有一段时期，奇克学乖了。他不再把规则丢到一旁，而是说，“毕竟还是应该由你们大家说了算。你们自己决定你们想做的事。…… ”然而，不久他就又恢复了那副咄咄逼人的老样子。

从 6 月起，俱乐部暂停在夏季几个月里的活动，到 9 月再重新召集活动。由于在第一个季度结束时人们在会上争吵不休，许多成员都不知道俱乐部能否还有第二个季度。

多克对我谈起在夏天快要过去时发生的一件事：

我们玩划拳的游戏[用手指头玩的一种游戏]，三个人为一方，在我们这一方，我是殿后的，与奇克对阵。这种游戏以 12 分为满分，我上场的时候，比分是 11 比 3，我们失利。我一连得了 9 分，为我们赢得了胜利。奇克非常恼火。他用各种话来骂我。但我只是付之一笑，我认为这只是开个大玩笑。……过了一会儿，我走过来，坐在诺顿街一幢房子的门口。这时奇克走过来，打了我一记耳光。我告诉他，“你再敢这么干，我就揍你。”于是他又打了我一下。……第一次他打我，我没有太在意，但是第二次，我火了。我一直追得他过了马路。他靠着墙站下了。我一拳正打在他的肩膀上。假如他是在街上，也许我会给他下巴一拳，可是当时他是靠墙站着，我想我要是打在他的下巴上，也许会把他的后脑勺打开花。……此后好长一段时间，他的肩膀下面都有一块又青又紫的印子。他有两天没能去上班，因为他的胳膊动弹不了了。我很担心。我想也许我把他打残废了。我为自己发脾气感到抱歉，但他确实是把我惹急了。……从那以后，他有三个星期没和我讲话。

五　第二个季度

9月里俱乐部再度组织活动时，人们都对它兴趣不大。只有奇克·莫雷利、帕特·拉索、乔·杰努西、菲尔·普林西皮奥、汤姆·斯
卡拉和卢·达纳罗经常出席会议。保罗·戴马夏由于要上晚班，所以 71
俱乐部准许他请假。托尼·卡迪奥一连三次没有来开会，后来，俱乐部准了他的假，因为他“太忙”，无法来参加会议。安杰洛·丘西开始无故缺席会议，因为他交不起会费。其他成员也都有种种不同的借口，这些都说明，俱乐部对于他们来说并不十分重要。

一天晚上，多克没有参加俱乐部的会。会后，奇克在詹宁斯的自助餐厅里碰见了他。

奇克：你今天晚上到哪儿去了？

多克：我有要紧的事。

奇克：你总是这么说。……你最好来俱乐部开会，不然的话你就会被撵出去了。

多克：我会缺席两次，出席第三次会。这样你就不能把我怎么样了。

奇克：你以为会是这样？

多克：对。你要是不信，咱们就额外打个赌，看看到底会发生什么事。你不改变俱乐部的章程，就不能撵我出去，因为假如你想试试这么干，我就打断你的两条腿。

奇克：你等着瞧吧！

多克：想打赌？

奇克：不。……不过你最好来开会。

此后不久，多克故意一连三次没有来开会，于是退出了俱乐部。卢·达纳罗和弗雷德·麦基继续留在里面，不过他们总是横挑鼻子竖挑眼。当有一位年轻的当律师的成员想参加竞选时，卢预言俱乐部将变成一个政治组织。弗雷德说，“只要俱乐部严格地以慈善为目标，它就是一个好俱乐部。我可不喜欢这种唯利是图的性质。”

奇克竭尽全力来使俱乐部重新获得生命力。在秋季召开的第一次会议上，他说了这样一段开场白：

> 我知道我在社交方面从来不够圆滑。我知道我在俱乐部里树了不少敌。[保罗·戴马夏小声说，“不计其数。”]我很高兴在俱乐部里有我的敌人，这使俱乐部里的生活更有意思。……即使最善于交际的人也有敌人，我算个什么，怎么会没有敌人呢？……不过，有一件事我想告诉大家，这就是我关心的一向是为意大利人社区俱乐部好。我希望你们不要忘记这一点。

接着，他提议俱乐部为中学生主办一次演讲比赛并提供奖金，这笔奖金靠募捐来筹集，等到优胜者上大学的时候（而且只有当他上大学的时候）发给他。“不管怎么说，小伙子们，这是我们俱乐部要为
72 社区做点儿事的目标的一部分。我认为这是一件好事，因为它会促进教育，而这是我们的目的之一。”

成员们毫无热情地听着他说，不过，由于没有提出反对意见，

举行比赛的事就算定下来了。俱乐部为讲演者提供了三个选题:“意裔美国青年的崛起”、“意大利人对美国公民生活的贡献”和“一位著名的意裔美国人”。

奇克任命帕齐·多纳托为竞赛委员会主席,并指定乔·杰努西和菲尔·普林西皮奥与他一起工作。此后不久,帕齐借口因工作太忙,没有足够的时间来致力于委员会的工作而辞职,乔取代他,当了主席。

只有奇克和乔为了募捐和宣传这次演讲比赛而出力,最后,奇克只好宣布取消这次比赛。他发表了一通长篇演说,指责成员们缺乏热情和不合作的态度。保罗·戴马夏打断了他的演说,并指责奇克本人应对这次比赛的失败负责,因为他想当一名独裁者,而不是一名领导者。

这是保罗第一次站出来直接攻击主任。多克告诉我,他和他的朋友们一直在对保罗施加影响。

> 当我们凑在一块儿的时候,我会对他说,“你瞧瞧奇克办的这件事。这可不对呀!”而他就会承认这一点。然后,我又会说——或者是别的小伙子会说——“你瞧瞧奇克办的那件事。那样办不对呀!”而保罗也会同意这种说法。……既然他办的这些事没有一件是对的,那他一定算不上是俱乐部的好领导。过一会儿,保罗就会不得不同意这一点。……一个人自然希望要那些正确的东西——那些他认为是正确的东西。如果你向他指出他必须加以考虑的这些事是正确的——或错误的——他就不得不同意你的意见。……不,我并不想弹劾奇克。这样的一次打击也许会毁了一个人的一生。只是他那

> 种瞎折腾大伙儿的做法把我惹恼了。我不愿意看到他这样做了而不受任何惩罚。

奇克对汤姆·斯卡拉特别严厉，而多克和他的小伙子们也一直在设法说服汤姆。安杰洛和多克成了菲尔·普林西皮奥的最亲密的朋友。这样，保罗、汤姆和菲尔就被非大学生派争取过来了。由于多克不是俱乐部的人，所以，与奇克的对立是无组织的。不过，人们显然对于奇克的领导越来越不满了。

73 每当奇克似乎渐渐吃不开了的时候，他就会想出一个新花样。在取消演讲比赛以后的那次会议上，他说了这样一段开场白：

> 我不知道这个俱乐部出了什么毛病，但是，假如毛病是出在主任身上，那么我将乐于辞职。先生们，我的确是这个意思。我一直在非常认真地考虑这个问题。如果你们是想让我辞职，那么我今天晚上就辞掉主任的职务。不过我不退出俱乐部，除非你们想让我那样做。

汤姆·斯卡拉请奇克说明他这是怎么回事。奇克说，“我没办法回答。你们知道，这不过是自我保护法则。谁都不会宣判自己有罪。”当他看到没有人准备对他的辞职建议作出反应时，奇克继续进行会议的例行议程。讲完之后，他站起身来，脱去外套，宣布他打算讲一件会使成员们大吃一惊的事情。“作为受过教育的人，我认为，我们有义务关心国家大事。我并不是说我们应该参与政治，但是我认为，作为受过教育的人，我们应该在我们的会议上商讨候选人资格问题。”

汤姆·斯卡拉表示反对，他说，“我认为我们的讨论应该是纯知识性的，可是你现在把政治也搅进来了。”

“喏，”奇克反驳说，“我们俱乐部的目的之一就是努力改善我们的社区。我们应该希望看到在市政厅和国会大厦里能有科纳维尔的代表”。

学法律的成员们一致支持奇克。

奇克建议俱乐部给候选人们写公开信，要求他们在某些问题上站稳立场。俱乐部应该对政治家们施加压力，以建造一个新的公共浴室，并改善这一地区的公园设施。

利奥提出反对，“我觉得我们不应该卷入政治，因为俱乐部里的每一个人都对政治有不同的看法。他们想支持的人不同。我们一旦开始谈论政治，这个俱乐部就什么也干不成了。”

乔回答说，“我不明白为什么我们不能在不表示对候选人支持的情况下在某些问题上取得一致。”

汤姆·斯卡拉起初反对这项计划，但是，当奇克许诺不会要求 74
俱乐部支持某个候选人时，他被争取过来了。奇克又补充说，“不过，如果某个政治家在欺骗人民，我们就有责任让人民知道。”

只有利奥·马尔托、吉姆·菲利普和阿尔特·泰斯塔在表决时反对奇克。

会后，小伙子们聚集到詹宁斯的自助餐厅。利奥把托尼问得无言答对：

利奥：假设你的一个朋友在竞选公职，你支持他，而他许愿说如果他当选，会帮助你解决困难。……而现在我来对你说，我的朋友比他强，应该当选。你会改变你的人选吗？

托尼（犹犹豫豫地）：……不会。……当然不会。

利奥：噢？

在下一次会上，轮到文森特·佩罗西就他的领域发表演说。他打算在他居住的韦斯特兰德区竞选公职，于是他利用这段时间让俱乐部就这个问题展开政治讨论。他讲完后，奇克让大家讨论。沉默了片刻，奇克本人站起来发言了，并把他在上次会上发表的议论又整个重复了一遍。他只要一开了头儿，就容不得别人插话，等他说完了，也该散会了。卢·达纳罗和安杰洛·丘西对我说，奇克对他自己的计划说得太多了，反而把这计划断送了。从此以后，再也没人提起政治讨论的事。不久，文森特·佩罗西就再不来开会了。

随着 1938 年 1 月俱乐部选举的临近，人们重新对它发生了兴趣。也许是另外选一位主任的前景激发了人们的积极性。12 月，多克回到俱乐部。他是这样对我解释的：

> 一天晚上，我和帕特·拉索、乔·杰努西和奇克一起乘车出去。帕特和乔一直劝我回到俱乐部来。奇克也请我回来。我不知道他是不是真想这么说。当其他两个人这么说时，他也不得不随声附和。……弗雷德·麦基和卢·达纳罗肯定想让我回来。……可是，我认为，我为了奇克而呆在俱乐部外面，这是太抬举他了。于是我决定回来。

但是直到利奥·马尔托的动议被表决以后，多克才重新被俱乐
75 部接纳。按照这项动议，多克必须连续参加 8 次会议，做不到就开除；而且在满 8 周之前，他没有资格担任任何职务。这一规定使多克在 1 月份的选举中休想捞到任何职务。

早在前一年的 10 月，人们就已开始策划，为这次选举作准备了。多克告诉我，托尼·卡迪奥曾努力说服俱乐部的成员，说奇克·莫雷利应该再次当选。但自从上一个春天托尼企图弹劾奇克以

来，他来了一个180度的大转弯。我也不知道他们之间发生了什么事。无论是由于什么理由，反正托尼不久就意识到这位主任已没有机会再次当选了。

12月，多克告诉我，乔·杰努西——他想于次年竞选公职——想当俱乐部主任，并且得到了奇克的支持。卢、弗雷德、阿尔特、帕齐和汤姆对多克说，他们想把选举推迟到他有资格当选的时候，可是多克不让他们这样做。

在选举的前一周，几名会员来到詹宁斯的自助餐厅。奇克、帕特·拉索和乔·杰努西坐在一张桌子旁边。多克、安杰洛·丘西和弗雷德·麦基坐在另一张桌旁。正如多克说的：

> 俱乐部内部的小集团首次公开化了。奇克把我叫过去。他问我，“你们想让谁当俱乐部主任？”
>
> 我告诉他，“我们无所谓，不过我们想让阿尔特·泰斯塔当副主任。……”
>
> 我们作了口头约定。奇克保证他会投阿尔特一票。……我们推测，乔·杰努西到秋天会忙于他的竞选，他将不得不经常缺席，所以我们可以让阿尔特经常处于主任的地位。也许他们也是这样推测的。

在选举的那天晚上，除了汤姆·斯卡拉以外，所有的人都来了，还有一个新会员，叫艾尔·马罗塔，是乔·杰努西的好朋友。利奥·马尔托提名乔当主任，而且会议立刻宣布提名结束。多克的一派没有提出反对。

奇克让大家就副主任提名。帕特·拉索提出托尼·卡迪奥的名字。多克和他这一派的其他人都吃了一惊。沉默了一小会儿，弗雷德·麦基提出阿尔特·泰斯塔。阿尔特说了一些关于他太忙，干不了这个活儿的话，但是弗雷德和他谈了谈，于是他没有退出。接着就发票、画票、收票。几个人看着莫雷利主任数票。奇克宣布这次投
76 票是8票对8票。他犹豫了。他说，也许再投一次票是个好办法。多克和他的朋友们坚持说主任有义务投决定性的一票。最后，奇克站起身来。他宣布他要首先说明他作出的决定的理由。他说，小伙子们已经把他置于这一困难的地位之上，但是他将一贯为着俱乐部的最大利益来采取行动，而不会出于任何个人原因来选择人。他将选最称职、为俱乐部做的工作最多而且今后也会做得最多的那个人——托尼·卡迪奥。多克和他的朋友们都愣住了。帕特·拉索再次被一致推选为司库。我被选为秘书。

通过与几名成员交谈，我肯定选举副主任的以下记录正确无误：

赞成托尼·卡迪奥：	**赞成阿尔特·泰斯塔：**
奇克·莫雷利	多克
托尼·卡迪奥	弗雷德·麦基
阿尔特·泰斯塔	卢·达纳罗
帕特·拉索	安杰洛·丘西
乔·杰努西	帕齐·多纳托
利奥·马尔托	菲尔·普林西皮奥
杰里·默鲁佐	保罗·戴马夏
吉姆·菲利普	比尔·怀特
艾尔·马罗塔	

阿尔特·泰斯塔作出了选举他的对手的姿态，于是造成了导致他失

败的平局。假如阿尔特的名字被放在另一边，那么就能充分体现出俱乐部内部的实际划分了。

数月之后，奇克和我谈到他在托尼和阿尔特之间作出的选择。他说：

> 我不喜欢托尼。我讨厌他。但是我不能让我的个人感情左右我的判断。我认为他受过比较好的教育，更聪明，而且为俱乐部做的工作也比较多。

我问奇克他是不是没说过他要支持阿尔特·泰斯塔。

> 没有，我从来没说过。有一次我确实说过我绝对不会选托尼·卡迪奥担任任何职务，但是在开会的时候我改变了主意。……我看出会员中有一个人在极力怂恿阿尔特参加竞选，击败托尼，因为托尼曾经抢走了这个人的女朋友。比尔，这可不对。还有一件事，泰斯塔先生想拒绝对他的提名，他认为他干不了这项工作。我考虑了这个问题。……当我看到他 77
> 们都急于要打败托尼时，我想打抱不平了。我投了托尼一票，这样他们的计划就不能得逞了。
>
> 是的，我和托尼从小就认识。……托尼已经自己证明了他不值得信任。他想和我成为朋友。我对他说，"那得是你来找我。"……可是后来，在我投票的时候，我不愿意让我的个人感情影响我。我关心的是对俱乐部最有利。

我问多克，为什么奇克说他不信任托尼。他解释说：

> 当初我设法让你进入俱乐部的时候，托尼是坚决反对者之一。有一天晚上，奇克和我把他叫到詹宁斯的自助餐厅，我们和他辩论了两个小时。……最后他说，"那好吧，既然你们

> 这么认为，那也许是我错了。”于是他同意在表决时同意你加入。……后来，到了会上，托尼开始作成员资格审查委员会工作报告。他这是在坏你的事。我告诉他，他离题了，他只需要告诉大家，委员会对你的情况作了什么样的决定。我不知道我这么做是否合法，但是奇克支持我，于是我们让他闭上了嘴。他只说成员资格审查委员会赞成你加入俱乐部。……但是后来他对你投了反对票，而首先这一票就足以将你拒之门外了。后来他否认他投了“反对”票，不过他是在说谎。比尔，我早就想到了。我让我的一个人坐在托尼旁边看他投什么票。当我对他说起这件事的时候，他说他一开始写的“反对”，后来他把它划去了，又写了“同意”——可是他别想哄我。……这件事发生之后，奇克很恼火，他说，“卡迪奥说话不算话。他不可信任。”……这次选举以后，我也向奇克提起过这件事。

我问多克他是否肯定奇克曾保证要选阿尔特·泰斯塔。他说，

> 奇克失信了。这就是我想知道的一切。……昨天我和安杰洛·丘西核实了一下，看看他还记不记得在詹宁斯的自助餐厅发生的事。他说的和我说的一样。……奇克就在选举前的一个星期还保证说他绝对不会选托尼。

由于帕特·拉索提了托尼的名，所以奇克一定已经知道托尼要成为候选人。帕特是奇克最亲密的朋友，无论奇克干什么，他都总是支持他。看来，奇克采取不偏不倚的立场可能是希望这样一来就不会要求他表态了。至于他应大家的要求而作出的决定，他说

的理由是颇有讲究的。首先，他对那些在他看来涉及人身攻击的 78
说法不屑一顾：他讨厌托尼，托尼不可信任。这些说法也许可以换个表达方式，即表明，如果不选一个多少更受全体成员拥护的人，而去选一个遭到一半成员讨厌和不信任的人来当副主任，这样的方针太糟糕了。作为非个人的原因，奇克提到托尼的聪明过人以及他过去和今后对俱乐部的贡献。阿尔特加入俱乐部的时间不如托尼长，不过，从第二个季度开始直到选举前不久，托尼对俱乐部一直没什么兴趣，以致连会也不开。阿尔特的朋友们非常敬重阿尔特的才智，他们都不承认托尼在这方面比阿尔特强。但是，托尼是大学生，而阿尔特不是。

多克对这个问题是这样对我说的：

> 你还记得奇克讲的那番话吧？他认为应该让比较聪明的人，让大学生们来担任俱乐部的负责人。……如果这里有两个人都想担任同一个职务，其中的一个是大学生，另一个是街角青年，那么每次大学生都会选大学生。……假如他不这么选，他也许会觉得这等于承认接受大学教育对他毫无益处。

六　分裂

托尼·卡迪奥的当选在俱乐部内造成了破坏性的影响。按照多克的说法：

> 奇克在投托尼的票时讲了那番话以后，阿尔特想让他公开道歉。奇克对我说他不明白为什么只因为他说出了他的真实想法就要道歉。现在阿尔特不再和他讲话了。

> 在那次会后我抓住奇克并且把我对他的看法说给他听。他只是说，“我的处境太难。”……我告诉他，从此我再也不信任他了。我们可以一起打保龄球，见面时可以打招呼，分手时说声“再见”，可是我们永远不会成为朋友。……这个人背弃了他的诺言。这就是我想要知道的一切。

多克的朋友们也同样感到别扭。帕齐·多纳托是阿尔特·泰斯塔最亲密的朋友。他在这次选举以后不久就退出了俱乐部。

在此后的那次会上，托尼·卡迪奥请求辞职，这使大家颇感惊讶。当大家一定要求他作出解释时，他说，奇克逢人便说——包括
79 女青年会的姑娘们——是他让托尼当上了副主任。这使得托尼感到非常自卑。奇克说他是开玩笑，并向托尼道歉。大家说服托尼撤回了他的辞职请求，但是这件事暴露出这两个人之间再次出现了矛盾。

虽然杰努西主任是个大学生，他对街角青年们的态度却与奇克或托尼的态度大不相同。有一次，在谈论这两群人之间的不和时，他对我说：

> 在科纳维尔，没上过大学的人有一种自卑感。他没受过什么教育，于是他觉得低人一等。……而大学生在他上大学之前也有自卑感。可是等他上了大学，就竭力想丢掉这种感觉。他试图通过吹牛，通过向人们显示他在大学里学到的知识来摆脱这种自卑感。这自然会使没上过大学的人们憎恶。……你想知道我为什么能够跟这两群人都合得来吗？因为，我和没上过大学的人在一起的时候，从来不谈我受的教育，从来不说一个人为了有资格达到某种地位，就必须上大学。

……街角也有一些很聪明的人，大学里也同样有笨蛋。

杰努西主任采取的第一个正式行动就是安抚多克派。有谣传说，由于奇克支持乔当主任，所以奇克将担任司法委员会主席。乔指定奇克和托尼到司法委员会工作，却挑选了多克当主席。他任命阿尔特·泰斯塔担任成员资格委员会主席，选择弗雷德·麦基、汤姆·斯卡拉和安杰洛·丘西与执行委员会的委员们一道工作。多克和他的朋友们都感到很满意。

鉴于《恐怖之夜》是俱乐部在第一个季度内活动的杰作，乔决定成员们应该准备再排一个剧。他指派多克、弗雷德·麦基和阿尔特·泰斯塔选一个剧，并制定演出计划。

乔问过了每一名成员，发现只有多克、菲尔·普林西皮奥、帕特·拉索、弗雷德·麦基和托尼·卡迪奥愿意参加，保罗·戴马夏也许能演一个小角色。奇克说他太忙。

在讨论社区俱乐部排演的剧中的女角色时，奇克说：

> 我们不应当只找些年轻姑娘。我们需要一个上过场 80
> 的——我指的是登过台的。有人也许不喜欢我的意见，但是我认为我们应该找一个在社会上有名气的年轻姑娘。这将提高我们俱乐部的声望。以前我们是从A和B[东城以外的地区]选择姑娘。这一次咱们到X和Y[郊区的小镇]去找一找。……卡迪奥先生认识马苏茜小姐。他可以让她从克拉里昂俱乐部找两个姑娘来。

按照多克的提议，已经决定对成员们知道的各女子俱乐部都发出邀请，请它们派感兴趣的成员来参加试演。奇克无法说服俱乐部改变这一计划。奇克、托尼和其他几名大学生之所以对这个剧表现得那么不感兴趣，这也许是主要原因之一。

与此同时，女青年会的姑娘们也开始排一个剧，导演是费利克斯·迪卡洛。她们请社区俱乐部中志愿参加的人协助她们演出，但是小伙子们为了集中精力排好他们自己的戏而谢绝了。在此后的那次会议上，托尼·卡迪奥想退出社区俱乐部的剧组。

托尼：我刚刚和费利克斯·迪卡洛谈过，他对我说，在青年会排的那出戏的第一幕里有一个小角色对我特别适合。至少费利克斯是这样认为。她们正好需要一个男人。……我现在提出这个问题是因为俱乐部决定我们不应该参加那出戏的演出，我也不想违反俱乐部的决定。

奇克：卡迪奥先生没有必要提出这个问题。这是一个人的意志自由。我们又不能指挥一个人的内心。

多克：俱乐部已经决定咱们不应该参加排演这出戏，所以我认为从卡迪奥先生这方面来说，把这件事向我们提出来是一种很好的表示。我认为派一个人去是个好主意，而且我想应该让托尼去。

保罗：女青年会以前给咱们那出戏帮过不少忙，咱们要是不帮她们一把，显得咱们太差劲了。

杰努西主任：我反对这种说法。

阿尔特：我觉得让卡迪奥先生去没有什么不好，因为这与我们的剧没有冲突。

菲尔：我想我们应该以某种方式互惠。

奇克：也许你们误解了我的意思。我并不反对卡迪奥先生去扮演这个角色。可是别说是咱们派他去的。我是说，咱们不能支配一个人的内心。这事应该让卡迪奥先生作决定。

杰努西主任：我想不必提出什么动议了。我们只想听听大家的意见。

奇克：我不反对卡迪奥先生去。我只想避免发号施令。

托尼：那好吧！我很高兴能澄清这件事，因为有谣言，说 81
我看了女青年会的第一次试演，就打算不顾俱乐部的决议去参加那出戏的演出。

杰努西主任：我觉得你不应该在俱乐部的会上提谣言的事，卡迪奥先生。

由于多克找不到导演，所以几周过去了，演剧的事却无任何进展。在2月下旬的一次会上，托尼·卡迪奥提出，既然没什么人感兴趣，这个计划应该取消。

托尼：我想知道的是，俱乐部还能不能经受更多的亏损？这出戏我们能卖出多少张票？

杰努西主任：你的态度不对头。问题不在于我们能卖出多少，而在于打算卖多少。

弗雷德：我想每个人都应该能卖出10张票。

托尼：我们中间要是有一半人能卖出这么多，就算走运了。

杰努西主任：你这态度不对。按照你的说法，咱们就什么活动都不应该搞了。

托尼：对。不过不是现在。

杰努西主任：我想知道，为什么我们今年应该干得不如去年？……我不喜欢卡迪奥先生讲话的方式。俱乐部无论想干什么，他都反对。

托尼：这不公平。你知道，我在这个俱乐部里从来都是主张进步的成员。

保罗：是这么回事。他以前是主张进步的，不过在这件事情上你指出了他的错处。

奇克（站起身来）：在这个俱乐部里，每办一件事之前，咱们总要大吹大擂一番，但是如果我们不硬行摊派每个人要卖出 10 张票，我们就不会成功。我并不怀疑我们会成功，可是我是这样看这个问题的。……在这个俱乐部里，有几个人敢作敢为，而且很荣幸，我也是其中之一。不过你不能无视人性的原则。假如别的人都失败了，那些敢作敢为的人最后也不会成功。

关于这个剧，又开了好几次会进行讨论，不过只有乔·杰努西和多克派感兴趣。到了 3 月，委员会仍然没能找到导演，于是多克建议取消这个计划。没有人表示反对。

在此后的那次会议上，杰努西主任宣布女青年会的姑娘们邀请社区俱乐部的成员参加她们的宴会和饭后的舞会。票价是每两人 4.50 美元。一提到这个票价，有的人笑起来了，其他人则摇摇
82 头。由于成员们没有那么多钱来实现在“双方口头协议”中计划的这些互惠活动，俱乐部逐渐疏远了意大利女青年会，不再参加它举办的活动。

在这种趋势继续发展的情况下，奇克·莫雷利不能再袖手旁观了。自从新主任当选以来，在开会的时候他总是表现得很不耐烦。有一次大家正在进行一次长时间的讨论，他根本没有加入这一讨

论，却转过身来对我说，“我在这儿都快疯了。”

当关于演剧的争论终于平息时，奇克站起来，开始说话了：

> 小伙子们，我是非常严肃的。如今我们组织起来已经有一年了，而我们并没有取得很快的进展。……我们一直×××！请原谅，先生们。……每天我去上学，都能学到一些东西。可是在这儿，却总是老样子。我们要前进。我们不想和那些普通老百姓，和那些每周挣20美元的劳工一样，胸无大志。我们要使我们的意志转化为力量。我们需要前进。所以，先生们，我要提出一个激进的建议，我想请求你们让我来指挥这个俱乐部。

他建议举办一次抽彩销售，以此为精心安排姑娘们与附近几所大学的意大利学生的社交活动提供经费。

> 如果我们为这些人安排了聚会，他们就会感谢我们。……我们就不会再像以前那样被指责是小气鬼。……先生们，不要误解我的意思，我认为说那种话的女孩子只是表明了她们的无知，但是我们不愿意这种情况再发生。

会后他对我说了他刚才谈到的那件事。上一年夏天，俱乐部曾邀请几位女青年会的姑娘出去郊游。有的姑娘认为小伙子们是“小气鬼”，因为这次郊游太俭朴了。

> 你能想象吗？……我刚才是说，出于策略上的原因，我们应该保持与她们友好相处。从我个人来讲，我并不认为这些女孩子有多么聪明。她们没有意识到我们没什么钱。

这一新的计划被接受以后，帕特·拉索号召大家为奇克·莫雷利对推进俱乐部工作的关心而鼓掌。奇克被指定为抽彩销售委员会负责人，他挑选多克、托尼·卡迪奥、弗雷德·麦基和帕特·拉索与他一起干。

虽然这次抽彩销售的收入少于最初估计的数字，但奇克和几个小伙子很卖力气，使销售很成功。多克对我叙述了这次抽彩销售的情况：

> 83 我参加了抽彩销售前的那次会。我并不想参加那个会，但是我密切注视着他们在街坊文教馆的全部活动，为的是保证这种抽彩能够公平合理。奇克想让卖不出去的票也参加抽彩，这样一来，那些确实买了我们的票的人就更有可能吃亏了。我火了，说，“买票的都是你的朋友，你不能这样坑他们。”
>
> 奇克说，“嗬，一帮正人君子。”
>
> 我说，“没错，就是正人君子。”我真发火了。我的话非常有说服力，所以没人敢反驳我。

俱乐部的日常社交事务一直由弗雷德·麦基处理，但是奇克觉得作为抽彩销售计划的发起人，应该由他来控制社交安排。乔同意这样调换。奇克组织了两次社交活动，邀请了意大利大学生、女青年会的姑娘们和阿芙罗狄蒂俱乐部的姑娘们。虽然大多数成员都参加了这些活动，但这并没有重新唤起他们对俱乐部的兴趣。

抽彩销售计划的成功使奇克很受鼓舞，他变得对俱乐部的会议越来越积极了，最后完全控制了杰努西主任。有一次，他给乔上了一课。他说在国会里，凡是建设性的行动都是由总统倡议的，并且说乔应该更像个领导人。乔没有回答。

保罗·戴马夏想提议吸收几名新候选人加入俱乐部，这时奇克指出，成员资格委员主席阿尔特·泰斯塔不在，并说杰努西主任任命一个这么不经常来开会的人，是作出了很糟糕的判断。于是主任任命奇克为成员资格委员会的负责人。

奇克仍不满足。休会之后，他把我叫到一旁，建议我们在开会前召开一次秘密的预备会。这样，当他在会上提议做一件什么事的时候，托尼·卡迪奥、帕特·拉索和我就会支持他，这项措施就能通过。很奇怪的是，他把他的想法也告诉了多克。由于多克和我没有明确表态，我们就没有再听到有关预备会的事了，不过奇克仍然和以前一样积极地推行他自己的主张。

乔·杰努西知道了正在发生的事，并感到很忧虑。正如多克告诉我的：

> 乔是个软弱的人。他当不了头儿。……两天前，乔来找 84
> 我，他问我，“你们这些小伙子为什么不指责奇克？他抓权抓得太多了。”……比尔，你能想像吗？我告诉他，“是你自己把奇克摆到这个位置上的。你要是想把他撵下来，你就撵。”……他想让我们替他干这吃力不讨好的事。……他这叫什么领导？奇克给他拍马屁，然后想怎样就怎样。……要是连奇克也能使他坐卧不宁，他还算个什么领导？

乔·杰努西深受街角青年们喜爱。本来他好像可以使俱乐部重新兴旺起来，并补救由于托尼·卡迪奥的当选而造成的某些损失。但是他失败了，因为他还不习惯于当机立断和领导一群人。他驾驭不了奇克和托尼·卡迪奥。当奇克提出新的建议而他却提不出来时，乔处于劣势。即使奇克和托尼提不出什么建议，他们也是口若悬河。在一次会上，多克先让托尼和奇克不停地说下去，直到所有的人都听得不耐烦了，然后指出他们只不过是把已经决定了的事又从头说了一遍。乔接过多克的话头儿，说他们是在“作学术报告”。奇克接受了这种说法。“不错，我是在作学术报告。不过，既然其他每一个人都在作学术报告，我也打算作。”乔制止了继续讨论下去。

类似的事情发生过好几次。如果多克领头儿反对奇克或者托尼，乔就能够跟在他后面把他俩控制住。但他自己领不了这个头儿，所以当多克不在场的时候，奇克就为所欲为了。

对于俱乐部里发生的情况，可以主要从三个人的情况来加以解释——奇克·莫雷利、乔·杰努西和多克。乔为使多克派满意而作出的努力使奇克感到不快。如果多克担任戏剧委员会主席，大学生们就可以断定，俱乐部不会为进一步发展与社会地位较高的姑娘们的关系再作出什么特许。另一方面，由于乔没有能力起来抵制奇克，又使多克和他的朋友们讨厌他。多克并不想在俱乐部里当头儿，因为他意识到这个俱乐部是要成为大学生们的俱乐部。奇克·莫雷利还和以往一样不得人心，不过他有一条明确的方针，而且总是要采取行动。到了春天，意大利人社区俱乐部里只留下
85 一些残存的人马，而奇克控制着这些人。

到 4 月中旬，俱乐部里的积极分子只剩下奇克·莫雷利、乔·杰努西、菲尔·普林西皮奥、保罗、戴马夏、帕特·拉索和我。意大利人社区俱乐部完了，可是奇克不肯承认这一点。他对我说：

> 俱乐部能成为现在这个样子是再好不过了。开始时我们的情况比较好。要是有 10 或 12 名优秀分子，情况会更好。过去我们吸收了不该吸收的人。……你还记得吧，那时候每次会上都有人讲演，可是等轮到我们有的成员讲演时，他们会

来找我，求我别让他们发言。……比尔，这样做很不好，可是我又有什么办法呢？如果我把他们的请求说出来，他们不会认为我这样做是为了俱乐部好。他们看问题总是从个人的角度出发。

乔·杰努西很不情愿地接受了奇克的分析。一年之后，他对我说：

我想，我们是吸收了一些不应该吸收的人。……开始，我极力反对只吸收大学生。我讨厌任何一种歧视。可是，也许我错了。我想俱乐部的问题就出在我们有两类成员。一类人是敢作敢为，而且总想干一番事业。另一类人却总是畏畏缩缩的，好像从来没有什么抱负。……

你知道那个俱乐部里最优秀的成员是谁？是奇克·莫雷利。他总是勇于进取。当然，奇克有一个缺点，他不够圆滑老练。他对一个人有什么看法全都在他脸上显露出来了。托尼·卡迪奥尽管不大招人喜欢，却也是个好成员。……在另一群人里有像卢·达纳罗、弗雷德·麦基、安杰洛·丘西和阿尔特·泰斯塔这样的人。安杰洛好像很厌恶生活。这些人好像都不想让俱乐部进取，不想干事。……多克是个好成员。

社区俱乐部解散以后，成员们不得不决定他们是忠于大学生还是忠于街角青年。对于像奇克·莫雷利和托尼·卡迪奥（这是一方），和像多克和安杰洛·丘西（这是另一方）这样的人来说，实际上用不着作什么决定。乔·杰努西把自己和大学生们划在一起，保罗·戴马夏和菲尔·普林西皮奥则投奔了街角青年。

保罗对我解释说，“在夏天，我无所事事，菲尔·普林西皮奥也

失业了，于是我们一起闲荡。又通过菲尔，我就和多克、安杰洛和
86 其他小伙子们到了一块儿。”后来，多克到斯庞吉那里去干活儿，保罗和菲尔仍然留下来，与安杰洛·丘西领导下的诺顿帮在一起。

由于多克和奇克都是卢·达纳罗的最亲密的朋友，卢不得不作出决定。当俱乐部正处于分裂过程中的时候，他对我说：

> 我认为这两个集团正在分裂。那帮大学生据说比我们聪明，他们是比我们强——那么就让他们按他们自己的意愿去做吧！
>
> 我觉得他们在许多方面都很蠢。……奇克仍然是我的朋友。你知道，我们曾经一块儿摆过水果摊。我们在一起干了两个夏天。我从来都是维护奇克的。他有许多缺点，可我还是喜欢他。……我们以前常常一起出去，可是现在不一样了。我和多克、弗雷德·麦基一起在街角呆着的时候，他来了，让我和他一起到某个地方去。我想让多克和麦基也去，但是他对我说，我们先去这个地方，然后再回来找他们。于是我们走了，却没有再回来。过了一段时间，我变得聪明了。每当奇克想去参加一个舞会，多克想去看电影时，我就宁可和多克一起去看电影。……我必须作出自己的选择。现在奇克不再跟着我了。他只是和我打声招呼，如此而已。……
>
> 我想，奇克之所以愿意和我在一起，是因为他能对我进行教诲。每当我俩之间发生争论的时候，我都得好好听他讲一通，然后他就开始引用书上的话，可是我到底也不明白他说了些什么。所以比尔，我还能做什么？我总是不得不同意他的意见。……奇克就是这个样子。他总想要影响和控制我。和

> 多克一起就不一样了。当他和我争论的时候，他务必要让我理解他说的每一点。他给我留出思考的工夫。然后也许过了一个星期之后我们来到图书馆，他发现书上谈到了那个问题，就把书拿给我看，说，“瞧，卢，你还记得咱们谈的那个问题吗？这可是白纸黑字写着呢。”……奇克可不是这样。他不愿意对我作解释。他只想在争论时获胜。

七　共和党政治

在社区俱乐部的最后几次会上，有一次，乔·杰努西告诉我们，一个名叫约翰·卡里迪奥的年轻的科纳维尔律师正在这个地区组织一个共和党人俱乐部。东城女共和党人俱乐部已经保证在财政上支持它，并且邀请我们的成员参加一次会议。乔又补充说：

> 今年秋天，也许会选出一位共和党人州长，这样，如果科纳维尔的共和党人表现得好，工作人员就会受到关照。……无论如何，你们应该考虑考虑，这个州的多数意大利人法官可都是由共和党任命的。……我也得想一想自己的政治抱负，不过，如果这个新组织能帮助这个地区，我就加入它，今年秋天就不竞选议员了。

来自科纳维尔的 40 名男青年和其他种族团体的代表一起，出 87
席了在女共和党人俱乐部举行的“全美晚会”。乔·杰努西、保罗·戴马夏、奇克·莫雷利和帕特·拉索到会。

那天晚上的程序是，一开始，先由俱乐部的女士们招待大家用晚餐。曾经雇用过一名意大利园丁的迪林厄姆太太负责款待科纳维尔的来宾。饭后，她带着我们到各个豪华的俱乐部活动室看了看。“你们随时可以使用这个大厅开会。……这一间可以作你们的吸烟室。……你们尽管把这儿当成你们的家。”

那天晚上还有音乐，有州委员会主席的演讲，州长候选人珀西瓦尔·威克姆也讲了话。散会时，威克姆与科纳维尔的每个来宾握了手。

社区俱乐部的成员们带着某种保留接受了这一款待。用晚餐时，奇克对着我的耳朵谈了他的印象：

> 比尔，我不喜欢这一套。…… 看上去好像是在收买我似的。让他们用辩论来说服我，而不要用食物。无论怎么样，我也要考虑我自己的政治抱负。……这儿一切都很不错，很友好，可是假如我到这里的某位女士家去拜访，又会受到什么样的接待呢？我告诉你吧！她会站在门口对我说，“恐怕你找错门了。”

当迪林厄姆太太带着我们各处转的时候，保罗·戴马夏指着墙上挂着的一幅画着野牛的绘画对我说，“她们在那儿应该放一头公牛。”

在我们回家的路上，我让他总结一下他的印象。他笑着说，“有点儿自命为恩人的劲头儿。”

不过，这次会还是起到了它的作用。事后，科纳维尔帮聚集在便道上，决定下一步该怎么办。托尼·卡迪奥也来了。约翰·卡里迪奥请保罗·戴马夏担任下次地方小组会议的主席，保罗同意了。他对我说，“我又不会失去什么。”

“我被说服了，”乔·杰努西说。

托尼·卡迪奥说,“我在心里从来就是一名共和党人。”

奇克·莫雷利说他保留他的看法,帕特·拉索一如既往地仿效奇克的做法。

竞选一开始,共和党的钱立刻流进了科纳维尔。为召开委员 88
会会议和政治集会,还设立了一个地方总部。

大学生们成了当地共和党人俱乐部的核心。一开始,有些街角青年也很积极,但后来,许多人退出了。不过,有一名大学生,即现在也在诺顿街闲荡的保罗·戴马夏,也和其他街角青年一道退出了。他对我说,这个新组织里全是一些想当头儿的人。他们人人都想下命令,可是没有人去执行这些命令。他们喜欢待在总部里讨论应该做什么,却不肯费力气到选区去游说、拉选票。当州组织中的要人们在科纳维尔露面时,当地俱乐部的成员们想方设法施诡计来压过对方,好让要人们认识自己。

在竞选中,托尼·卡迪奥作了一篇论“宪法是我们自由的守护神”的演讲,从而在东城青年共和党人演讲比赛中夺魁。靠着这次胜利,他被选中在科纳维尔的一次最大规模的群众集会上担任主席。托尼作为一名演说家而名声大振,不过,无论在共和党人俱乐部里还是在街角,人们都看出了他个人的局限性。正如乔·杰努西告诉我的:

> 那天我们召开了一次委员会会议,商讨某几项职务的人选问题。会上,托尼·卡迪奥又讲了他一向喜欢讲的那番话。他说我们必须选择一个有大学学历的人。他认为没受过大学教育的人是没有资格的。……两天之后,我和那天参加会议的一个小伙子谈起来。他以前从来没见过托尼,但是从那次

会议起，他就很讨厌他了。他说，“他到底觉得自己是什么人？”……现在这个小伙子甚至都不愿意答理他。

我们在选举共和党人俱乐部的办事人员时，托尼被提名为主任。约翰·卡里迪奥当选了，而托尼只得了两票：他自己的一票和另外一个人的一票。甚至连那个提议他当主任的人也没投他的票。我投了一张白票。我想，他俩都是我的朋友。我知道无论如何约翰也会当选。……会后，我告诉托尼，那张白票是我投的。他非常生气。我对他说，“你为什么不拒绝那个提名？”

他问，“我为什么要那么做？”

我说，“因为你不大招人喜欢。”……这句话把他惹火了。

他说，“现在我可知道谁是我的真朋友了。”从那次会议之后，他就没和我说过话。……明知道自己完全有资格，然而却什么也当不上，这对托尼来说一定是非常恼火的。

89 那年秋天，威克姆当选州长，但是在科纳维尔，墨菲使民主党人与共和党人所得选票之比几乎为6∶1。共和党人在科纳维尔得的选票确实比1936年多了一些，不过增加的选票并不像预期的那么多，也无法说出在增加的选票中有多少应归功于大学生们的努力。一些在科纳维尔最有名的非法团伙成员也为珀西瓦尔·威克姆出了力。

八　奇克·莫雷利的事业

1938年春天的一个晚上，我们从市场区走过时，奇克谈起了他的政治抱负。他说，假如他竞选市政委员会委员的席位，他已经可望得到500张选票了，不过他想在加入这样一场竞争之前先取得更多的支持。我们在走过一排水果摊时，他停下来，挑了两个苹果，和那小贩说了几句话，然后没给钱就走了。在我们大口大口地嚼着苹果时，他解释说，这些人都是从他叔叔那儿租的摊子，如果他奇克·莫雷利竞选，他们就得为他干，否则就会丢了他们的摊子。他又反省地说：

> 假如我有一份好工作，也许就不会参加这场争斗了，可是我似乎生来就是搞政治的。……
>
> 帕特·拉索说仁爱很重要。这很对，不过自我保存毕竟是人类的第一法则。……如果我当了官，我会努力帮助这个地区，不过首先我得提高自己的地位。

1938年秋，奇克还没有作好参加共和党竞选的准备。这就意味着牺牲他在选区政治中的抱负，而这一抱负只能通过民主党来实现。奇克为他的政治活动寻找另一条出路，并在由民主党提名的地方检察官候选人查尔斯·马登的竞选活动中找到了这一出路。教区牧师迈克尔·弗莱厄蒂得到当地各政治组织的支持。假如马登证明是一个强有力的候选人，那么，为他组织在当地的竞选就可能会使一名在现有组织中毫无地位的科纳维尔人获得一次良机，开始他自己的政治生涯。

等到奇克决定支持马登的时候，这位候选人在科纳维尔的组 90
织已经有人负责了，此人曾一度是晚霞剧社的成员。奇克着手成立了一个他自己的组织，并当上了地区的副主席。他让小孩子们去散发传单，让一群男女青年在选区里四处游说，他还作了多次政治演说。

在竞选中，查尔斯·马登被击败了，但是在科纳维尔，他得的选票却几乎与他的对手不相上下。在这一“精神胜利”的鼓舞下，奇克成立了亚历山大·汉密尔顿俱乐部，其中有15名曾为马登工作过的青年男女，还有几名以前社区俱乐部的成员。多克、菲尔·普林西皮奥、保罗·戴马夏和安杰洛·丘西接受奇克的邀请，加入了这个新俱乐部。多克对于他加入这个俱乐部作了这样的解释：

> 去年夏天，我正打算竞选议员，奇克来找我，并发誓他会支持我。……我对他说，他应该考虑他自己的政治抱负。我不会取胜，所以他支持我对他没有任何好处。……可是他说，“不，你是我的朋友，我要支持你。”……对于他来说，做这样一件事确实不是说着玩的。我很感谢他，所以，当他来请我加入他的俱乐部的时候，我就让他把我的名字写上了。
>
> 我从来没去参加过俱乐部的会。我不去是奇克的福气。假如我是一名积极的俱乐部成员，我就不会让奇克做了那些事而不受惩罚。我不知道他们为什么拥护这样做。
>
> 我认为，在政治上，奇克为了自己而这样做是无可非议的。他的俱乐部里有一群年轻人。他不得不依赖这群人。可是和我这种年龄的人一起，他已经把自己毁了。因为我们太了解他了。

1939年1月，奇克、多克、菲尔、安杰洛和其他几名汉密尔顿俱乐部的成员参加了一次向查尔斯·马登表示敬意的会议。关于这次会，多克说：

> 他们宣布为了向马登表示敬意要举办一次舞会，并要求

> 听众中所有认为能卖票的人上台来领票。……奇克上台下台一共 7 次。有的人上台不止一次，可是——7 次——这也太过分了。……奇克就是想引人注目。小伙子们都注意到了。

后来，菲尔对我说：

> 我已经退出那个俱乐部了。……你知道，奇克邀请我们去参加为马登举行的那次会。可是等我们到了那儿，他根本不注意我们。他忙着巴结那群要人，以致无暇理睬他自己俱乐部的成员。比尔，这太不好了。

安杰洛是这么说的： 91

> 我也退出俱乐部了。上次会议之后，我出来在大厅里和奇克谈了谈。我认为他就是一个心眼儿为自己，而且我是当着他的面这么说的。……喏，他说他必须为自己打开局面，这样，等他获得了一个好位置，就能帮助所有的俱乐部成员了。……他是这么说的，可是我不信这一套。即使他为自己找到了一份好差事，我认为他也不会想办法帮助我们。我真不认为他会这样做。

到 1939 年夏天，亚历山大·汉密尔顿俱乐部就不复存在了。

奇克还没有想出应该和哪些人联合起来。那年秋天，他对我说，“假如我有合适的伙伴和我在一起，我们就能成功。”于是，他着手复兴意大利人社区俱乐部。这一次是只限大学生参加。乔·杰努西和其他几名以前的老会员加入了，不过会员中补充了大批以前没有加入的人。

在 1939 至 1940 年那个活动季节里，社区俱乐部计划的主要活动是排一出戏。剧作者是埃德·普雷齐奥萨，据说是俱乐部的杰出成员之一。

排练一开始，是由奇克担任主角，埃德导演，不过这出戏的进展并不顺利。多克告诉我，社区俱乐部的一些成员说，奇克和埃德之间发生了严重的摩擦：“他俩似乎走不到一块儿去。埃德认为奇克想要摆布他。埃德本人就是个争强好胜的人。如果有谁要受人摆布，那么他就是那个摆布人的人。”

在刚开始排练的时候，奇克还有另外一个想法。他建议由俱乐部发起募集一笔奖学金，送那些家境贫寒而又值得培养的意大利学生上大学。他打算在东城一家最大的旅馆的舞厅里举行一次宴会，进行募捐活动。俱乐部成员们表决拥护这项奖学金计划，于是奇克忙着为这件事作出安排。他全力以赴地忙着募集奖学金，以致决定不在剧中担任他的角色了。

募捐和演戏之间的冲突使俱乐部分裂为两部分。那些对埃德·普雷齐奥萨和这出戏更有兴趣的人退出了社区俱乐部，组成
92 了“布斯金演员团”。他们中的一员扮演了曾由奇克扮演的角色，并请多克接替了一名奇克的追随者。安杰洛·丘西为剧中的一个舞蹈作了曲。埃德变得对多克十分友好，在他自己的剧上演之后，他建议布斯金演员团与多克的剧社合并。多克没有明确表态，不过这一提议说明在埃德和他的朋友们与奇克和他的朋友们之间的裂痕之深。

奇克把宴会的请柬首先送给州长珀西瓦尔·威克姆。州长秘书告诉奇克，州长阁下对这项计划非常有兴趣，不过他没有时间出席。奇克并不气馁，去找阿蒂利奥·沃尔佩商量，后者是位科纳维尔的银行家，曾是共和党政治中的活跃分子，并且认识州长秘书。

沃尔佩亲自出马，设法保证州长亲自到会。这显然使这次宴会成了所有著名的意裔美国人都应该参加的一项活动。有500多人为设立奖学金而各捐款两美元。

宴会开始时，珀西瓦尔·威克姆来了，并被要求讲几句话。他与坐在首席的几个人握了手，表示了官方对这次奖学金募捐的支持，然后就告退了。继州长之后，又有许多人发言。最高法院法官杰内利和东城意大利移民区的其他重要人物在讲话中赞扬了募集奖学金之举和它的组织者，并保证他们会予以支持。阿蒂利奥·沃尔佩代表奖学金基金会的董事们讲话，他们将掌管这笔钱并挑选奖学金获得者。他首先宣读了董事名单。他们是：艾维大学董事会主席、诺顿街街坊文教馆董事会董事梅纳德·H. 阿特沃特；街坊文教馆的另一名董事J. 哈里森·邓巴夫人；曾为奇克进艾维大学法学院学习写过推荐信的著名辩护律师托马斯·L. 布朗；诺顿街街坊文教馆主管男青年工作的约翰·拉姆齐；还有阿蒂利奥·沃尔佩。

在会议快结束时，司仪阿尔弗雷德·马丁尼——他也曾是奇克 93
在圣帕特里克学院读书时的教授之一——点名叫奇克·莫雷利讲话。显然，这在奇克的生活中是一个重要时刻，他取得了空前的成绩。他谈到曾为文明作出过重大贡献的意大利人；谈到意大利移民在争取获得承认方面遇到的困难；他还建议以更多的教育作为解决其民族面临的困难的方法。奇克的讲话受到听众们的热烈欢迎。次日，意大利新闻评论员把他的这次讲话说成是“一个真正的奇迹”。

宴会之后，意大利人社区俱乐部没有立刻开始募集资金的运动。夏季就要到了，成员们表决将这一运动延期到秋季进行。

到了秋季，政治斗争占据了舞台的中心。为了使威尔基当选议长、威克姆当选州长、宾厄姆当选司法部长以及其他共和党候选人的当选，奇克工作得非常卖力。在州的选举中，科纳维尔仍然是民主党人占压倒多数，然而在当地的选举中，共和党人却一举获得了全部官职。

到了冬季，奇克重新开展奖学金运动。他扩大了委员会，增加了几位在意裔美国人社会中知名的男士和女士。

第二次奖学金宴会甚至比第一次更为令人难忘。这一次，市长和州长都出席了。会上宣布共募集了一千多美元。鉴于这个数字与一万美元的目标相差太多，募捐活动准备一年年地持续搞下去，以便获得更多的资金。

在开展募集资金运动期间，据宣布，司法部长宾厄姆曾指派奇克·莫雷利到他的部门工作。这个职务虽然卑微，却是从政的开端。自从奇克最初组织意大利人社区俱乐部以来，他已经走过了一段漫长的道路。

第三章　社会结构和社会流动 94

一　群体的性质

诺顿帮和意大利人社区俱乐部在不同的社会层次上行使功能，而且是在根本不同的基础上组织起来的。与此同时，它们又代表着科纳维尔社会中的很大一部分人。尽管多克认为他的小伙子们是“比较优秀的一群”，但是对诺顿帮进行的概括大部分对其他许多街角帮也同样适用。社区俱乐部的大学生们在当地没有这么多与他们相当的人，不过他们占据了原先曾由晚霞剧社占据的社会位置。在社交上，这两个群体来往十分密切，以至于有的街角青年交替使用这两个俱乐部的名字。换句话说，占据具体的社会位置的人员在不断变换，而这些位置本身则保持不变。长期处于某个社会阶层之中的人们彼此之间十分相像。

在诺顿帮与意大利人社区俱乐部的早期历史上有三个社会阶层。最低层是街角青年，最高层是大学生，二者之间是中间阶层，他们可以加入上述任何一个群体。甚至在这两个组织成立的初期，这些区别就已经得到非正式承认了。1937 年秋天的一个晚上，我站在诺顿街上和奇克·莫雷利、菲尔·普林西皮奥、弗雷德·麦基和卢·达纳罗聊天，这时弗兰克·博内利和纳特西走来，站在我们

旁边。我是站在这两个群体之间。我和奇克、菲尔、弗雷德和卢讲话，又转过身来和弗兰克、纳特西讲话。大家没有一起聊。后来，
95 卢和弗雷德往前迈了一步，然后转过身来，这样他们就面对着其他的人，而且正好站在我的对面。于是在我的两侧各有一个群体的两个人。这时，交谈的路线发生了变化，于是，比如说，纳特西对弗雷德说了句什么，弗雷德与奇克和菲尔继续这一谈话；奇克对卢讲了句什么，卢又与纳特西和弗兰克继续这一谈话。奇克或菲尔从来不会和弗兰克或纳特西直接交谈。过了一小会儿，卢请大家都上他的车。奇克、菲尔和弗雷德接受了邀请。纳特西走到车前，隔着窗户和卢说了几句话，然后回到弗兰克和我身边，我们就走了。

街角交谈

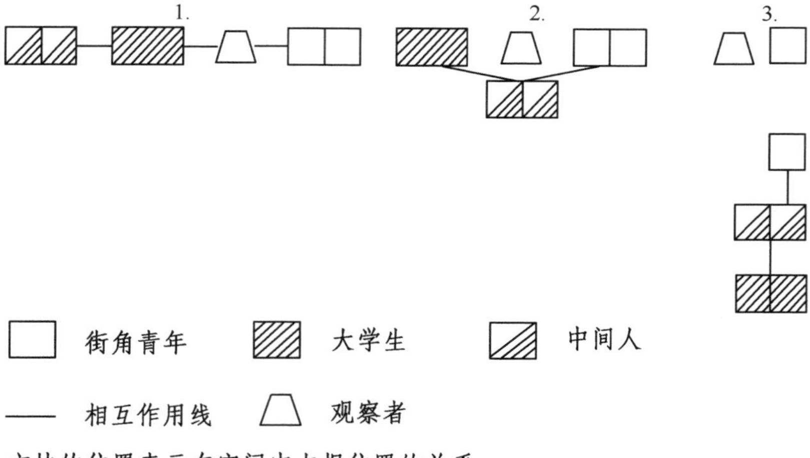

方块的位置表示在空间中占据位置的关系

虽然在诺顿街上经常相互见面，奇克和菲尔与纳特西和弗兰克却属于彼此间没有密切接触的社会群体。卢、弗雷德和我对两个群体都“适合”，所以可以作为中间人。如果多克或安杰洛·丘西

在场，他们也会扮演我们这种角色。一年之后，菲尔和保罗·戴马 96
夏也可充当中间人。附图中用几何图形表明了这种情况。

只有在将两个群体分开的鸿沟很窄的时候，中间人才能起作用。当这一鸿沟加宽到一定程度时，就没有人能够从中搭桥斡旋了。意大利人社区俱乐部里就出现了这样的情况。

街角的一帮人在诺顿街聚会。街角青年们每天的活动决定着成员们在群体中的相对位置并确定了他们的责任和义务。他们按照一个人在人际关系中的行为方式来判断他的能力。

当然，这个非正规的帮既无章法又无制度。当街角青年们组织俱乐部时，有时候他们有章程，但他们在作出决定时并不按照议会程序。他们是通过非正式的联合来形成决议的，而且，除非俱乐部里包括不止一个街角群体，它的会议只不过是认可已经得到一致同意的内容。多克评论说：

> 最好是没有章程，也不对任何事情进行表决。只要你通过表决来决定问题，你就立刻会看到有人拥护你，有人反对你，这样就会形成内部纠纷。最好的办法是你先让大家都同意，这样就用不着表决了。

与街角的这一帮相反，意大利人社区俱乐部核心的形成是根据老师按照学生们的学习成绩将他们划分的等级。社区俱乐部的成员们从小就被鼓励自认为高人一等。加入这个组织主要不是取决于在群体中的表现，而是取决于个人的学习成绩及其取悦于外界权威的能力。大学里强调的也是个人的学习表现。

大学生在学校里学到的是：上大学是当领袖的主要资格。结果，他们都觉得自己有资格担任领袖职务。

除开会时外，俱乐部的成员们很少凑在一起，但有时两个人会
97 凑在一起。由于没有一个将他们联系在一起的非正规组织，他们在权力、责任和义务方面没有共识。那些曾属于初中小集团的人承认应在某种程度上相互忠诚，但也有一些成员，如欧内斯特·达迪奥和费利克斯·迪卡洛，则连这一点点微弱的联系也不想保持。

要将这些人组织起来，奇克依靠的是议会式的制度。在解决有争议的问题时，他先论证一番，然后要求大家表决。如果表决符合他的意愿，他就觉得他赢得了胜利，达到了目的。如果成员们没能执行表决的命令，他就会责怪他们不合作的态度。

大学生们在学校和街坊文教馆里学到的是：议会程序为人群控制其行为提供了框架。然而在实际运用时，这一正式的程序却起了摧毁一个俱乐部的作用。当真正通过争论和表决过程来决定重要问题时，俱乐部就已经开始解体了。议会程序可以很好地被用来使已经非正式作出的决定正式化。不过，只有当正式组成的俱乐部也具有一个能够顺利运转的非正式组织时，才能达成这种一致。奇克没有努力建立这种对于一个有效的非正式组织来说是必不可少的个人联系，而是不断提出需要俱乐部作出正式决定的问题。这样，他使所有导致成员们四分五裂的潜在分歧表面化了，并加重了这些分歧。

俱乐部的历史表明它的两个目标——成员们的社会发展和改善科纳维尔的状况——不可能在同一时期由同一些人来实现。大学生们主要关心的是社会发展。街角青年们最关心的是他们当地的社区。俱乐部就是因这个问题而分崩离析并最终垮掉的。

当然，在意大利人社区俱乐部里也有个性的冲突，不过，只有

联系到社会冲突来考虑个性，才有可能对这个组织的历史作出解
释。奇克·莫雷利在1938年选举副主任时作出的决定就很好地说 98
明了这一点。奇克与托尼·卡迪奥不和，而且根本不想掩饰他对托尼的厌恶和不信任。他知道俱乐部里有一半人讨厌托尼，然而重要的是，他认为不应该把这些考虑放在心上。托尼是大学生，所以他有资格担任这个职务。当托尼受到攻击时，奇克认识到他与这名大学生候选人的密切关系，却忘记了他对街角青年们作出的保证。

当大学生与街角青年之间发生重大分裂时，大学生的队伍中也出现了分裂。这主要由于他们在社会参与方面有着不同的愿望和能力。当社区俱乐部款待意大利女青年会时，奇克和托尼十分担心的是保罗、菲尔和其他几名大学生不能扮演积极主动的角色。两个男人不可能同时陪所有的姑娘跳舞，而当有的姑娘独自呆在角落里的时候，奇克和托尼觉得这不仅使他们自己脸上无光，也丢了俱乐部的脸。他们不禁自问，如果自己不是这个俱乐部的人，是否会取得更快的进步。托尼接受女青年会排演的剧中的角色之后，为自己解答了这个问题，于是退出了社区俱乐部。奇克则更喜欢以一个组织作为基地开展活动，不过他个人一旦取得成功，就随时会甩掉这个组织。俱乐部可被用以充当一个提高社会地位的工具，但是，既然社会流动在这么大的程度上取决于个人的活动，这样的一个组织就必然极不稳定了。

二　街坊文教馆的社会角色

要全面地描述街角青年与大学生的关系，我们必须观察街坊文教馆的作用。在这两个群体的小伙子们的生活中，社会工作者们扮演了重要的角色。

这些社会工作者的行动规定了街坊文教馆的作用。这些人均属于非意大利血统的中产阶级（主要是新英格兰人）。诺顿街街坊文教馆和科纳维尔街坊文教馆的董事会均由属于中上层或上层阶
99 级的有新英格兰血统的人组成。诺顿街街坊文教馆的董事会代表着东城的社会精英。直到 1940 年夏天，科纳维尔街坊文教馆才雇了一名本地姑娘为职员；此前仅有的一些与它有联系的意大利人均从事下等工作，教特殊的班，或当办事员或门房。虽然有些专业社会工作者已经在这个地区度过了多达 20 个春秋，却没有一个人能讲意大利语。直到 1940 年，科纳维尔街坊文教馆才雇用了一名精通这门语言的非意大利人。社会工作者们对这里的人们在其意大利故乡的社会背景并无系统的了解。此外，他们也不去努力了解当地的社会组织，除非这个组织找上门来。

社会工作者对其作用的看法非常明确。他是从一种单向适应的方面来考虑这个问题的。虽然在与社区背景的关系中，街坊文教馆是一个外来机构，可是后者却期待社区去适应街坊文教馆的标准。有些人适应了，但多数人还没有适应。

第一代移民中的男人们都不在街坊文教馆聚会。每个文教馆里都有母亲俱乐部，是为第一代移民中的妇女和比较年轻的已婚

妇女设立的。街坊文教馆还找了一批各类男孩和女孩的典型，不过，随着孩子们年龄的增长，挑选的典型也不那么多种多样了。在这些机构中还保留着许多高年级女生的俱乐部，但其成员都是一些被认为社会地位高于科纳维尔的一般水平的女孩。在男青年中间，这种情况更为突出。只有一群经过选择的人继续参加它的活动。实际上，有几年，诺顿街街坊文教馆没有让一个由 18 岁以上男青年组成的俱乐部在这里聚会。

一天晚上，我和乔·杰努西、杰里·梅鲁佐和另外几名大学生在诺顿街街坊文教馆。当时，主管男青年工作的拉姆齐先生正在谈这个机构的方针问题。他说：

> 关于这个文教馆，有一点是任何人也不能否认的。我们从来都是竭尽全力鼓励你们这些有抱负的小伙子在生活中取 100
> 得成功。我记得当初就在这儿，杰里曾说想成为一名医生。当时这对他来说似乎是异想天开，但是我对他说，“杰里，别人做到了，你为什么不能也做到呢？”现在杰里正在很好地实现他的抱负嘛。……
>
> 有人认为，我们应该努力让街角的那群野小子也到这儿来。可是，我对此表示怀疑。如果你们必须与那帮家伙打交道，你们会觉得怎么样？

大学生们一致认为他们不会愿意那样做。

拉姆齐先生所说的“野小子”就是街角青年。但是，不管人们会怎么说他们，他们就是人民。在他们自己的年龄组里，他们构成了科纳维尔男人的绝大多数。

威克姆和墨菲竞选州长一事说明了社会工作者们如何使自己

脱离了人民。威克姆继承了一大笔家产,社会地位也很高。墨菲也很富有,但他是靠从政赚的钱。上层阶级的人们认为威克姆是个品德高尚的人,而把墨菲视为无赖。多数科纳维尔人则把威克姆看成财富和特权的朋友。与此同时,虽然他们并没有为墨菲的坦率辩护,却认为他是劳动人民的朋友。

一天下午,我正和纳特西以及其他几名街角青年在街上站着,一个在诺顿街街坊文教馆里教美术课的年轻的意大利人向我们走来,他是要到文教馆去。街角青年们注意到他的上衣翻领上别着一枚威克姆徽章,于是就和他争论起来了。这位美术教师显然是处于守势,只是说这是一个自由的国家,他并没有妨碍街角青年们,他有权利愿意选谁就选谁。对此,纳特西嘲笑说,"你只不过是个应声虫!"

"没错儿,我是应声虫,"那人回答说。"我不得不这样。我的面包和黄油都靠着它呢。"

我敢肯定,如果有人告诉培根先生他是用这种方法来胁迫他的雇员,他准会大为震惊。在政治上保持中立是街坊文教馆的一般准则。但是不知怎的,人们认为这次竞选与其他竞选有所不同。
101 这是一场善与恶的斗争。在这样一场争夺中,不可能中立,于是社会工作者们站到了正义的一边。在毗邻的建筑物的窗户上,贴着威克姆的招贴画,而有些社会工作者就住在这幢建筑物里;在文教馆的走廊里到处是对威克姆的颂扬和对墨菲的谴责。由于进入文教馆的人都被认为是属于"比较高尚的阶级",所以可以期待他们会站在威克姆一边。这就是这种非正式地施加的压力的性质。这对于争取一小批可以被社会工作者直接影响的成年人是有作用的，但在其他方面，它却使街坊文教馆和那些接受其领导的人脱离了社区的主体。

那些被社会工作者们选中并被认为应予以特殊关心和帮助的人也加重了这一社会分裂，其作用虽然不这样明显，但同样很重要。卢·达纳罗的事就是个恰当的例子。正如卢对我说的：

> 比尔，培根先生可把我毁了。真把我毁了。我崇拜这个人，可他把我整惨了。……有一天，我在教堂里祈祷让我找到个好工作。我急需一份工作。后来，当我走出教堂时，培根先生在街上把我叫住了，问我想不想工作。……他让我和其他几个从文教馆来的小伙子一起在他的古玩店里干活儿。我一个星期挣12美元，不过我是和他同居一室。他给我衣服穿。要是去看电影，他就买两张票，我俩一起去。他给我零花钱。他还带我去打网球、高尔夫球，和他一起骑马。……晚上，我得在他的办公室里坐上两三个小时，直到他准备睡觉。我得坐在那儿看书。我倒是宁愿干这些，不愿和那帮小子在街角瞎混。……他晚上要是想打桥牌，我就出去再找几个人来一起玩。我会把特德·科斯塔和弗兰克·佩里诺或别的人叫来一起打牌。……如果他晚上要出去，就让我开车送他去，然后，在去接他以前，我可以开着车带着小伙子们去兜风。……
>
> 比尔，我崇拜这个人。我曾经有不少机会找到更好的工作，可是我不想离开培根先生。要是与跟一位姑娘出去相比，我更愿意和他一起出去。他总在谆谆教导我。……呵，他想要为我做很多事。他让我接受教育——上预科学校，还帮助我上大学。可是比尔，我从来不爱念书。……我猜想我没多

> 大志气。你知道,我是有抱负的,可是我绝不想死守着这个工作。……
>
> 他想要为我做许多事,但是最后他用卑劣的手段伤害了我。当时我常和乔茜·卡尔特一起玩,她是个刚走入社会的女孩,就在我们的古玩店里工作。我很喜欢她,可我没干任何越
> 102 轨的事。那帮家伙中准有人嫉妒我,就把这件事告诉培根先生了。他让我不要纠缠她。当时没有任何出格的事,可是后来我只能偷偷和她见面。……后来,有一天,他把我辞了。比尔,我做梦也想不到会有这样的事发生在我身上。……不,我认为这不是因为那个女孩子。我想他是认为我太依赖他了,就把我甩掉了。……我立刻回到住所,收拾好我的东西,永远离开了他的屋子。我再也没回到那里去。每次他看到我,都问我过得怎么样,我告诉他我的情况,仅此而已。……
>
> 比尔,他把我害苦了。我这些年来一直跟着他,希望能从中得到点儿什么。我开始喜欢和他打高尔夫球和网球。夏天,每天早晨我和他一起骑马。我变得喜欢和他在一起。……可是后来,他把我甩了。在那些年里,我本来也许可以学着做个生意或是学一门专业,那么我今天的日子可能会好过得多。我知道我会过得更好些。我本可以着手做点儿事。如今我却不知道该怎么办好了。……

使得培根先生对卢另眼看待的唯一原因是卢的讨人喜欢的个性和他的温顺。他把这位社会工作者当成偶像来崇拜,并为此而得到报偿。

假如卢在读书方面聪明一些,或者,假如他在经商方面有点儿

本事，那么，他也许能够利用培根先生对他的支持来改善他的社会和经济地位。由于他没有这样的天分，所以他别无出路，当这位社会工作者把他甩掉之后，他只能再回到街角青年中去。

培根先生曾让卢离开了他的街角伙伴们，使得他极难再重新适应他们。当社会工作者与街角青年打交道时，其实这才是他们的用心所在。多克对我说，诺顿街的社会工作者们经常试图说服他不要再在街角闲荡，劝他和他的老朋友们分道扬镳。假如他听了他们的话，他就得使自己依附于这些社会工作者，失去他在这个社区中的地位。

卢·达纳罗的故事是一个突出的例子，不过，也还有许多别的例子说明了同样的问题。街角青年们把那些与街坊文教馆关系密切的人看成是社会工作者们的“傀儡”和“马屁精”，这种情况是十分普遍的。

即使在为数不多的大学生们中间——社会工作者们对他们的
活动特别引以为荣——也有一些人并非百分之百的忠实。菲 103
尔·普林西皮奥曾对我说，“他们把我们看作下贱人。……甚至对大学生也一样，他们和我们谈话的时候彬彬有礼，可是背后却把我们看作下贱人。”

保罗·戴马夏提到他在街坊文教馆里一向觉得不自在。鉴于菲尔和保罗最后倒向了街角青年一边，人们也许会认为他们应该与街角青年们持有相同的态度。可是，有一天晚上，奇克·莫雷利也向我吐露，他不喜欢那些社会工作者，因为他认为他们看不起所有的意大利人，不管是街角青年，还是大学生。还有一些人也表现出同样的情绪。甚至大学生们也是如此。他们在事业上取得成功之前，也是下层阶级的人，而且永远是意大利人。社会工作者们也许真心认为自己对下层阶级的意大利人并无偏见，但是他们的行动却与此相反。

多克对于街角游民在诺顿街街坊文教馆的历史作出的解释，表明社会工作者们根本无法与街角青年们打交道。街角游民们骂拉姆齐先生和鲍德温小姐的那些不堪入耳的话并不说明他们天生不可救药。小伙子们在对那些与他们合群并受他们尊敬的人谈话时，从来不使用上述的脏话。这些脏话只不过是一种对科纳维尔的异己势力进行攻击的形式。意味深长的是，在街角游民脱离诺顿街街坊文教馆并建立了自己的俱乐部以后，就再也没有与街坊文教馆联系密切的街角帮了。

除了社会工作者们的社会地位和态度之外，街坊文教馆在其他一些方面也引起街角青年的反感。多数社会工作者都是女性，在比较年长的年龄组内，女孩子们在人数上也占优势。这造成了一种女性的气氛，对于习惯于把自己的大部分时间消磨在完全由男性组成的群体中的小伙子们来说，这种气氛与他们格格不入。此外，由于空间有限，各俱乐部均无法在一周内的每个晚上都在文教馆里有自己的活动室。在街角青年们看来，这是一种退步，因为
104 他们依赖的是一种固定的社会常规。街坊文教馆还强加给他们一些行为准则，其中包括风度和礼节方面的规矩，而这些对于街角的人们来说是十分陌生的。

如果社会工作者不愿意与现存的社会结构打交道，他就只有一条出路：与那些不适应这一社会结构的人打交道。街坊文教馆目前就是这样做的。它接受那些已经与当地社会不相适应的人；

它奖励那些与科纳维尔断绝关系的人;它鼓励他们改善自己的社会和经济地位。在一定程度上,这是一条有意实施的方针。社会工作者们想与那些"比较优秀的分子"交往。

街坊文教馆的首要功能是刺激社会流动,坚持中产阶级的标准和中产阶级对下层阶级成员的奖赏。由于向上流动几乎总要包含着搬出贫民窟,因此文教馆一直与那些正逐渐走出科纳维尔的人保持联系。不过,对于绝大多数视这一地区为自己的永久性家乡的人们来说,文教馆并未赢得他们对它的忠诚。

通过刺激社会流动,诺顿街街坊文教馆加深了诺顿帮与意大利人社区俱乐部之间的隔阂,从而在加剧这两个群体之间的冲突和使俱乐部解体方面起了重要作用。

三　忠诚和社会流动

多克和他的街角青年们没能使自己的地位提高,看来今后也没有什么希望。而另一方面,大学生们却在向上走。在美国参战之前,我听到的最后的消息是,利奥·马尔托和杰里·梅鲁佐已经当了医生。吉姆·菲利普是一名合格的会计师。乔·杰努西和一个朋友一起办起了一家法律事务所,而且干得很不错。汤姆·斯卡拉在艾维大学取得了英国文学博士学位,并在大学里教书。保罗·戴马夏和菲尔·普林西皮奥这两个转向街角青年的小伙子,日子最不好过。保罗曾长期失业,直到通过一次竞争性的考试之后,才终于在一家大的工业企业中找到一份会计工作。菲尔在1937年毕业以后,只能找到一些临时性的、工资菲薄的工作,他在学校里学的工

程学根本用不上。由于国防事业的突然繁荣，他才找到了他的第
105 一份工程技术工作，可是只干了一个月就被征兵入伍了。

那些取得最大进展的人也正是那些在社会上最敢想敢干的人。托尼·卡迪奥当上了东城最大的一家百货公司的分店的总经理。奇克从艾维大学法学院毕业，这本身就是一种很高的声望。毕业后不到一年，他就赢得了本州最重要的共和党政治家们的青睐，获得了他在政界的第一份职业。他所遵循的是其他几个人走过的道路——他们在科纳维尔开始了他们的生涯，并在共和党政治中升为要人。迄今奇克的成绩表明，如果没有战争的干扰，他的发迹还仅仅是开始。也许用不了多久他就会搬出科纳维尔。如果他保持单身，他也许会和他母亲一起留在科纳维尔，直到她去世；但是如果他结婚，他一定会搬出去。奇克不会愿意娶一个喜欢住在科纳维尔的姑娘。

由于奇克·莫雷利攀上了社会进身的阶梯，上层阶级会把他作为一个典范，说明一个出身卑微的能干人可以取得何种成就。他的事迹将被用来证明我们的民主社会的生命力。而且，随着奇克的向上移动，他将像其他在他之前曾向上层阶级作过报告的人们一样，向上层阶级报告街角青年们是一群懒惰、不肯合作的人，作为一个群体，不值得和他们打交道。上层阶级人士将会相信他的话，因为他们曾经听过社会工作者们讲同样的话，而且，无论如何，奇克·莫雷利是有切身体会的。

最受人们珍爱的民主信仰之一就是：我们的社会可以把智者和能人带到社会的顶层。智慧和能力上的差异显然不能解释多克和奇克不同的生活道路。所以一定还有其他方法来解释为什么有

些科纳维尔的小伙子地位提高了，而另一些人的地位却保持不变。

最显而易见的解释是：在科纳维尔，上大学对于提高社会和经 106
济地位极为重要。然而，这只是问题的一个方面。多数大学生早在 9 年级时就脱离了他们的伙伴。当他们还是孩子的时候，就已经适应了一种导致社会流动的活动模式。大学教育仅仅是这种模式的一部分。

要理解科纳维尔的社会流动模式，最好的办法是将其与街角青年们的活动模式作一对比。最主要的差异之一出现在与花钱有关的问题上。大学生们适应的是储蓄和投资的经济学。街角青年们适应的是花钱的经济学。大学生们为了支付教育费用，在商业或专业生涯中求得发展，必须攒钱。因此，他养成了中产阶级节俭的品德。而街角青年们为了参加集体活动，必须与别人分享他的钱。假如他有钱，而他的朋友没有钱，他就应该支付两个人的花销。一个人有可能很节俭，同时仍然是一个街角青年。但是他不可能既节俭，又在街角帮中保持很高的地位。威信和影响在一定程度上取决于花钱大方。通常，街角青年不会有意识地为了树立自己在伙伴中的影响而花钱。他顺应他的群体的这一行动模式，而其行为的效果则是强化了他的影响。

奇克和多克就是对待金钱的这两种截然不同的态度的典型。奇克在谈到自己的经历时说，他以前花钱大手大脚，但是当他的一个朋友不肯以相同的态度来帮助他时，他吸取了教训。多克告诉我：

> 比尔，如今我欠了债，但是，假如人们把欠我的债都还给我，我就会有很多钱。我从来不攒钱。我在银行里从来没开

> 过账户。……如果小伙子们要去看电影，可是有一个人因为没钱不能去，我就会对自己说，“他为什么要被剥夺这种享受?”于是我会给他钱。……而且我绝不再提起这件事。

多克和奇克都认识到花钱大手大脚的人在经济上不会得到同等的报偿，但他们从这一经验中得出的结论却不同。尽管多克有
107 时也希望能收回一部分他花出和借出的钱，但他是从人际关系方面来考虑花钱的，而不是从得益、亏损和储蓄方面来考虑这个问题。

奇克为提高自己的地位而需要攒钱。多克如果想保持他在科纳维尔的地位就需要花钱。假如在1938年夏天多克在银行里有100美元或200美元的存款，他就不会退出那次政治竞选了；但是，如要积累这笔钱，他就不得不疏远他的朋友们并失去对他的政治支持。

奇克和多克对待社会流动也持有不同的态度。奇克评价一个人是看他提高自身地位的本事；多克却是根据他对朋友的忠诚和在人际关系中的行为来评价。

在讨论大学生与街角青年们之间的区别时，多克对奇克是这样评价的：

> 奇克说自我保护是自然界的第一法则。这在某种程度上是对的。你首先必须照料好自己。但是奇克如果能通过踩在他最好的朋友的脖子上而找到一份好工作，他就会这么干。……有一天晚上，我们在街角谈起这件事，我当时把他作弄了一番。我使他承认，只要有利可图，他就会背叛他最好的朋友。……比尔，我可绝不会这么干。我绝不会踩在丹尼头

> 上,即使这样做能使我自己得到一份每周50美元的工作,我也不会这么干。我的那些小伙子们都不会这么干。

大学生和街角青年都想成功。他们之间的区别是:大学生或是不肯让一群亲密的朋友束缚自己,或是情愿牺牲他与那些进取得不如他快的人的友谊。而街角青年则被一张彼此负有义务的网将他与他的帮连到一起,他或是不愿意,或是不能够摆脱它。

有时候,街角青年的头头儿抱怨或威胁说,他要放弃他的角色。有一次,当多克在他政治竞选的压力下屈服时,颇有感触地对我说,“现在我一心想的是钱。……以前那一切都是理想主义。现在见鬼去吧!让它见鬼去吧!……我为什么总应该为别人操心?没有人为我操心。”

然而,他仍然一如既往地为别人干事。他无力改变自己。 108

如果从利己主义和利他主义对立的角度将奇克和多克加以对比,那就错了,因为这意味着他俩都能随意决定自己采取什么样的行动方针。假如多克完全是为了满足他的物质利益而采取行动,他就不会是多克了;而假如奇克关心他人先于关心自己,他也就不成其为奇克了。单凭意志的作用不足以改变一贯的行动模式。

多克明白哪些手段可以被最有效地用来提高自己的地位,他甚至能对别人指出这些手段,然而他自己却不能使用它们。他曾对我说:

> 我想我的小伙子们妨碍了我的发展。……但是,假如我打算从头开始——假如上帝对我说,“你瞧,多克,你要从头开始了,你可以预先挑选你的朋友,”我仍然保证会让我的小伙子们继续做我的朋友——即使我挑选的人里面有洛克菲勒和

卡内基。……街坊文教馆的人和晚霞剧社里的一些人曾多次对我说,“你干嘛要和那帮家伙混在一起?”我告诉他们,“干嘛不要?他们是我的朋友。”

比尔,昨天晚上在家里,我姐夫正在收听他喜爱的意大利语节目,我的外甥进来了。他想听点儿别的,于是他走过来换了个台——他谁也没问。……比尔,我在这里的处境很不舒服。他们为了这些孩子,干什么都愿意,假如我想管孩子,他们就会把我训一顿。……可是这太不像话了。我把这孩子叫到一旁,教育了他一番。比尔,我确实很有说服力。可是到最后,我说,“不过,孩子,你不要改变得太多。你保持你现在的样子,这样你在这个世界上就能吃得开。”

第　二　编

非法团伙成员和政治家

111 # 第四章　非法团伙活动的社会结构

一　非法团伙活动的历史

禁酒时期酒的非法交易为今天的许多著名非法团伙成员提供了经商的经验和资金来源。在禁酒初期，为数众多的小酒商卷入激烈的竞争。当时，酒价波动起伏，对经营范围也无明确规定。竞争常常导致暴力。

随着时间的流逝，一些比较精明能干、有胆有识的酒商获得了经济地位和势力，从而将众多较小的独立经营者挤出了商界，并扩大了他们对其他酒商的控制。这一兼并运动稳步地持续进行。在东城，在禁酒令被废除前不久，这一运动发展到最高潮，为首的是一个被称作“老板”的男人。

大萧条沉重地打击了酿酒业。随着生产和销售情况的改善，在对酒的需求量减少的同时，酒的供给却不断增加。许多卖私酒的商人破产，无力偿还欠造酒者的债务。这给“老板”提供了机会。他组织了一个由大约10名主要批发商(都是各帮的头头儿)组成的集团，旨在控制加拿大酒向美国这一地区的全部进口。“老板”签署了一份协议，替不法酒贩子们偿还他们欠下的全部债务，而他得到的回报则是，在这个集团的地盘内，他将酒厂为美国酒商生产的酒全部置于自己的绝对控制之下。这些垄断者还经营他们自己的酿酒厂。到1932年底，这个联合企业已经完全控制了东城地区酒的销售。

后来，“老板”被谋杀了。杀他的是几个相比之下无足轻重的 112
歹徒。他的被杀似乎是由于一场与垄断企业毫无关系的争执。不过，即使“老板”活着，在那段由于1933年废除禁酒令而出现的动荡不安的日子里，也难以再维持对非法活动的统一控制。联合企业的成员们无法就继承人问题达成一致，而是将“老板”曾控制的这块地盘瓜分了。

联合企业的成员们从共事中吸取了教训，这些教训后来对科纳维尔一带的非法活动组织产生了强烈影响。在禁酒令即将废除时，非法团伙的成员们需要找一个能扩展其活动的新的地盘。彩票业似乎提供了这种机会。由于一角、五分，甚至一分钱均可用来打赌，所以彩票对穷人尤其有吸引力。在靠禁酒令谋利达到顶点时，只有少数地位最高的不法酒商注意到利用这种把赌注押在数字上的彩票赌博。不过现在，许多人正开始认识到，如果零钱能很快赚到手，那么虽然面额小，也是值得收集的。

一天晚上，在东城的一家旅馆里，这块地方的全体非法团伙头目开了一次会。会上，组成了控制彩票业的辛迪加，并就经营彩票业的方法达成了一致意见。

这是一次历史性的会议。有人说与会者中甚至还有一位警方高级官员。我从一个出席了这次会议的人那里知道这不属实，据说他是派了一个代表参加。科纳维尔的彩票业控制在T. S.手中。这位官员和T. S.的商业伙伴一样从中获得一定的好处。此外，警方对于这类活动自然会感兴趣，因为如果这次会议达到了目的，即消灭竞争和暴力，那么，警察局的任务就简单多了。

在此后几年内，这一经过重新组织的生意十分红火。数字彩票和其他形式的赌博取代了酒，成为东城非法活动的支柱和主要经济支柱。

在实行禁酒令以前，科纳维尔的非法活动相比之下是无组织
113 的。当时有一些小股的敲诈者团伙（意大利黑手党和卡莫拉[①]在当地的变种）敲诈劳动者，他们探出那些有一些积蓄的人，然后以武力威胁索取钱财。在 20 年代初，由于警方采取行动和受害者的朋友们采取报复行为，这些团伙销声匿迹了。正如在任何其他城市里一样，这里也有小股的抢劫者和盗贼。而更大规模的非法活动组织则是因酒的非法买卖而出现的。

马里奥·塞雷基亚的故事为了解禁酒时期的情况提供了线索。马里奥于本世纪初诞生在科纳维尔，他的父母是勤劳的西西里人。他长大后，成为他那一帮里的一个愣小子。作为一个年轻人，他被认为是当地在街上打架最凶的人物之一，而在这地区能竞争这一荣誉者不乏其人。至于他慷慨大方的传说在科纳维尔则几乎变成了传奇故事。

马里奥的生涯是以抢劫为开端的。他曾抢过一家很大的掷骰子赌博场所，并在逃跑时伤了一个人。后来，他由于武装抢劫工资而被捕。他曾多次被捕，被指控的罪名从妨碍交通到谋杀无所不

---

① 意大利罪犯的秘密帮会。19 世纪控制过那不勒斯。起初颇有政治势力，后成为抢劫敲诈组织。许多卡莫拉分子到美国，与黑手党互相残杀。直到 1920 年黑手党吸收了卡莫拉残余分子，风波才告平息。——译者

有，但他却只在监狱里服过6个月的刑。马里奥找到了各种各样的非法谋生手段，他总有钱，而且有许多关系。

在走过了他的生涯中的最初阶段以后，马里奥就不再以抢劫为主业了。他从事贩卖私酒的勾当，为发展彩票赌博出了力，并向其他非法团伙成员勒索“保护费”。他有一小帮忠实的追随者，也有一些劲敌。他不具备建立起一个组织的商业才能。他在这一行里是一个粗野的个人主义者。只要他活着，对于任何一个他企图征服的综合组织来说，他都是一个威胁。

1930年，马里奥在附近的一个城市里想中途加入一局大赌注的掷骰子赌博，结果导致一场枪战。他杀死了这场赌博的保镖，他自己也挨了6枪。人们都以为他没命了，可是他居然康复了，接受审问并被宣判无罪。至此，事情已经很明朗，即马里奥无法无天的行径使他已经对太多的人构成威胁。在那次因掷骰子赌博引起的
枪击事件发生后，数月之内，他的团伙中有一人被杀，另一人遭到 114
枪击。马里奥则有一天在走出他朋友的商店时被人开枪打死了。

在科纳维尔，他是他这类人中的最后一个。由于他的死，非法组织进入了一个新时代。通过一个在科纳维尔逐渐被人们称作“T. S.”的男人的经历，就可以了解这个新时代的情况。

T. S.不是在科纳维尔长大的。用一个熟悉其经历的人的话说，

> T. S.是从某某地来的，管理意大利人的抽彩发奖[根据意大利不同省份每周的税收收据]。当时在这个城市里，这项活动刚开始盛行。经营抽彩的X帮需要找个人在这儿处理抽奖结果。于是T. S.就来了，并且从一开始就赚了大

> 钱。……可是经营其他非法活动的人也想从中捞一把。他对他们说，"见鬼去吧！你们搞数字赌博，搞赛马，还卖私酒。"他一个子儿也不肯分给他们，于是这一带总出事——大街上到处有枪击发生，人们开着车，站在开得飞快的车上开枪。那可真够刺激的！

当时尚无迹象表明 T. S. 和马里奥·塞雷基亚是属于不同类型的人。然而，他显示了卓越的组织能力和经商意识，不出几年，就使自己变成一个强大的科纳维尔帮的头头儿，经营贩酒和其他非法活动。1931 年初马里奥·塞雷基亚被杀后，尽管 T. S. 在这一地区仍有一些对手，但他已成为科纳维尔最有势力的下层社会中的人物。

使 T. S. 声名大振的是奥马利枪杀事件。奥马利帮是来自这个城市另一地区的一个无法无天的爱尔兰帮。他们谋求扩大他们的活动范围已经有一段时间了，并曾"劫持"过 T. S. 的运酒车。有一次，T. S. 正急需酒，他们却拦住了 T. S. 的一辆车，车上装的货价值数千美元。司机恳求奥马利帮的成员，说假如他们不劫这辆车而去见 T. S.，他会为他们放过这辆车而用钱来酬谢他们。奥马利帮给 T. S. 打了个电话，约好在 T. S. 的办公室里商讨这件事。等奥马利帮的人一到，他们就被机枪消灭了。

115 在奥马利枪杀事件之后，T. S. 在短时期内变成了一名逃犯。然而就在警方采取局长所谓的"东城有史以来最大的通缉行动"时，他却呆在邻近的一座城市中他的家里。当他自首并被送交大陪审团时，本州的主要见证人改了口供，T. S. 没有受审。

看来，与奥马利帮是不可能和解的。他们属于那种不顾一切、无法无天的犯罪流派，马里奥·塞雷基亚就是他们的样板。把他们除掉之后，T. S. 毫无问题地确立了他在科纳维尔的优势和在这个城市从事非法勾当的人们中间的显赫位置。他是一年之后在“老板”领导下组成酒业垄断集团的那10个人中的一员。

奥马利枪杀事件发生后，在T. S. 被宣判无罪后不久，他扩大了他在科纳维尔的经营范围。托尼·卡塔尔多和萨利·德费奥是两个曾自己经营彩票赌博的科纳维尔人。由于他们无力支付大宗的“中奖”(顾客赢的钱)，他们同意如果T. S. 能用他的财力作为赌场的后盾，就给他50%的利润。随着其他经营赌博的人也都走上了同一条路，T. S. 控制了科纳维尔大部分地区的彩票赌博。在控制全城以及其他城镇中的彩票赌博业的辛迪加组成之后，T. S. 成为其中的成员之一。

这一组织给科纳维尔的非法团伙活动带来了一段和平和有秩序的时期，这种状况一直持续至今。虽然在其他地区曾发生过暴力骚乱，科纳维尔的赌博业却安安稳稳地经营了10年。

马里奥·塞雷基亚与T. S. 的鲜明对照说明了非法团伙活动的发展。马里奥是一个富于特色的传奇性人物；对于科纳维尔来说，他是一个“大恶棍”。T. S. 则在幕后悄悄地干，致使科纳维尔人中间没有几个人能肯定地道出他的个性。马里奥身强力壮，使用的是拳头或枪，自己出去打架。T. S. 在不得已时也打架，但他成立了一个组织，把暴力减少到最低限度。马里奥是个强盗；而T. S. 是个企业家。

二　彩票赌博组织

多克曾评论说：

> 我是一贫如洗了。我穷到这种地步，以至于今天连押到数字上的那一角钱都拿不出来了。一个科纳维尔人要是连押在数字上的钱都拿不出来，你就知道他真是穷得身无分文了。你把这写进你的书里吧。

116 无论男女都玩这种把赌注押在数字上的彩票赌博。当一位母亲让她的小孩到街角的商店去买瓶牛奶时，她会告诉孩子把我的钱押在一个数字上。非法团伙的成员们自己也玩这种彩票赌博。托尼·卡塔尔多有一次告诉我：

> 我每天在三位数的赌博上面押一块钱，在四位数的上面押2角5分钱。假如那4个数出来了，我就能得一千块钱。然后，我每月一次，在一个数字上押20块钱。我算计着如果赢了，我可就真的有点儿钱了。

在决定当日中奖号码的赛马结束后，人们会把身子探到自家房子的窗户外面，寻找那个能告诉他们是什么号码的代理人。街角青年们东一群，西一伙地互相打听，“是什么数？”

即使科纳维尔人没有从朋友那里获得这个信息，他也可以从报纸上知道。每天晚上，街上都有一种当地的小报，上有“揭晓版”，不仅包括比赛结果，而且有一个如下表这样的可一目了然的表格。早报在它的体育页上也刊登这样的表格。

1-2-7 赛马 ………………………………… 145.20 美元

1-2-3-5-7 赛马 ………………………… 209.80 美元

(全部)7 赛马 ………………………… 323.60 美元

这张表是根据两美元的赌注与赢款的差额列出来的,这笔赌注是押在指定的赛马会上在特定跑道上赛跑的第一、二、三名上。表中的数字只对于那些对彩票赌博感兴趣的人有意义。要知道这个号码,只需从上到下读出表中小数点左边的第一个数字。在上边这张表中,就是 5-9-3。得胜的"四位数赌博"中的号码也是这样决定的,只是加上了最下边的数字中小数点左边的第二个数字。由于所有主要的非法团伙成员除对彩票赌博感兴趣以外,还对其他某些合法或非法商业活动感兴趣,所以我将集中描述彩票赌博组织,因为这似乎为其他活动提供了一个框架,并最详尽地说明了在这一结构中处于不同等级的人们之间的关系。

那些想要解释彩票赌博的科纳维尔人一开口总要说,"经营它
就像经营一个企业。"这一类比有助于指明这种赌博独具的某些特 117
征。它日复一日、井然有序地顺利运行。暴力被控制在最低限度,其他控制手段——其中包括财政上施加压力——被用于使它井井有条。控制彩票赌博的辛迪加达成协议,制约其成员之间的竞争并消除外来的竞争。非法团伙活动的首脑人物们维持着有效的组织,并对其下属们有严明的纪律约束。他们还有固定的安排,以顺利应付法律上的问题。

非法活动组织的最底层是那些收赌金的代理人。有些代理人定期四处拉生意,其他代理人则是店主或雇员,他们为前来商店的顾客"写数"。代理人把赌金的数目写在一个便条本上,把一张复写的条子交给顾客,另一张则连同他当日收集到的赌金一起交给

他的雇主。以一分钱为起点，多少钱的赌金他都可以收。“中奖”的顾客可获得的投注赔率，在三位数的赌博中为 600 比 1；在四位数的赌博中为 4,000 比 1；在两位数的赌博中为 80 比 1；在一位数的赌博中为 8 比 1。

如果代理人收的钱总数超过了顾客赢的钱，他就可得到一定比例的酬金。他得的报酬从 10％到 40％不等，数额多少取决于他每天收了多少钱，以及他与雇主的关系如何。此外，只要他的顾客中有一人在一次三位数的赌博（这是最常见的一种赌博）中中奖，代理人就从公司（通过他的雇主）那里得到相当于这位顾客赢的钱的 10％的报酬。

有些较大的代理人又雇用一些较小的代理人为其工作。如果一位代理人收到的钱足够多（每天 50 美元以上），他就可以把他写的数直接上交给“办事处”，他本人则成为一名“二老板”。

代理人收集到的数字都要上交给他的“二老板”（那些为较大的代理人工作的小代理人例外，他们收集的赌金要通过一个中间
118 步骤才能送到二老板手中）。如果雇主和雇员在同一地区工作，代理人就亲自去上交他收集到的赌金；但是如果二老板有许多代理人，他们工作的地点离他的办事处很远，他就会派一个收款员（或“代收赌金者”）把这些代理人登记在纸上的数字带回来。收款员得到的报酬很少。有些二老板自己登记数字，只雇几名代理人为他们工作。其他二老板手下则有许多人，自己从来不登记数字。

二老板将他收集到的全部赌金都交给“办事处”或“公司”——这是对它们的不同称谓。公司把赌注下在数字上。等全部赌金都收上来了，号码也就“出来了”。这时，公司办事处的人员就根据每

位二老板交来的数字算出应付给中奖者的钱数。这笔钱被交给二老板，由他们把它交给他们的代理人，再由代理人付给顾客。

代理人的收入波动很大，因为这主要取决于他收集到的赌金的赢利情况。如果顾客赢的钱超过了收集到的赌金，代理人就会欠他的雇主的钱。科纳维尔人都明白，代理人时时刻刻都有可能停业，许多小代理人都宁可不干了，而不愿面对白干几个月拿不到佣金的前景。在这样的情况下，对于该组织来说，重要的是为代理人提供中大奖的机会以示安慰，并尽量造成一种代理人从中彩中受益的假象。从代理人的立场上看，他必须等到月底才能拿到他的固定佣金，但如能在开奖时拿到相当于其顾客得到的奖金的10%的现金，那将是一件非常令人高兴的事。

由于多数二老板的收入取决于许多代理人收集到的赌金，所以他们的收入波动得没有这样厉害。鉴于公司收集到的赌金数额还要比这大得多，它的收入一般说来更不会有太大波动。当然，有时候，如果出来的号码有许多人中彩，整个组织就会受到沉重的打击，公司将会暂时出现赤字，动用它的老本，甚至借钱。

肯定也有这样的时候，即代理人运气不佳，从彩票赌博中暂时 119
一无所获。这时他常常会向他的雇主借钱，或是雇主主动提供帮助。于是，代理人无论从个人还是从生意的角度看都变得依赖于他的雇主。生意的时好时坏起着增强雇主对其雇员的控制的作用。如果代理人对其二老板给他的待遇不满并希望更换雇主，他必须获得雇用其二老板的公司负责人的批准。公司负责人通常不可能既批准这一更换，又不得罪雇用这个代理人的二老板。一般来说，代理人与二老板之间的关系是，代理人不会考虑作出任何别的安排。

在较早些时候，代理人曾拥有更大程度的独立性。当时，三位数的赌博中，前两个数字是根据以前的赛马的总数，只有第三个数是根据包括第七次赛马总数在内的数字确定的。在这样的制度下，第一个和第二个数字比第三个数字先出来。虽然代理人应该在第一个数字出来之前就将他们所有的数字上交，但他们可以冒个险，自己掌握一定的赌金。然后，例如，如果前两个数出来了，是1-6，代理人就会把他的条子都翻一遍，看看他是否持有前两个数是1-6的条子。假如他有一张赌的是1-6-5，他就立刻会在作为第三个数的5上面下一笔足够大的赌注，这样，如果出来的数字是1-6-5，他赢的钱可够他支付他应付给顾客的奖金。如果1-6-5没有出来，他会输掉他在5上面下的赌注，但他可以使得自己不至于破产；如果有一天，他发现他的条子里没有一张上写着这前两个数字，这时他就可以净得利了。正如托尼·卡塔尔多对我解释的那样：

> 这就是他们修改这个制度的一个原因。当时保留这些数字的小赌账太多了。所以他们[辛迪加的头头儿们]凑在一块儿，决定像现在这样从不同的赛马总数中得出中奖号码。现在你就不能那样干了。新制度使那帮家伙不可能像以前那样保留数字了。

通过这样的财政安排和个人影响，上层人物确立和保持了他们对其部下的控制。

120 非法活动辛迪加还决定活动范围和明确的政策方针。每个彩票赌博公司的头头儿都属于这个辛迪加，其中有一人担任辛迪加的董事长或主席。除了少数几个科纳维尔人以外，其他人都不知道他的作用，甚至不知道他的身份。辛迪加共有10或12名成员，他们各有经营自己生意的特定地盘，并同意互不侵犯他人的势力范围。

辛迪加决定彩票赌博中对赌者的投注赔率。正如托尼·卡塔尔多解释的：

> 以往一直是730比1，但是我们不得不把这个比例降下来。在改变投注赔率时，各大组织都要凑在一起，达成一致意见。现在有些彩票只付给半价的赢金。大家都同意这样做，是因为把赌注押在同一数字上的人太多，万一这个数出来，我们付不起。现在我们是按600比1来付款。在X地，他们只按500比1来付款，在Y地，他们也按500比1付款。我们其实也应该只按500比1付款，因为东城的人太鬼了。现在的做法是，等你把给代理人的佣金和一般管理费扣出去，我们只能得百分之三或四的利润。这就和其他任何企业一样了。

赌博中投注赔率的任何变化都是在整个东城及其附近地区内同时实行的。当某些彩票将只按半价支付奖金时，代理人会散发印好的单子，将这一变化通知赌客。这样，就消除了生意中的一个严重的不稳定因素。

辛迪加的作用还在于抑制外来竞争。一个曾目睹这一垄断集团的发展过程的人说：

> 他们就像组织一个大企业那样组织彩票赌博。他们在东城设立了办事处，并控制了某些州的全部彩票业。各个城市

里都有他们的代表。假如你不属于这个组织，你就不能登记数字。非法活动组织得就像是一个大企业。每个人都有他自己的一份工作要做。他们有骗子，能说会道——他们能说得使你相信黑的是白的。还有打手。他们硬挤进来接管生意。现在他们没有太多的事可做了。那儿有保镖，当生意正常进行时，由他们来保卫生意。还有杀手。此外，因为他们每天要算大量的账，所以有记账员。所有这些人都是每周领一次工资；对于他们中间的有些人来说，也许一年之内有 51 个星期都不会没活儿可干，而在剩下的那个星期里，他们还要做许多事。你看，这与你在电影里看到的不一样。他们中间只有少数人是杀手。

121 假设你着手登记数字并且要自己经营。一旦被这个办事处发现，它就会派一个骗子来找你。他能说得天花乱坠，使你相信黑的是白的。他说，对于你来说，加入这个保护性的联合会是件好事，如果你收集的赌金足够多，你最好当个二老板。万一有人敲诈你，他们会保护你。你也许愿意自己寻求警方的保护，可是，假如你没有办法收买你这里的巡警，办事处可以为你办好这件事。他告诉你属于这个组织的好处，并且使你深深感到最好加入它。假如你不听他的劝说，就会受到警告；假如你仍然不肯加入，就会被痛打一顿。但是无论如何，谁也不会坚持和他们硬顶着。假设你加入了这个保护性的联合会，我来向你要钱，你就与办事处联系，告诉他们，“某某某想敲诈我。”他们就会派人来找我，说，“你想敲诈比尔·怀特，这是什么意思？你最好罢手。”于是我就罢手了。

非法生意不鼓励人们尊重产权，也得不到合法商人可得到的同样的法律保护。有人觉得，非法生意的果实属于那些聪明或厉害得足以取得这些果实的人。非法团伙活动如果得不到妥善保护，就会成为这些不负责任的人的牺牲品。然而，虽然有必要拥有自己的武力，但辛迪加的政策是尽可能少使用它。

正如这个组织中的一位要人向我说明的那样，肉体上的胁迫并非控制企业的唯一手段：

> 以前，彩票赌博一直是由非法酒商们控制。当时它确实是一种很蛮横的非法活动。如今它完全被掌握在企业家们手中——他们中间有些人拥有××和××[两处赛马场]的股份。他们有足够的钱，所以你可以确信一切都会越来越好。……1－2－3这个号码出来的时候，你在这儿吗？那是个特别讨人喜欢的号码。在大约两年前它肯定曾出来过。我知道我自己的办事处赌了15万美元。当时，许多干这一行的人并没有很多钱作后盾。这个号码出来以后，问题确实就很清楚了。他们支付不起，于是这件事使他们被赶出了企业界。由大人物支付他们的欠款，并接管这些生意的例子很多。这就和任何其他企业一样。如果一个人破产了，你可以接管他的债务，并继续做他的生意。事情就是这样。现在一切都进展得更加顺利了。

虽然在年青一代的二老板中，有些人是从搞非法赌博起家的，T. S. 和他的大多数有势力的同僚在开始经营彩票赌博以前却都是卖私酒的贩子和帮派头目。企业家没有把帮派头目排挤掉，帮派头目却成了企业家——尽管也有一些人没能实现这一转变，并 122

在经过重新组织的非法活动中失去了地位。

和合法企业一样,彩票公司也对其顾客尽其应尽的义务。我从未听说过近年来有哪个科纳维尔人中了彩却没有得到足够的奖金。甚至在代理人已被证明不可信任的情况下,顾客也能拿到奖金。正像一位代理人告诉我的:

> 有一次,有个家伙中了 4,000 美元的奖。代理人来到办事处,取走了这笔要支付的钱。后来他匆匆离开了这个城镇。那家伙没得到钱,就去见 T. S.。T. S. 说,"等一等,也许他过几天会来。"过了两天,那家伙又来找 T. S.,吵闹着要那 4,000 美元。这时 T. S. 知道那代理人的确从城里溜走了,于是他本人拿出 4,000 美元给了那赌客。他们一旦找到那溜走的人,他那条命就连一角钱也不值了。

在维护他们自己的地位的同时,相互合作显然对公司有利——他们就是这样做的。也许,这种合作最常见的形式就是所谓的"作手脚"。代理人们在上交他们的彩票赌博条子时,在信封外面写上他们在哪些数字上下了一美元以上的赌注。管账的只需瞥上一眼,就会提出在有的数字上下的赌注是否太大了,万一中了奖,公司将支付不起。然后,正如托尼·卡塔尔多解释的:

> 大公司们凑在一起。我允许你在 6-4-3 上下 5 美元赌注。你也许会问我能不能在 4-1-1 上下 5 美元赌注。我会说,"我可给不起;我在这个数上下的赌注已经太大了。"这样,我们就有机会在中彩号码出来以前先做一番交易。

这种把风险分摊的做法是维持企业稳定的一个重要因素。

公司首脑们最重要的功能之一是与政治家和警方的高级官员

建立和保持密切的关系。对于他们来说，与地方律师事务所拉上“关系”尤其重要，在这方面，他们有时是非常幸运的。警方的负责人对于他们的生意的经营好坏，显然是个关键人物。过去，他们至少要与一名担任这一要职的人有联系。即使建立不了这种联系，123
企业也可以凭着与该地区的警方管区队长的关系而兴旺发达。如果某个地区的彩票赌博业办得红红火火，你就可以有把握地认为管区队长“得了好处”。与政界的联系也很重要，因为通过这种联系可以对各执法机构施加影响。警方的头目是由政界任命的。即使不能直接“收买”他，也可以对任命他的人施加压力。

联系并不总意味着严格的经济意义上的贿赂。例如，有一位重要的执法官员，他从来不从非法团伙成员那里索取分文，但他本人喜欢赌赛马。他对于人们对赌博的谴责置若罔闻。非法团伙成员总在政治上支持他，并保证会从他那里得到许多偏袒。

控制赛马赌博的组织也正是搞彩票赌博的组织。最大的马房是由辛迪加的头头儿们经营的，同时，有些二老板也有他们自己经营打赌业务的设施。他们把全部赌金上交公司，并得到50％的利润。保护措施是按照彩票赌博的制度来组织的。

三　与警方的关系

二老板的功能是为他们的代理人提供警方的保护。正如一个三老板对我解释的：

> 那些警察们都得了钱。他们把这钱叫作“联合工资”。在巡警巡逻线上的每一家出售彩票的店每月都得给他5美元。

> 便衣警察也一样,不过他们在科纳维尔,哪儿都可以去。他们之间划分了领地。他们的名字被列入不同的工资单,他们私分赌金,但即使如此,便衣警察也比巡警得的钱多。警官得10美元[从每个店]。坐巡逻车的每人可得25美元——有些人要的价便宜。当然,他们要管许多地方。

据说,地方警察分局的副警长和警长得到的报酬相应地多一些,但这些不由二老板们掌握而由“办事处”来掌管。根据当地的
124 报道,警长并不直接拿钱。这些钱是交到他信任的一名巡警或警官手中。这样万一出了事,只要他的下级不作不利于他的证明,警长就安然无恙。如果有人指控这位下级受贿,警长会尽全力为他开脱。

警察受贿不仅限于金钱,正如这位三老板说明的那样:

> 还有许许多多额外的好处。每逢圣诞节和复活节,我的老板就从他的店里拿出一大包食品给所有他贿赂的警察。我替他把这些东西送到他们家里。可是后来这些警察从来没付过钱。他们会到我的老板店里来,要食品,然后扬长而去,甚至连要付钱的表示也没有。这就是开食品店的倒霉之处。一个不做这种生意的人在某些方面日子要好过些。即使警察给钱,他也会享受你我都享受不到的减价。我卖给警察的烟是10美分一盒。卖一盒烟赔两美分。每逢集市日,警察都是免费拿走所有他们要的食品百货——别的时候也一样。他们中间有的人干得非常露骨。等哪个星期六你到我这儿来,我会让你见一个警察。他把他的汽车——是一辆大帕卡德——停在帝王大街,然后装车。我是说他确实是在装车。他把车的

> 后部从上到下都塞得满满的。这些东西，一家人都吃不了。他一定还靠这照顾他所有的亲戚。

这些商品并非全部由非法团伙的成员提供。城市有各种各样的条例，如果警察想这么干，就可以用这些条例来对付推车的小贩和小店主。针对城市其他部分的情况通过的条例也可被用作迫使科纳维尔人“关照”警察的武器。如果一个人透彻地了解他的法定权利，他也许会发现他可以平安无事地拒绝送给官员们任何东西，然而这么通晓法律并敢于冒这个险的人寥寥无几。许多小商人感到不必为自己的合法地位担心，但尽管如此，也仍然免费送给官员们商品。他们解释说，交一个警察朋友总是有好处的，也许有一天他会给他们帮忙。那些与非法活动有牵连的人行贿是理所当然的，但即使那些不干这一行的人，也并不总是迫不得已才行贿的。

没有必要与警察局所有的成员都拉上关系。在一个地区，只要有一名坚决想要取缔非法活动的官员，就会造成很大的麻烦。
不过，在这种情况下，非法团伙成员会对政界人士和警方的上级官 125
员施加压力，把该人调到别的地方去。人们有时会听到这样的说法：

> 约翰·多伊在这儿的时候，是个找了很多麻烦的警察，但是他们把他撤换了。现在他在××的公墓巡逻，甭打算再回到科纳维尔来了。在公墓可太寂寞了。那儿从来没出过什么事。

警方高级官员还有一些其他武器来惩戒他们的下级。管区队长可以派警官去执行没有报酬的额外任务。这个部门里的人都知道，有两种额外任务。当出现游行、集会、举行管乐音乐会或诸如此类的活动时，显然在这一地区同时需要比平时更多的警官，这时，被派去的警官不认为这是一种惩罚。还有的时候，派去执行额外的任务被队长和他的下级认为是惩戒措施。这完全是非正式的。如果队长宣布这一额外任务是一种惩罚，下级就有权因这一决定向警察局的一个审理委员会告状。多数这种惩罚性的派遣自然只是“为了服务得好”，这时队长无须再作其他解释。

有的警官讨厌上夜班；也有些人喜欢上夜班。有的不喜欢维持交通秩序；也有人愿意干这项工作。那些熟悉手下人的喜好的队长可以用派他们干他们不喜欢的工作来进行惩罚。这同样并不被正式承认是一种惩罚，但有关的人都明白这是怎么回事，从而使它达到了它的目的。

予以提升或阻碍提升也可被用作一种奖励或惩罚。前些年，警察局长有权提拔任何通过了所要求的文官考试的警官来补缺。他手里掌握着很大的决定权，以致人们普遍认为，只要通过了考试，并有合适的政治关系，就可以花钱买到这些职务。政治的要求有力地敦促那些想向上爬的人不要去打扰那些与颇有影响的政界人士交好的非法团伙成员。如今，当有一个待补的空缺时，局长只
126 限于在名单的前三名中挑选。如有两个空缺，则在前四名中挑选，等等。不过，人们依然普遍认为，一个警察的前途要得助于他的关系。

对于那些已经变得喜欢他被派遣去的地区的警官们来说，以调动工作来威胁特别有效。对科纳维尔的许多警官来说都是如此。有一位代理人对我说：

> 你知道，比尔，我认识的一些警察在被调出科纳维尔时直

哭。他们都愿意留在这儿。在这儿能捞到大量的好处，而且不必到处走。有一个警察，我的店早晨刚开门他就进来了，一直呆到中午我离开这儿。他坐在后面看早报，我们还一起玩牌。他只是在必须去应应景的时候才出去，其余的时候他总是悠闲自得。在其他有的地区，你可不能这么自在。我认识一个科纳维尔警察，他原来是在××。在那儿，他在一个商店里呆不了5分钟就会有人给分局打电话，分局就只好派人去找他，告诉他不要在那儿呆着。在那样的地区工作的警察确实不得不沿着便道巡逻。他可不能像在这儿似的，整天这儿坐坐，那儿坐坐。这儿有那么多的彩票赌博和赛马赌博，所以人们越少见到警察越高兴。还有在别的地区，人们家里有电话，他们直接从家里给分局打电话，表示对某个警察的不满。而在这儿，有几个人家里能有电话？20户人家也没有一部电话——比这还少。又有多少人想走出去，在收费电话里投上一角钱，给分局打个电话？此外，这儿的人不抱怨什么。那些混好了的人大部分都搬走了。留下来的人——他们根本不在乎。随它去吧！

科纳维尔人把当地的警官看成寄生虫，觉得警察局把一群废物塞到他们这儿来了。人们常常听说某个警官在值勤期间喝醉了或睡着了。虽然这不会引起有关方面的重视，但对非法团伙的成员来说倒很合适，他们发现当地的警察比其他地区的警察更容易对付。

如果一个不知内情的人从报纸上看到警方查抄了一个赌博场所，他也许会得出这样的印象，以为警官们是在对城市中的秘密地点进行了一番苦苦搜索之后，发现并突然袭击了违法者。一个经营掷骰子赌博的人评论说：

> 你难道不知道，一个正在巡逻的警察对他巡逻线上发生的事情简直无所不知。就拿我们这个赌窝来说吧！在这幢房子里整夜地有人出出进进。当一名警察看到这种情况时，他
> 127 就知道这无非是三种地方——非法秘密酒店、妓院或赌窝。于是他径直来调查，想查出它幕后是谁。然后，他或是关闭这个场所，或是与经营这个场所的人做交易。肯定就是这么回事。不过你不能让人们知道。否则市民们会说，既然你一年前就知道那儿是个赌窝，为什么不早去查抄？

当然，如果来查抄的警官来自城市的另一个地区，这个赌博场所对他们来说也许是个新的。

由于警官几乎在任何时候都可以拘捕人，而他们只在特定的时间和特定的情况下才采取行动，所以，重要的是，要根据搜索目标和促使警方采取行动的条件来对不同类型的拘捕加以区分。

非法团伙的成员们认为，某些拘捕在他们的生意中是家常便饭。有时是科纳维尔警察分局直接来查抄。偶尔，当妻子发现丈夫把一周的工资都赌光了时，她会到警察局去控告，于是警方至少必须做出某种采取行动的表示。虽然当地的警察部门与非法团伙的成员们之间关系不错，以致后者有可能在查抄之前就得到了消息，但也并非总是如此。当有人来告状时，也许接受那个赌博地点贿赂的人不在场。虽然科纳维尔的管区队长与这个组织有着友好的生意关系，但是，如果每次查抄之前都向非法团伙成员“透风”，对他也不利。一无所获的查抄即使不被当作腐败的一种表现，也

会被看成是警方无能的一个证明。所以，当必须进行查抄时，那些较大的赌博场所和比较重要的非法团伙成员——他们与管区队长有直接联系——将被放过，而那些小人物则是牺牲品。

如果告状人了解当地警方与非法团伙成员之间关系的性质，他可能会直接告到东城警察局总部。有些查抄是由总部直接进行的，当地的管区队长直到查抄时才知道这一行动。这种方法可以非常有效地被用来使管区队长感到窘迫不安，表明他没有尽到他的责任。总部出面查抄的事在当地警官中间不得人心，一位顾及他们的感情的警察局长是不会动辄采取这种做法的。

有些拘捕行动是首先由警察个人提出来的，其目的在于确保 128
自己从与非法团伙成员之间的关系中得到更多的油水。最近，科纳维尔的一名便衣警察在一天之内逮捕了两名彩票赌博代理人。从一个与这两位代理人很熟的人那里，我听到了对这名警官的不寻常举动的以下解释。他以前是个便衣警察，并从一名二老板处领取报酬。后来，他又“重新穿上了警服”，这意味着，他从赌场得到的收入大大减少了。此后，他再次被调动，当便衣警察，但没能立刻保证得到和以前一样多的报酬。他逮捕这两名代理人，是想通过这样做，敦促二老板重新恢复他的地位。这名便衣警察又重新被列入工资单，于是他停止了拘捕。用街角的话说，这个警察是想向非法团伙成员“敲一笔”。

下面这件事虽然来自一名掷骰子赌博经营者的类似经历，但说明了警方对非法团伙成员进行敲诈的性质。

> 经营这个赌场，我要照顾到 X 街的警察、Y 街的警察、两名巡警和一名警官。此外还有一个以前常在这一带值勤的警

> 察。只要我一设赌局，他就来了，而且我总要给他一点儿好处。按理说整个夏天我一角钱也不应该给他，因为他不在这儿值勤。可是以前他在这儿的时候挺不错的，待我挺好。可是这次，他来的时候有几分醉了。他说，“我要10块钱。”10块钱！
>
> 我说，“乔治，你听着，你刚喝了几杯酒。呆会儿再来见我。”可是他不肯走开。
>
> 他说，“怎么回事？你不是给他们别的人钱吗？我难道不如他们？”
>
> 我说，“你确实是个好人。也许你比他们还好，可是你不在这一片儿值勤，我一角钱也不会给你。”于是他威胁我，说如果我不给他这10块钱，他就端了这个赌局。我当时觉得恨不得在他屁股上踢一脚。我说，“去吧，你××××××，看看你有没有这个胆量。去把那赌场砸了，可是这么干你会后悔的。”当我说他这么干会后悔时，他已经要朝赌场走了。可是他停下来了，因为他知道我指的是什么。然后他就转身走了。他走了以后，我把这件事告诉了一名在这里值勤的警察。他说，“等我见到这杂种的时候，我会跟他说说。”

我问，假如那警察真“端了那赌局”，又会怎么样。

> 129 这一片儿的警察会让他够受的。他们会到他收取保护费的那些场所去找茬儿。还有，这儿有一名警察是个警官。他可以去找管区队长，也许管区队长会把这个人调走。

非法团伙成员在他与警方的关系不十分牢固的地区会遇到更严重的麻烦。例如，有些科纳维尔的二老板在一些偏僻的镇子里有代理人。对其代理人工作的特定地域内的警方人员，他们给了钱。可是，他们每天要派收款员去找他们的代理人，而这些收款员必须开车经过他们没有交保护费的地区。即使在代理人工作的地域内，他们的生意规模也可能不足以使二老板与警方建立起像在科纳维尔这样的广泛联系。在这样的地区，许多警察都学会了辨认非法团伙成员的汽车，并拦住他们要保护费。一个管理着一大片地方的代理人在拉生意时也会遇到同样的麻烦。他的老板无法贿赂所有代理人有可能接触到的警察。

在这种情况下，老板会向拿他的钱的某些警官告状，也许还会威胁说，如果不停止这种敲诈，就将他的生意撤出这个地区。警官们会努力说服他们的同事"罢手"，而如果劝说无效，他们就会采取报复行动，逮捕向惹麻烦的警官行贿的人，断他的财源。在科纳维尔，一名警察不要去妨碍另一名警察的财路，这已成为一条规矩。我听说，在其他地区，没有这么系统地形成这些财政上和个人的关系。非法团伙成员仍然必须对付那些不肯遵守这些商业准则的贪得无厌的警官造成的麻烦。

某些拘捕是应公司本身的要求进行的，就像下面的这件事所表明的：

> 我认识一个人，他有一些钱，并在××大街上开了一个赌场。他在那个赌场上投了很多钱。过了一段时间，有一位大人物来找他，对他说，"你最好把这个赌场关掉。"
>
> 于是这个人说，"无论是为了你还是为了别的任何人，我都不会关闭这个赌场。"

> 130 这位大人物说，“我只是警告你，你最好把它关掉。如果你不干，你会后悔的。”这个人拒绝了。于是几天之后，警察总部来查抄了他。他们来到这儿，砸坏了全部家具，甚至把墙壁都捅坏了。那个人在这次查抄中损失了大量的钱。从此他就不再干这一行了。

近年来，把警方请来，以挤走竞争者的情况变得屡见不鲜。这样做的好处很明显。这是以一种合法的形式除掉竞争者，而那个组织无需使用暴力。在以前的非法活动中，如果经营者去向警方“告密”，即使被告发的是他的敌人，也被认为是背叛行为。今天，这样干的情况越来越常见了，这再一次表明商业的方法正在取代黑社会的旧准则。

非法团伙的成员们为对付日常生意中发生的拘捕，建立了一套完备的程序。法律规定，对从事彩票赌博的被告，最多课以 500 美元罚款或判监禁一年。对初犯者通常罚款 50 美元。惯犯则往往受到更严厉的处罚，不过缓刑是很常见的事。

非法团伙成员常常发现有可能使他们的案子由那些以宽宏大量著称的法官来审理。只要有可能，甚至连缓刑也要避免，因为到下一次定罪时，无论在第二个案子中处罚多么轻，被告也要被送进监狱服缓刑期。许多小代理人在被判缓刑后就洗手不干了，但也有些人冒险，有的人则进了监狱。

有一种保护有前科的人的方便办法。当他被捕并被登记姓名时，他说一个假名字。雇主花 10 美元雇一个人在法庭上冒名顶替。还有一种做法也很方便，即找人代替那些自认为是很受尊重的公民，以致不想在法庭上露面或把自己的名字留在警方记录中的人。当然,如果警方认真调查,用假名字的办法就行不通了。

当一名彩票赌博代理人被捕后,他会给他的雇主带口信。二老板就会与主管保释的官员一起去警察局,并交上保释金。如果法庭传讯,二老板会花钱请律师。几乎在所有的案子里,被告都服 131
罪。不服罪被视为下策——即使或许有机会“逃脱惩罚”。因为,如果提出的指控在法庭上不能成立,这对于执行拘捕的警官来说,是在其记录之中画了一个污点,他也许会下决心报复,使非法团伙成员今后的日子更难过。非法团伙成员明白警方必须拘捕一些人,于是,在与那些有可能建立某些合作关系的警官打交道时,他们努力与警方合作。

虽然非法活动的有组织的系统使它能够适应一定数量的拘捕,但因执法而引起的周期性危机也会给这些组织造成严重破坏。某些引人注目的事件,如暴力行动,会使公众注意一些长期存在的情况,此时就会出现危机。正如一位代理人说的那样,“你还记得马克斯顿的那次枪击事件吧?从那以后,全县各地的马房和赌博场所都被关闭了。在克莱顿发生那次杀人事件后,整个克莱顿的赌场都关闭了好几个星期。”在这样的危机时期,其实被查抄的地方只是很少几处,但是非法团伙成员在警察部门里的朋友们告诉他们必须先关闭他们的设施,他们就这样做了——在整个非常时期内。

警方采取这样的活动的可能性对于非法活动有着重大影响,正如下面这段故事所表明的:

> 你知道几个月前在托尼·卡塔尔多的马房发生了什么事吗?这三个家伙来到那儿敲门。他们说出了一个那儿的人都

> 知道的名字。等他们进去以后，就进行抢劫。他们戴着面具，还带着三支枪。他们抢走了1,500美元。
>
> 现在他们用这种办法什么也别想拿走了。这个地方戒备森严。
>
> 出了这样的事的确是个耻辱。当然，这种生意是违法的，但它仍然是诚实的，我们并没有打扰任何人。托尼一向是该付多少钱就付多少。他关照他的主顾，也不想损害任何人的利益。可是在这样的情况下，你又能怎么办呢？你不能叫警察。我们吃哑巴亏。甚至直到今天，也没有人知道这件事。这样的事要是一传开，这生意就完了。你知道在克莱顿发生杀人事件之后出现了什么情况。警方严厉取缔一切赌博场所。我们可禁不起这个。这就是托尼在那几个人逃走时没有
> 132 开枪的原因。他把身子探出窗外，眼睁睁地看着他们顺着大街跑了。他可以毫不费力地击倒他们，不过，如果他这么干，整个科纳维尔一夜之间就会被封闭。在那种情况下，开枪不划算。

在那次抢劫之后，托尼·卡塔尔多和他的人曾在科纳维尔以外追捕这几个人，但是毫无结果。

非法团伙活动尽可能平和地进行，这对于团伙成员和警察都有好处。如果爆发了暴力事件，报纸和城里的“良民”们就会要求警方负责人采取有力措施来对付违法者。在这种情势下，警方负责人会认为不得不指派一名这种类型的警官——在报纸上，他被称为无可非议的君子，在科纳维尔，他据知是个“货真价实的警察”。这种类型的警察无论给非法团伙还是给警察组织都会造成

特殊的麻烦。

近来的迹象表明，警察局长为取缔非法活动，在选派一个以一名副队长为首的警察缉捕队时，很难找到这种无懈可击的人，要不然就完全配备“新手”——即刚被分配到警察局工作的巡警。当时，报纸上曾直言不讳地说，警察局长认为，没经验是他们最重要的财富。那些在与警方拉关系方面有经验的人对我说，他对形势的估计是正确的。非法团伙成员害怕这些新手。和他们很难做交易。他们行动莫测。当然，日子一长，他们渐渐熟悉了警察局开展工作的那套做法，其中的多数人就会就位了。

东城最有名的无可非议者是管区队长奥利里。有一次，他和几个下级得到了放手净化科纳维尔的权力。正如托尼·卡塔尔多对我说的，“奥利里在这一带的时候，我们 6 个月没赚到钱。那 6 个月真是倒霉透了，一分钱没赚。我们为了防备被拘捕，把赚的钱全花出去了。”最后，奥利里被调走了。有一段时间，谁也没听说他与非法团伙成员的被捕有什么联系。后来，克莱顿附近一个城市里有一名赫赫有名的非法团伙成员被谋杀了，报纸上又披露了一桩涉及克莱顿的政界人士和警方大宗受贿的丑闻。州警察局的人被请来了。地方检察官弗莱厄蒂要求派奥利里队长到克莱顿，并派一队廉洁刚正的警察辅佐他对这个县进行调查。在这位管区队 133
长的缉捕队执行这项任务时，有一份报纸上发表了以下几段话：

> 对于这些以“无可非议”著称的东城警官们的行动，还有一条颇带有讽刺意味的注释。数月之前，继他们在东城采取行动，净化了这座城市之后，这些人又被送回他们原来所在的分局。然而，他们并没有被作为英雄而受到欢迎，反而实际上

或多或少地按照报告受到了处罚。

据说，某些官员给他们“加上污名”，他们不得不作为普通警察继续在这些官员手下工作，有的人被送去干夜间巡逻。

等到净化克莱顿的工作完成之后，他们也许会发现自己又回到了原来所在的分局，受到同样的待遇——昨夜有的警官谨慎地承认了这一点。

不久，奥利里队长和他的小队就被撤出克莱顿，并回到他们以前的岗位。我听到的最新消息是，这位管区队长负责城市的交通部门。这是一个重要职务，所以不能说他被“加上了污名”。而另一方面，奥利里现在的职务不会再扰乱非法团伙成员与警方的关系了。

一位在一家百货店工作的代理人和我议论起科纳维尔一位无可非议者的情况：

这儿只有一名忠实的警察，一个他们无法贿赂的人。那就是克兰西警官。我知道。他们曾经要给他几百美元，甚至几千美元，可是他不肯要。这个人很古怪，他们告诉我，他会接受一把香蕉、杂货、诸如此类的东西，但他不肯要钱。

我们只好提防着克兰西。当他被分派呆在分局里时，警察们会告诉我们，“没事儿，小伙子们，你们想干什么就干吧。”当他出来时，他们就来告诉我们，“留点儿神，小伙子们，克兰西又四处乱窜呢！”于是这消息一下子就传开了。当克兰西逮人的时候，我们也会听说。我们听到，“克兰西刚在××广场抓了人”，“克兰西刚在××大街抓了人”。这些消息不胫而走，很快就传开了。

别的警察想尽一切办法使他待在分局里。要是管区队长有病不在，由副队长负责，如果副队长也要出去，他就会让克兰西在办公室值班。他会让克兰西在一天里有尽量多的时间呆在办公室里。可是，当克兰西在午餐时间出去时，他会突然进行一次搜捕。你能想像得出来吗？我认为这个人做梦时都在抓人。

我认为克兰西并不十分聪明。有时候他替别的警察当枪使。假如有个警察认为他没有得到应该得到的贿赂，他就会向克兰西透露消息，让他去查抄。用这种办法，这个警察自己
不会当恶人，可是他仍然进行了报复。我认为克兰西并不明 134
白其中的奥妙。

几个星期以前，他走进这家百货店，并且要到柜台后面去。我的老板不让他去。

他说，“你没有搜查证不能到后面去。”克兰西很恼火，但是毫无办法。

他说，“我会去拿一张搜查证来的，你跑不了。”

假如那天他真到了柜台后面，那可就大有所获了。如果他在你正登记数字的时候把你抓住，他根本用不着搜查证。可是，既然没有当场抓住，就必须去拿搜查证。当然，即使他去拿到了搜查证，这里也会在他发动搜捕之前得到消息。

克兰西不像别的警察那样走进你的商店。当他打算搜查你这个地方时，他是从三条马路以外跑过来。你还没来得及作好准备，他已经一直跑进你的店里来了。

克兰西几乎总是独来独往。别的警察一看到他就躲开

了。假设你是接受我的贿赂的警察。克兰西也许会朝你走过来，对你说，“你是个警察，咱们到××里面去搜一搜。”你自然不喜欢干这种事。有一次，凯利警官和克兰西一起出去。克兰西对管区队长说他打算搜查几处地方，想再找一位警官和他一起去。管区队长派了凯利。在他们出发之前，凯利给这几处都打了电话，等他们到了那儿，当然什么也没发现。克兰西说，“我知道，你们听到了风声，不过下一次我会抓住你们的。”奇怪的是，这个人对现在的事不开窍儿。有些情况他肯定知道，可是他好像不明白。

有一天，克兰西和一个巡警一起经过X的商店。那家店有一扇很大的窗户开在人行道边上。你从外面一眼就能看见里面。他们走过这里时，那警察往窗内一望，清清楚楚地看到X正在写数字彩票。于是警察用手指着马路对面的一样东西，以免克兰西看到窗户里面的情况。可是克兰西还是往里看，而且看见了。他拽住那警察，说，“来，我们去搜搜。”这警察只好跟着他去。他们跑进店里，抓了人。你以为这警察喜欢这么干么？可是他又能说什么呢？他不能对克兰西说他从这里接受了贿赂呀！

这儿的警察都恨克兰西。他们不愿意与他有任何关系。克兰西使他们的日子很不好过。假如只有克兰西警官抓人，上面的警察总部就显得有问题了。警察总部也受贿，不过那儿也有几个诚实的警察，你必须防着他们。因为克兰西的缘故，其他警官只好也抓一些人。

一名警官来找我的老板，对他说，“我不得不逮捕一个你的人。”

于是我的老板说，“好吧，”然后就来找我。

他对我说，“你为了我，必须让他们抓一次。为了这个，我给你5美元。你只需要说一个假名字，也用不着在法庭上露面。”

警察们不在乎你说你叫什么名字。他们只是想抓一次人。即使我们贿赂了他们，我们也不得不被抓几次。每个警官大约每两个月就得抓一次搞彩票赌博的人。

人人都恨不得让克兰西离开这儿，但由于某种原因，他们 135
没能如愿。他是通过马特·凯利尔[曾是第四区的领袖]当上警察的。在这个城市里，凯利尔造就的警察比其他任何人都多。当然，现在他已经死了，可是在克兰西后面一定还有什么人，因为至今他在这儿已经4年了，他们却还没能把他赶走。

虽然对警方行贿是必要的，但是他们对非法团伙活动的宽容并不完全取决于贿赂。即使像克兰西这样一个忠心耿耿的警官也受到私人关系的影响，而那些建立了更加密切的关系的人则发现他们的行动仍然主要受社会各方面的看法的影响。一位科纳维尔的理发师对我发表评论说：

你要是找克兰西警官好好说说，他也很不错，可是假如你和他顶嘴，他就一定会给你点儿颜色看看。我的老板[干彩票和赛马赌博]总和他顶嘴，结果他让我的老板把他的马房挪了好几次地方。

有一天，有5个小伙子坐在理发店前面，这时克兰西进来了。他对我说，他对这样的外观不满意，要去卫生局告我的状。我当时就把他顶回去了。我说，“这你可办不到。我有州里发的执照，我也没做任何不正当的事。这些人都是我的顾客。”我和他争论起来，而且我也有理，不过，我说这些话是很傻的。因为，从那以后，他每天到我的店里来东瞧西看找麻烦。这可真是糟糕透了。所以，一天下午，我走进分局，请求见克兰西警官。当他听说我想见他时，他十分恼火。

他说，“你想找我干嘛？”

我说，“警官，我是到这儿来道歉的。上次我和您争辩，是因为我当时心情不好。我那天上班之前刚在家里吵完架，我确实不知道我都说了些什么。”在我说完这番话之后，他和我讲话就很和气了。

我对他说，“警官，您也明白，我在后屋里做点小买卖。可是我有老婆，有孩子呀！光靠我开理发店挣的钱没法儿维持生活呀。”

他说，“我明白，可这当然是违法的，而我是百分之百地维护法律的。如果我进来时正好碰上了，我可就不得不抓你了。”

我说，“没错儿，警官，您什么时候想来就来，不过我只是想求您帮个忙。请您别在礼拜六来，因为那天理发店太忙。这看上去很不好。”他向我保证他不会在礼拜六到我这儿来。……现在我两个月没见他的影子了。他说他过一段时间会来，可是我一直没看见他。这就是为什么我为曾经和他争吵过而高兴。这给了我一个接近他的机会。后来我从分局听说，我去过之后，他说，“我一直很喜欢那小子。所以我才不能

> 理解他在理发店里怎么那样和我讲话，因为我一直认为他是个绅士。我很高兴他像个男子汉来道歉。”
>
> 你可千万别得罪警察。现在你提到凯利警官。他接受贿 136
> 赂，给什么都要，可是他是个好人。我同他从来没有闹过纠纷。他第一次到我这儿来时，我给他理了发。从那以后我们一直很友好。他知道我们这儿在干什么，可是他从不找我的麻烦。我也不用给他钱来贿赂他。他从来不和我要钱。
>
> 比尔，你知道，这些警察有他们宠爱的人。他们有偏有向。在科纳维尔的其他地方，凯利警官抓过不少人，但是他甚至会顺便到我这儿来，告诉我什么时候可能来搜查我。另外，还有一些我必须小心提防的警察，可是我知道，在科纳维尔，有两个地方他们不会去碰。他们有偏有向。

另一名科纳维尔人这样和我谈论起与警方保护有关的一个方面：

> 你和我，咱们能够收买一名巡警，也许还能收买一名警官，但是咱们收买不了一名管区副队长或队长，即使咱们有这笔钱也不行。假设有个小阿飞给了管区队长钱，他也许会到处吹牛，逢人便说，“我收买了管区队长。”这听上去很不好。他们不能允许这种事。他们只想和那些他们可以依靠、规规矩矩办事的人打交道。

在与警方有效地打交道时，钱是很主要的，但是地位和个人关系也很重要。缺了哪一样都不会有效。

在社会上，对于警官的职责，人们普遍有两种总的看法。中产阶级人士觉得，他应该铁面无私地执行法律。而科纳维尔人和许多警官本人则认为，警察应该信任他这个地区的人民，从而能以一种个人的方式解决许多难题，而不必逮捕人。这两种看法有很大矛盾。如果一名警察对他的职责持一种严格的墨守法规的观点，就会切断自己的个人关系，而这些关系在使得他有能力调解这一地区出现的争端时却是必不可少的。而如果一名警察与当地人建立了密切的联系，他就无法以法律所要求的那种魄力来采取不利于他们的行动。

当地人不能理解像克兰西警官这样的货真价实的警察。他的非传统的行为使有些人认为他是个疯子，也使另一些人很钦佩他。有一个非法团伙成员对我说，“比尔，你知道，我尊敬这样的人，尽管他损害了我的生意。假如所有的警察都像他这样，这个国家的每个城市里就都有法律，有秩序了。”

137 然而，这种尊敬并不导致友谊。尽管这里普遍对警方持敌视态度，但其他所有的警察都至少能数出几个在这一地区的朋友。克兰西可不是这样。由于他不肯顺应普遍的行为模式，所以变得在社会上脱离了他的同事，脱离了科纳维尔人。同时，由于他是依照法律对他的职务的要求来履行他的职责，克兰西警官迫使其他警官也装作与他的行为保持一致。

强调在执法中使用酌处权的重要性的，不仅是那些接受了非法团伙成员贿赂的警官。有一次，一位以两袖清风闻名的警察管区队长对我说：

> 我们判断一名警官的效率，并不是根据他逮捕了多少人。甚至那些守法的公民也干过许多可以被捕的错事，所以，如果警官把能抓的全抓起来，他就是个太忙、太忙的人了。如果一

> 个人逮捕了太多的人，他的工作并没有做好。当然，如果他根本不抓人，我们就知道这里面有问题。我们评定警察的效率时把它作为一个变量，要考虑到其巡逻路线的特点和他使这里平安无事的程度。如果一个警察是在一个很棘手的地区工作，而他让这一地区很平静，以致没有很多暴力事件，没有抢劫，妇女们也不受到骚扰，那么我们就知道他的工作做得很好。

我评论说，如果按照这样一种评价，那么，尽管在他值勤的地区到处都在卖彩票，但只要这些生意是在有秩序地进行，这位警官就可以算是工作得很好啦！

> 对。在这个国家里有这么多人，而他们中间有一半是玩彩票赌博的。我们都知道这种活动在进行。喏，在我的办公室外面那张办公桌旁坐着三个人，其中有一个就随时可以为你表演彩票赌博。他只需给那个办事处打个电话。彩票本身并不被认为是一个严重的问题。唯一不好的是，它是由那些不想干活儿的人来操持。只要它保持平静无事，警察就不能控告他们。我们也许会说，“看在上帝的面上，你们不要当着我的面写彩票。到后街去写。”警方必须保证使它不变得过于公开。当然，如果一名警官接受了他们的钱并让他们做生意，那就是个非常严重的问题了。

管区队长的这番议论体现了警方对于赌博所持的态度。许多警察成长的环境与非法团伙成员是一样的，在这种环境中，赌博被当成理所当然的事。有的警察本人就喜欢赌博。有一次，他们就在警察总部里登记数字。我还听说，有一名警官操持着这个生意。138

赌博中涉及的私人关系与人们在其他非法活动中见到的大不相同。只要赌钱的人觉得他受到的待遇是公正诚实的，即使输了钱，他也不会想到去向警方抱怨。他是自愿参加的。可是，当一个人遭到抢劫或者他的家或商店遭到抢劫时，他就会向警方控诉。赌博组织的特点是形成了与警方之间的日常的关系，而抢劫者和盗贼却并非如此，他们的违法行为更耸人听闻，因此也更引人注意，警方也有必要对之采取更有力的行动。

对科纳维尔的形势所作的观察表明，警察部门的首要功能不是执法，而是对非法活动加以管理。警察受到针锋相对的社会压力。一方面是东城的“良民”，他们已将他们的道德判断写进法律，并通过他们的报纸要求将这一法律付诸执行。另一方面是科纳维尔的人们，他们有着不同的标准，并建立起了一个组织，它能否永久存在取决于违法的自由。在社会中，地方官与科纳维尔人之间的共同之处多于他们与那些要求执法的人之间的共同之处，而非法团伙成员提供的金钱刺激显然也起着十分重要的作用。

执法对科纳维尔人有着直接影响，而对城里的“良民们”则只有间接影响。在这样的情况下，官员的最稳妥的方针就是与他直接接触的社会组织取得一致，同时又努力给外界造成一种他在实施法律的印象。他必须扮演一种煞费苦心地装模作样的角色，通过这样做，他充当了在彼此背道而驰、持有针锋相对的行为标准的社会组织之间的缓冲剂。

在出现危机的时候，警察要扮演他的双重角色就变得困难了。一次暴力行动的爆发会使“良民们”起来要求实施法律，而这必须在一定程度上得到实行，即使这些做法干扰了警方与非法团伙成

员的关系。因此,帮助维持一个宁静平和的非法活动组织对警方 139
是有利的。由于非法活动中的竞争会导致暴力,警方与非法活动组织合作,共同消灭竞争,对警方也是有利的。通过对非法活动加以管理,并保持平安无事,官员可以用多次象征性的拘捕来满足执法的要求,同时又可自由地使自己适应当地的形势。

执法中的周期性危机要求警察部门具有高度的灵活性。为了扮演双重角色,警察组织必须能够按照形势的要求作反向运动。货真价实的警察有助于保持这种必要的灵活性。当一则非法活动丑闻传开时,他被派来办这个案子。公众把他清廉的美名看作是警方认真执法的表现。等到这阵狂热平息之后,他又被调到幕后。像奥利里队长这样赫赫有名的人物是不会受到明显的惩罚或被要求退役的,但是,如果对他进行一定的限制和约束,他的行动能够起到加强警察组织的作用。如果在警察中没有"无可非议"的人,警方与非法团伙成员之间的那种被叫作腐败的关系就会发展到这样一种程度,以至于当最后出现危机使这种状况引起公众注意时,警方将找不到必需的人去使政策发生明显的改变。由此导致的丑闻可能会暴露出很大范围内存在的问题,以致会使强有力的警察组织系统有垮掉的危险。然后,可以推测会出现一个混乱时期,同时一种新的(或类似的)社会系统逐渐形成。因此,无可非议的警官有助于使警察组织在来自社会双方的压力之间保持一种不偏不倚的状态。

这些归纳并不意味着警察部门和非法活动组织之间串通一气并就一种共同的政策达成一致。他们之间的关系并不是总体性的,而是建立在这两个群体中的个人之间。双方的行动已成为习惯和惯例，就像其他人和其他群体之间的行动一样。虽然一项研究能揭示出在人们的行动中有某些一贯存在的模式，但不要以为是有人把他们设计成了这个样子。

140 四 社会背景中的非法团伙成员

非法团伙成员的实力主要是靠他对赌博活动的控制。在我们中产阶级的社会中，赌博是一种不体面的活动。在意大利，则和在许多欧洲国家一样，赌博是理所当然的，国家也推销它自己的彩票。新教徒往往将法律与道德等同起来，从而认为非法活动就是不道德的。天主教会则认为法律与道德不是一回事。赌博是世俗事务。国家有权力禁止它，然而法律上的禁止并不能使它成为不道德。按照天主教会的看法，只有当赌博者作弊，花的不是他自己的钱，或是使靠他抚养的直系亲属失去了他们赖以生存的东西时，赌博才是不道德的。天主教会承认赌博常常造成这种剥夺，而且往往与不道德的活动有联系，因此对赌博持怀疑态度；但这与一种直接的道德禁令截然不同。

一位街角青年这样向我表示了科纳维尔人普遍对赌博持有的态度：

> 假设我是个阔佬，哪儿有赛马我就想跟到哪儿。它们在克莱顿赛，我就会到那里去下赌注。冬天它们在佛罗里达，我就会到佛罗里达去赌。这都是合法的。这没有错。但是假设我是个穷人。夏天我到克莱顿。冬天，我没有那么多钱去佛罗里达，可是我仍然想赌。我不会仅仅因为它们在佛罗里达，

> 就不感兴趣了。难道我在马房里赌就是不道德吗？既然这对于有钱人来说不是不道德，为什么对于我来说就是？

科纳维尔人对于抢劫和谋杀的态度迥然不同。他们对可尊重的和不可尊重的非法活动有明确的区分。赌博是可尊重的。

赌博在科纳维尔人的生活中起着重要的作用。不管街角青年们玩什么游戏，几乎总要对结果打赌。如果没有可赌的，这场游戏就不被认为是真正的竞争。这并不意味着钱的因素最重要。我常听人们说，获胜的光荣要比赢的钱重要得多。街角青年们把赌钱视为对技能的一种实际测验，除非一个人在赌钱的时候干得很漂亮，他就不会被认为是一名优秀的竞争对手。这有助于确定个人
和群体在相互关系中的地位。假设甲队向乙队挑战，而乙队被公 141
认为是强队。乙队接受挑战的条件是赌指定数目的钱。如果这笔钱数目很大，甲队的队员对比赛结果没有把握，他们可以拒绝下注。在这种情况下，比赛就不会进行，乙队也会继续被认为是强队。

在个人和小组的比赛中，街角青年们可以组织自己的赌博。如果他们想赛马，或赛狗，或进行彩票赌博，他们就不能用同样非正式的方式来操纵局势了。正是在此时，非法团伙成员出场了。他把赌博当成一项生意来经营。

街角青年们十分明白，在玩彩票赌博或赛马赌博时，他一般是会输的。对于他来说，金钱刺激不是唯一的目的。他喜欢研究赛马的学问，和他的朋友较量选择胜马的本事。在玩彩票赌博时不牵涉技能问题，然而人们形成了对他们的“稳定数字”的依恋，并对他们玩彩票赌博的经验津津乐道。

如果一名街角青年把他的五分和一角的硬币积攒起来，从长远来看，他会比用这些硬币去赌彩票有更多的钱。但是，他若走这条路，就一定带来很不愉快的社会后果。有钱的街角青年应该帮助他的朋友们。花钱大手大脚的人是受人欢迎和尊重的。所以，储蓄并不真是取代玩彩票赌博的一种办法。小数目的零钱将会以这样或那样的方式被挥霍掉，而偶尔赢了大宗的钱对于街角青年来说就意义重大了。如果一张 10 美分的 3 位数字彩票中彩，就可赢 60 美元，这笔钱可用来还债，买一套衣裳，款待他的朋友们，给他的父母一些钱，而且再去赌。

非法团伙成员从事的活动尤其有助于他扩大他的社会影响。在零售业中，商品的价格和质量对销售固然有一些影响，但是在整个科纳维尔，付给中奖彩票和胜马的赔率也同样重要。此外，个人
142 关系和个人的信任是唯一影响顾客在某一个代理人处下注，而不在另一个代理人处下注的因素。街角青年愿意有钱让他的朋友去赚，代理人与其顾客之间建立了密切的联系。那些在这个组织中地位较高的人之所以有这样的地位，也是通过与科纳维尔人形成同样的友谊和信任关系。这些关系虽然在形式上有所改变，但仍继续存在。例如，T. S. 虽不能与所有和他的组织做生意的人建立密切的关系，但他把大量的时间消磨在科纳维尔，当他在那里时，他呆在某个街角或理发店，并像任何一名街角青年一样，在某一家饭馆里吃简单的餐点。虽然他不住在这个地区，但他和大多数成功的企业家和专业人员一样，并没有割断与街角青年的社会联系。

有组织的赌博活动往往将许多街角青年置于依赖非法团伙成员的地位。对于以赌博为职业的人来说，把赢的钱拿出一些，给那

些“输光了”的失败者，这是一条道德规范。我认识一个设掷骰子赌局的人，他总是把当天的所得统统拿回家去，交给他的母亲。他被别人看成“小气鬼”。要不是由于和他一起经营赌博的合伙人十分慷慨地按那条道德规范办事，他早就没有主顾了。

在科纳维尔，非法团伙成员以花钱大手大脚和慷慨资助当地企业而闻名。他们把钱花在当地的商店里。他们为街角青年的活动提供资助，购买大量的舞会票和作出其他捐助。

一个在一家合法企业中工作的年轻人在谈到 T. S. 和他的合伙人时说：

> 这些歹徒是你想见到的最出色的人。比尔，他们会为你做许多事。你去找他们，对他们说，“我已经四天没吃饭了，我没有地方睡觉。”他们就会给你帮助。可是你要是去找一位企业家，一位在当地很受尊敬的成员，向他提出请求，他就会一下子把你从他的办公室扔出去。

实际上，所有的非法团伙成员都遵守这同样的行动模式。虽然自古以来违法者的慷慨就是一个常见的话题，但重要的是应该理解，在这一问题上，这并不是一种特殊的个性特征，而是非法团 143
伙成员适应其社会的一个重要方面。

慷慨造成的是得到其受益者承认的义务。除了那些完全靠他养活的“寄生虫”以外，还有许多街角青年由于非法团伙成员把钱借给了他们或在他们身上花了钱而迟早会对其感恩不尽。

如果将非法团伙成员与影响力和他不相上下的人作一比较，前者的势力就看得更清楚了。合法企业家和专业人员通常被认为是社区中的领导成员。许多交了好运的企业家和专业人员是在这一地区长大的，而且仍然在科纳维尔有他们的商店或办事处，但是他们中间的多数人已经把家搬到不这么拥挤、社会环境也更为理想的地区。他们把大量工作时间花在科纳维尔，但是他们很少有时间，通常也不大愿意“与街角青年们摽在一起”。即使有少数人依然住在科纳维尔，他们的社会交往也往往受到其工作性质的限制。一名商店老板必须留在他的商店里等候顾客上门。他必须依靠与他的一群朋友和熟人做稳定的生意，却不能变得与街角青年们过于亲密。事实上，有时你会听说，某个人生意垮台是因为他的朋友太多了——因为和这些朋友做生意时，赊账的人太多了。如果一个人与街角青年们的关系过于密切，他就很难不赊给他们；而如果他避免和他们纠缠在一起，但是他的商品质量好，价钱公道，他的店址又在他们活动的中心地带，他倒或许还能和他们做些生意。不过，在后一种情况下，他的影响将比不上一个身为“街角青年之一”的人。

许多商店都依赖彩票赌博生意，于是店主人也变成非法活动组织中的一分子。各种商店里都出售彩票，不过在小杂货店、理发店、小吃店和台球房里最为普遍。值得注意的是，这些也是被街角青年当作聚会地点的场所。青年们对店主人很友好，店主人的大
144 量收入则靠着他的彩票生意。在这样的情况下，非法团伙成员的影响就无需多说了。

科纳维尔的非法活动是围绕着赌博组织起来的，与此同时，当地的非法团伙成员还有许多其他的兴趣。有的人仍然做私酒生意，或通过逃避给政府纳税来廉价出售合法产品。不过，与禁酒时期的非法生意相比，这些生意就不足挂齿了。还有许多非法团伙

成员与赌博业毫无关系。有时候，组织中的某些人在企业中充当了工贼，不过这种工作只是偶尔的。目前，在科纳维尔没有妓院。在这一地区，毒品交易很少见，不过，当地也有一些人因为被指控吸毒而被捕和被判刑。非法活动辛迪加与这些生意之间也许有密切的联系。对酒业实行了垄断的“老板”也控制着东城的贩毒生意。然而还没有迹象表明二老板和二老板以上的非法团伙成员对卖淫或毒品有什么商业上的兴趣。

在科纳维尔，有一些小团伙以抢劫和盗窃为嗜好。尽管有些著名的非法团伙成员是干这行起家的，但是由于他们已经在更保险、更受尊重的赌博业站住了脚，所以已不再继续从事这类活动。有的代理人偶尔参加抢劫，但组织中那些重要人物并不鼓励这种做法。对于非法团伙成员们来说，他们的手下如果并非出于从事非法活动的必要而与警方之间发生了麻烦，那是很糟糕的。抢劫者通常是与几个同伙独立作案。其中有些人与非法团伙成员关系不错，所以当由于犯法而遇到麻烦时会谋求他们的帮助。虽然非法团伙成员看不起抢劫者，但他们之间存在着非正式的关系。

非法团伙向东城的合法企业勒索保护费的现象，即使存在，也当然达不到其他城市的那种程度。几年前，在科纳维尔，非法团伙成员曾强迫所有的面包店向他们交纳保护费，不过这种敲诈没过多久就停止了。还有一次，非法团伙成员试图控制附近一个城市的家禽市场，但刚一开始，当地一位知名企业家、美国退伍军人协会会员的被谋杀就把他们的计划全打乱了。

通过其全部合法或非法的活动，非法团伙的成员们在为大批 145
人员提供就业机会方面起着重要的作用。多数雇员以前没有在私人企业内工作的经验和本领。此外，人们普遍认为，而且有大量迹象表明，在科纳维尔，一名意大利人在求职时是受歧视的。街角青年不适合于在那些在社会上被人称许的经济组织中工作，于是在大萧条时期，非法团伙成员们为他们提供了难以用别的方法找到的工作。

非法团伙成员还为新企业提供投资的资本。有一个故事可作为例证。汤姆·莱奥纳蒂是一名科纳维尔的年轻人，在一家大公司里做事。汤姆对经商的学问了如指掌，并认为如果自己经营，就有机会发财。由于没有资本作后盾，他一开始是在朋友们中间出售产品，又做起了一个小本生意。但要扩大经营规模，尚需拥有资本。城市的投资银行家们对于支持这样一个刚刚开始与那些地位牢固的公司竞争的、不知名的意大利青年，根本不感兴趣。于是，汤姆去找了几个意裔非法团伙成员。他们同意投资。利用他们的资本，汤姆购置了发展他的企业所必需的厂房和设备。与此同时，他的董事会热情地推销他的产品——有时导致强行推销。如今，这家企业已经站稳了脚跟，早期的某些“粗暴的”推销方法也不那么显而易见了。这家公司生产出了一种优质产品，看来很可能会长期保持兴旺。这件事证明，汤姆·莱奥纳蒂具有超群的经商才能，但是，假如没有那些从事非法活动的朋友相助，他现在可能仍在苦苦挣扎。这并不是一个孤立的例子。非法团伙已经用其资本帮助许多能人取得了原来望尘莫及的地位。

东城的非法团伙也在许多合法企业中投了资。在酒的生产和销售中，在信贷公司、夜总会和餐馆、赛马场以及促进体育运动方面，这表现得最为明显。

从非法团伙成员的立场看来，在合法企业中拥有股份有几个 146
好处。有利可图的投资由于显而易见的理由而受到欢迎。即使不赢利的股份也可为从事非法活动提供合适的“幌子”。

发起职业拳击赛是一项很没把握，而且经常赚不到钱的生意。我听说，在这一行里最著名的非法团伙成员，最近有一年在经营中才净赚了不到100美元的利润。然而，他和他的合伙人却认为找这份麻烦是值得的。

> 他们把票发给某些警方官员和商人。假设每举办一次拳击赛，他们就送给某个官员10张票。他使用这些票，并把它们送给他的朋友们。有时候，如果他们需要得到他的照顾，他就会照顾他们。这正是这笔生意划得来的理由。……此外，他们还把票发给所有登记彩票的人——以此来表示他们的感谢。

正如下面这段故事所表明的那样，看来，促使他们进入合法生意的主要因素之一是希望成为“有身份”的人。“恶狼乔”起初是给一个有名的团伙头头当保镖。他经常犯法。有一次，当一名歹徒被击毙时，“恶狼乔”在逃离犯罪现场时被抓住了。他因谋杀而受审，后被宣判无罪。从那以后，有一段时间，只要一发生团伙凶杀案，警方就会把乔抓起来。他抱怨说他一直在被追捕。后来，他的活动发生了变化。他在彩票赌博中赚了钱，并在一些合法企业中取得了股份。他大力渲染他事业中令人尊敬的一面，并且不让他们叫他的绰号。他不许他的女儿与非法团伙成员们一起出去。她嫁给了一个经营合法企业并出身于有身份的家庭的男人。这次精心安排的婚宴吸引了许多人，其中包括许多当地的企业家和著名的政治家。报纸在报道这件事时，把新娘的父亲描绘成一位“著名的体育爱好者”。虽然街角青年们仍然把约瑟夫·卢波叫作“恶狼乔”，但从他的青年时代到现在，他已经朝着体面的地位走了一段很长的路。

非法团伙活动在科纳维尔的作用就像合法企业在其他地方的作用一样。非法团伙成员使自己的活动仿照着企业家的活动模式，甚至奋力争取体面的地位，从而使他可以像在科纳维尔一样得到社会的承认。

第五章　科纳维尔社交和体育俱乐部中的非法团伙成员 147

一　托尼·卡塔尔多和谢尔比大街的青年们

这个故事讲的是非法团伙成员托尼·卡塔尔多和街角青年卡洛·泰代斯科为控制科纳维尔社交和体育俱乐部而进行的斗争。这场冲突仅仅在两件事情上公开暴露出来，但他们都知道其中的利害关系；在这两次危机之间的那段时间里，他们赌的则是地位和他们对其同伙的影响。托尼和卡洛的势力取决于他们的个人关系的性质。因此，为理解这场斗争，有必要看一看在俱乐部活动的全部历史上，他俩在与其同伙的共同活动中各自的表现。

托尼·卡塔尔多和他的搭档萨利·德费奥是谢尔比大街上最重要的人物。在这对搭档的分工中，托尼的作用是处理在这一地区的人际关系。

托尼生于1912年，在家里是幼子。他父亲是在他出生前10年移民到科纳维尔的。在他们刚到这里的那几年里，卡塔尔多家很穷，但是到托尼出生时，他的父亲已经开始走街串巷地出售谷类——他在西西里农村里就干过这一行。战争带来的繁荣使得这一家人得以过上舒适的生活，并将其积蓄用于在当地的不动产中投资，因此托尼小时候没吃过什么苦。

托尼很聪明，同学们都很喜欢他，但他在学业上并无大志。上完三年中学之后，他辍学了，并和萨利·德费奥一起出售债券彩票。
148 从此他们干起了彩票生意，这行业当时在科纳维尔正在兴起。起初他们是自己经营，但是后来，由于他们付不出一笔 23,000 美元的中彩奖金，被迫请求 T. S. 资助并屈从于这个科纳维尔非法团伙的头目，当了二老板。凭借这一地位，他们把生意做得红红火火，在科纳维尔和这个州的其他地方，共有大约 300 名代理人为他们工作。除彩票外，托尼和萨利还经营一个庞大的马房和在城外进行的一种宾戈游戏[①]。他们的赌博活动有时会帮助他们进入其他州的推销领域。他们还拥有一些合法和与赌博无关的股份。

托尼在其人际关系中绝顶聪明。在他成长的过程中，他学会了许多当时在科纳维尔流行的意大利方言，从而能随时与任何社会群体打成一片。他未来的岳父是阿布鲁齐人，"与西西里人不共戴天，"但是托尼能讲阿布鲁齐方言，所以他的出身一直没有被发现，直到他成为那姑娘的排在首位的求婚者。

托尼和他的妻子住在他家拥有的一栋房子里，并将他的套房作了一番现代化的布置。他说他们曾想搬出科纳维尔，但是遵照他父母的愿望，留下来了。

托尼有一个年幼的儿子，他为这孩子颇感骄傲。他不许这孩

① 一种靠碰运气取胜的游戏，经常是成百上千人在一起玩，实际上是一种彩票赌博。——译者

子与邻居家的孩子们在一起玩，怕他会学“脏话”。他一心一意地爱他的妻儿父母，所以，托尼·卡塔尔多是一个可尊敬的顾家的男人。

卡洛·泰代斯科是在1927年，当他17岁的时候从那不勒斯搬到科纳维尔的。他在他父亲经营的生意中已经站稳脚跟，结了婚，住在谢尔比大街的一套公寓里。在大萧条初期的一段日子里，卡洛一直不得不依靠公共事业振兴署来养家。但是，随着萧条状况的好转，他至少能够在私人企业中找到一些季节性的工作。

卡洛告诉我，他非常后悔没能在这个国家里上学。虽然他能比许多本地出生的街角青年更流利地读写英文，但他讲话时仍带有明显的意大利口音。他觉得对于他来说，这在就业和社会交往时是一个缺陷。然而，在科纳维尔的其他某些地区，这个问题要比 149
在谢尔比大街严重得多，因为在谢尔比大街，人们普遍有口音。卡洛聪明伶俐，争强好胜，他不允许自己由于口音而缺乏自信。他在谢尔比大街的社会生活中极其活跃，所有的街角青年都知道他的大名。

卡洛和他最亲密的朋友们经常呆在一个名叫乔·帕莱尔莫的中年理发师的店里。在科纳维尔社交和体育俱乐部成立时，卡洛和迈克·科斯塔在这个组织里共同产生着主要影响，后者40多岁，在乔·帕莱尔莫的理发店里打零工。

在谢尔比大街上，还有另外三个组织在这个故事中扮演角色。一个组织是围绕着多姆·罗马诺及其合伙人吉姆·里佐经营的便餐馆开展活动。多姆1914年生在科纳维尔，父母都是北爱尔兰人。

他毕业于一所中等技术学校，在学校里学的是汽车修理。由于发现干这一行没有前途，他来到了便餐馆。开始时奋斗了一段时间之后，他把他的生意做得使他和他的合伙人都能过上一种按照科纳维尔的标准来说是很舒适的生活。除了多姆以外，萨尔维·贝利诺是这个小集团里最重要的成员。他是一名中学毕业生，在附近的一家货栈里打零工，他比其他任何成员更善于书面表达。萨尔维还是一名全能运动员。

在汤姆·雷普西领导下的十友人俱乐部是由一群20—25岁左右的青年组成的，其中多数是在货栈里干零活儿。由于他们的组织建立的时间比科纳维尔社交和体育俱乐部早两年，他们的成员中也没有讲话带口音的，所以他们自认为比谢尔比大街的其他组织高一等。

马泰奥·菲雷拉是个40多岁、乐呵呵、胖乎乎的男人，讲话带有明显的口音，开办着小小的马尔科尼俱乐部作为他个人的组织。马泰奥通过把酒卖给俱乐部的成员，并在他们打牌时“抽头儿”来支撑他的俱乐部。多数人讲英文都有些困难，街角青年轻蔑地称他们为“外国佬”。

150 虽然托尼·卡塔尔多的影响在整个谢尔比大街地区扩展，但他与理发店帮和便餐馆帮的某些成员关系特别密切。这两个地方的经营者都把他们的彩票上交给他，多姆从中分到20%，理发师乔分得25%。理发店帮的奇奇和莱夫蒂也登记彩票，奇奇把他登记的直接交给托尼，莱夫蒂则是乔·帕莱尔莫的副代理人。虽然托尼习惯于和谢尔比大街的多数人打交道，但直到科纳维尔社交和体育俱乐部成立时，他还不认识卡洛·泰代斯科。

二　组织俱乐部

科纳维尔社交和体育俱乐部由理发店帮发展而成。有一天上午，迈克、乔、迪克、盖伊和奇奇来到卡洛的家里，和他一起喝咖啡。由于感到这种性质的频繁来访会给妻子料理家务增加太多的麻烦，卡洛提议小伙子们租间房，办个俱乐部。他们一致同意当晚在理发馆开个会讨论一下计划。当时，迈克提出了他的组织计划。他希望一开始有 10 名固定会员，他们将交 3 美元的入会费，每周再交 25 美分会费，并完全控制俱乐部。其他人都是非正式会员，每年交一美元，不具备任何权力。元老会员将掌握俱乐部活动室内酒和啤酒的出售，对来玩牌的非正式会员少量收费。正如后来迈克向我解释的：“我曾想使俱乐部有大约 200 名会员。然后我们就能去接近某个政治家，并从他那里得到点儿什么——也许是照顾，或者他给我们钱。这就是我的全部想法。”

卡洛反对说，青年们不应该设法从他们的朋友们身上赚钱，并争辩说全体会员都应有平等的权利。到他必须离开去上班时，他认为大家都同意了他的看法。可是第二天，他发现迈克曾继续为他的想法争辩，并且说服了所有的人支持他的计划。因此，卡洛称他们是“一群卑鄙的叛徒”，说按照这样的组织计划，这个俱乐部永远不会成功，并拒绝与它有任何关系。

迈克让理发店帮的乔、奇奇、迪克和多多和他一起把俱乐部办起 151
来，他们还找了另外 5 个人，其中包括便餐馆帮的萨尔维和托尼·卡塔尔多。以此为核心，迈克租了紧挨着理发店的一个空仓库，并说服了其他许多人作为非正式会员加入俱乐部，其中包括多姆·罗马诺和吉姆·里佐。

这个俱乐部内几乎从一开始就存在明显的意见分歧。便餐馆的小伙子们抗议迈克想独断专行。多姆·罗马诺不介入争论，但是萨尔维在开始时就与迈克冲突起来，并一直反对他。甚至连理发店小集团的某些成员也不满意迈克的领导。盖伊告诉卡洛，小伙子们想让他回来使情况好转，但是卡洛不肯，他说只有当俱乐部重新改组，所有的会员都有平等权利时，他才参加。

托尼·卡塔尔多持不偏不倚的立场。他的态度是：年轻人成立一个组织是个很好的想法。他们看着怎样合适，就可以怎样做，而他将努力帮助他们，不过他不能花太多的时间。

当发生派别冲突时，小伙子们似乎期待托尼来采取行动。他还为俱乐部做其他事。那年春天，有一次他买了两小桶啤酒和一些三明治，为小伙子们举行了一次酒会。当会员们考虑要为俱乐部搞到一份许可证时，托尼从自己腰包里拿出 25 美元交了这笔费用。

正如奇奇对我解释的：

> 当你能够在你的俱乐部里挂上一张许可证时，过往的人们会知道你们有一个得到特许的俱乐部。他们会明白它更像一个有组织的俱乐部。他们会知道它是一个真正的组织。……还有，当你有了一份许可证以后，你就可以在俱乐部里存酒。对，你应该把酒收在个人的储藏室里，不过谁会管这闲事呢？你的俱乐部有了许可证，警察没有搜查证就不能进来。如果他们要进来，你就完全有权把他们扔出去。没有许可证，警察随时都可以进来东瞧西看。要得到许可证并

> 不那么容易。你为了这个证得交 25 美元，这是规定的价，然后，你还必须再给一名律师 25 美元，好把许可证拿来给你。这个人为了拿到许可证，必须去拉关系。你知道，他们是很严格的。他们要问你要这许可证干什么用。你必须有关系真正过硬的人为你使劲，才能把事办成。

托尼交给迈克 25 美元去办许可证，迈克却在玩掷骰子赌博时 152
把这钱输光了。后来，每个小集团都有几个成员对我说起这件事，显然这对于俱乐部是一次严重的打击。

到了春末，科纳维尔社交和体育俱乐部土崩瓦解了。非正式会员，甚至几名元老会员都退出了，直到只剩下了迈克、乔、迪克、奇奇和托尼·卡塔尔多。

为了使俱乐部取得成功，迈克将不得不把便餐馆帮和理发店帮拉在一处。这两个集团在一些重要特点上有所不同。便餐馆集团被认为更多地美国化了，其成员的平均受教育程度也较高。便餐馆集团中只有一个小伙子讲英文时带口音，而在这个群体中，他的地位最低。另一方面，卡洛、迈克和乔——理发店青年中的三位最重要的人物——讲话时却都有明显的口音。便餐馆的青年们在体育方面很活跃；仅有的几名棒球手和最好的拳击手都在这个群体之中。这两个集团都不很富裕，但是便餐馆的青年们在工作的稳定性方面略占优势。俱乐部的成员仅有的几辆汽车属于多姆、马克、马里奥和这个集团的另外一名成员。

在迈克的领导下，这些差异变得更大了，直至这个组织垮台。在为挽救俱乐部而进行的最后一次努力中，迈克力劝卡洛加入。卡洛指出，除非它改组，否则他是不会参加的。剩下的会员——除了托尼·卡塔尔多不在场以外——一致赞成只要卡洛肯回来，他们就按照他的计划改组俱乐部。他同意了。但是第二天，卡洛发现托尼已经说服小伙子们在那年夏天让他来管理俱乐部。托尼将支付房租和电费，以此作为对让他经营纸牌赌博和赛狗赌博的回报。当卡洛听说这一协议之后，他又一次称这些年轻人是“一群卑鄙的叛徒”。

托尼·卡塔尔多在俱乐部的后屋里做起了他的生意。他不在的
153 时候，由他的弟弟乔来管理，他的两名雇员在赛狗赌博和纸牌赌博中帮忙，另外三名雇员把大量的时间花在俱乐部里。

俱乐部活动室里赌场的开张，使街角青年与托尼·卡塔尔多和他的组织有了更密切的接触。以前，托尼每天有大部分时间开着车在东城和邻近的小镇上到处跑，很少有工夫呆在俱乐部里。由于他在那里做起了生意，实际上他变成了俱乐部的老板。他露面的时候比原来多得多，而且当他不在的时候，他组织中的其他成员也和街角青年们混在一起。

这一新的安排加大了街角青年对非法团伙成员的依赖。虽然迈克·科斯塔和其他许多人在把钱都输光了以后接受施舍，但是街角青年组织中多数有影响的成员都认为这种接受有失身份。这种行为的效果是增加了非法团伙成员对他们在街角帮中的追随者的影响，从而削弱了街角青年领袖们的影响。

卡洛甚至不玩彩票赌博。在那年夏天，他只在那后屋里赌过两三次。正如他说的：

> 我从不向他们要求什么。既然我把 15 或 20 美元都输在那儿了，要那半美元或一美元又有什么用？我可不那么下贱。

> 夏天，有时候他们一夜能赚 100 美元，他们会派人去买两箱啤酒——这得花去他们 3 美元，所以他们仍然得到 97 美元。不过这样一来，他们就做了好人——是用我们的钱。我对小伙子们就是这么说的。我甚至对托尼·卡塔尔多也这么说。当然，托尼是个挺重友情的人。你在住宅区里遇见他，他会给你买些饮料之类的东西。他是个挺重友情的人——用我们的钱。

三　改组俱乐部

赛狗季节过去了，托尼·卡塔尔多也不再管俱乐部了，这时，迈克再次请求卡洛的支持。听说这将仍然是原来的俱乐部，只是全体成员将拥有平等的权利，卡洛着手重新召集原来的成员。

在重新改组后的俱乐部的第一次会议上，理发店集团的迪克、
奇奇和乔分别当选主任、助理秘书和司库。便餐馆帮的成员之一、 154
当时正在默里迪恩医学院上学的马里奥当选副主任，萨尔维当选负责记录的秘书。

卡洛对我解释说，他的几位朋友曾想让他竞选主任，但是他谢绝了，因为他得上夜班，许多会议都不能参加。多姆在俱乐部的事务中并不积极。他对我说，由于他的生意，他没有那么多工夫参加争论。

在这次会上，我被投票通过加入俱乐部，这使我得以了解到事情发展的第一手材料。

在改组后出现的第一次争吵清楚地表明俱乐部内部非正式组织的力量。迈克建议俱乐部花一点儿钱雇一个工友来打扫房间。

萨尔维提议会员们轮流打扫。卡洛是在会开到一半时到场的，他赞成迈克的意见。当时进行了长时间激烈的争论，后来进行了表决，把俱乐部清楚地分裂成为两个阵营。理发店的青年们都支持卡洛和迈克，而便餐馆的青年们都支持萨尔维。理发店在这件事情上多两票。

这次会议清楚地暴露了主任的立场。迪克受到全体成员的拥护，但他无法使他们遵守纪律。通常议会中的那些程序规定没有在这里实行。甚至当大家正在讨论一项动议时，任何成员都可以提出另一项动议。有的会议上，同时讨论的动议竟达三项之多。这使得主任在决定如何对这些动议进行表决时处在一种十分困难的地位。在这种形势下，迪克很是优柔寡断，一般都听从萨尔维或卡洛的意见。他的优柔寡断是导致会场混乱的一个重要因素。当一场争论爆发时，双方都要把它进行到底，根本不等会议主席准许他们发言。有时候，迪克敲着桌子维持秩序，但是这几乎没有什么效果，除非有地位较高的人支持他。

在关于工友问题的争论达到最高潮的时候，他完全无法控制会议，于是他站起身来说，“我辞去主任的职务。我仍然是俱乐部的人，不过谁想主持会议，就主持吧。”他离开了桌子。

155 卡洛大声喊道，“主任先生，还是由你来主持会议吧！”迪克立刻转过身来，走回到他的座位，继续开会。

附图展现的是当时俱乐部内非正式组织的情况。在这一故事中未出现的成员的名字被略去了。虽然读者没有必要记住这里出现的所有的人名，但如将这张图与后面出现的两张图加以比较，可能会有助于他直观地看出俱乐部内部人际关系的发展变化。

科纳维尔社交和体育俱乐部的非正式组织

1939 年 9 月初

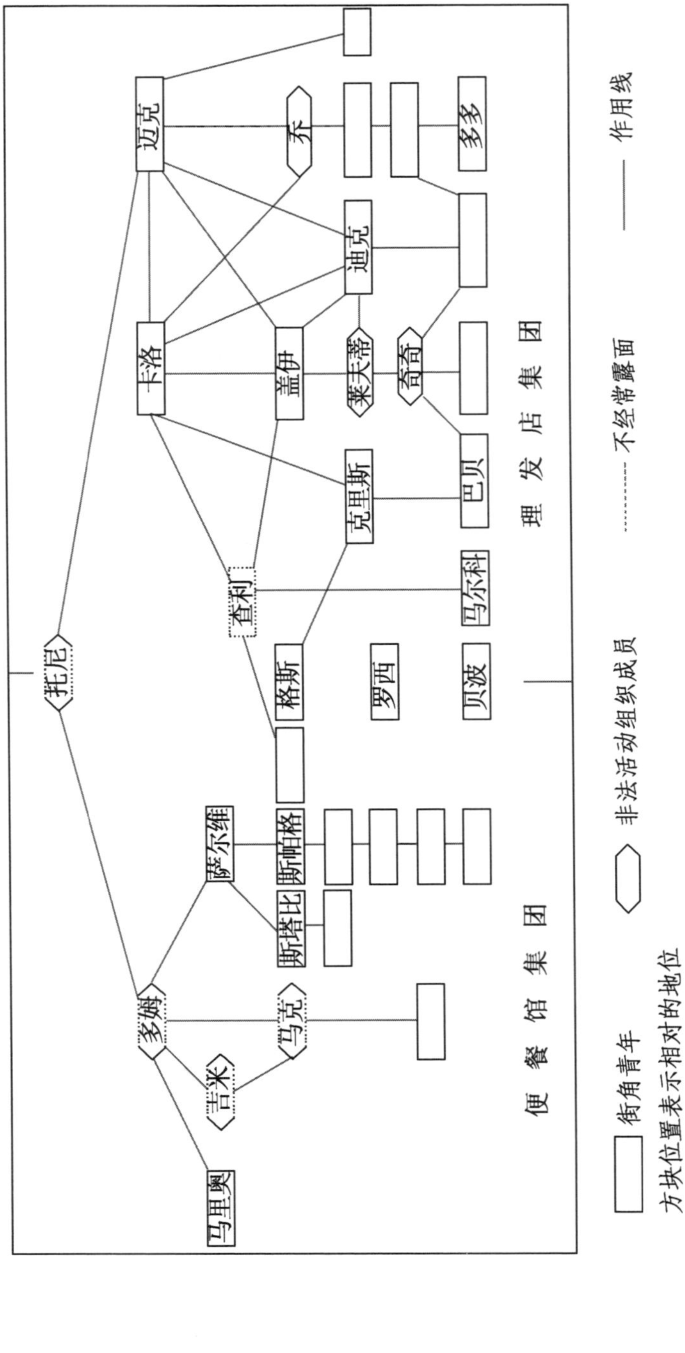

在决定工友问题之后的那次会议上，发生了一次更加严重的争吵。萨尔维正在读他对提议的章程的看法。当他读到说俱乐部成立于8月这一句时，迈克打断了他。他声称俱乐部是在1月成立的，因此章程中应该写上10名元老会员的名字。便餐馆帮的其他成员反对这种提法，说政治家们若看到这些名字，会以为只有这些“元老”才算成员。卡洛带领理发店的青年们一起支持迈克。

这场争论变得更加激烈了。便餐馆的青年们把火力集中到迈克身上，而他由于英文讲得不好，无法有效地进行回击。忽然，迈克发脾气了，说房主人是把这些房间租给他的，俱乐部的大部分家具也是他的，他如果愿意，就可以把它们搬走。实际上，折叠椅、桌子、长沙发、安乐椅和收音机是归托尼、乔、奇奇、迪克和迈克所共有，当俱乐部被移交给托尼时，只有这几个人是按时交会费的成员。迈克在讲话时常常使人觉得最初的俱乐部好像是归他所有。

当迈克进行这种威胁时，卡洛不再支持他了。便餐馆的青年们要求俱乐部决定是买下这些家具还是把它们扔出去。乔和奇奇暗示他们不想卖，但没有公开否定迈克。争论继续进行。迪克摇着头说，“你知道这个俱乐部的问题出在哪儿了吧？这里面有小集团。”

157 最后，迈克把乔和奇奇叫到后面的屋子里商议。过了一会儿，他们出来了。迈克宣布，为这些家具，他们要收40美元，另外还要收回15美元，这是他们库存的钱，一起移交给新的俱乐部了。便餐馆的青年们争论说，这价钱高得太荒唐了，那些家具应该扔出去。会议在一片混乱中结束。

第二天上午，我与卡洛、乔和多多谈论起这种情况。卡洛说：

这太糟糕了。迈克太激动了。他其实不是他说的那个意思。我比他本人更知道他的想法。他不想把那些名字写在章程里。他只是想把这些名字找个地方贴在墙上。

多多说迈克不愿意在章程里写上那些名字。卡洛回答说：

是呀，那他就错了。要是把这些名字贴在墙上，那就不一样了。那样做没有错。我开始是百分之百地赞成迈克，因为我们改组俱乐部时，大家一致同意这就是原来的俱乐部。可是这协议被打破了。我不能否认这一点。但是当迈克开始谈到家具的时候，我只得反对他了，因为他不对。他也不知道他自己在说什么。

乔表示同意。

现在成员们不知道谁有权利留在俱乐部活动室里了。几天后的一个晚上，房主巴卡拉先生被请来解决这个问题。他显然被这种形势弄糊涂了，也不想表态。可是最后，迈克说服他说出，他已经把房间直接租给迈克了，所以由迈克掌管。

眼前的问题似乎解决了，但实际并非如此。有些人觉得，必须有一个一直没有加入这场争吵的人干预，这样的问题才能作出决定。奇奇告诉我：

我见到了管理着这些家具的另一方——托尼·卡塔尔多。我把这件事对他讲了。他听说我们竟让一个人拆散了这个俱乐部，大发雷霆。他告诉我，找一个晚上，他会到这儿来处理这些问题。找麻烦的只有一个人。我们三个人都愿意把家具留在俱乐部里。那么如果迈克愿意，他可以把他那一份拿走——我们将让他拿走三把或四把椅子——其余的家具都留

> 在俱乐部。我认为托尼·卡塔尔多将把所有的问题处理好。他告诉我，“迈克还欠我 25 美元呢！是我交给他去办许可证的。”他已经知道了迈克的那件事，所以，如果他来，迈克就没
> 158 话可说了。上帝，咱们得到俱乐部去了。快到选举的时候了，我们还没有请政治家们来做过客。我们最好快些。

在与托尼碰了一次面之后，迈克告诉我，已经作出了令他本人和家具的其他主人满意的财政上的安排。卡洛对我谈到那同一天晚上发生的一件事。他当时正在玩牌，迈克让他为这一特权交 5 分钱，因为俱乐部是由迈克管理的。卡洛不肯给，他说，这样的规定只能由俱乐部召开一次特别会议来决定。最后，他决定自己亲自来澄清这些问题。他让家具的各位主人（托尼除外，因为他不在场）当着证人们的面说明了其本人的要求。他又安排了一次特别会议，到时候他将在场，来作出一项最后决定。

会议一开始，迪克就要求迈克解释他的立场。迈克刚开始时为自己说了一些话，但接着就说卡洛可以对每件事作出更好的解释。奇奇和乔也同意让卡洛替他们说。

卡洛站在房间的中央，接过来主持这次会。他称迈克是他最好的朋友之一，但他说，为了家具的问题，他曾差一点儿和他打一架。他说，主要问题是奇奇和理发师乔当着迈克的面说的是一样，而当别人和他们谈话时，他们说的是另一样。所以卡洛才让他们当着证人们表态。托尼·卡塔尔多为了俱乐部的利益，什么都愿意干，对此，大多数家具的主人是同意的。他真是很够意思。迈克将得到 7.50 美元的现金，托尼、乔和奇奇的那一份将分别从他们应交的会费中扣除。对于俱乐部来说，这将是一项很好的安排，这用

不着从库存里拿出太多的钱，也可以“堵上迈克的嘴”。

大家对于卡洛的说明的准确性都没有疑问。萨尔维说，这全没问题，不过关于元老会员的名字问题还没有解决。卡洛说，应该先解决家具问题，这样迈克就没有权了。迈克变得激动起来，说奇
奇和乔出卖了他，没有就名字问题达成协议就决定了家具问题。159
在争论的过程中，卡洛站到了主任的桌子前面，使自己处在回答各方提出的问题和争议的地位。马里奥问主任为什么允许卡洛一个人垄断会场。迪克回答说，“因为他是这儿最聪明的人。”

最后，卡洛让大家就他提出的关于家具问题的协议进行表决，结果全体通过。迈克得到了他曾要求得到的钱的一部分，但是这样一来，他把他对理发店集团的领导权交给了卡洛。

第二天早晨，我见到托尼·卡塔尔多。他说：

> 是呀，我把这些问题处理好了。那个俱乐部应该能办得成功，不过我也没把握。我可以控制这个俱乐部，但是我宁愿让成员们去管理它。开始的时候，有 10 个人掌管这个俱乐部，可是后来，我们让大伙儿想怎么办就怎么办［在改组俱乐部的时候］。对我来说，他们怎么办都行。

卡洛由于最后的协议而赢得了声望。很难说出哪个人作出的贡献更大。每个人的行动都是独立的，但又是延着平行的路线。

四　政治争端

1939 年秋，在克利夫兰俱乐部里发生了分裂，众议院议员迈克尔·凯利加入竞选，与约瑟夫·马洛尼老板争夺市政委员会委员

的职位。5 名意大利裔候选人提出自荐提名文件，不过其中 4 人被说服撤销，以便有利于安杰洛·菲乌马拉。在此前的竞选中，安杰洛·菲乌马拉得到的选票多于其他反对马洛尼的候选人得到的选票。最后，形势转为对克利夫兰俱乐部有利：竞选中是一名意大利人对两名爱尔兰人。

在科纳维尔，这方面的意见似乎就不那么一致了。菲乌马拉得到安迪·科蒂洛的支持。他曾建立起一个强大的俱乐部，但是科蒂洛是唯一支持他的重要的意裔政治家。除一人以外，科纳维尔所有重要的非法团伙成员都支持凯利。菲乌马拉是唯一一名意裔候选人，这是他最重要的资本。而且，由于他有西西里血统，所以在谢尔比大街一带特别得人心。

160 初秋，在其他意裔候选人为支持菲乌马拉而退出竞选之前，我听到几名科纳维尔社交和体育俱乐部的成员议论该俱乐部的政治目标。卡洛对我说：

> 要想等一名政治家当选后从他那里得到恩惠，那是无稽之谈。事先他对一切都满口应承，但是事后你根本得不到他的恩惠，所以别再想什么恩惠了。如果我们俱乐部有 100 名成员，而且每个人能得到两美元来支持某个候选人，那就不一样了。只要能拿到这笔钱，我们才不管他能不能当选。不过我们不把这笔钱花掉。我们把它放进库存，我们这样攒下钱，下次就可以用来支持我们自己俱乐部里的人了。

街角青年们一致认为，一般说来，先把钱拿到手比听候选人关于恩惠的许诺更好。

在 9 月份的第一次会议上，大家讨论了俱乐部的政治立场，但没有采取行动。后来，由于家具争端，政治就被推到次要的位置上去了。

最后，在选举前八天，俱乐部的窗户上出现了大肆宣传“安杰洛·菲乌马拉当市政委员会委员”的标语。这些标语是迈克贴的，他告诉我，两天之后的那个晚上，俱乐部将举行一次支持菲乌马拉的集会。他已经亲自争取到这位政治家在这里露面的许诺，他的特别亲密的朋友们捐了钱，为这次活动买了好几箱啤酒。我听说，虽然没有开会认可支持菲乌马拉，但他是“理所当然的候选人”，所有的青年都支持他。

在举行集会的那天晚上，迈克活跃极了。他掌握着什么时候上啤酒。当安迪·科蒂洛来到俱乐部为这次集会作出最后的安排时，他找迈克谈了话。这时，卡洛正在与迪克谈话，鼓励迪克来指挥这次集会。

托尼·卡塔尔多来了，后面跟着他的一名雇员博索。这是自入夏以来他第一次到俱乐部来——除了那次家具讨论会以外。托尼直接去找正和卡洛站在一起的迈克。多姆·罗马诺和萨尔维·贝利诺也加入了随后进行的一场对话。

> 托尼：这儿是干什么呢？我以为你们这帮家伙对政治不感兴趣。要是我知道你们想支持一个人，无论如何，我也会给你们200美元或是一年的房租钱。现在你们要支持菲乌马拉，可是你们从中又能得到什么呢？你们为什么不把事情办 161
> 得漂亮点儿？这个俱乐部里有人独断专行。你们不开会，不把它提出来表决，怎么能就支持一个人呢？
>
> 卡洛：你说得对，托尼。这件事办得不好，不过现在已经

办了。要改变也来不及了。

迈克解释说，现在竞选已经快结束了，可是还什么都没做，所以上一个星期天上午，当时许多成员都在俱乐部里，他就问他们，如果支持菲乌马拉并答应选他，行不行。大伙儿都同意，于是迈克带着迪克和另外两个人，开着马里奥的车到了菲乌马拉的总部。

托尼：问题在于，你想操纵这个俱乐部而且要毁了它。

多姆：托尼，小伙子们都支持菲乌马拉。我走进投票站的时候，就在所有意大利人的名字下面画一个×。为什么不给一名意大利人一个机会呢？

托尼：我并不在乎你们选谁，但是你们为什么不从中得到点儿什么呢？

多姆：只要那意大利人当选，我就知足了。

托尼：他当选以后，会为你们做什么呢？听着，我和政治家们打交道是有经验的，我对政治知道得比你们大伙儿知道的都加在一块儿还多。他们答应给你们好处，但是他们当选以后就再见了，他们让你们吃闭门羹。所以，为什么不在他们当选之前先得到点儿什么？机不可失，失不再来。当你们能得到钞票的时候，为什么却要那些骗人的鬼话？

多姆：托尼，钱并不是一切。

托尼：你可以这么说，因为你有你自己的买卖。你过得不错。可是俱乐部里其他的人又怎么样呢？

多姆：这些钱对我们又能有什么好处？［托尼一笑，没有回答。］

博索：在这个城市里，这是唯一支持某个候选人却分文不取的俱乐部。就拿××街的那个俱乐部来说吧。菲乌马拉为了得到他们的支持，是给他们花了钱的。

萨尔维：我不在乎俱乐部支持哪个候选人。我本人支持菲乌马拉，不过这件事整个儿办得不对。迈克有什么权利替俱乐部讲话？

多姆：对呀，可是以前谁也没提出反对呀！

萨尔维：你说谎。我就反对过。

多姆：好吧，可是这和托尼说的不是一回事。托尼·卡塔尔多拥护凯利。托尼想操纵这个俱乐部。[托尼原来正在屋子里东张西望，这时把他的注意力转到多姆这里来了。]

托尼：你明白这不是实情。我可曾干预过这个俱乐部的事吗？

多姆：没有。

托尼：我从来不管这个俱乐部的事，以便你们想怎么干就怎么干。可是我本人也是一名成员。我有权利留心使事情办得正确无误。我手里就有一个政治家。我和他很熟。我本来可以带他到这儿来，让你们听听他讲话，而且他会给我们钱。你们甚至用不着赞成他或投他的票。我不相信支持候选人这 162
种事。假设你们的候选人失败了，你们怎么得到好处？谁也不要支持，但是对所有的候选人都说你们支持他。我就相信这个。然后你们可以去找他们，让他们帮忙。[托尼转身对我详细阐明他的观点。]我和政治打交道的这些经验可都不是白来的。我学到了不少东西。一个政治家当了官以后，他能帮多少忙？他也不能谁的忙都帮呀！所以你们也可以立刻先把钱拿到手，这样你们就知道你们有所收获。我不赞成这种种族政治。我拥护的是最优秀的人，他是什么种族，这无所谓。我要选的是我认为能给这个地区带来最多好处的人。不过，我不会公开跑出来支持他。这不合算。我要私下里告诉你们，我拥护凯利。他是个聪明人，我很了解他。我已经认识他好多年了。他确实能为你们办点儿事。[他把注意力又转回到这个群体，继续往下说。]我知道这次斗争谁将取胜。如果你们想和胜者站在一起，我可以把你们放到正确的一边。如果你们和败者站在一起，选举之后，我怎么能再为你们做什么呢？

托尼转过来对卡洛和迈克说，他想在第二天晚上带一位候选人来俱乐部演说。

迈克：托尼，明天晚上是我们俱乐部的会。

卡洛：现在来不及了。

托尼：并不太晚。俱乐部可以一直开放到进行投票的前一天晚上。你们可以听听所有候选人的讲话，而不支持任何人。……我把他带来，由我自己负责，如果你们不让他来的话——那好吧！

卡洛：假如我们不让他来呢？

托尼：那好，那么我是个小人，你们是君子。

这时，安迪·利蒂洛又走进来了，还带进几位菲乌马拉的代言人。于是，托尼坐在墙角的一把椅子上，点上一支香烟，把椅背靠着墙，等着开会。安迪告诉迈克，候选人菲乌马拉过一会儿就到，所以这些代言人的开场白可以立刻开始。这时，房间里已挤满了人，外面也有一群人通过广播车的扩音器收听他们的演说。

迈克让迪克宣布开会，迪克面对人群站着，想说点儿什么，却什么也说不出来。于是他退到一旁，让第一位演讲人来担任大会主席。几位在当地政界中具有不同程度重要性的演讲人在候选人菲乌马拉之前对俱乐部发表讲话。下面这几段讲演将使你对这种呼吁的性质有所了解：

> 他们说，我们挑起了种族争端。而制造种族争端的正是他 163
> 们，我们是不得不为了自卫而与他们作斗争。早在50年前他们就挑起了这个争端。他们称我们是劣等种族。他们朝我们脸上啐唾沫。如今，我们终于发生了变化，通过选举安杰洛·菲乌马拉来向他们作出我们的回答。我们必须选菲乌马拉，否则，就在我们这个地区永远丢了脸。……
>
> 在这儿，在科纳维尔，我们有一些年轻人，他们的智慧和经历不亚于任何人，但是当权者依然不肯屈尊与他们握握手。通过把安杰洛·菲乌马拉选入市政委员会，我们可以确保自己取得荣誉、尊严和受到尊敬，以及——让我们实际一点——得到我们本来就该享有的政治庇护。……
>
> 现在他们打算让你们看到大量的5元、10元和20元的钞票。我告诉你们，别当傻瓜。他们给钱你就拿着。你们可以花。但是转身就去投菲乌马拉的票。（笑声和欢呼声。）如果你们这样做，我们就会埋葬和扼杀克利夫兰俱乐部，并且从这个选区里选出第一位意裔市政委员会委员。

人们对这些演说报以极大的热情。

散会以后，卡洛告诉迈克，他不应该自己包办一切，并说他将在会上提出这个问题来反对迈克，尽管他是迈克最好的朋友。然而，他认为俱乐部必须忠于菲乌马拉。他对我说，他不赞成托尼·卡塔尔多的说法，在第二天晚上的会上，他将直接反驳他。

第二天晚上8点整，托尼·卡塔尔多来到俱乐部。成员们正坐在那里玩牌。托尼喊道，“别说话了，咱们开始吧！咱们开会吧！”

迪克不在，于是由副主任马里奥主持会议。多姆·罗马诺也不在。

马里奥宣布开会以后，萨尔维宣读了上一次会议的记录。读完以后，托尼要求他把其中的一句话再念一遍。这句话是这样的：“讨论了挑选最有可能获胜的最佳候选人的问题，但没有采取行动。”

萨尔维问，“对这句话你有什么要加以评论的吗？”

托尼耸耸肩膀说，“我不想提出这件事。如果大家觉得没问题，我不想管。”

164 便餐馆的一个小伙子接着谈这件事：“我想知道少数会员有什么权利支持菲乌马拉并且把他带到这儿来。对这件事怎么解释？”

迈克说他愿意解释，随后把他在前一天晚上对托尼讲的话又说了一遍。

托尼说，“好，他做错了事，而且他承担了对这件事的责任。这件事就算过去了。就说到这儿吧！”

萨尔维却言辞激烈地对迈克说，“你能代表俱乐部的大多数吗？你有什么权利决定我们干什么？”

另一名成员说，他听说迈克曾收到过菲乌马拉的一封信，而俱乐部对此却一无所知。萨尔维说这是实情。卡洛解释说，那封用意大利文写的信是迈克前些日子收到的，他——卡洛——曾读过这封信，并且有一次在开会之前为小伙子们翻译了这封信。托尼说，“这不算数。如果这不是在会上做的，就不是正式的。”

卡洛继续解释，但托尼想打断他的话。萨尔维说，我们应该紧扣会上讨论的问题。这时卡洛才放下对这封信的讨论，并说他也认为迈克完全做错了，不过现在已经太晚了，俱乐部将不得不为他的所作所为承担责任。

迈克变得很激动，说成员们也同样应该受到责备。他把菲乌马拉的大标语贴上去之后，他们为什么不摘下来？托尼毫不客气地回答说，

> 你是百分之百地错了，可是现在你想让大伙儿为你干的事情负责。大伙儿为什么应该把那些标语取下来？他们必须等到召开一次例会时才能知道为什么要贴上这些标语，然后他们才能通过固定的程序把它们摘下来。

迈克再次开始为自己辩护，卡洛喊了一句意大利文的骂人的话，才把他的话打断。托尼咧着嘴笑了。

卡洛说，几乎所有的成员都拥护菲乌马拉，所以俱乐部可能也支持他。托尼反对说，“我不是说你们不应该选菲乌马拉。你们想选谁就可以选谁——不过，秘书先生，请您再把那句话念一遍。”

萨尔维又把会议记录中的那句话念了一遍。在这次会上，托 165
尼已经让他念了四五遍了。托尼继续说，

> 你们这帮家伙都是死脑筋。你们没听见这是怎么说的吗？你们可以选择最佳候选人。最佳指的是对你们的团体来说是最佳的——这个人将会为你们的俱乐部做的事最多。这

不是指你们必须挑选一个意裔候选人。这是美国。我们是这儿的新一代人。我们都应该平等。即使这最佳候选人是个爱尔兰人、德国人、犹太人或者华人,你们也应该选他。这个人就是能给你们带来最大好处的人。还有获胜的候选人——你们可曾做过什么估计,从而知道谁将会取胜呢?

卡洛说,不管菲乌马拉胜利与否,他都支持他。他说,他宁可看到菲乌马拉取胜而他自己从中一无所获,也不愿意从另一名候选人那里获取某种私利。托尼回答说:

我知道,我的话会使你们感到有些愤愤不平。我想澄清一下,我不是说你们不应该选菲乌马拉。你们可以做你们想做的事。我只是提出这样一点,即你们应该设法挑选最佳候选人和最有可能获胜的人。

过了片刻,他又站起身来。他说,在春季,他曾被告知这个俱乐部对政治不感兴趣。他让奇奇说这是不是事实,奇奇点了点头。马里奥说他可以解释这一改变。这是一个新的俱乐部,春天的决定现在已经无效了。托尼继续说:

那好,如果你们想介入政治,你们应该以正确的途径来这样做。我知道这座城市里其他所有的俱乐部是怎么做的。他们或是使它成为一桩生意,或是对所有的候选人都敞开门户,而在投票的前一天晚上,他们在成员中进行一次秘密投票。然后他们去找那位在秘密投票中取胜的候选人,告诉他他们保证使他得到多少张选票。你们只告诉他,"我们很抱歉,我们不能向任何人签字担保,因为我们不想树敌,可是我们向你保证有这么多张选票。"于是,这位候选人知道了他将会获得

> 这些选票，可是你们不会树任何敌人。在政界，你们应该设法与所有的候选人搞好关系。

便餐馆的一名小伙子说这个主意不错。托尼要不要把它作为一项动议？托尼同意。

后来，卡洛提议俱乐部公开支持菲乌马拉。托尼被惹恼了。他说，“在这个问题上已经有一项动议了，我认为提出第二项动议是对提出第一项动议的人的侮辱。”

卡洛说他并不想侮辱谁。可以同时考虑两项动议，会员们可 166
以决定他们赞成哪一项。萨尔维说，会员们可以先就托尼的动议进行表决。卡洛说，这两项动议并不冲突，因为托尼的动议可用于今后的行动，而他的用于现在。马里奥说没有理由就今后的行动作出决定，因为到时候我们可以随时改变我们的方针。他问托尼的动议是不是不适用于眼前。托尼说它适用。

这时，我站起身来。托尼说，“让比尔·怀特说几句吧！他实际上是个旁观者，所以他在这个问题上可以是中立的。”

我说，我知道我们几乎全都支持菲乌马拉。我本人也打算投他一票。但是我认为，听一听其他政治家怎么说并没有坏处。敞开大门似乎是个很好的主张。

我发言后不久，这个问题就被提出表决了。托尼赢了，11 比 7。所有的便餐馆青年都支持他(只有一人例外)，他还使理发店集团分裂了。

表决之后，卡洛站起来说，“再见了，小伙子们，我要去参加在学校大厅里召开的菲乌马拉的群众大会。”

理发店青年中有一人随着他去了。后来卡洛告诉我，他认为他这样走出俱乐部是犯了一个错误。“我做了一件错事。这是对个人（对托尼）的侮辱。我出门之后就意识到了，但是已经太晚了。”

散会时，托尼再一次对成员们讲话：

> 如果你们中间有谁今天晚上愿意留在这里见一见迈克·凯利，我将在9点到9点半之间带他到这儿来。他对我说，他只能来这儿一次。我不在乎这里只有四五个人。他知道这个地区有百分之九十至九十五的人是拥护菲乌马拉的，所以即使在这儿只有几个人选他，他也会很高兴。我说这些话并不是因为我拥护迈克·凯利，而是因为见见这个人对俱乐部有好处。至少他会知道你们是谁，如果他当选了，也许我能为你们争到些好处。

这时托尼开始行动了。他掏出一大沓钞票，从中拿出几张交给理发馆帮的多多，让他去买5箱啤酒。多多赶忙去按他说的办了。当托尼的一名雇员进来时，托尼又数出更多的钞票，让他去买
167 8个面包、一些火腿和其他食品。托尼转过来又问贝波——一个偶尔来参加会的成员——问他的广播车在不在。贝波说他现在给五区的候选人恰帕干活儿，如果恰帕发现他给别人干活儿，而不是在五区的街道上开车，恐怕就不会付给他工钱了。托尼说：

“这你不必担心。我会关照你，对付恰帕。我可以给你找到用广播车的工作。给你5块钱，你能把它开出来吗?”

贝波同意了，条件是在这辆卡车上贴满凯利的标志，这样别人就认不出是他的车了。托尼派出他的一个人去贴这些标志。

广播车开来之后，开始有人群聚集。留下来见凯利的只有迪

克、奇奇、多多、盖伊、莱夫蒂、马尔科、查利和巴贝，都是理发店帮的成员。其他人去参加菲乌马拉的群众大会。托尼的雇员、朋友和普通公众把屋子挤得满满的。他对我发表议论说，“瞧，我跟你说过，不出10分钟我就能在这里集合一群人。”

有人传话说，迈克·凯利正在路上，不一会儿，他到了，一群无论他到哪儿都尾随其后的支持者簇拥着他。萨利·德费奥挽着凯利的胳膊，引导他穿过人群来到托尼跟前。托尼把他介绍给许多俱乐部成员，并引他到后面的房间里，筹划该怎么做。当凯利站到两个房间之间的台阶上要讲话时，理发店帮的马尔科溜上去站到他旁边，叫道，“大家注意啦！这就是我们的下一任参议员，迈克·凯利！”一阵欢呼。没等马尔科再有机会说话，凯利的一位追随者就号召为凯利欢呼三次。欢呼过后，勇敢的马尔科又单独欢呼了三声。等到都喊完了，凯利说话了。

> 今天晚上我不想在这儿演讲。我只想感谢科纳维尔社交和体育俱乐部的主任、办事人员和会员们邀请我到这儿来和大家见面。我对这一殊荣十分感激。而且我想发自内心深处地对你们说，如果你们愿意在下星期二投迈克·凯利的票，我将愿意得到这些选票。

他就说了这么多。当凯利走出去的时候，托尼·卡塔尔多、萨利·德 168
费奥和他们的亲信们，以及凯利的全体追随者都随他而去。俱乐部活动室忽然变得几乎空无一人，几名刚才参加会的会员留下来谈论着刚才发生的事情，并把啤酒喝光。后来，又有几名刚参加过菲乌马拉群众大会的会员陆续回来了。

下面的这段议论说明了街角青年们对非法团伙成员的普遍抵

触的态度。虽然多多表决时赞成托尼，而且出去替他买东西，但他说，“托尼·卡塔尔多是个聪明人。你看他怎么把人群吸引过来的？我们从中什么也别想捞到。这一切都是为了他的利益。”

萨尔维说，看这些非法团伙成员怎么去“迎合”候选人，很有意思。他宁愿看到“一个独立的人”在选举中获胜，而且他准备投菲乌马拉的票。不过，他认为托尼·卡塔尔多关于敞开门户的想法是对的。

那天晚上，卡洛没有回到俱乐部来。

选举的前一天晚上，只有 16 名会员来到俱乐部。卡洛、迈克和多姆都没来。托尼在乔的理发店刚刮完脸，会议就开始了。

托尼对成员们讲话。他说他听说有些人由于俱乐部曾请凯利到这里来，所以退出了。由于俱乐部的大多数人都赞成敞开门户，所以他认为这些人不接受这一决定是不光彩的。

迪克宣布俱乐部要考虑支持一位候选人。托尼提议不要这样做，因为到会的人太少。他争辩说，如果俱乐部去对一名候选人许诺只提供 10 张或 12 张选票，那会显得很蠢。他说：

> 我不是为自己着想。我是为俱乐部的利益着想。我可以从凯利那儿得到好处，也可以从马洛尼那儿得到好处。我还可以去找菲乌马拉并得到他的照顾。

托尼的动议得到一致通过。

奇奇问谁退出了。萨尔维念出了迈克和另外两名理发店青年
169 的名字。有人以为卡洛也退出了，但被否认了。萨尔维说，按照有关不交会费的规定，迈克无论愿意与否，都已不再是俱乐部的成员了。他又补充说，迈克总惹麻烦，应该永远不准他再入会。托

尼说：

> 秘书先生，我认为你过于严厉了。你应该稍微宽容些。这个人毕竟是我最厉害的敌人，可是我并不想把他从俱乐部里撵出去。

这次短会之后，我们中间的一些人陪着托尼·卡塔尔多一起去参加在学校大厅里举行的凯利的群众大会。路上，托尼说他将设法给几个小伙子找工作，让他们在选举日那天到投票站干活儿，每人5美元。他要是事先知道他们有兴趣，也许能给他们中间的7个人找到工作。现在他会尽力而为。他又补充说，"这对于我并没有什么帮助。我总能得到照顾。"

在大会进行过程中，小伙子们一会儿站到礼堂的后排听演讲，一会儿到外面商议选举日工作的情况。普遍的看法是，我们让迈克牵着走，而没有等着看看我们可以和那些候选人怎样讨价还价，这真是太傻了。

选举日那天，理发店帮的盖伊、奇奇、巴贝、克里斯和多多在由托尼·卡塔尔多和萨利·德费奥为凯利管理的两个选区的投票站找到了5块钱一天的工作。他们一整天都站在便道上，散发"投凯利的票"的卡片。迈克为菲乌马拉干同样的工作，不过他说他是无偿奉献。卡洛不得不去从事他的固定职业，那天我没有看到他。

虽然多多戴着凯利的标志，散发着凯利的卡片，我却听到他对他的朋友们说，"别忘了。选票上的第一个名字。"菲乌马拉的名字排在第一个。多多告诉我，他需要这5块钱来支付他的家具款，他重复着菲乌马拉的一名讲演者的那句忠告："别当傻瓜。他们给钱你就拿着。"

盖伊对我说，"我选凯利。我确实认为他更好些。他们两个人的讲话我都听过，于是我决定应该选凯利。"

170 迈克对我说：

> 托尼在俱乐部里造出了一群卑鄙的小人。我并不指望自己会怎么样。我从菲乌马拉那里没得到过一分钱。选举之后，俱乐部的任何会员如果想得到照顾，我都会高兴地带他去见菲乌马拉。我关心的是全体会员。

我肯定没有几个会员投凯利的票。托尼并没想说服他们这样做。他的行动把盖伊——可能还有几个别的会员——争取过来了，但是他主要关心的是替凯利好好炫耀一番。在这方面，他是完全成功的。他曾走进一个为另一名候选人卖力的俱乐部，曾阻止了支持那个候选人；曾把这些俱乐部会员按照他的计划，尽量拉到他自己的候选人一方。这是一次给人以深刻印象的胜利。

五　危机和托尼·卡塔尔多

安杰洛·菲乌马拉以600张选票的差数，轻轻松松地战胜了迈克尔·凯利，在选举中获胜。约瑟夫·马洛尼屈居第三。在科纳维尔，菲乌马拉遥遥领先。

选举后的第二天早晨，几个小伙子在理发店里议论选举结果。十友人俱乐部曾保证支持菲乌马拉，现在它的成员们为这种形势而欣喜万分，并毫无顾忌地表达着他们的看法，说科纳维尔社交和体育俱乐部的小伙子们在已经对菲乌马拉作出保证之后，又让凯利到俱乐部来，从而"使自己成了一群卑鄙的小人"。卡洛的情绪很不好。他说，谢尔比大街的许多人都为所发生的事情责备他，他对此感到很烦恼。他又说：

> 我知道，说不利于俱乐部的话是违反规定的，可是我还是要把我想说的话说出来。让他们处罚我吧！我要把我对他们的看法告诉他们，然后退出俱乐部。我要告诉他们，应该为他们自己害臊。
>
> 为这件事，我责怪三个人。因为我不怕告诉他们，所以我要直接说出他们的名字。第二个人——我不说他是第一个人——是托尼·卡塔尔多。第一个人是我们的秘书[萨尔维]。他是出于个人妒忌才造成了这全部问题。第三个人是比尔·怀特。

我问他我干了什么错事。

> 比尔，你知道，当有人站起来说话时，我竖着耳朵听他说些什么。我观察，我听，什么也不会漏掉。你站起来的时候， 171
> 托尼·卡塔尔多说，"比尔·怀特在这儿，他是中立的，他能给我们讲出个道道儿来。"他使你很高兴。于是你说你不明白为什么我们不能听听各个候选人的见解；你当时太得意了，自己都听不见自己说的什么。俱乐部里有许多人都尊敬你，愿意听听你的意见，他们认为你是个聪明人。可你那样一说，就影响得他们在表决时赞成托尼·卡塔尔多了。

我承认这一指责有道理，没有为自己作任何辩解，卡洛随后又说在他的话里没有任何个人的东西，迈克也说没有恶意。后来，卡洛告诉我，他的几位朋友曾尖锐地批评我，但是他曾为我辩护，说我做错事是因为我并没有意识到其中的利害。

奇奇走进商店时，卡洛正站在商店后面。奇奇站在门口，面带羞愧的微笑。卡洛骂他是一个无耻的叛徒，最后说他想不出一个足够卑劣的词来表达他的蔑视。后来盖伊来了，站在奇奇旁边。卡洛对他发火了。“他们用一杯啤酒和选举日一天 5 块钱，就把俱乐部收买过去了。那 5 块钱现在在哪儿呢？”

盖伊说，即使这 5 块钱只够花一分钟，它也是自己口袋里的钱。不过，他显然是处于守势。他没有像他在选举日那天对我讲的那样，说凯利更好些。

卡洛说，他们都是叛徒。

> 这是你们第一次有一名意大利人，而且只有一名，你们却不得不抛弃他。你们使整个俱乐部成了一群卑劣的小人。现在如果我去见菲乌马拉，我不会对他说我是科纳维尔社交和体育俱乐部的成员。我们背叛了他，他为什么还要为我们办事？

一连好几天，卡洛一直不断地说着这些话。他告诉我他与便餐馆小集团的斯帕格碰上了。在理发店里，斯帕格走到他面前，说在表决让凯利到俱乐部活动室来的时候，他不在场，不过他觉得俱乐部的行动没有什么不对。

> 我对他说，“你当真想知道吗？那好吧，咱们出去。”他不知道我为什么想让他到外面去。外面很冷。于是我们走出去，站在理发店前面。我没说什么话。

172 正当他们在那里站着的时候，有几个与俱乐部毫无关系的人走到卡洛跟前，为俱乐部的行动批评他。卡洛没有辩解。最后，他对斯帕格说：

> “咱们进去吧，这儿太冷。”
>
> 斯帕格说，“没错儿，我告诉你了，这儿冷。”
>
> 然后我对他说，“你现在明白我的意思了吗？他们认为，因为我们干的那些事，我们是一群卑鄙的小人。”
>
> 他说，“上帝呀，卡洛，我刚才可不是这样看这件事的！”

按照卡洛自己的说法，有一天晚上，他把萨尔维逼得走投无路了。

> 我们在玩牌，而且我故意一句一句地点出他的错处。最后他说，“你别再说了行不行？我知道那件事办错了。我那么做是因为我让迈克惹火了。”

卡洛想听的就是这句话。他责骂萨尔维让个人的憎恶左右他的判断。

在选举后的那天晚上，这次政治危机的影响在俱乐部里显示出来了。我正与理发店的卡洛和查利，以及夜餐店的多姆和斯塔比一起玩“接龙”[①]。到8点半钟时，俱乐部里就剩下我们几个人了。后来马泰奥·菲雷拉的儿子来了，告诉卡洛，说迈克想在马尔科尼俱乐部见他。卡洛让我们先玩，等他回来。过了一会儿，马泰奥的儿子回来叫查利。查利玩完一局后离开了。斯塔比说，“你们看见迈克怎么叫他的特殊朋友了吧。看在上帝面上，这个人应该呆在俱乐部外面。那我们的日子就好过了。”

过了几分钟，卡洛回来了，说，“对不起，小伙子们，在马泰奥那里正在举行一次真正的菲乌马拉的庆祝活动，太好了，不应该错

① 一种纸牌游戏。——译者

过。如果你们愿意来，都受欢迎。”

斯塔比和多姆没有回答。我说我也许过一会儿再去。我们又玩了两局，后来，按照多姆的提议，我们走出俱乐部，锁好了门。当时刚刚 9 点钟。

当我走进马泰奥的马尔科尼俱乐部时，我发现卡洛、迈克、查利、多多和马尔科都在那儿，还有时常光顾此处的一些中年人。其中有一个人捐赠了许多酒。小伙子们开始打开啤酒瓶。马泰奥的
173 三个朋友用曼陀林、吉他和小鼓演奏意大利乐曲，卡洛、查利和马泰奥领着唱歌。卡洛主持晚会。

我曾见到卡洛十分严肃地和迈克及马泰奥谈话。马泰奥说的是建立他的俱乐部的事，并说他和卡洛可以用它作一番大事。卡洛说，“好吧，马泰奥，咱们达成个协议。”

在马泰奥的俱乐部里把啤酒都喝完了之后，卡洛带着这群人又来到附近一个酒吧，那是十友人俱乐部常去的地方。庆祝活动在那儿继续进行。卡洛为他带来的这些人和十友人俱乐部叫了啤酒，还提议为十友人俱乐部干杯。汤姆·雷普西主任为科纳维尔社交和体育俱乐部祝酒答谢，尔后又为马泰奥的俱乐部祝酒。查利和卡洛唱了歌。我们一直喝到酒吧关门。

两天之后，当我与卡洛谈话时，他已经确定了他的行动计划。他说，如果他退出俱乐部，其他许多成员也会这样做——虽然不是他让他们退出的。这样，俱乐部就会解散。“可是我不那么办事。”

他想继续作一名积极的会员。他没有提到马泰奥的马尔科尼俱乐部。马尔科尼俱乐部的成员是“外国佬”的这一事实可能在阻止卡洛与马泰奥共事方面起了强有力的作用。

卡洛觉得，科纳维尔社交和体育俱乐部处于严重困难之中。理发店的青年们正向马泰奥·菲雷拉靠拢，而便餐馆的青年们则正在接近十友人俱乐部。

卡洛说，为了复兴科纳维尔社交和体育俱乐部，他可以劝说迪克辞去主任职务，然后让萨尔维的朋友们迫使萨尔维也辞职。“不过我不想去做这些事。我不愿意伤害这个人的感情。那对于这个人才真正是一种侮辱。”

卡洛向我建议任命一个五人委员会，在2月份选出新的办事人员之前，由委员会来决定各种有争议的事情，并设法把失散了的会员带回俱乐部。这样就可以避免在会上发生激烈的争论，虽然 174
成员们将有机会就委员们的决定作出表决。

> 我愿意进入这个委员会，愿意让托尼·卡塔尔多也进入委员会。我说过，我不为他做过的事责怪他。我不在背地里对人说三道四。但是我想和他好好谈一次话，并告诉他我对他的看法。他是个聪明人，不过当他在俱乐部里讲话时，你必须留神他说些什么。我想使他成为俱乐部的一名好成员。

卡洛请我提出这个计划作为建议，并答应再找一个人来支持这个建议。我说，鉴于我以前的行动对目前的困境负有一定责任，我愿意尽力帮忙。

科纳维尔社交和体育俱乐部在选举中出现的困境造成的最突出后果之一，是托尼·卡塔尔多与卡洛·泰代斯科之间关系的变化。直到他们在“敞开门户”问题上发生冲突之前，我从未发现他们之间有任何直接接触。

在选举后不久，有一天，卡洛找托尼谈了一次话。卡洛对我谈起这次谈话的情况。

> 我直接去找他，并告诉他我对他的看法。我不是那种背后议论人的人。我对托尼说，“你可以说，你在俱乐部里做的事是为了小伙子们的利益，可是你我都明白，这只是为了你个人的私利。”他承认这一点。他说我是对的，并表示道歉。
>
> 随后，他说，“如果你需要找工作，随时来找我，我会给你一份每周30到35美元的固定工作。”
>
> “为什么？”我问。
>
> “为了你的胆量。”他说。
>
> 你知道，其他年轻人是不敢与一个非法团伙成员顶嘴的。可是，只要我认为他错了，不管什么时候，我都会顶他。那天晚上，他请我出去，到一个夜总会，他花了25美元。我一个子儿也没花。从那以后，他总来找我。有一天，他对我说，“卡洛，你怎么了，腿断了吗？你为什么不抽时间到我家里来？”
>
> “放心，”我说，“我会来的。”
>
> 他总是设法和我站在一边，这样，他在俱乐部里说什么，我也会说什么。可是我不会这样做。任何时候，只要我认为他要做不利于小伙子们的事，我就会反对他。我就是这种人。

几个星期之后，卡洛对我讲起这样一件事：

> 比尔，昨天晚上你错过了一次重要的谈话。托尼·卡塔尔多和几个小伙子在这里。盖伊、莱夫蒂、奇奇、多多和克里斯都在这儿。我们在后屋喝酒。喝酒的时候，我们谈起托尼在选
> 175 举中干的事。我对小伙子们说，“不管怎么说，我们不应该再为托尼干的事责怪他了，因为他当时遇到了一些小麻烦，需要

小伙子们帮他摆脱困境。唯一的问题是他应该以一种不同的方式来处理这件事。如果他当时告诉大家他为什么需要他们的帮助，那么我们只会非常高兴地帮他一把。”

于是小伙子们想知道托尼遇到了什么麻烦。

我说，“哎，现在说也没用了。事情都过去了，而且都被忘记了。”可是小伙子们仍然想知道是什么样的麻烦，于是我说，“哎，我不想说，可是托尼，你干嘛不告诉大伙儿呢？不管怎么样，现在这事已经全过去了，也没有什么敌意了。”

于是托尼说，“那好，我就告诉他们吧！”接着他就对我们说了。在选举前的那个星期，他有10个人被逮捕了，他还听说下个星期还要逮捕20人。每个人要罚款50美元。如果真发生了这样的事，他的生意就完了。所以他去找迈克·凯利来解决这件事，凯利去找了地方检察官，于是逮捕停止了，在第二个星期里，警察没有去逮那20个人。这就是托尼不得不支持凯利的原因。这是为了他自己，而不是为了俱乐部。我听到这话以后，笑了，小伙子们也笑了，因为当我谈到托尼遇到了麻烦时，其实并不知道是什么麻烦。当托尼发现我一直什么也不知道，却让他说出了真话时，他很恼火，骂我是个该死的大骗子。

我说，“托尼，你怎么能骂我是骗子呢？我没有在背后说你。我要说什么，就当着你的面说出来。”

后来，他平静下来了，说，“我要请你们吃牛排。”他把我们大家带到××地方，给我们每人买了一份牛排。然后他又带我们去××地方的一家夜总会，在那儿，他肯定花了有

> 15 美元。
>
> 我对他说，“托尼，如果这是光明正大的，我百分之百地和你站在一起。可是如果是不正当的，你可收买不了我。”
>
> 他笑了，说，“你这个该死的骗子。”
>
> 我说，“托尼，我可不是骗子。我只是在告诉你。”他知道我不怕把我的想法告诉他。如果我不在那个俱乐部，他让他们干什么，他们就都会干什么。……这就是每次开会我都去的原因。我从来不漏掉一次会。……他非常想收买我。你记得吧，那次我告诉你，他说他愿意每周给我 35 美元，只是为了我的胆量。

卡洛可能为了说给我听而对这些故事添油加醋，不过后来的事件也证明了这两个人之间同样的新关系。

选举之后，过了一个星期，在上面讲的那件事之前，召开了那次让我提出卡洛的计划的会议。会议刚开始时，卡洛不在场。于是托尼·卡塔尔多和多姆·罗马诺先处理了一些会议一开始就提出
176 的日常问题。后来卡洛进来了。他告诉我，他仍然想使他的计划被提出来，并建议只要开了头，就让我说话。

卡洛加入这场讨论后，会议的程序发生了变化。多姆曾说出他的想法，托尼已经将它提交会议讨论，有人附议，并被通过了。这时卡洛走到托尼身边和他说了些什么。于是托尼提议对他的动议加以修正。卡洛对修正案表示赞成，于是修正案也获得全体通过。

多多提出的建议是在俱乐部里卖啤酒。托尼说服多多稍微作了某些修改，然后建议接受这一计划。卡洛和托尼说了几句话，于

是托尼立刻提出一项新建议。托尼和卡洛都发言表示拥护它，于是全体通过。

还没等我得到机会发言，就有人问主任，采购委员会里都有哪些人。迪克说由于原来委员会的人有的已经退出了俱乐部，所以暂时只有托尼和盖伊。卡洛问这个委员会是否只管采购。迪克说是的。于是卡洛对成员们说：

> 主任先生，我有一个建议。当然，人人都有权利提出建议，你们也许并不喜欢我的建议。但这是我的想法。我们为什么不把这个委员会扩大，让它来处理俱乐部出现的其他问题呢？

他接下去说，有些会员退出了，而且他认为我们已经禁不起再失去会员了。他认为应该选出一个委员会，来处理这样的事情，而且

> 把有关俱乐部福利的所有问题都谈清楚。这个委员会应该由明智的人组成，他们会为俱乐部，而不是为了个人而进行辩护。我不是说我认为自己是明智的人，但是我愿意进入这个委员会。而且我希望看到托尼·卡塔尔多进入委员会。你们可以选5名委员。

托尼立刻站起身来。

> 我认为上次会上我建议咱们找个人去调查一下退出俱乐部的会员时，就包含了这个意思。设5名委员将更好些。无论如何，我们不想只有5名会员。我希望看到这个俱乐部能有200名会员。如果人们接连不断地退出，我们就不能设这个委员会了。

萨尔维点了点头。“对，我们应该有一个协调理事会来解决争

177 论的问题。”

我简短地说了几句话，表示赞成这个计划，然后托尼提议由主任来挑选 5 名委员。这一动议得到一致通过。迪克四处看了看，挑选了斯帕格、我和萨尔维——这时托尼说，“主任先生，我反对；我不希望在那个委员会里有办事人员。”萨尔维点点头。迪克选中了托尼和卡洛，然后，在挑选第五个人之前，停了一下。有人建议选罗西，于是迪克选了他。罗西是科纳维尔为数很少的几名共产党人之一。他在开会的时候总有许多要说的话，可是小伙子们都不把他当回事，他和哪个集团都合不来。

便餐馆的一名青年说，这个委员会应该懂得不要让那些已经退出俱乐部的成员再回来。萨尔维同意这个意见。卡洛说：

> 你们不懂。没有人退出俱乐部。按照章程，如果你 4 个星期不交会费，你就是退出了，可是在你退出之前首先要研究你的情况，到目前为止，我们还没有一个委员会来研究这些人的情况，所以他们怎么能退出呢？

萨尔维和卡洛辩论起来。卡洛从他的衣袋里拿出一张明信片，把它放在萨尔维面前。这是萨尔维在一个月前寄给他的，告诉卡洛他已经 4 个星期没交会费了，如果下一个星期之前仍不交来，就要被除名了。卡洛为此曾十分愤怒。他曾声称萨尔维无权未经“研究”就寄给他这张明信片，而且寄明信片的办法是特别恶劣的，因为随便哪个人碰巧看看他的信箱，都可以看到上面写的内容。

萨尔维看着这张明信片问道：“哟，这又怎么了？”

卡洛重复了他的论点。萨尔维没话可说了。托尼同意卡洛的话，“我们为什么要想办法赶走这些会员呢？我想这里百分之九十的会员都是好的。其余的百分之十在任何时候都可以通过投票被压倒并且被驳得哑口无言。”

在进行这番评论之后，这个问题被放在一边。休会以后，托尼给小伙子们买来三明治和啤酒。

一周之后，俱乐部召开例会。卡洛不在城里。没有他，五人委 178
员会没有碰头。

多姆开始更经常地参加会议。由于托尼和卡洛都不在，所以这次会议由他主持。据宣布，迈克和其他几名原来的会员想重新加入俱乐部。萨尔维说，应该先把他们的名字提交给委员会。有人同意他的说法，有人反对，最后多姆用这样一段话结束了这场争论：

> 别的俱乐部就是这么做的。如果他们听说有一名以前的会员想回来，他们首先就此进行表决。如果表决赞成，他们就会去找他，请他回来。把这个问题首先提交给委员会是没有道理的。假如他们让这个人回来，后来俱乐部表决时却不同意，那怎么办？我们应该先表决我们愿不愿意让这个人回来。

他提出这项动议，并得到通过，只有极少的人反对。在迈克和其他申请人被通过以后，多姆宣布现在该由委员会来决定重新接纳他们的条件。

卡洛回来后，把斯帕格和我叫到俱乐部去开委员会会议。他说托尼·卡塔尔多不能来和我们商议这件事了。

> 我见到托尼了，他对我说他没有时间也没有耐心来研究这件事。他说，“卡洛，你只要决定了，我这儿就没问题。”当然，他明白我是百分之百地为着俱乐部。

卡洛叫来萨尔维，了解上次开会的情况，然后让斯帕格和我一起，把一张13人的名单看了一遍，其中包括迈克。这些人曾使自己的会员资格失效，而且拖欠会费达7周至12周之久。他建议委员会的方针应该宽大以增加会员，并提议重新接纳所有这些人，但他们要付50美分的入会费和每周15美分的会费。起初，斯帕格认为会员们绝对不会赞成如此宽大，不过最后他说，如果卡洛像对我们讲的这样对他们讲，他们会同意的。

感恩节前两天，俱乐部以抽彩方式出售一只火鸡、一瓶威士忌
179 和一箱细条实心面。凡是在初秋计划这项抽彩售物活动时曾经属于这个俱乐部的人，都有义务卖掉一本彩票，每本10张，每张10美分。虽然俱乐部通过卖出的彩票赚了钱，但是这项活动引起了争执。这是在12月份的第一次会议上发生的。

委员会委员中只有卡洛、罗西和我出席了这次会议。斯帕格和托尼·卡塔尔多没出席。多姆·罗马诺也没出席。

开会之前，卡洛把委员会的决定通知了罗西，罗西表示同意。当主任要求委员会作报告时，卡洛读出那些前会员的名字，讲了他对宽大政策的看法，并提出了委员会的建议。罗西说他刚刚在理发店与托尼·卡塔尔多谈过话，托尼也建议同样的条件。萨尔维说，这一计划对于前会员中的某些人可能是没有问题的，但对于那些应该去卖彩票但没有卖的人来说，就不行了。迈克曾是抽彩售物活动的“鼓动者”，可是后来他没有卖分配给他卖的那一份。

这一席话促使罗西改变了立场。他说，上次会后，他曾告诉迈克，“小伙子们想让你回俱乐部。”

迈克当时的回答是，“你算老几？”

当卡洛反对说罗西在搞个人攻击时，罗西接着说，“我并不想与委

员会对着干。我们确实一致同意了 50 美分的问题，可是我们没有对抽彩售物问题进行表决，因为没让我们处理这件事。”

卡洛摇摇头对我说，“当初我一听说让罗西进了委员会，我就说，‘咱们办砸了。’他总是先站在这一方说话，然后又站在那一方说话。”

尽管卡洛作了努力，俱乐部仍然表决通过，要求迈克偿还他那本彩票的钱，并交入会费和会费。卡洛对我说，有这个决定比没有强。因为，虽然迈克不会接受这样的条件，俱乐部却肯定会把其他的前会员争取回来。

在此后的几个星期里，会员人数确实增加了，俱乐部的工作开展得也更加顺利。显然，尽管委员会没能使它所有的建议得以实现，科纳维尔社交和体育俱乐部却已经度过了它的危机。

六　托尼的宾戈赌会

托尼·卡塔尔多和萨利·德费奥在郊区的一个镇子里举办每周一次的宾戈游戏[①]。每星期六晚上，他们都把大客车从科纳维尔开到游戏地点。但是直到 12 月中旬，科纳维尔社交和体育俱乐部的小伙子们才参加这些活动。

有一天晚上，卡洛、萨尔维和其他几个人正在打保龄球，托尼来到他们中间。打完球后，托尼和卡洛一起走进马尔科尼俱乐部，在那儿，他们和迈克及马泰奥一起喝酒、吃三明治和辣胡椒。托尼邀请卡洛、迈克和其他一两个人和他一起去探望住

① 一种赌博游戏。——译者

在城市另一地区的几个朋友。卡洛同意去。可是他刚到了那里一会儿，就觉得头昏眼花，胃里难受。托尼立刻向他的朋友们告辞，让卡洛和那几个小伙子上了他的汽车，从夜里12点半到两点半一直开着车，或领着卡洛在新鲜空气里散步。卡洛对我这样说起这件事。

> 你以为他不高兴了吗？没有。他能为卡洛做点儿事，高兴得不得了。第二天早晨，他到俱乐部来找我，如果那天我没来，他就打算和小伙子们一起到家里去看我，并给我带去一瓶威士忌。……当他见到我已经好了，就对我说，“卡洛，你得帮我一个忙，我必须在星期六晚上以前发出500张圣诞节宾戈赌会的票。”这时我才明白他为什么在前一天晚上那么乐得为我做点儿事。可是，不管他是为了什么，我知道，如果我为他办点儿事，下一次我就可以找他。小伙子们都在俱乐部里。那天是星期六。我对托尼说，“没问题，我会去参加宾戈赌会。你了解卡洛——不管到哪儿都能很快活。”于是我拿了一沓票，把它们发给小伙子们。我看见有人做鬼脸，但是我说，“咱们要为俱乐部充分利用这次机会。咱们带一面旗子，放在大客车上，为科纳维尔社交和体育俱乐部做广告，咱们要通过这次赌会作作宣传。”托尼说，这对他来说都不成问题。后来我看到萨尔维看着那票直嘟囔。
>
> 他说，“这是什么玩意儿？”
>
> 托尼开始向他解释，但我打断了他的话。我说，“托尼，把这事交给我。你要是想在这俱乐部里办什么事，来找我。别瞧萨尔维和我在俱乐部里总是争论，可是到了会下，他是我最

好的朋友之一。我知道他将是头一个交那一块钱的人，因为他是个通情达理、堂堂正正的人。”几句话把萨尔维说得心平气和，并且当时就付了钱。

后来，卡拉汉兄弟[他们是新加入的，是俱乐部里仅有的
两个爱尔兰人]来找我，他们说，“你干嘛要这么做？我们得干 181
一年才挣到一块钱。”我对他们解释说，咱们也应该快活快活，而且他们也许还会赢到一些奖品。

后来，汤姆·雷普西进来了，我给了他5张票。他犹豫了一下，但还是接过去了。我告诉他我们将为十友人俱乐部找一辆大客车，在车厢外挂一面旗。我一向能够让汤姆拿几本彩票或票，到他的俱乐部里去发。他可以对他的小伙子们说，“卡洛一贯和咱们不错，所以咱们这次也帮他一把。”你看，我为他们俱乐部安装了油炉，而且只要一出毛病，我就去给他们修理，从来没向他们收过费。他们曾经想给我一两块钱，可是我说，“算了吧！”

那天，我肯定帮助托尼卖了60张票。他想让我和他一起到另一个俱乐部去，可是我拒绝了。他想知道我是怎么使这些票全部出手的。他说，“我注意到那儿有人做鬼脸，那怎么办？”

我说，“行，交给我了；他们会对我发牢骚，可是我会解决的。你只对卖票感兴趣，对不对？那么，没你的事了。”

我问卡洛他为什么为托尼办这件事。他解释说我在这里面也起了点儿作用。当社区福利基金组织要求我推荐有能力在这一地区募捐的科纳维尔本地人时，我对卡洛谈到过控制谢尔比大街地

区的事。他曾同意这么做。现在他对我说：

> 自从你对我说起社区福利基金以后，我心里一直惦记着这件事。托尼·卡塔尔多了解这一带所有的俱乐部。等时机一到，我就可以让他在所有的俱乐部里为这件事说话。那些上了年纪的人认为一个干非法勾当的人就相当于一个教授。他们认为一个刚出监狱的人就像是刚从艾维学院毕业。我去找他们的时候，他们说，"嗨，卡洛。"可是要是托尼去找他们，他们会说，"喂，卡塔尔多先生。"所以为了筹款，你必须按照这儿的路数办事。
>
> 你不能太老实，否则人们就不会尊重你。你不得不要点小花招儿。你不得不像条船似地往前走，往这边偏一偏，再往那边摆一摆。可是最后你可以站出来，向他们表明你一直是公正的——表明你这么做是为了对他们大家最有利。

开赴宾戈赌会的大客车预定在星期六下午 7 点半钟出发，可是它们没有准时来。快到 8 点钟了，汤姆·雷普西来到俱乐部和卡洛商量汽车的事。卡洛出去找了托尼·卡塔尔多好几次。托尼告诉他，他叫了三辆车。有一辆已经出来了，第二辆在开出车库的时候出了点儿事故，第三辆被错派到邻近的一个城市去了。

182 8 点半钟时，托尼来到俱乐部与卡洛商量眼前的情况。他说他正设法找车，不过即使他能够在几分钟之内找到车，时间也太晚了，等小伙子们到了那里，晚会已经过去一大半了。如果有人想要回自己的钱或是要下次宾戈赌会的票，他可以答应。卡洛把情况对小伙子们作了解释，然后对托尼说，他认为如果我们下次再去，可能更好些。托尼同意了。他说，卡洛以后可以把票收上来，交给他。那时他会给他们换票，或是退钱。

在此后的那次会上，托尼为大客车带来的麻烦向会员们道了歉。他再次提出退还全部票钱。有一个人已经把他的票撕了，但是卡洛替他对托尼说了，托尼还是把钱退给了他。

虽然科纳维尔社交和体育俱乐部的宾戈赌会没有办成，但在说服会员买票和处理俱乐部所有的有关事宜方面，卡洛为托尼出了很大的力。一个多月以后，社区福利基金募捐运动开始。事先卡洛告诉我，托尼已经同意帮他做点儿事，不过他说这是一项很难办的工作。募捐运动过后，我向卡洛问起托尼的活动。他说他曾请求托尼捐款，托尼说很抱歉，他已经给了他妹夫 5 美元，他妹夫也在募捐。卡洛没说托尼是否为他与任何俱乐部谈过——当然，这意味着托尼没谈。卡洛似乎不大愿意提起在这个问题上他与托尼的关系。

七　新的管理机构

将近 11 月底的时候，托尼·卡塔尔多的表弟和他的三名雇员加入俱乐部。托尼替他们交了入会费和每周的会费。还有其他一些人加入。虽然新成员的加入使俱乐部的人数增加到 55 人，但最活跃的仍然是那些老会员。而由于 2 月份办事人员选举的临近，小集团间的竞争继续展开。

托尼没有参加那次选举会，在场的只有他的一名雇员。迪克 183
现在有份工作，晚上很忙，所以由副主任马里奥主持会议。

当马里奥让大家推选主任时，便餐馆的一个小伙子提出多姆·罗马诺，理发店的一名小伙子则提出卡洛·泰代斯科。第一次选举结果是 14 票对 14 票，有一票上面标着"中立"。马里奥对于他该怎么办举棋不定。有人说他应该投决定的一票；另一些人要求再选一次。马里奥决定再投一次票，结果还是 14 票对 14 票。后来他投了他的决定性的一票，选了多姆。

对其他职务，实际上没有什么竞争。卡洛、萨尔维、奇奇和乔分别当选副主任、秘书、助理秘书和司库。

主任的选举只不过显示了两个小集团进行表决的实力。卡洛后来对我评论说：

> 多姆是个好小伙子。他应该没有问题。我之所以想取胜，唯一的原因是想拆散那个集团。像这样一个纠合在一起的明显的集团对俱乐部很不利。不，我真正能依靠的只有几个人——多多、盖伊、奇奇、莱夫蒂和理发师乔。对，马尔科也会支持我。克里斯可靠不住。哪边有利，他就往哪边靠。只有几个人是跟我站在一起的，而且他们也有一个明显的集团，不过这仍然是一种联系。

多姆对我说：

> 你知道，那个职务是硬甩给我的。我并不想当主任，可是萨尔维对我说，"我们想让你当主任来拆散那个集团。"

附图表明了选举时俱乐部中非正式组织的情况。我们发现卡洛显然控制着理发店帮，不过仍不能控制便餐馆的青年。

对于卡洛来说，主任选举中的失败只证明是一次暂时的挫折。没过多久，他的地位就比以往任何时候更加强固。在选举后的第

科纳维尔社交和体育俱乐部的非正式组织

1940 年 2 月

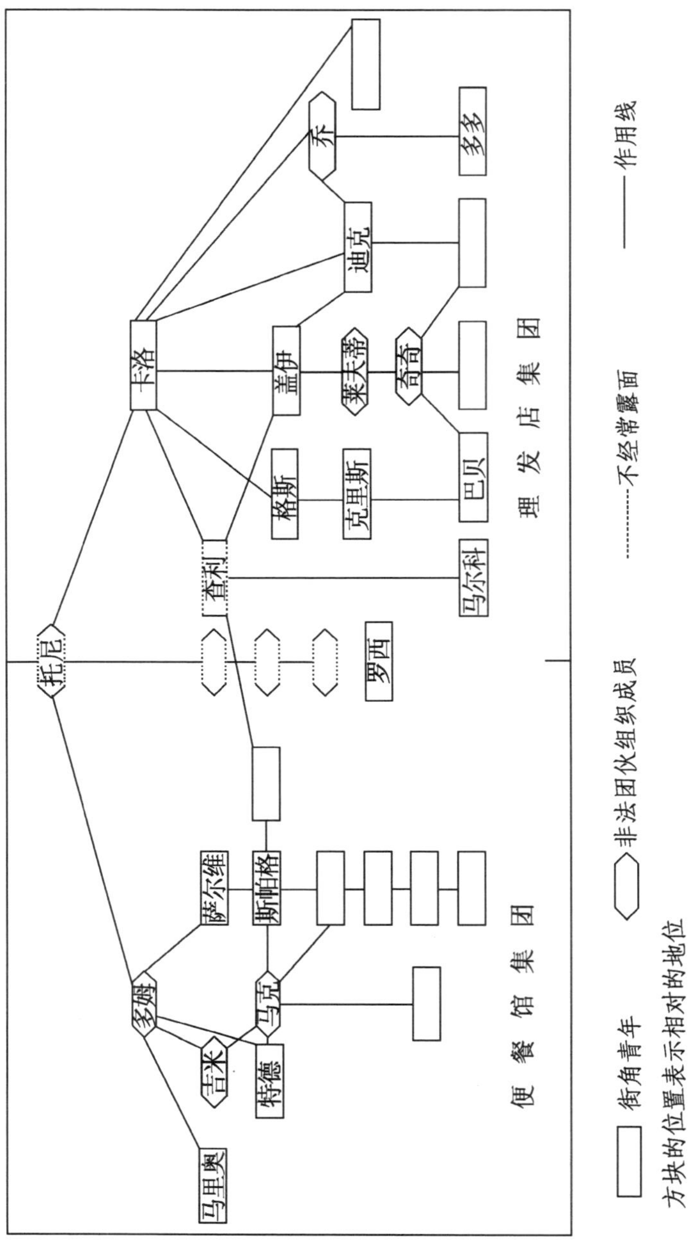

一次会议上，他提议将最近选出的由克里斯和特德（一名新会员）组成的“总体目标委员会”扩大，让格斯和我也加入。没有人反对，我们就当选了。

几年前，格斯曾经是一个小俱乐部的主任，它的成员中包括克
185 里斯和巴贝。到组成科纳维尔社交和体育俱乐部时，克里斯和巴贝已经明确地与理发店帮结成联盟，不过格斯保持不受其束缚。在看门人的问题上，他曾坚决站在便餐馆青年们一边，但当表决结果与他的意见相悖时，他退出了俱乐部。在那场政治论战之后，卡洛曾劝他再次加入。

在提议让格斯进入委员会之后，卡洛又和他一起商议了俱乐部的几个计划，格斯和卡洛结成了明确的联盟。我很少有空去参加委员会或俱乐部的会议，我告诉卡洛，只要他决定了的，我这儿都没问题。由于克里斯是格斯的追随者，也由于特德对委员会没有什么兴趣，这次改组把卡洛放在一种决定委员会行动的地位上，尽管此时他并非委员会委员。

在 4 月份的会议上，卡洛提出，既然授予委员会的权力已经大大增加，它就可以不经过事先批准代表俱乐部花钱，并且在开会表决之前，暂时接受新成员。这一提议激起一场热烈的讨论。卡洛争辩说，许多新出现的情况不能等着每月一次的会来决定：有时候，一个人申请加入俱乐部，可是当他发现得等好几个星期才能被接受时，就失去了兴趣；有时候，俱乐部有机会买到有用的东西，但是行动必须要快。他说，委员会在花一笔钱或接受一名新会员之前，将始终注意代表会员们的意见，而且它的行动将在每一次俱乐部会议上受到审查。最后，他的说法占了上风，与此同时，他被选

进了委员会。后来卡洛告诉我,他很想谢绝,可是大家认为,由于要求这些新权力是他提出来的,而别人又都不知道这些权力是什么,所以应该让他来行使这些权力。他同意先干一个月。

卡洛在委员会上提出的第一项动议是买一套博西球,这是一种意大利室外保龄球。自从买了这套球,几乎每天傍晚前后都有人来玩。非俱乐部成员也和会员们一起玩,由于玩的时候总是赌俱乐部出售的啤酒,所以它成为增加俱乐部经费的一种手段。在 186
买这套博西球以前,卖啤酒的收入几乎只够支付冰镇这些饮料的开支。买了博西球以后,第一个月仅卖啤酒就净赚了 19 美元多。

委员会的第二项动议是安排了科纳维尔社交和体育俱乐部的第一次年度郊游。卡洛先与几名以前有过郊游经验的会员商议,然后作了全部安排,这次活动证明是一次社交上和财政上的成功。

卡洛又开始考虑他能为俱乐部取得一份许可证做点什么。在 6 月份的会议上,他报告说,他已经说服了前众议员阿特·波塞拉为俱乐部搞到一张许可证,只收 25 美元——这是州里要求的费用。他说:

> 你们一定想知道我向他许诺了什么。什么也没有!我只是说,"如果你要参加竞选,或者你对哪个候选人感兴趣,我们将会很高兴地让你到我们的俱乐部来,对我们的小伙子们讲讲话。如果你能使他们信服你,你就要交好运了。"

卡洛还报告说,他收到州参议员乔治·拉韦洛为这张许可证捐助的5美元。尽管为获得许可证的这一番努力后来落空了,卡洛却造成了一种他是在为俱乐部办事的印象。

我出席的最后那次会议的进程充分证明了卡洛地位的变化。

这次会的议程包括就购买博西球、许可证、郊游和吸收新会员问题作出报告。主任多姆·罗马诺让卡洛代表委员会就所有这些问题讲话。由于除此之外就没有什么其他要研究的问题了，所以卡洛大部分时间都是站在那儿报告或回答问题。对于他的任何报告都没有严重的反对意见。偶尔，一个青年会半开玩笑半认真地嘲笑卡洛，但他总会巧妙地受到保护。有趣的是观察这些保护来自哪些
187 方面。有一次是萨尔维替他说话，有几次是多姆支持他。最直接的挑战是来自迈克，他是前不久才被重新接纳加入俱乐部的。卡洛和迈克之间已经无友情可言，当迈克表示要重新加入俱乐部的愿望时，卡洛曾把他的名字提到会上，但未加任何评论。迈克提出，卡洛曾许诺只干一个月就辞去委员会里的职务，可是他却不肯这样做，现在还想在俱乐部里当家。卡洛没有为自己辩护。多姆说，由于他一直干得这么出色，他想在这个位置上呆多久就可以呆多久。

在春季和夏初，理发店帮和便餐馆帮之间的隔阂缩小了，科纳维尔社交和体育俱乐部已经成为一个结合得更紧密、开展活动更顺利的组织，而在这些发展中起了重要作用的卡洛则控制了俱乐部。他已经不再单纯是一个小集团的领袖，他已经成为俱乐部的带头人——如果我们不把托尼·卡塔尔多计算在内的话。在此期间，托尼在俱乐部里很少露面，但在幕后却很活跃。在春季，他的合伙人萨利·德费奥和另外4名雇员被吸收为俱乐部成员。只需数一数来自他们的组织的会员，托尼和萨利就毫无问题地控制着10张选票。这些人很少来参加会，但他们定期交纳会费，从而可以随时来参加表决。

我问卡洛他为什么不采取行动不让托尼的雇员加入俱乐部。他说，他明白这是怎么回事，而且他会想办法来对付这种局面。从一开始，小伙子们的目的就是让尽可能多的人参加俱乐部，以便增加俱乐部的经费和提高它的政治地位。即使像迈克这样一个使自己很不得人心的人也经过两次表决后进了俱乐部。在这种情况下，卡洛不能突然划出一条线，将托尼的朋友们拒之门外。

在6月份的会议上，提出了10个未来的会员的名字。其中有7人已经由委员会暂定接受了。卡洛对我说，他们都是他的好朋友，并补充说，“我正在把我那帮人弄进来。”从简化的附表中可看出卡洛地位加强了。

我在1940年7月离开了科纳维尔，但是当我在1941年5月 189
回去看一看时，我听到的故事表明，俱乐部内部走向统一的趋势和卡洛的势力不断加大的趋势一直在继续。1940年秋，卡洛和托尼在支持竞选的候选人的问题上又闹了别扭。这一次，两个集团的人都支持卡洛，所以他不必单枪匹马地与托尼论战。斯帕格当着托尼的面说，“我们不想支持那个非法活动团伙的成员。”

托尼也有他的追随者，可是大家的意见明显地不利于他。卡洛对我评论这件事时说，“小伙子们已经明白他们从上次选举中一无所获。”

在1941年2月的选举中，卡洛当选俱乐部主任，萨尔维是副主任。此后不久，萨尔维被征兵，只偶尔在科纳维尔露面。即使他继续在俱乐部里很活跃，也不大可能会反对卡洛的领导，因为这两个人之间的关系发生了变化。当我在访问科纳维尔期间去找萨尔

科纳维尔社交和体育俱乐部的非正式组织

1940 年夏

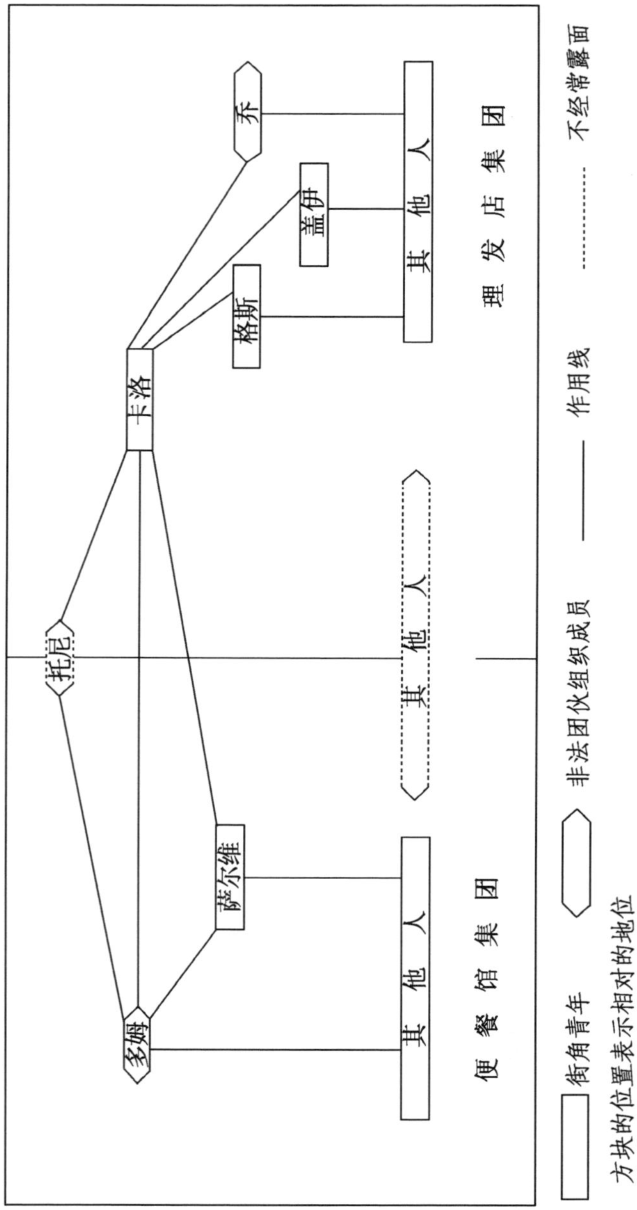

维和卡洛时，人们告诉我，萨尔维正在卡洛家里和他共度星期天的上午。后来，我见到卡洛时，我问他与萨尔维是否仍然有分歧。他说，“现在我们彼此谅解了。当然，我们也争吵，不过那只是由于过去的事。”斯帕格也已成为卡洛的亲密朋友，他证实了这种说法。

托尼·卡塔尔多仍然是谢尔比大街上最显赫的人物，但是科纳维尔社交和体育俱乐部已成为卡洛·泰代斯科的俱乐部。

八　卡洛和托尼

科纳维尔社交和体育俱乐部的详细历史表明，应该从卡洛·泰代斯科地位的提高和托尼·卡塔尔多的势力的强弱变化来解释俱乐部里发生的事情。对这些发展作一番回顾，将会使我们更清楚地认识这些事件。

在建立俱乐部时，卡洛输给了迈克。但是，当小伙子们变得对迈克不满，他的势力开始减弱时，卡洛带头重组俱乐部。他迫使乔和奇奇在家具之争中抛弃了迈克，而且干得如此漂亮，以致他既能为他们说话，也能为迈克说话。

在使俱乐部未经正式表决而为菲乌马拉效力的问题上，迈克 190
的做法从章程的角度看是难以宽恕的。便餐馆青年感到他是在单纯追求私利。虽然他坚持说他不会从这一承诺中得到任何好处，而且会替他们向菲乌马拉请求照顾，但这将意味着他们将使自己从属于迈克，而他们谁也不打算这么做。

托尼虽然在俱乐部里的时间很少，但他通过偶尔来看一看和通过经济上的恩惠而保持了他的地位。当他被叫来解决家具之争时，他的地位得到加强。他在政治争端中从迈克那里夺过了主动权，并巧妙地利用了俱乐部的内部分歧。通过采取一种只要迈克承认错误，他就既往不咎的态度，他向便餐馆的青年们提供了进攻迈克的弹药。托尼并不满足于让小伙子们接受他的观点。他想使他们相信，在把他们引见给凯利和为他们找到在投票站的工作时，他是在帮助他们，从而使他们感激他。

因菲乌马拉的当选而达到极点的政治争端险些使俱乐部土崩瓦解。许多会员怀疑还值不值得努力让它继续存在下去。卡洛认定是值得的，并采取行动，选出了五人委员会。虽然委员会没能成功地使它的大多数方针被采纳，但是如果因此而得出结论说它没什么意义，那就有失偏颇了。俱乐部在选举中的暧昧立场被承认是一个很大的错误。要抹去这个错误是不可能的，但每个人都感到必须做点什么。如果会员们单纯静等着另一次重大争论的出现，那么，在这段期间，俱乐部可能已经灭亡了。俱乐部主要应该开展活动——开展多种活动。如果将最后被正式采纳的方针与在采纳这一方针的过程中开展的活动相比，后者更为重要。因为这给小伙子们造成一种印象，即无论如何，他们的俱乐部仍在运转。在开展活动的过程中危机自然就过去了。

卡洛曾被托尼击败，但是菲乌马拉的当选以托尼为代价提高
191 了他的威望。他利用这一形势来提高他的地位。只要有机会，他就向便餐馆集团的成员表明他是对的，而他们是错的。他用这些策略削弱了萨尔维的地位。他又对托尼发起进攻，并使得小伙子们承认了他的领导地位。对于卡洛来说，五人委员会是一个重要的工具。它提供了合法的渠道，通过这些渠道，他可以进行他的活

动并为会员们发起行动。

托尼对于这种形势的反应是发人深省的。当卡洛指责他牺牲俱乐部的利益，并用计谋使他说明了为什么曾支持凯利时，每一次，托尼的反应都是在卡洛和他的朋友们身上花钱。这是托尼的特点。每当他遭到反对时，他就试图以这样的方式来行动，以便将他的对手置于欠他的人情的地位。

正是在这场政治争端中，托尼认识到卡洛是俱乐部的关键人物。那时，要在选举问题上将他争取过来已为时太晚，但是，当菲乌马拉的胜利增加了卡洛的重要性时，对于托尼来说，向卡洛妥协就变得更加必要了。从选举那天起，托尼就是通过卡洛来和俱乐部打交道，和卡洛一起决定俱乐部的方针，在会上按照卡洛的建议采取行动，并尽量在社交和经济上维护卡洛的利益。

托尼本来只偶尔在俱乐部露面，他无法以此来维持他的地位。小伙子们由于听了他的话而吃了苦头儿，所以，如果托尼不和他们呆在一起，他们也许会发现没有他，他们也过得下去。于是，托尼积极投身于俱乐部的事务，以使他们没有机会发现这一点。选举后，在长达 6 周的时间里，每次讨论，每项俱乐部的行动计划，他都参加。他成功地重新确立了他的地位，以至于能通过卡洛安排了一次大型活动，让俱乐部参加他的宾戈赌会。后来，在让他的几名雇员被接纳加入俱乐部之后，托尼才把注意力转到其他事情上。

由于我不了解托尼的心思，所以无法说出他的行动在何种程度上是基于对个人欠他的人情的估算，在何种程度上是在特定形
势下作出的未经筹划的反应。毫无疑问，这两种因素都不同程度 192
地存在着，不过确定托尼的动机并不重要。只要看到这一点就足

够了：他通常的做法总是要使街角青年欠他的人情，而如果这种感激之情被破坏了，他就会更频繁地采取同样方式的行动，从而往往会重建这种感情。

当选举俱乐部办事人员的日期临近时，萨尔维发现他自己的地位很不保险，以致没有当选主任的机会了。于是他说服多姆作为便餐馆集团的候选人。多姆曾越来越积极地参与俱乐部的事务，在青年们中间也很得人心。他很聪明，思想和行动都颇有主见，尽管还不能达到与托尼·卡塔尔多对抗的地步。虽然他是由萨尔维提名的，但选举前的历史表明多姆并不受萨尔维指挥。在这样的情况下，人们也许以为多姆会从卡洛那里夺权。但情况却并非如此，卡洛继续为会员们发起行动，而且越来越频繁。由于他的行动带来了大家期待的结果，所以每次成功的发起都加强了他的地位，最后他牢牢地确立了对两个集团的统治。

鉴于在科纳维尔社交和体育俱乐部中有两个领袖人物，我们自然要对他们作一番比较。卡洛和托尼有着不同类型的权力。卡洛是个街角青年，他的全部时间都是和街角青年们一起度过的。他一直处在为他的朋友们发起行动的地位。而使得托尼在科纳维尔获得高人一等地位的活动使他不可能与任何一群街角青年一起消磨很多时间。只有当俱乐部里的情况发展得影响他的利益时，他才在那里频繁露面。在菲乌马拉当选之后，托尼和卡洛在俱乐部里都很活跃，但是不可能只凭观察他们的行动就说出哪个人在科纳维尔地位更高。托尼为卡洛发起行动，而卡洛也同样频繁地为托尼发起行动。然而，当卡洛试图让托尼为社区福利基金募捐时，却没有成功。在俱乐部事务中，卡洛可以为托尼发起行动；但

在俱乐部以外，他就做不到了。卡洛发起的行动在托尼的活动中 193
只是一小部分，而托尼则是在卡洛的主要活动领域中发起行动。在俱乐部以外，托尼为许多人发起行动，而卡洛是无法对那些人施加影响的。托尼还与一些上层人士有“关系”，而卡洛对这些人是高攀不上的。

当科纳维尔社交和体育俱乐部出现分裂时，托尼为了领导这个俱乐部，可以利用宗派斗争和会员个人欠他的人情。当俱乐部在卡洛领导下统一起来时，托尼又可以只通过与卡洛个人之间的交往而随心所欲。当他在俱乐部里消磨时间时，他非常成功地这样做了；但是当他忙着别的事时，就无法肯定卡洛会支持他。卡洛很注意保持他的独立性。他曾对我说：

> 你若去找托尼，向他要两块钱，他会非常乐意给你。可是他将期待着从你这里拿回200块，不是钱，是对他的支持。他不在乎你是否把那两块钱还给他。你要是给他，他就接着；可是他并不在乎。这就是他收买人的办法。……迈克破产时，去找托尼借钱。许多小伙子也是这么做的。可是我可不这么干。绝不！我不管多么急需用钱，我会从别人那里借，而不会向他借。他要是能借给我钱，不定多高兴呢，可是我不愿意给他这种机会。

托尼与小伙子们有联系，但没有亲密的感情。此外，他的生意要求他努力说服他们去采纳一些他们从中一无所获的方针。卡洛与街角青年关系亲密，但缺少重要的政治联系。他意识到自己地位的局限性，但他不愿让托尼来主宰俱乐部。他对我说：

> 假设托尼是俱乐部的老板。在选举前后，他会去对迈克·

凯利说，“迈克，我的俱乐部里有75个人，这就是二三百张选票呵！现在我的10个小伙子因为卖彩票被抓起来了，每人罚款50美元。你能解决这事吗？”于是迈克·凯利把这件事解决了。在这之后，俱乐部的一个青年去找凯利请求关照，他满脸堆笑，而凯利却对他说，“你怎么不早点儿来呀，我刚刚关照了10个青年。很对不起，现在我什么也不能为你做。”然后凯利去找托尼，说，“托尼，你别让那帮小子来找我。我只为你解决10个人的问题。我不能什么事情都管。”这就是将会发生的事。托尼使他的生意得到了保护，而我们一无所获。

第六章　政治和社会结构 194

一　政治组织性质的不断变化

1939 年，当约瑟夫·马洛尼老板在竞选市参议员中失利以后，他的克利夫兰俱乐部对科纳维尔、南区和韦尔波特失去了最后的控制。这个组织的势力多年来已逐渐削减，所以当俱乐部最后瓦解时，马洛尼所能做的只有回想从 19 世纪 90 年代到 20 世纪 20 年代的那段比较幸运的时光了——那时，克利夫兰俱乐部在其创始人马特·凯利耶的领导下，曾经控制了第四选区。他是这样对我讲起该俱乐部的这段故事的：

> 我们在每一个选区都有一名负责人。他认识他这个选区里的每一个人，并且几乎能说出每个人将投谁的票。我们控制的选区多种多样。过了××街，是一个相当大的上层阶级选区。你必须找一个受过教育的人去负责那里的工作。还有一个选区，大多数货运管理员都住在那儿。那儿的工作就属于一种不同的类型了。
>
> 当人们需要组织的帮助时，他们会直接到[俱乐部的]办公室来。每天上午从 9 点到 11 点，马特都在这儿。如果这时你找不到他，其他几乎任何时候你都可以在这个选区里找到

他。如果有人来找马特，求他给找个工作，马特会听他述说，然后告诉他，他会想想能为他做什么；让他过两天再来。这将使马特有时间与选区负责人取得联系，对这个人有一个全面了解。如果他在上次选举时没投票，他就不被考虑了。马特什么也不会为他做——就是说，除非他能表明他是因为病得很厉害，不能去投票站。当马特知道这个人是什么样的人时，他就可以决定设法为他做点什么了。

如果一个人通过我们的关系找到了一份工作，他就会坚持交会费，而且在选举前后，我们可以期待他为支持竞选做出某种贡献。我们从来不接受人家的钱来向任何候选人下保证。我们用这种办法来保持我们的独立性。……我第一次竞选议员时——我并不想去竞选，是这个组织选我去的——我为那笔开支捐了150美元，其余的钱都是组织付的。

那时候，我们获得政治职位是为了为人民服务。当然，如果凯利耶认为这个城市将买进一大笔财产，而且他有机会首先得到它，那也很好。他是做房地产生意的，在城市正处于扩
195 展之中的时候，这种生意是能赚大钱的。不过，对他来说，为人民效劳总被放在第一位。他从来不为他能为别人提供的帮助收一分钱。马特和我从来不出卖我们的职业或为某项恩惠而收费。

在那些日子里，我们的确控制了这里。我们能预告在任何一次选举中这个区会选谁，估计的数字出入不会超过50张选票。有一次，我们在一夜之间把这个区从选民主党变成了选共和党。那是在1905年竞选市长的时候。选举那天，俱乐

部开会一直开到凌晨3点钟。我们印了我们支持的候选人的名单，并在剩下的时间里尽量广为散发。当人们来到投票站时，选区负责人会问他，“你有那张名单吗？”如果他们没有，他就会给他们，然后他们就会进去，选名单上的人。到数票的时候，我们已经让这个区拥护共和党人了，就像我们曾让它拥护民主党人一样。有一次，有一个人对马特说，“这次我不打算选名单上的这些人了。”在他的选区里，共有13张选票不合我们的要求。马特不惜任何代价地想知道那另外12个人是谁。

马洛尼从人口的变化、新政和“非法活动成分”的兴起来解释这个组织的垮台：

如今一切都变了。现在南区人口流动频繁，人们一直在向外搬。你再也无法指望一个选区负责人能认识每一个人了。只有在科纳维尔，人们还呆在老地方。

还有，那些意大利人总愿意选一个他们自己的人。我们承认他们，但当时我们并不需要这样做。他们没有多少选票，每一次我们都能胜过他们，可是我们还是让他们意大利人当上了议员。我们这样做是为了组织。可是他们不肯忠于我们。意大利人非常靠不住。你根本不能信任他们。他们还很卑鄙地耍花招儿。据我估计，现在每次选举时，在科纳维尔都会有800到1,000名重复投票者。我试图阻止这种做法，但是办不到。对于这些意大利人，你没有办法分清谁是谁。

提起意大利人的不忠诚，实际上，马洛尼指的是两种忠诚之间的冲突。自从意大利移民在街上与他们的爱尔兰祖先打架时起，这两个种族之间就结下了仇。由于爱尔兰人在政治上控制着这个区，意大利人为了获得政治上的好处，在他们仍为少数的情况下，曾不得不追随克利夫兰俱乐部。近年来，得到这个俱乐部的政治支持的意大利人被科纳维尔人视为不忠——是意大利人共同的事业的叛徒。随着意大利人的选票在这个区里占的比例稳步增加，可以预料，意大利人将会脱离克利夫兰俱乐部。

196 马洛尼对科纳维尔"重复投票"的指责虽有所夸张，但并非不是事实。对此，科纳维尔人的回答是，如果克利夫兰俱乐部曾允许诚实地选举的话，这个俱乐部早就垮台了。我自己的观察和科纳维尔人的一致说法都表明，这个俱乐部每当需要时，就利用重复投票者。马洛尼很爽快地承认他的许多选民都不住在这个区。"宪法规定每个人都有权利选择自己的住所。只要他没有在两处登记，就没问题。"他继续讲他的故事：

> 过去可不是这样。新政把政治整个儿改变了。在这样的一个地区内，有了家庭救济和公共事业振兴署，就不再需要政治家了。数年前，一个人失了业，会来找我们，看看我们能为他做点儿什么。现在他会靠家庭救济维持生活，然后靠公共事业振兴署。这就是他想得到的全部。这种救济是个可怕的赌博。

我问他，一个人要靠公共事业振兴署生活，是否不需要政治后盾。马洛尼说，没有这种帮助也可以办到。我又向州议员的妻子嘉利·拉韦洛提出这个问题，她是这样回答我的：

> 对。如果你够条件，你就可以依靠公共事业振兴署，而不必去找一名政治家。但是你要等 4 个星期之后才能拿到合格证明，而我可以设法把事情办好，从而使你在一周之后就可以

> 领到救济。我还能保证让你找到一份较好的工作——如果你够条件的话。如果你想在一项承包活中当监工，我不能对他们说，“让比利·怀特当监工吧”，因为你不具备做这项工作的资格。你没有这方面的经验。只有你够条件时，我才能为你办事。

街角青年们证实了这些说法中的某些内容，但是又补充说，许多不够条件，但有着强大政治后台的人却能够从公共事业振兴署得到很好的工作。

在东城，有许多政治家。重要的问题是：在与公共事业振兴署打交道时，谁的政治支持重要？我问拉韦洛太太她怎能在这方面帮助她的选民。她解释说：

> 我认识戴夫·柯林斯。他是州政府官员，是本州各项计划的负责人。我可以直接去他的办公室。他知道我和[美国]参议员科科伦的关系。

我问柯林斯是怎样得到他的职位的。

> 他是在6个月以前由地区政府官员任命的。地区政府官员之所以任命他，是因为他有科科伦参议员的支持。比利，我 197
> 不在乎你说什么。如今，要紧的不是你有多少知识，而是你认识什么人。

她又说，对于公共事业振兴署来说，一个人所有的关系中最要紧的是和科科伦参议员的关系，其次是与国会中的众议员的关系。

在新政初期之后，联邦对救济的管理发生了重要变化。一开始，人们对职业有巨大的需求，除了通过正常的政治渠道之外，没有其他得到认可的分配职业方法。州参议员秘书保罗·费兰特告诉我，拉韦洛夫妇从州里的一位高级官员那里得到了许多分配工作的条子，所以每当他们希望把一个人安排到一项计划中时，只需填一张条子就行了。随着联邦救济部门的发展，并成为永久性的机构，地方政治家在处理救济问题上的权力逐渐被削弱了。

这并不意味着救济脱离了政治。这意味着压力必须来自政治等级制度的上层。正如嘉利·拉韦洛指出的，她之所以能有效地与公共事业振兴署的管理部门打交道，是由于她与美国参议员科科伦的关系。如果她没有这样的关系，她就不会取得什么成就。其他许多科纳维尔人的经历也证实了这一点。他们没有说起去见科科伦参议员。从街角青年们的观点看来，他的地位太高了，望尘莫及。但他们却确实谈到了恳求众议员布拉纳干的帮助。这位众议员有几个秘书，其中之一是一个年轻的意大利人，就住在这个区。许多科纳维尔人是通过他才得到了公共事业振兴署分配的工作。

科科伦参议员不用向州里的任何领导人负责。布拉纳干的位置与他相似，只是范围较小。他有他自己的组织，而且，鉴于他在国会里代表着好几个选区，所以他在任何一个选区里都不从属于任何一名政治家。在所有这些选区里，都不再存在马特·凯利耶所说的那种选区老板。这并不意味着科科伦和布拉纳干独立于其他
198 所有的政治家。他们为了永久保住自己的权力，不得不为其他政治家效力并与他们结成非正式的联盟。重要的是，他们是凭着本身的资格与其他政治家打交道，而并不受他们所代表的地区内任何人的支配。凭着手中掌握的联邦授予的巨大权力，他们已经达到了一种支配地位，以致其他政治家为了确保其选民从新政中得到一份好处，就不得不来找他们。各选区的政治家只得到他自己

的组织的支持，因此势力不大，约瑟夫·马洛尼的情况就是如此。他不得不屈从于他的众议员或美国参议员，以满足他的选民们的需要。

因此，看来新政帮助造成了一次政治改组，通过改组，选区老板们的地方化组织在很大程度上被一个更加集中化的政治组织所取代，这个政治组织以美国国会参议员为首，其次是众议员，而选区的政治家则处在更加从属的地位。

马洛尼在结束他的故事时，谈到了非法活动成分：

> 凯利耶绝不肯与卖淫业或那帮家伙有任何关系。……在禁酒时期，卖私酒的人与政治的关系没有这样密切。对，他们必须寻求保护，但是他们更多地关心自己的生意。后来，在废除禁酒令之后，那些曾经卖私酒的人得到了卖酒的执照，并在赛马、赛狗合法化以后，干起了这个行当。他们始终在扩大自己的势力，并且一直在想左右政治。我直到 1933 年才第一次意识到他们实际上有多么强大。当时，他们使许多选民反对我。你知道吧，像鲍勃·马迪根和雷德·奥唐奈这样的人能够收买大批选票。××街上的那间酒店是马迪根开的，奥唐奈控制着这个区的许多马房，也开着几家酒店。那里来来往往的人很多，他们拿出许多酒让大家白喝，尤其是在选举期间。然后那些经营彩票赌博的家伙就会直接到人们家里去，并且控制这些人。他们一直在到处散布关于我的言论。他们说，有一个代理人经营彩票赌博，别人中了彩，他却不想给钱。他对这个人说，“对不起，乔·马洛尼让人把我逮去了，警察把我的全部单子都拿走了，所以我没办法付钱给你。”人们为此而反

对我，可这不是事实。我不干涉他们的生意。

在很长一段时间里，这群人一直缠着我。他们的酒店一直到营业时间之后仍然开着，而我不喜欢他们这样做。我还
199 认为他们不应该在礼拜天开门卖酒。我知道有人在××咖啡店里遭到抢劫，于是我向警方投诉。你知道，市中心就在这个区里。晚上在这儿你会看到正在发生的一切。

他们想把我从这里赶出去。就在这间办公室里，曾经三次有人用枪威胁我，还有一次，一个家伙抽出一把刀来对着我。T. S. 想把我撵出政界。

如果我们没有用错了人，今天我们也许仍然很有势力。我们选阿特•波塞拉当上了众议员，而他却反过来与我们作对，和那群干非法勾当的人同流合污了。迈克•凯利——支持他是我的错。我确实是违背了组织中大多数人的意见而支持了他。他竞选公职竞选了三次，可是一无所获。有时候，当我们偶然碰上一个人时，我们赏识他，并把他吸收到组织中来。有时候这种做法产生了预期的效果，有时候则不然。穆卢尼[俱乐部的一名会员]与凯利是朋友，他对我说，“你为什么不给凯利一个机会呢？”于是我们找凯利谈话，他保证他会忠实于组织。我们在竞选中就支持了他，可是后来，我们在竞选中开始听到一些令人不安的报告，说他是个很软弱的候选人。我们派人去调查，发现这些报告属实。看来两名印第安人候选人将会当选。为防止他们当选，我们不得不做出以前从未做过的事，只支持一名候选人。就这样，我们使凯利当选了，他如愿以偿。

> 凯利进入州议会以后，并不想与那些专门处理城市事务的委员会有任何关系。他想进入法律事务委员会，而我通过自己的影响，让他进了这个委员会。当时所有这些关于卖酒执照和赛马赛狗的新法规都提交那个委员会通过。通过这个职位，他建立了他的律师业务，并使自己成为酒商联合会的法律顾问。他趁我不备的时候抓住了我的短处。当非法活动分子从外面进攻我们的时候，他在里面捣乱，给组织造成了很大的破坏。……
>
> 凯利与这些不法分子完全臭味相投，正因为如此，在这最后一次斗争中我才遭到警方的一致反对。

克利夫兰俱乐部主要是为了向它的成员提供政界的职业和好处才组织起来的，不过，它的成功也取决于它与合法企业界的关系以及它的领导人物的商业活动。马特·凯利耶和约瑟夫·马洛尼都靠房地产交易谋生。这意味着他俩在经济上都既不依靠任何选民群体，也不依靠本地企业界的任何人。当这个城市不再继续发展，大萧条来临时，这个财源也枯竭了。马洛尼没有立即受到威胁，因为在此之前他已经使自己变成了富翁，但是形势的这一变化意味着已经不可能再凭借克利夫兰俱乐部曾依靠过的基础，建立或保存一个政治组织了。

当马特·凯利耶的势力达到顶峰时，这个州的工业正在迅速发 200
展。公用事业企业尤其依赖于城市和州授予的特许权和其他专有权。当凯利耶谋求将他的几名选民安排到铁路或电话公司工作时，它们无法拒绝他的要求。这位原来的选区老板认为他的努力主要应归功于他在私营企业和政府部门内安插人的能力。

后来，形势完全不同了。企业不再寻求新的特权；它首先关心的是如何保住它的现有地位。当政治家们开始用法律来剥夺企业的某些特权时，企业家们只好捍卫他们的利益。但是他们舍得为争取新的赢利机会花钱，却不舍得为保持既有的地位花钱，而且在萧条时期，任何工作机会都很少。1932 年，乔治·拉韦洛被选入州议会。他的妻子告诉我，她和她的丈夫都从来没有为他们的选民在公用事业企业或其他大企业里谋求过职业。她说，“它们对我没有义务。它们为什么应该照顾我呢？”企业家们已不再那么密切关注州和本地的政治。今天，当他说到政府时，他指的是联邦政府。

非法团伙成员正是通过大萧条发了财，并且在企业紧缩的同时发展了他们的活动。在禁酒时代，违禁酿售私酒的人曾需要与政界和警方拉上关系，但是他们的问题比较单纯。非法运私酒的活动要么被允许，要么被制止。它不受各种法规和法律的控制。在他们的大部分活动变成合法以后，非法团伙成员需要请求州政府和市政府授予他们继续和扩大其活动的特权，就像合法企业家们曾经做过的那样。他们还为了增进他们的利益而组建了一个有效的垄断组织。在政治生活方面，非法团伙组织活动取代了合法企业的位置。

201 克利夫兰俱乐部未能适应这种取代。约瑟夫·马洛尼毫无顾忌地反对搞赌博或非法活动之类的事情。在 1939 年市议员选举前夕，他在他的俱乐部里说：

> 政治就是一种生意。你们必须维护这个组织。只要一个人曾经对这个组织友好，我就会设法帮助他。我不在乎他是卖数字彩票的，还是卖抽彩彩票的，只要人家赢了，他付给人

家钱就行。谁也不能说他们为了在这个区做生意而给我进过贡。只要你们管好你们自己的生意，安分守己，我就不会找你们的麻烦。当然，如果他们与这个组织友好，我们就会设法帮他们一把。不过，我们不相信暴力、抢劫之类的做法。我们在这个区里要的是法律和秩序。

成立克利夫兰俱乐部的目的是为它的成员们服务，如果它主要迎合当地另一个组织的利益，就不能不损害其自身的基础。因此，马洛尼与非法团伙成员不断扩张的政治势力作斗争。但他的斗争是徒劳的。

这位科纳维尔年轻的政治家是在非法活动扩张的同时成长起来的。这位步入政界的科纳维尔律师没钱接受最佳的法律教育，也没有建立开展有关公司法的业务所需要的那些社会关系。他发现在科纳维尔最有利可图的领域是刑法，而在这一领域中，最有利可图的部分是非法活动案件。可是，甚至非法活动案件也还不能提供生财之道，因为一名官职卑微的政治家只能处理小案子。为了为他的竞选筹备资金，他需要他在商界的顾客们的帮助，而在这些人中间，最乐于提供帮助的就是那些非法团伙成员。

如果这位年轻的政客有一份赚钱的生意，他也许能够支持他自己的竞选，但是在许多生意中成功似乎都会使人脱离政治生涯。在东城，看来只有一种生意与政治十分吻合。这就是殡仪业。拉韦洛参议员和奥尔德曼·菲乌马拉就是经营殡仪业的。

在意大利社区内，人们通常都有一个“与自己同类的”殡仪承办人，即来自意大利同一地区的人。在科纳维尔市内和它的附近，只要从意大利的某一地区来的移民很多，就至少有一名来自这一地区

的殡仪承办人。这位承办人必须保持积极主动的社会联系，并使自己成为一名重要人物，尤其是在他的“同乡”中间。意大利人的葬礼
202 是一次精心安排的盛典，家族的全体亲友都来参加。殡仪承办人对这一重大场面的安排和操纵加强了他在社会上的地位。

如果他已经建立起了自己的殡仪业，他就会赫赫有名，在步入政界之前已有大量的个人关系。他依靠像他自己这样的人作为政治支持的核心。他作为一名身为殡仪承办人的政治家，想要扩大他的接触面，而这两项活动是相辅相成的。政治竞选为殡仪业作宣传，而殡仪业又扩大了政治接触。那些并非一定只找某个殡仪承办人的人往往会请一位政治家来安排家庭中的葬礼，以便与他建立联系。他通过把生意送到这位政治家门上，使自己处于一种要求回报的地位。如果有的人没钱支付殡葬费用，政治家也许会免费安葬他们的亲属。死去的人固然不会再去投票，但他的亲友们却会去投票。

在某些政治家更多地依赖非法团伙成员的同时，甚至身兼殡仪承办人和政治家的人也必须适应非法团伙成员的势力。实现这种适应并非只有一条途径。在科纳维尔，在政治家与非法团伙成员之间有着各式各样的关系，正如以下几个例子将要表明的那样。

泰勒俱乐部的头头儿汤姆·马里诺早在进入政界前很久，就是彩票赌博业的二老板。他曾两次竞选众议员，与此同时，继续在他的街角小店里经营彩票赌博生意。在政治上和非法活动中，他都是一个不太重要的人物。在萨利·德费奥进入政界之前，马里诺是实际参加竞选的唯一的非法团伙成员。

当地有一位政治家据知是非法团伙成员的候选人，因为他把

他的当选归功于他们的支持。他在一切有关贩酒和赛马的立法方面都忠实地为非法团伙成员服务，所得到的回报则是财政上的支持和为他的选民提供大量在跑马场的工作。我听街角青年们抱怨说，要想从这位政治家那里得到什么好处，唯一的办法就是靠着 203
T. S. 非法活动组织中的某个要人的支持去接近他。在一次竞选中，我曾有机会看到他接受非法团伙头头儿的命令。

东城报纸上关于乔治·拉韦洛的报道展现出一个完全与非法团伙的利益认同的政治家的形象。虽然说得不准确，但很容易看出这个印象是如何形成的。在乔·肯尼——韦尔波特的一个大名鼎鼎、引人注目的非法团伙成员——遇刺后，拉韦洛扑倒在他的灵床前。报纸在头版头条报道了他的这次吊丧。两天之后，嘉利·拉韦洛对我谈起了肯尼和她的丈夫：

> 我喜欢乔·肯尼，因为他待人十分真诚。他有许多优点。他总是周济他那个区的穷人。如果你穷困潦倒了，你可以去对他说，“你就是乔·肯尼吗？我听说你是个好人。”他就会给你一些帮助，并告诉你不必担忧。他在韦尔波特一带很得人心。他随时都能让懒汉和醉鬼们都去投票站投票。你只要走到一幢房子跟前，敲敲门说，“是乔·肯尼派我来的。”房子里的人就会穿好衣裳和你一起去投乔·肯尼的票，而且连投几次。乔·肯尼有很多长处。他是个好人。他知道自己在社会上的地位。
>
> 当我听说他遇刺的消息时，真是大为震惊。我确实很喜欢他，而且不愿否认这一点。他临死前，乔治是和他在一起的唯一的政治家。……他们[几位政界要人]都想在他弥留之际去看他。乔治对我说，“我不在乎他们说他什么，他对我一直

很不错。”

在撤销禁酒令后不久，肯尼曾要求拉韦洛设法为他保留一个夜总会贩酒执照。拉韦洛新上任，办不了这件事。于是肯尼设法通过某个关系更硬的人为他搞到了执照，不过他知道拉韦洛已经尽了最大的努力，从那时起他们成了朋友。在拉韦洛的政治竞选中，肯尼支持他。拉韦洛很愿意与这群粗野的家伙来往，并感激他们在政治上对他的支持。

在拉韦洛为科纳维尔的非法团伙成员帮忙时，人们从来不知道他是他们的特定候选人。只有一人是例外，T. S. 在历次竞选中都反对拉韦洛。因为拉韦洛和这位非法团伙的头头儿平起平坐，不接受他的命令。拉韦洛从来不与非法团伙成员作对，但是，他不依靠他们的财政资助，既不肯接受他们的钱，也不肯接受其他任何人为报答他的帮助而付给他的钱。

204 安迪·科蒂洛为了进入政界，不得不与非法团伙成员的势力作斗争。阿特·波塞拉是他最强大的意大利人对手，在最近的一次选举中，曾一度利用非法团伙成员的支持和重复投票者的选票击败过他。科蒂洛着手把这一地区组织起来反对这种控制，与此同时，他还与克利夫兰俱乐部进行斗争。当科纳维尔其他各政治组织支持其他人的时候，他和他的组织却支持了一位出人意料的市长候选人。在选举的那天，科蒂洛与莱恩·卡都洛争论起来。卡都洛是有名的非法团伙成员，是波塞拉的好朋友。科蒂洛说，如果他的市长候选人当选，他就要让科纳维尔非法团伙成员的生意关张。卡都洛的回答是打了他一记耳光。科蒂洛的个头儿比卡都洛大得多，力气也大多了，但是他十分谨慎，竟没有还手。这次冲突发生后，在几个小时之内就传遍了这个地区。

科蒂洛的候选人在选举中获胜，科蒂洛成为科纳维尔唯一与新市长有关系的政治家。立即开始有新成员加入他的胜利俱乐部，不出几个月，科蒂洛就拥有了科纳维尔最大的政治组织。他本人在市长办公室里谋得一份差事。就在他与卡都洛发生冲突一年之后，他又让他的俱乐部支持俱乐部的一名会员——艾尔·麦卡雷拉——竞选议员。他还设法保证使其他几个俱乐部支持这位候选人，以使他稳操胜券。在此之前，科蒂洛曾抱怨那些靠暗中舞弊获胜的选举。现在，他让大家知道，通过他与市长和选举委员会的关系，他将使他的人从内部控制科纳维尔的投票处。他还需要更多的选票。他与莱恩·卡都洛合作，并做成了一笔交易。卡都洛的人奉命选麦卡雷拉为众议院议员，而科蒂洛的人则奉命选卡都洛的候选人为州参议员。

虽然科蒂洛在开始他的竞选活动时目的很明确，即消除非法团伙成员的政治势力和克利夫兰俱乐部的政治势力，但他仍然不得不与一个群体达成协议，以打败另一个群体。这项协议是临时互惠性的，并不一定意味着科蒂洛不能保持一种相对独立的地位。205

除了安迪·科蒂洛以外，我从未听说过哪个科纳维尔政治家曾直接向非法团伙成员挑战。科蒂洛从来没有重复过他的挑战。政治家无论愿意与否，都必须考虑到非法团伙成员的社会地位，这种地位在许多方面与他本人的地位相同。政治家和非法团伙成员是在相似的环境中长大的，他们影响着同样的群体或同属一类的群体，有可能行使某些同样的功能，并有着许多同样的利益。在他们之间，必然要形成合作关系，只是密切程度有所不同。嘉利·拉韦洛是这样来概括这一点的:“比尔,咱们别自己骗自己;当我们想取胜的时候,就去找非法团伙成员——咱们都是这样。”在这里,她提到了本州最重要、最受尊重的三位政治家。“他们是这样做的,其余的人——我们都是这样做的。”

二　政治生涯

科纳维尔人无论在共和党政治中还是在民主党政治中都可以出人头地。他的活动的性质取决于他选择哪条路,因为在这两种生涯之间存在着根本性的区别。

共和党政治家的发迹是通过使自己引起在州里控制着共和党的上层阶级人士的注意,这样一来,他就使自己脱离了科纳维尔。杰内利法官的生涯就是这类行为的一个突出范例。他出生于科纳维尔一个贫苦的意大利人家庭。从小卖过报纸,擦过皮鞋。从法学院毕业以后,他成为共和党政治中的活跃分子,并被任命为一名小小的审判员。在他的律师事务所取得较大的成功之后,他又在东城商业区建立了他的事务所,并雇用土生土长的美国姑娘当秘书。此后不久,他在法院里担任了更重要的职务。在他取得成功的过程中,他很早就搬出了科纳维尔,住进了一个高级城郊住宅
206 区。他被他的党提名为首席检察官,并为争取意大利人的选票而进行了一次有力的竞选,但没有成功。共和党人失败,杰内利票数落后。在科纳维尔,他得的票略多于其他共和党候选人。上层阶级人士视他为一名出色的法官,并觉得他的发迹表明了美国民主的活力。科纳维尔人却把他看作一个并不关心如何帮助他们排忧

解难的上层阶级的律师。然而，杰内利在操纵意大利人投票上的无能为力，却并未妨碍他高升。后来的一届共和党政府提升他进了州最高法院。

奇克·莫雷利也许永远不会升得这么高，但他也是沿着杰内利法官走过的道路一步一步地走过来的——每一步都使他离开科纳维尔更远。

这位民主党政治家的力量来自科纳维尔人的支持。他的成功靠的是他与本地区内的各群人打交道的能力。所以，为理解他的发迹，有必要对这些群体的性质有一个总的了解。

像诺顿帮这样的街角帮，或像科纳维尔社交和体育俱乐部这样的街角青年的俱乐部，在这一地区内比比皆是。它们作为独立的单位起作用，同时，某些较小的帮又作为较大组织的一部分而存在。

在科纳维尔，有许多政治俱乐部，每个政治俱乐部均由一名政治家创立并围绕他而组成。成立这类俱乐部的目的是把它的头头儿（或由他选中的人）选去担任公职，并向他提供必要的选举力量，以建立良好的政治关系。反过来，成员们又期待他们的头头儿为他们谋利益。成员们发誓支持俱乐部保举的所有候选人。当俱乐部头头儿参加竞选时，他一般都可望得到他的大多数成员的积极支持；但在其他竞争中，俱乐部的团结一致却常常是有名无实。政治俱乐部是由街角的许多帮组成的。（头头儿和某些成员的地位也许高于街角青年，但是广大成员仍然自认为，并被别人认为是街
角青年。）头头儿可以依赖他自己的小集团——即和他一起创立俱 207
乐部的人——支持他的决定，但其他小集团则保持非正式的联盟，在行动上也有相当大的独立性。假如头头儿不尽力将这些小集团

与俱乐部的核心紧紧联系在一起，就方针问题与它们的领导人协商，承认非正式的小集团并尊重和关照它们，俱乐部就有可能解体。这种情况不乏其例。

每个意大利天主教会都有一个庞大而活跃的圣名会。它们与政治并无任何正式的关系，也不对任何候选人表示支持，但是在这些圣名会中，你却随时可以看到在政治倾向上的某些重大分歧。例如，有一个圣名会分为势均力敌的两派，一派支持阿特·波塞拉的华盛顿俱乐部，另一派支持安迪·科蒂洛的胜利俱乐部。在这些主要的派别内部，有各种各样的街角青年小集团。诺顿帮的多克这样对我说：

> 乔想让我加入圣名会。我把他搪塞过去了。我说，"我听说你们那里面有许多小集团呀。"
>
> 乔说，"不对，没有小集团。你干嘛不找个晚上自己来亲眼看看？"
>
> 我这样做了。那天晚上，我一进去，就忍不住笑了。在那间大屋子里，有 10 张桌子，10 个小集团。一张桌子旁坐的是 A 街的一群人。在另一张桌子那儿我看见了从 X 街角来的小伙子们。整个这间屋子里面都是这种情况。有一个人招呼我和他的小伙子们坐在一起。接着乔叫我进去和他的小集团坐在一起。……我对他说，"你说这里没有小集团，这是什么意思呢？"
>
> 他说，"哦，我们全都相安无事。"

那些由第一代意大利人组成的相互支持的社团参与政治，每个政治家都谋求得到其同乡们的支持。然而，这些社团在政治上的影响并不像它们的成员人数所表示的那样强大，因为许多成员是其他种族集团的人。在政治上最活跃的是年轻人，通常正是他们动员年龄较大的群体提供支持。

“哥伦布骑士”和“意大利之子”是当地的两个派别，它们对于政治家来说之所以重要，主要是由于它们提供了进行重要接触的机会。鉴于这些组织的成员来自这一地区的各个部分，其中许多人对科纳维尔人的群体又有重大影响，所以对于政治家来说，在它们的活动中成为知名人物是很有利的。虽然“哥伦布骑士”在当地 208
的机构完全由意大利人组成，机构的重要办事人员却有机会与爱尔兰人的“哥伦布骑士”组织负责人接触，因为后者占据着重要的社会地位或拥有重要的社会联系。

人们普遍认为，在选区政治中，最重要的社会单位是家族。由于科纳维尔的第一代和第二代人已经逐渐疏远，所以家族在政治中似乎不如非正式小集团那般重要，不过对它的重要性仍不可低估。尽管家族的纽带作用在不断削弱，但是意大利人家族义务网络的发展程度远远超过了美国本地的中产阶级。亲戚之间会相互帮助，只要对家族有利，就会齐心协力。因此，政治家在竞选中必须重视家庭群体。至于妇女，由于她们没有与街角帮对等的团体，家族关系对她们的影响往往更为显著。

如果一个男人是某个大家族的成员并能“操纵”家族去选这个或那个候选人，他就因此而变成了具有一定势力的政治人物。这样一个人也许会成为他的非正式群体关系网中的领袖，或十分接近于领袖地位。在这种情况下，这些群体就都会支持这同一名政治家。如果这个人在其中的一个群体中，或在两个群体中都不是头头儿，就有可能面临冲突。假如他的家族支持一个候选人，而“小伙子们”支持另一个候选人，他就必须选择忠于哪一方。这种情况说明了为什么有许多人或背离了家族的方针，或背离了非正式群体的方针。

当群体一心支持政治家A，但其中有一名成员由于曾接受过某种特殊的照顾而一心支持政治家B时，也会造成统一的群体阵线的破裂。在这种情况下，其他成员将承认这个人报恩是“做得对”，他们不会对他施加压力，迫使他支持政治家A。

同乡们往往在同一地区落户，属于同一家族的人通常都住得很近。非正式的街角群体也是严格局限于某一地区。每个科纳维尔政治家都有一块地盘，这通常是他成长的地方，并被他视为自己
209 的据点。所以，如果一个人和他的家庭住在A街，在A街的某个街角里混，而A街又处在某位政治家的势力范围之内，就不大可能会出现冲突。

政治家的组织不是建立在一群无差别的人们中间。他在一个结构复杂的社会中长大。要想在事业上取得成功，他必须熟悉社会上的各种派别，并知道如何赢得构成社会的各群体的支持。

科纳维尔的政治家如果没有街角青年的支持，就无法取得成功，而许多街角青年的领袖也进入了政界。街角青年的领袖为其追随者们行使着政治家的某些功能。在与外人打交道时，他关心追随者们的利益，并为他们说话。不过，也有许多他办不到的事。他无法给他们找到在政府中的工作或提供政治上的好处——除非他本人和他的群体从属于某个政治家。他和他的追随者们常常自问，为什么街角青年领袖不得不使自己处于从属地位。他觉得政

治家们对人民的利益漠不关心。他的朋友们试图说服他参加竞选。假如他有口才，就很难抵御他们的怂恿。他将开始扩大自己的接触面，从而进入更广阔、更有影响的社会圈子。

他在初次竞选时，只不过想证明他拥有足够的、值得别人认真对待的支持。在显示了自己的力量之后，他处于这样一种地位：要么进行一场更有力的竞选，要么向他的对手妥协。假如他变成了重要人物，这时如果他愿意退出竞选去支持另一位政治家，就会有人送给他一笔钱，甚至为他在政府中找一份工作。假如他接受了，他的追随者们会觉得他是“背叛”，他就很难继续作为一个重要的政治人物了。如果他能为小伙子们做些好事，或许还会有人继续追随他，但他再也没有机会在选举中获胜了。

假如他不肯做出有失体面的事，继续参加竞选，这位政治家就必须想办法为竞选筹措经费。此外，他的地位也要求他花许多钱，

而如果作为一名公民，他是用不着花这些钱的。每当本地某个组 210
织举办娱乐活动时，人们就会期待他出钱为节目说明书登一则广告，或者买许多票。人们知道政治家不敢拒绝他们，于是把他列在“易上钩者名单”之首。人们还期待他在招待他们的朋友和熟人时慷慨解囊。他的街角青年们为资助这类政治活动能捐助的钱很少。如果政治家已经成立了自己的政治俱乐部，或许能从它的金库里得到一些竞选捐款。不过，在刚成立的那几年里，能拿出许多钱来用于这一目的的俱乐部是极为罕见的。由于一个人变得对那些为他捐款的人负有义务，所以政治活动的高开支往往使科纳维尔的政治家们脱离他们原来的群体联系。

科纳维尔政治家在其生涯的每个阶段都面临着现实的或潜在

的不同的忠诚之间的冲突。当他试图在政治上发展自己，同时又想使那些在他开始其政治生涯时与他一起的朋友们继续支持他的时候，这种冲突也在发展。

政治家当选——例如，当选州议会的议员——以后，他的活动就在社会结构中一个更高的层次上进行。如果他只想在任期内捞到一笔钱，在政治上干个挂名的差事，这是可以通过正常的关系做到的。但是，我们假设他是真心实意地想帮助他的选民并在政治上报答他们。在其任期开始时，他为他们办不了很多事。在一个民主党人州长手下，他会发现手中只掌握一两份能分给他的选民的工作。掌权的党的每个议员都得到一份小小的恩惠，作为支持州长政策的回报。如果是共和党掌权，民主党议员就几乎没有机会从政府那里获得工作了。我上次去调查时，赛马季节赛马场上的职业是在州长的监督下，通过政治渠道安排的。政治家如支持受赛马业欢迎的法规，就能得到这样一份恩惠作为奖励。为了为

211 自己的选民谋得好处，议员必须和那些有权的政治家拉关系。要得到他们的帮助，他必须设法给他们帮助作为交换。作为一个新手，他可用于交换的权力很少，结果，就很难得到照顾。

政治家常常难以使他对选民的忠诚与他按照其政界上司的要求所采取的行动协调一致。约瑟夫·马洛尼在向街角青年的一个俱乐部解释为什么没能为科纳维尔做更多的事时，是这样说的：

> 有时候，你想通过市长给一个人找一份工作，而后来在你和市长之间发生了争论。你是应该和他争吵呢，还是应该默不作声？对这个问题你必须仔细掂量一番。假如你和他争吵，也许就会使一个人失去一份终身职业，他就会逢人便说，

“要是乔不吵那次架，我今天就有工作了。”

另一方面，如果政治家从来不斗争，他的上司又会得出结论说，他很好说话，所以只需稍微给他一点政治上的好处就行了。

意大利人政治家还面对另一个难题。他在当地竞选是反对爱尔兰人对这个地区的控制。可是等他进了首都，就发现那里也是由爱尔兰人控制。如果他们要帮助他的朋友，他就必须帮助他们的朋友，于是他发现自己是在为爱尔兰人办事。如果他的意大利人选民发现了他在这样做，就可能会得出结论，说他辜负了他们对他的信任。

某些意大利人政治家曾有过这样的经验，即意大利人不像爱尔兰人那样对于意大利人为他们做的事感恩戴德。意大利人觉得种族的联系使其他意大利人有义务帮助他们。所以他们期待并要求得到帮助。爱尔兰人觉得意大利人对他们不负有义务，所以每得到一点照顾，都要努力表示他们的感激之情。意大利人政治家在开始其政治生涯时，对爱尔兰人怀有敌意。但当他了解了一些爱尔兰人并在政治上与他们打过交道以后，就发现他们其实是一些很好的人——在这方面，比他本民族的人还要好。如果他不小心，那么，他与爱尔兰人的联系以及他对他们的关心就会断绝他与其意大利人选民之间的情谊。

选区的政治家应该通过为大家帮忙来保持他的地位，但仅此 212
还不够。他在其权力范围之内能做的大大小小的好事数目有限，而他在分配这些恩惠时采取的方式则对他的事业有重要影响。

总的说来，向选民提供的恩惠的意义大小依其在社区社会结构中的地位高低而异。也就是说，那些影响许多群体的“大人物”

比只影响一个群体的街角青年领袖得到更多的恩惠，而街角青年领袖又比其追随者得到的恩惠多。于是为了取得最大限度的效果，在底层的人必须设法找一个地位高于他的人将他的要求反映给政治家。于是他欠下了他的上司一份人情，而他的上司又欠下了提供照顾的政治家一份人情。

在菲乌马拉-凯利-马洛尼竞选的那天下午，我遇见了迈克·乔瓦尼的弟弟特里。他戴着一枚菲乌马拉的小徽章，正走来走去，观看科纳维尔各选区的情况。我问他，是谁为菲乌马拉做了这样确实十分有效的工作。他说：

> 你这是什么意思？在这件事情上，我不想偏袒谁。你也可以说是我在做这项工作。三年前，他刚起步，我就和他在一起——那时候这一带的人还都不认识他。[菲乌马拉的家在南区。]他要是胜了，我就会进政府。我们要给那帮干非法勾当的下流东西点儿颜色看看。他们说，如果我在这次竞选时离开这个城市，他们就给我一大笔钱。我不干。后来我又听说他们要在选举日这天揍我一顿。好呵，我就在这儿，可是他们还没有来找我。

我问他，如果菲乌马拉当选，这些非法团伙成员会怎么做。“他们会想办法和他拉关系。他们会不得不来找我。”

6个月以后，我又遇到了特里，我问他，他的朋友菲乌马拉过得怎么样。他回答说，“什么朋友？见他的鬼去吧！比尔，只有死了的政治家才是好政治家。”他不愿谈起他与菲乌马拉分手的原因，但显然他以前的期望是大大落空了。

特里·乔瓦尼曾是这个州的中量级拳击冠军，在街角赫赫有名，很得人心。他在他长大的那个街角影响最大，但是与整个科纳维尔以及这个区的其他部分的街角青年也有许多往来。他曾经营 213
掷双骰子赌博和赌赛马，生活无保障。正如他的话所表明的那样，他是一个我行我素的人，并不认为自己属于非法团伙。我从他曾向我讲过的其他情况中非常确切地知道了他为菲乌马拉效力的情况。他从一开始就支持这位政治家，而且始终孜孜不倦、忠心耿耿地为他工作。他说服他的朋友积极参加竞选，但他终究只是一名街角青年。他在社区内的地位低下，所以非法团伙成员在希望接近这位政治家时，不会自然而然地来找他。因为他对菲乌马拉欠他的人情的看法远远超过了他在社会结构中被认可的地位，所以他很失望。

政治家必须考虑到邻里的社会组织。在它所规定的限度内，他可以向他的老朋友和平民百姓提供帮助、照顾，而且，如果他自觉地避免把一切好处都留给自己和他的家族，他就可以满足某些街角青年的要求。不过，由于他把比较重要的东西给了比较重要的人，总会有许多青年认为他背信弃义。街角青年把政治看成一种“非法勾当”，认为政治家都是骗子。

如果一位对许多选民有影响的重要人物感到某个政治家不值得信任，这个政治家的处境就很不利了。而如果是某个街角青年觉得他不值得信任，这种不利则不会那样严重。所以，政治家不必得到其所处社会内各阶层人士的信任。实际上，对他来说，几乎也不可能享有如此普遍的信任。在他的政治生涯刚开始时，他最亲密的朋友是像他一样的小人物。他很自然地会向他们作出许诺，说他们将得到其政治活动带来的大部分裨益。但是，如果他一心为自己的群体服务，他就永远不能赢得广泛的支持。为了争取到支持，他必须与对其他群体有影响的要人们打交道。当他不得不作出选择时，他必须对这些大人物信守诺言，甚至不惜对他的朋友
214 食言。只要对要人们信守诺言，只要他们允许把他们挑剩下的某些政治恩惠留给地位低于他们的人，从而维持他们在社会结构中的地位，政治家就有把握得到大众的支持。有些街角青年会转过来反对他，但其他街角青年群体会予以合作，并取代他们的位置。

政治家们在政治上发迹的过程可以根据他们与社会上不同阶层的群体之间相互作用的频率来加以描述。当未来的政治家还只是个街角青年群体的领袖时，他与其追随者之间有着很高的相互作用率。与他的追随者相比，他与其他的群体成员之间的相互作用更频繁，不过他的街角帮是他活动的中心。在进入政界以后，他提高了与其他街角群体的相互作用率，而且必然会降低与其原来群体的相互作用率。随着他的身份进一步提高，他开始与在社会结构中地位更高的人发生相互作用。由于他提高了与他的“关系户”之间的相互作用率，并与地位越来越高的关系户发生相互作用，他与其原来的群体接触得更少了。如果这个群体中某些成员的地位与他一起提高，并共同在同样的圈子里活动，政治家会和他们保持很高的相互作用率。但是，随着他的地位提高，他不再参加青年们的日常活动。他不再是以前那种意义上的某个街角青年群体的领袖。假设这个群体仍然是个单位，由于政治家不再积极参与这一群体，必然会有别的人成为它的领袖，并接手指挥它的活动。为了拥有他最初的群体对他的支持，政治家必须与新领袖保持亲密友好的关系（与新领袖比与其追随者有更高的相互作用

率）。如果该领袖及其群体认为这位政治家没有对他们尽到义务，政治家与街角青年领袖之间的相互作用率就会突然或逐渐降低，由此可以看出他们之间的社会关系的破裂。

三　组织竞选

政治家如果想有成功的希望，必须在开始竞选之前先得到社 215
区中某个部分的支持。他也许有自己的政治俱乐部，不过拉韦洛参议员的例子表明这并不总是取得成功的必要条件。

这种有保障的支持为候选人提供了政治力量的基础。它使那些尚未决定支持谁的人相信，他有着获胜的机会，而且，无论结果如何，他都是一个足以给他们带来好处的重要人物。这还为他提供了许多心甘情愿的政治工作者。

竞选的目的是在已经肯定会提供支持的核心之外，增加新的投票者集团。为此，政治家力图争取那些在社会组织中的位置能影响全局的人。

他首先争取那些有着广泛的个人影响的大人物。在科纳维尔和这一城市毗邻的地区，这些大人物主要是政治家和非法团伙成员。

当乔治·拉韦洛决定在1937年秋季竞选国会议员时，他首先寻求和争取埃德·墨菲和约翰·菲尼的支持。墨菲以前当过州长，拉韦洛曾一向支持他的竞选，两个人是好朋友。拉韦洛还曾支持菲尼成功地竞选司法部长。由于选举区包括四、五、六、七区以及马克斯顿城和贝尔弗里城，而在这次竞选以前，拉韦洛只在四区、五区和六区参加过竞选，所以对他来说，在那些对他不大了解的地区里获得有影响的人的支持就很重要。杰克·弗拉纳根是七区（安斯伯里）的一位颇有名气的政治家，曾被墨菲任命为官员，所以出于对其上司的忠诚而全力支持拉韦洛。汤姆·弗利在六区是个很得人心的人物，墨菲曾任命他在州政府担任要职。弗利和拉韦洛是多年的好友，所以从一开始他就肯定会支持他。乔·肯尼，即后来遭到谋杀的那位韦尔波特的非法团伙成员，发誓会在选举中支持拉韦洛。克利夫兰俱乐部过去一直反对拉韦洛，但是拉韦洛在与约瑟夫·马洛尼进行长时间的谈判之后，终于赢得了该俱乐部的支持。

216 阿特·波塞拉议员、迪安吉利斯前议员和五区的卡皮萨前市政委员会委员都已提出自荐提名文件。如果拉韦洛要击败最有势力的爱尔兰人候选人，这些人就必须退出竞选。由于拉韦洛答应（但没有办成）给卡皮萨在联邦司法部长手下谋个职务，卡皮萨被说服退出竞选。后来在东城最大的一家饭店里举行了一次会议，目的在于“促进意大利人整体的事业”。有 6 人到会。他们是拉韦洛、波塞拉、迪安吉利斯、T. S.（科纳维尔的非法团伙头头儿）、阿尔·丹东（五区的非法团伙的头头儿）和市法院的弗朗吉洛法官。迪安吉利斯坚决不肯退出竞选，不过与会者还是达成了协议，让波塞拉为了对拉韦洛有利而退出竞选，而拉韦洛则答应在下一年里支持波塞拉竞选州议员。这是一次历史性的会议，因为它不仅在两个政治死敌之间达成了协议，而且在拉韦洛的生涯中首次赢得了 T. S. 的支持。

争取大人物是很要紧的，但是不能指望他们去拉选票。众所周知，一个政治家自己得到的选票可以多于他为别人拉的选票。当一个政治家本人竞选选区内的官职时，他与那些他希望能支持他的群体直接接触。他欠了它们的人情，它们也期待他提供恩惠来作为回报。如果这同一个政治家要求这些群体去支持另一个人，小伙子们距离提供恩惠的人就远了一步。当他们寻求恩惠时，他们必须去找那位曾直接游说他们的政治家，并指望他把他们的请求反映给他支持的那个人。

还有一个困难，即一个政治家支持另一个政治家时，可能是出于某些与街角青年并无特殊关系的原因。在 1939 年的市参议员竞选中，乔治·拉韦洛支持约瑟夫·马洛尼，是“因为我欠他一份人情——因为在我竞选国会议员时，他支持过我”。人们普遍认为，拉韦洛个人欠马洛尼的人情债，但是只有那些与拉韦洛的事业紧紧联系在一起的人才感到他们自己有义务投拉韦洛的候选人一票。

凯利-马洛尼-菲乌马拉竞选还表明，当一名意大利人政治家 217
或非法团伙成员想动员人们去支持一名爱尔兰人时，种族的力量就会把他的影响削弱到最低限度。一个人能影响多少张选票取决于形势如何，也取决于他在社会上的地位。

有许多被称作“骗子”或“冒牌货”的人自称控制着大量选票并愿意拉选票，以此来换取别人付给他们的钱或事先向他们提供的好处。由于在这个区内有 17,000 多名选民，所以甚至有经验的政治家也无法在每件事情上都能确定一个人究竟是骗子，还是真能影响一小批选民。在与那些不属于这个区，需要得到科纳维尔的选票，却又得不到当地政治家支持的政治家们打交道时，这些骗子最能获得成功。

在一个区的竞选中，政治家谋求与尽可能多的俱乐部或群体直接接触。了解这一地区的人民，了解关于人们在其群体中的相对地位的一些情况，是政治家的职责。他充分地认识到了在每一个这样的群体中，都有一个人按照惯例在领导着其追随者们的活动。他努力想把这个领袖争取过来，并说服他动员他的追随者采取政治行动。而在大范围的竞选中，政治家们则必须把大部分针对这些人的工作委托给他的下属去做。

政治家可以把钱作为个人礼物送给街角青年领袖，或者让该领袖自行支配这笔钱去支持竞选。他可以向该领袖及其追随者们许愿。他可以通过允许该领袖在其他群体面前代表政治家讲话并当众表现出与政治家形同一人，以使他有机会获得一些小名气。

政治家常常向某个俱乐部提供足够用来支付它几个月房租的钱，保证它得到州里颁发的许可证，或给它一些别的礼物。这样一来，街角青年领袖就使他的小伙子们得到了好处，从而加强了他在他们中间的地位。假如小伙子们发现领袖独吞了钱财或好处，也就是说，如果他们发现他为了自己的发展而违背了对他们的义务，
218 他就会在群体中失去地位和影响。有充分的证据表明，在许多街角青年领袖身上都发生了这样的事。这被认为是从事政治活动的危险之一。我曾听人们说，他们之所以避开政治，是因为以前当他们支持某个政治家时，有人认为他们这样做完全是为了谋私利，这种怀疑破坏了他们在邻里中的地位。一个因此而失去了别人对他的支持的街角青年领袖，作为骗子继续积极参与政治活动，这种情况屡见不鲜。

当政治家感到他确实有机会在竞选中获胜时，就面临着一个新的问题。在每次竞选中，都有许多人提出自荐提名文件，其目的无非是为了破坏主要候选人的竞选。多年来，克利夫兰俱乐部都

通过在这种竞争中有意安插意大利人“傀儡”来分裂意大利人选民，从而在这个区内保持其政治优势。老板会挑选一名在科纳维尔有追随者，而且以前也许曾参加过竞选的年轻意大利人，向这个意大利人提供政治恩惠，也许是一份工作，并支付其竞选开支。这种安排是尽可能保密的。这个意大利人傀儡会公开谴责克利夫兰俱乐部的统治，就像他的任何对手一样起劲。

这种傀儡不应与克利夫兰俱乐部里的意大利人混为一谈，因为后者有时是由该组织支持和选举担任公职的。由于他们对俱乐部负有责任，所以这是一种既可满足意大利人的种族情绪，又不会使控制权从该组织手中丢失的手段。有时，俱乐部不仅在竞选中安插傀儡，而且将其作为它正式支持的意大利候选人。挑选傀儡的目的在于把选票从最强有力的独立的候选人那里拉过来。

在乔治·拉韦洛竞选州参议员时，有一次，他曾安插过一名爱尔兰人傀儡参加竞选。这种事情今后可能更经常地发生，但到目前为止，爱尔兰人在政治上一直处于优势，向傀儡提供的好处也更多。

有些意大利人提出自荐提名文件是为了获得最好的讨价还价条件。他们查明了如果继续参加竞选，爱尔兰人政治家会付给他们多少钱；如果退出竞选，意大利人政治家又会付给他们多少钱。219
尽管这些政治敲诈者说得天花乱坠，实际上能影响 100 张以上选票者却寥寥无几，不过，几张选票也许就能坏了大事。

乔治·拉韦洛在一次政治集会上讲话时这样谈到他的一次成功的州议员竞选：“上一次有 12 名意大利人参加竞选。其中有 6 个人退出了。但他们可不是毫无条件地退出的。我为他们都安排好了。……”

在与意大利人社区俱乐部成员谈话时，拉韦洛说他为了达到这个目的花了 600 美元。为使人们退出竞选，送一套西装，或者一套西装加一顶帽子和一件大衣似乎是最常见的代价。

当积极的竞选活动开始时，候选人召集一次竞选委员会会议。被召集到总部里来的人是那些在过去的竞选中曾为他工作过的人，以及有望在邻里中产生影响的新皈依者。最有影响的支持者不在这样的会议上露面。候选人与他们私下协商。

大约有 30 名男子和几名妇女出席了为乔治·拉韦洛召开的第一次议员竞选工作者会议。除了叙利亚人俱乐部的两名代表外，都是意大利人。

宣布开会的是会议主席利奥·法塔洛，他是南区一个庞大的意大利人俱乐部中的重要人物。活跃于幕后的有竞选经纪人汤姆·邦吉奥诺、曾通过拉韦洛而得到了很有保障的政治地位的拉韦洛的前秘书阿尔·德里奥，以及拉韦洛的秘书保罗·费兰特。议员本人不能到会，而是由嘉利·拉韦洛对他的支持者们表示欢迎并就政治形势发表评论。她说，这次会议的目的是把全体工作人员聚到一起，组成若干个只有一个人的委员会，以促使其他人在其选区内为他们工作。她在总结时说：

> 这些年来，每当你们需要的时候，我们的办公室和我们的家都总是向你们敞开的。我不必对你们说，如果乔治去了华盛顿，我会继续留在这儿，我们的大门仍然会一如既往地对你们敞开。我还将和过去一样，看望在不同的市机关、州机关和福利部门里的人们。我这样做并非出于不得已，而是由于我
> 220 喜欢这样做。假如我的身体不行了，不能再做这些事了，我就

会因此感到失去了什么。

当利奥·法塔洛宣布每个人都可以就竞选方法发表意见时，大约有 20 名工作人员做了简短发言。

如果他们在以前的竞选中曾支持过拉韦洛，他们就说他们过去总是在“第一线”上，或者说从来都“全心全意支持他”。然后，他们谈到这位候选人曾为他的选区的穷人出了多少力，他如何打破那种曾妨碍意大利人获取公职的歧视，以此为他的选民谋利益。他们还谈到他们在竞选中做的工作，并预言这一次他们的选区会比以往任何一次更有力地支持乔治·拉韦洛。

他们就竞选方针提出了几项建议，不过当时除了获得出于礼貌的认可之外，我看不出他们的建议引起了注意。保罗·费兰特告诉我，这次会议的目的只不过是唤起工作者们的热情。

在接下去的那个星期召开的第二次竞选工作者会议上，有一项建议引起了普遍的兴趣和讨论。一个叙利亚人的组织的代表提议，在每个选区任命一个组长，并指定 5 个或 6 个人在他的领导下进行游说。一个意大利人俱乐部的代表回答说，“有人说应该在每个选区有一个组长。为什么要组长？我们都是平等的。为什么一个人的地位应该高于另一个人？”他又补充说，选区组长制度会造成不悦情绪，因此建议每个人都应该像拉韦洛夫人说的那样，成为一个人的委员会。

这两种观点对于联系这一地区的社会结构来解释拉韦洛的竞选组织是很有意义的。乔治·拉韦洛并没有成立任何政治俱乐部以通过它来分配优惠和依靠它来进行竞选。他引以为荣的是，他没有在自己与请求他帮助的男男女女之间设置任何组织。他说，任 221

何人都可以为任何事来直接找他，而且事实上也是如此。他或他的妻子每天早晨都要花一些时间在他的办公室里接见所有寻求他们的关心的人。在一天内其余的时间里，如果州议会不开会，他们就去会见各类为其选民谋求关照的政治家。每当在家里时，都可能有他们的选民前来请求关照，或者只是来坐一坐，聊聊天，喝一杯，或者也许会吃一盘意大利面条。无论白天黑夜，任何时候都可能有人来拜访拉韦洛夫妇。他比这个地区的其他许多政治家更平易近人。

乔治·拉韦洛在竞选中靠的是他直接的个人接触。他在各选区内都认识许多在当地有些影响的人。如果他单独挑出一个人来当组长，就可能疏远了其他人。他没有正式建立那种在政治俱乐部里存在的等级制，而选区工作组长的候选人们在社会结构中相互之间的关系也并非那种通常由其中一人对别人发号施令的关系。

当然，实际上的确存在一种非正式的等级制。最上层是前州长墨菲和司法部长菲尼。和候选人平起平坐的是政治家约瑟夫·马洛尼、汤姆·弗利和杰克·弗拉纳根，以及非法团伙成员 T. S.、乔·肯尼和阿尔·丹东。在拉韦洛之下是弗兰克·卡皮萨，即韦斯特兰（五区）竞选运动的负责人。阿特·波塞拉议员负责科纳维尔的一部分竞选工作。紧排在卡皮萨下面的是阿尔·德里奥、利奥·法塔洛、汤姆·邦吉奥诺和保罗·弗兰特。在这四个人之下，则是街角青年的领袖和随从者们（见附图）。

虽然邦吉奥诺是竞选经纪人，乔治·拉韦洛却是自己组织自己的竞选，只在那些由与他处于同一等级的人控制的地区除外。所有的命令都由他发布，所有的安排都由他作出（而且时常变化）。

拉韦洛的竞选组织

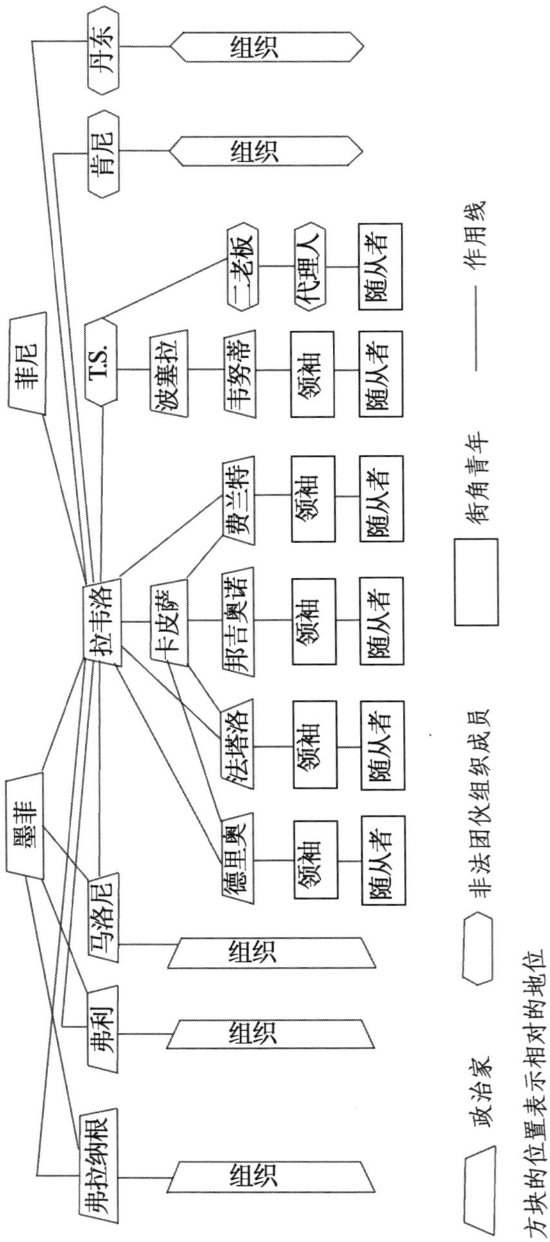
丹东
组织
肯尼
组织
菲尼
T.S.
二老板
代理人
随从者
波塞拉
韦努蒂
领袖
随从者
拉韦洛
卡皮萨
费兰特
领袖
随从者
邦吉奥诺
领袖
随从者
法塔洛
领袖
随从者
德里奥
领袖
随从者
墨菲
马洛尼
组织
弗利
组织
弗拉纳根
组织
政治家
非法团伙组织成员
街角青年
作用线
方块的位置表示相对的地位

汤姆除了四处闲逛，办一些这位候选人交给他的无关紧要的事情之外，无事可做。

拉韦洛很想避免建立一种等级制，因此他不重视在他的下属
223 之间分配权力和职责。汤姆、保罗、阿尔或利奥的作用不是靠制度决定的。由于他们彼此之间互不了解，所以每个人都努力想引起候选人的注意并起领导作用。他们用很多时间在政治办公室或拉韦洛家附近荡来荡去，从而不至于对总部里的情况有所疏漏。许多街角青年领袖干脆尽量不离候选人的左右，却忽视了在他们的选区内拉选票。那些工作确实努力的人则唯恐由于没有花时间告诉候选人他们在干什么而使自己的努力得不到承认。鉴于这种情况，保罗只要见到这些工作人员，就会说，“我听说你在××地方干得很出色呀！坚持干吧！我会把这告诉乔治。”不过保罗的地位还不足以使这些话有很大的分量。街角青年的领袖们把他的努力看成是对他们与其候选人之间关系的不正当干预。通过在组织竞选时不设选区组长，拉韦洛避免了某些困难，却又碰上了其他难题。

组织竞选的方式在很大程度上取决于竞选什么公职以及投票选举这一职位的地区的规模。萨姆·韦努蒂的情况提供了为四区竞选议员组织竞选的例子。萨姆是华盛顿俱乐部的秘书，这个俱乐部的主任和缔造者是阿特·波塞拉。在这次竞选中，阿特要竞选州参议员。虽然俱乐部同时支持萨姆和阿特，但主要是替阿特使劲，于是萨姆不得不主要通过自己的努力来组织他的竞选。

在选举前两周，萨姆已经把他比较重要的支持者组织起来了，并把俱乐部成员中他的15个最亲密的朋友叫到他的办公室。他说，由于他相信科纳维尔会支持他，所以主要力量应该放在这个区

的其他地方。他要求与会者着手到南区挨家挨户拉选票，因为他
在那里实际上没有人支持。他们要对那里的人说，萨姆·韦努蒂是 224
他们的朋友，他一向为改善社区状况尽心尽力，他已经在多项公民活动中获得赞誉，他能够称职。他们要提到这一地区特别感兴趣的社区改善问题。然后，工作者们要问选民是否会投韦努蒂的票。通过掌握同意投票的选民人数的变化，他们能使萨姆及时了解竞选运动的进展情况。萨姆让他们切记，这项工作应秘密进行，以免其他候选人削弱它的作用。他说，他明白他让小伙子们做的是一项很棘手的工作，在将近两周的时间里，几乎每个晚上都会被占用，但是再也没有比这件事更让他对他们感激不尽的了。

这一深入细致的竞选工作被忠实地完成了，工作者们报告说，有 1,000 人已保证会投萨姆·韦努蒂的票。然而，到了选举那天，萨姆在科纳维尔以外的整个地区内却只得了 300 张选票，而且其中只有一部分可以归功于游说。看来，尽管他的工作者们可能很有说服力，但是他们与被游说的人没有“关系”；而没有这样一种在社会结构中的基础，作出的承诺是没有什么意义的。

随着竞选运动的发展，这一地区变得政治宣传品泛滥。每个候选人都有一批工作者到处张贴标语传单。为了在群众性政治集会上散发，他们还印制了卡片，一面印着他的照片，另一面印着他的资历（学历、经商和从政经历、公民活动）。广播车在街道上巡回穿行，宣扬候选人的美德，通知召开群众大会。

在科纳维尔，很少散发竞选文件。克利夫兰俱乐部一向只印一页长的选民呼吁书，而在约瑟夫·马洛尼开始对这个区失去控制以前，从来不把呼吁书寄给科纳维尔人。

政治家并不指望通过这种宣传去影响许多选民。他们觉得有必要使他们的名字总出现在人们面前。如果人们得知某个候选人在竞选中花了大量金钱，许多人就会觉得与他联合起来会从中有
225 所收获。广告宣传似乎能树立起一个有势、有钱，也许还是成功的候选人的形象，在这种情况下，它也许会使投票者接受他的呼吁。

四　政治集会

在政治竞选的最后几周内，为各个候选人举行的群众集会非常多。只有在不是同时竞选重要公职的情况下，才会为竞选较次要公职——诸如竞选众议员或市参议员——的候选人举行群众集会。在竞选市长或州长时，主要候选人让其设在当地的委员会进行工作，每个委员会至少要为其候选人举行一次群众集会。主要候选人通常很晚才来到会场，因为他还需要在其他许多群众集会上讲话。第一项议程是大会主席（主要候选人在科纳维尔的支持者的领袖）宣布，他的竞选委员会很高兴能为当地竞选较次要公职的候选人提供一个对大家讲话的机会。他们中间有几个人已经在台上就座，等候被邀请演说。等他们讲完以后，就离开大厅，再去参加本区其他地方的群众集会，而那些已经参加了其他群众集会的人则在晚上来到这个会场，等待轮到他们演说。有时还有一些文娱节目，唱通俗歌曲或讲讲笑话。

如果主要的讲演者迟到——他通常是如此——人群变得焦躁不安，大会主席就会宣布这位候选人刚刚离开前一个群众集会，马上就到。终于，外面传来汽车喇叭声，从大厅后面传来他已到达的

消息。片刻之后，这位候选人大步走过中间的通道，后面跟着一群支持者，他们一直跟着他，从一个会场尾随到另一个会场。当时正在演讲的次要的候选人在人群欢呼时必须停下来等待。大人物大步向前，感谢人们的欢迎，而那些给他拍马屁的人则尽快挤向通道，以便能凑到他跟前，好让他看到他们。然后，他的追随者们站在通道上，主要候选人这时则登上台，与大会主席和所有的次要候选人握 226
手，尔后落座。大会主席请刚才话被打断的人讲完他的话，如果他是个聪明人，就会用几句话结束他的演讲。在介绍主要讲演者之前，大会主席告诉大家，其他次要候选人正等待轮到他们演讲，并请求听众们等整个议程结束后再离去。接着是主要讲演，讲演结束后，候选人被追随者们簇拥着走过通道。人群中的大多数和他一起离开会场。

大多数参加群众集会的人并不仅仅支持一名候选人。他们也许对于某个候选人当州长，某个当州参议员，某个当国会议员感兴趣。不过，大厅里的座位往往非正式地按照邻里地理的和政治的界线划分。来自某个街角、支持他们本地候选人的一群人坐在大厅内的某一处。街角中支持另一个政治家的一群人则坐在另一处。上年纪的男人和女人虽然不聚集成这样严密的群体，但是，如果你熟悉科纳维尔的各个街角和它们在政治上的效忠对象，就可以毫不困难地据此绘出一幅座位图。

有时候，人们支持的次要候选人虽然不同，却都是同一名主要候选人的支持者。这两派在选举中通常会采取同样的方针。假如A俱乐部和B俱乐部在选区政治中是对立的，A俱乐部已经与一名市长候选人建立了密切的联系，那么，B俱乐部再支持这同一个人就捞不到什么好处了，因为如果他取胜，A俱乐部在这个地区就更会受到庇护。

这样一种群众集会所发出的呼吁的性质，取决于候选人竞选什么公职，以及他与当地人的联系。在拉韦洛竞选国会议员的一次群体集会上，杰克·弗拉纳根和候选人作了重要讲话。由于这是一次专门选举国会议员的竞选，并不竞选其他公职，所以讲话内容都是关于拉韦洛的。

大会主席弗兰克·卡皮萨在介绍这位爱尔兰人政治家时，说他是“富于战斗精神的民主党人，勇于斗争的民主党人，安斯伯里法庭伟大的书记员——杰克·弗拉纳根！”弗拉纳根是这样讲的：

227 我也许是这里唯一的爱尔兰人，但是这并不是一次种族的竞争。你们选举你们的人，并非由于他的种族。出于种族的原因而诋毁他的人太多了。但是这些把门关闭起来、由于一个人的种族而歧视他的人在美国的生活中是没有位置的。乔治·拉韦洛也许并非我们在公共生活中所寻求的全部。人无完人嘛！但是有一点我是知道的，这就是，当有人求他帮忙时，乔治·拉韦洛从来不问他的种族、宗教或肤色。早在他担任公职以前，我就认识他。我一向尊敬他，因为他热爱广大工人阶级。他从来也不回避问题。从来不把老百姓丢下不管。他具有勇于战斗的性格。也许他在讲话中有时有语病，可是——乔治·拉韦洛是一个为那些无法为自己讲话的人采取行动的人。如果他到了华盛顿，他会问联邦政府各部的官员们，“我那个地区的人民怎么办？”当其他人感到厌烦时，乔治·拉韦洛却会替老百姓说话，替那些了解他、热爱他的人说话。

住在这个地区的男男女女都不是只因为他们的种族血统

才投他的票。我并不为属于你们种族的或我的种族的移民辩护。在需要的时刻，我们曾经响应国家的号召。这里是向外派遣男人的定额最高的地区之一。当时，可并没有因为一个人的种族而歧视他，也没有人因为这个原因而被赶回来。我们送出去数以千计的年轻人，以便我们可以享受自由政府的赐福。在这里，我们从来不因为种族或宗教信仰而排斥一个人。我们是真正的美国公民，我们为此而自豪。

乔治·拉韦洛并不富有，但是他有一颗金子般的心。他对被压迫者的呼声作出答复。我们需要一个将向政府和个人要求工作和养家的权利的人，需要一个像他这样的能为此大声疾呼和提出要求的人。我们的要求并不算高。我们只要求得到工作的权利。我们并不要求施舍。乔治·拉韦洛将会让那些政府机关采取行动。

很高兴看到这个地区显示出来的团结一致。各派领袖都表现出意大利人之间的团结。有些人到别的地方去了，但他们是光杆儿司令。在科纳维尔，在整个四区，我们有着团结一致。今天只有一位重要人物没有到会，如果她能继续她一直在从事的工作，那对于她将是永久的光荣。[嘉利·拉韦洛在竞选过程中身体垮了。]但是现在她正痛苦地躺在医院的病床上。我能听到嘉利·拉韦洛在为所有那些不幸的人、那些为生活而辛苦工作的人呼吁。当她见到总统和总统夫人时，她曾告诉他们，她的人民是这个国家最优秀的人民。而如今她却躺在医院的病床上，她在想，她的人民将会为她做些什么。

弗拉纳根的演讲受到了热烈的欢迎。

大会主席卡皮萨走上前来，朗读了一封拉韦洛夫人拍来的电报。他说：

> 大家都知道嘉利·拉韦洛曾怎样为你们工作。她是个慈祥
> 228 的天使，把幸福带给人们。现在她躺在病床上，为她丈夫的成功祈祷。我知道，你们明天投票的时候，心里会出现这位慈祥的天使嘉利·拉韦洛的形象。

电文是这样的：

致我的科纳维尔的人民：

这是我一生中最难过的日子，因为今天晚上我无法和你们在一起。你们以前从来没有辜负过我，我知道，现在你们也不会。感谢你们以前曾为我做过的一切。**嘉利·拉韦洛。**

人们一阵欢呼，然后，卡皮萨接着说：

> 医生已经给她服了药，但是我知道，只有一件事能使她有勇气恢复健康，并像过去一样以仁爱的态度继续工作，那就是她丈夫乔治·拉韦洛的当选。

坐在大厅后面的一个人站起来，提议给嘉利拍一份电报，祝她迅速痊愈，并表示相信她的丈夫会当选。这一动议在欢呼声中被通过。

在弗拉纳根讲话之后，乔治·拉韦洛来到大厅并在台上就座，人群给予他热情的欢迎。大会主席卡皮萨这样介绍说：

> 乔治·拉韦洛在这儿，他精神振奋，跃跃欲试。在整个48个州里，只有一名国会议员是意大利人。这正是时候，正是机会。他是唯一会获胜的人。咱们在政治上一直在走下坡路。咱们不要再继续往下走了。咱们要在这唯一能取胜的人的竞

> 选问题上团结起来。他是东城的拉瓜迪亚[①]，是一个才能已经被实践证明了的人，一块浑金璞玉，一名斗士。他心胸开阔，这是他的对手们根本无法与之相比的。

当拉韦洛走到台前时，有人喊，“乔治，给他们有力的一击。”他也喊着回答，“我会痛击他们的。”一阵欢呼。他回顾了以往的竞选，又谈到他获得选票的能力。他是这样估计这次竞选的：

> 我刚从在马克斯顿举行的一个大型群众集会赶到这里来。今天晚上，担任马克斯顿市政参议会议长已达25年之久的乔·布伦南为乔治·拉韦洛说了话。在马克斯顿有1,100名意大利选民。我将从中获得1,000张选票，另外还会从葡萄牙人、立陶宛人和爱尔兰人那里再得1,000张。我将在这次竞选中取胜。在四区的历史上，阿塞特·波塞拉、迈克·凯利和安迪·科蒂洛第一次和大家一起声明支持乔治·拉韦洛。在民主党政治的历史上，克利夫兰俱乐部第一次支持一名意大利人竞选国会议员。在六区，汤姆·弗利完全支持乔治·拉韦洛。

他回顾了他前几次的竞选，又谈到他第一次当选参议员时的经验。229

> 他们问，“这家伙怎么样?”有人告诉他们，“他是个新手。”他们说他们将只让我当6个月，可是我在那儿已经呆了将近6年了。他们说，“他没有口才，咱们可以用没完没了的讨论来治他。”由于和他们无休止地讨论，我元气大伤。
>
> 他们问我是怎么取胜的。我告诉你们是怎么一回事。因

---

① F. H. 拉瓜迪亚(1882—1947)，美国众议员，曾任纽约市市长，在任期间改良市政，力反贪污，1946年任联合国善后救济总署署长。——译者

> 为我一向一碗水端平。我坚定不移地为人民而奋斗。我一向关心我的人民。如果我能为你做一件好事，我不会问你是来自哪个地区。
>
> 如果我到了华盛顿，我会在那儿为劳动人民找工作。我不会被大公司收买。他们说，拉韦洛说得太多。哎，这我可不知道。我在必须讲话的时候就要讲话，在必须斗争的时候就要斗争。我可以讲话，因为从来没有人为了让我保持沉默而给我一块半美金。如果你没有接受他们让你闭嘴的一块半美金，你就可以说出价值两块半美金的话。

拉韦洛在对前来听他演讲的这一大群人表示感谢时说：

> 在这里我只觉得缺了一个人。那就是我的好妻子。你们了解她以前在科纳维尔做的工作。我想在此为我妻子的朋友们举行的这一集会向你们表示感谢，并向你们转达她的口信。她说，"言语难以表达我现在的感情，但是我知道，如果明天每个意大利人都去投票，并且像他们一贯的做法那样投票，我们就完全可以庆祝了。"

在他开始讲最后一句话时，台上有人走过来，重新整理一下意大利的旗子——它就插在美国国旗旁边，但插得不牢。拉韦洛叫他不要管它。乔治把旗子抽出来，在阵阵热烈的欢呼声中，对着人们挥舞。他把旗扛在肩上，继续他的演讲，然后，又把它放在桌子上。

拉韦洛问他的听众中有多少人在邮局工作。没有人应声。他又问有多少人在联邦政府中担任任何种类的工作。过了片刻，有一个人站起身来。拉韦洛请这个人到台前来，并问他干这份工作有多久了，做哪一类工作。他记下了这个人的姓名，示意他坐到台上来，并说，“好，请坐。下个星期我给你提升。”一阵笑声和掌声。那个人要回到他原来的座位上去，但拉韦洛再次招手让他在台上坐，并这样结束了他的演讲：

> 投我的票吧。……选我当你们的议员吧！然后我会有三 230
> 年的时间离开我的家和我的生意。然后我会回来，成为本城第一位意裔美国人市长（欢呼声）。等我当了市长，我们这面旗帜就会在市政厅前飘扬。

他的讲话结束时，赢得了热烈的掌声。

科纳维尔的政治演说包括 5 个要点：种族的呼吁、阶级的呼吁、个人的呼吁、对准备担任的公职的资格的说明、对候选人的政治实力的说明。

在提出种族的呼吁时，当地的候选人告诉他的人民，他们因为自己的种族而受到了歧视。他们应该“抱成一团”，选出一个将为突破这一障碍，提高他的人民的威望，增加他们的机会而斗争的意大利人。

这一要求在意大利人听众中比在其他任何听众中都能唤起更高的热情。政治家们经常引证意大利人的伟大成就，以表明他们的人民和其他任何种族的人同样优秀——假如不是更优秀的话。

非意大利人的政治家努力通过强调他对意大利人的崇高敬意来建立一种友好的关系。他说他像一个出色的意大利人一样出生在一个大家族之中，说他在科纳维尔或在一个类似的地区长大——或者说他喜欢意大利烹调法。

在战前的日子里，非意裔政治家常常用对墨索里尼的颂扬来争取选票。1938 年，我听到在州里有一位杰出的爱尔兰裔政治家把这个独裁者说成是“欧洲和世界上最强大的和平力量”。

在科纳维尔政治中，种族的重要性最突出地表现在1940年的总统大选中。罗斯福在前两次竞选中，曾在科纳维尔极得人心，得票数大大超过本州的民主党人。当时，在科纳维尔人心中，罗斯福和民主与墨索里尼和法西斯并无冲突。他们会说，“墨索里尼是意大利的，罗斯福是美国的。”总统在夏洛茨维尔的“诽谤性”讲话中攻击了墨索里尼，从而造成了冲突。而政府奉行的公开反法西斯
231 的政策则必然会使一些意裔选民与之疏远。但是，假如总统没有在这样一个敏感的问题上说出攻击科纳维尔的话，这种影响本来是可以减到最小限度的。多年来，意大利移民一直努力想以行动来使别人忘掉他们的坏名声，即说他们是喜欢在他们的敌人背后插一刀的民族。罗斯福的话又揭开了一个旧伤疤。威尔基也直言不讳地反对法西斯，不过他没有使用这样带刺激性的用语。共和党政治家和一些民主党人也跟着这样讲。从4月到11月，人们时常想起“在背后插一刀”这句话，所有为我的调查提供资料的人都认为在科纳维尔的总统竞选中，这是最有效的武器。从以下对1936年和1940年大选中罗斯福和共和党人在科纳维尔得票的百分比进行的比较，就可大致估计出它的效果：

1936年大选

罗斯福 …………………… 89

兰登 ……………………… 11

1940年大选

罗斯福 …………………… 51

威尔基 …………………… 49

1936 年，罗斯福在这一地区得了 3，278 张选票；1940 年，他得的票只多 117 张。而民主党的州长候选人虽然在其他年份本地竞选中得的选票总是落后，在 1940 年却能获得 63%的科纳维尔的选票。

按道理讲，唤起种族情绪与在科纳维尔和其他地方广泛存在的另一种情绪是有冲突的：即政治家应该为他的全体选民服务，而不管其种族背景如何。然而，这并不妨碍讲演者在同一次讲演中同时唤起这两种情绪，而且多数政治家正是这样做的。

种族联系帮不了政治家多少忙，除非他还能与他谋求其支持的那个阶级的人建立联系。当杰内利法官竞选首席检察官时，就表明了这一点。嘉利·拉韦洛告诉我，对于当地的民主党政治家来说，和杰内利竞争就像和商业区大街的任何共和党候选人竞争一样容易。她评论说，“杰内利是个有名的律师。你为了某件事到他的办公室 232
去找他，他就会要你一大笔钱。他出生在这儿，但是早就从这里搬出去了。他与这里的人民毫无关系，他们也与他毫无瓜葛。”杰内利的支持者们抱怨说，“意大利人的问题在于他们不愿抱成一团。”

阶级的呼吁与种族的呼吁有密切关系。当地的候选人强调他与他的选民有相似的背景。外来者也努力想建立同样的联系。劳动人民的事业被认为特别有价值。在拉韦洛竞选时，常常听到“上帝的穷人”的说法。攻击政敌的一个常用的说法是说他只在上层社会的圈子里活动，而将劳动人民置之度外。

候选人单纯声明他关心意裔劳动者还不够。他还要努力通过一种个人的呼吁去接近他们。他说他一贯时刻准备帮助穷人，而且一般都要谈他过去曾为他们办过哪些好事。

经常提到拉韦洛夫人的病就是发出这种个人呼吁的一个独特

的实例。假如选民个人对她和她的丈夫并不敬重，那么，嘉利·拉韦洛生病与否对选民来说就没有什么区别。她曾在整个参议员选举区内与数千人有过个人接触，使许多人感到有一种强大的力量使他们要忠于她。

候选人在谈到自己担任公职的资格时，必须牢记两件事。他要努力使他的听众相信，他受的教育和他的经历使他非常有资格，以致他将能够在平等的基础上会见政界的“大人物”；但与此同时，他又要指出他仍然是一个老百姓，不管他地位升得多么高，也会忠于他们。政治家可以说，他最重要的资格是他过去和今后都一贯忠于他的老朋友，忠于他的阶级和他的种族。他提高自己的地位只是为了能够效力于他的人民。

每个候选人都努力使他的听众相信他会取胜。他谈到为他撑
233 腰的组织和要人。对于那些尚未决定支持谁的群体来说，支持得胜的候选人对它们最有利，因为它们可以在将好处瓜分完之前与他拉上关系。多数候选人都预言自己将取胜，不过与此同时，他们还竭力表明他们有着很硬的关系，从而无论获胜与否，他们都能给人们带来好处。

那些竞选重要职位的人必须谈到具体问题。例如，竞选地方检察官或行政司法长官的候选人在科纳维尔谈话时，强调他们的“仁政”政策，但是在中产阶级和上层阶级地区，他们却强调严格执法。

群众集会为政治家们提供了出头露面和宣传自己的机会，并使得候选人的重要支持者们变得更加声名显赫，从而使他们更加热衷于他的事业。没有亲密的个人关系，政治家就没有成功的机会。但是，假设开始时已经建立了一定的关系，他就会发现当众露

面对于扩展这些关系很有用。他的名字在整个地区内家喻户晓，以前与他素不相识的人也来找他请求帮助。如果他能帮他们的忙，他的影响面就会扩大。

群众集会的主要目的——正如当地政治家们承认的那样——是唤起其追随者的热情。当多克的朋友们怂恿他参加竞选时，他对我说，“他们只是想有一个他们可以为之欢呼的人。”政治家如果打算在某次群众集会上讲演，就会把命令传达给他的追随者，大批追随者就会来参加会。他们的政治家就是他们的冠军。当他在公众面前取得显赫地位时，他们也由于曾支持他而感到极大的满足。当他们所需要的人被邀来讲演时，他们对他表示热烈欢迎。在讲演过程中，他们在适当的时候鼓掌欢呼，并在讲完后再次欢呼。

参加科纳维尔群众集会的人们大多数已经决定了支持某个候选人。正如萨姆•韦努蒂对他的竞选委员会说的：

> 就科纳维尔而言，所有将要投票选我的人已经对他们如何
> 投票拿定了主意。我会去参加科纳维尔的群众集会，不过群众 234
> 集会只是为了发泄一下。这么说吧，我去参加这些会只是为了跟上形势。参加会的都是同一些人。就是那群追随者。

在科纳维尔的群众集会上，政治家主要是对他自己的支持者们讲演。这可以看作当地竞选众议员的正常程序，否则它就会显得令人不可思议。鉴于选民可以挑选竞选这一职务的两名候选人，所以每个政治家都避免引起其对手的支持者的不满，这样，他或许能争取到他们的第二张选票，这对他是有利的。在竞选初期，候选人们尽量减少互相攻击，集中力量宣传自己的资格。但随着一次次群众集会的举行，他们的互相攻击也越来越激烈。每个候

选人都会放过某些对手，以便集中火力攻击一两个人。这种做法必然会惹恼一些曾可望会把他们的第二张选票投给他的人，但是政治家的支持者们迫使他必须这样做。他们已经听腻了对其候选人资格的反复说明，而这类攻击则会维持他们的热情。候选人必须不仅能唤起其追随者的热情，而且能保持他们的热情；昨天的介绍曾使他们激动，而今天必须超过昨天。

政治家使用的词句为他的支持者提供了弹药。虽然人们承认某种个人义务足以作为支持某个候选人的理由，却不能用它来有效地说服那些没有义务的人。候选人必须最具备资格，最真挚，对朋友最忠实。要反对别的候选人，就必须表明他们的无能或不忠。候选人本人应该带头提供这样的证据。

有一次，阿特·波塞拉和乔治·拉韦洛同时竞选州议员，两个人都在韦斯特兰的一次群众集会上讲话。第二天上午，波塞拉把当时的情况对他的许多追随者讲了。他简短地描述了拉韦洛的讲话，然后相当详尽地叙述了他自己的讲话，表明他如何“使拉韦洛很狼狈”。快到中午时，既未出席那次群众集会，也未听到波塞拉的描述的 X 遇见了刚从这位政治家的办公室出来的 Y。X 说，他
235 对于为波塞拉工作没什么热情，因为他听说在那次集会上“拉韦洛使阿特很狼狈”。Y 向 X 保证事实完全相反，并劝他到波塞拉那里去听听真实情况。在办公室里，X 和一群人一起，听阿特把他的看法又讲了一遍。当 X 离开办公室时，他又振作起来，并逢人便说实际上发生的情况（按照波塞拉的说法）。

科纳维尔人非常重视流畅有力的表达，然而他们并不单纯选举最善辩的人。几年前，托尼·卡尔迪奥的大哥竞选议员。多克告

诉我，他的街角青年们从其他各个会场来到这里，极度赞赏卡尔迪奥的口才。他们认为他很可能是所有候选人中最善辩的一个，然而他们中间却没有人投他的票，因为从他们与卡尔迪奥的接触中，他们确信他自认为在社会上高人一等。

在竞选较高级职位的活动中，演讲可以说服更多的人，因为这些候选人无法与许多科纳维尔人有个人接触。这在一定程度上说明了罗斯福在夏洛茨维尔的讲演的破坏性影响。然而，即使如此带有刺激性的用语也并没能直接影响科纳维尔的广大选民。它影响了某些人，这些人又影响了其他人。人们经过一段很长时间的骚动过程，相互影响，才改变了原来对他的拥戴。甚至州政界里最重要的人物也试图通过当地的领袖们开展工作，因为后者可以通过个人接触为他们争取到支持。这些政界要人承认，没有个人接触，他们就得不到这种支持。

科纳维尔的政治家们在群众集会上讲话时，目的并非要用道理来说服那些未被说服的人。他以情动人，想以此来打动那些已经部分地或完全被说服的人，从而使他们去扩大对于一个成功的政治组织来说是不可或缺的人际关系网。

五　选举日

东城的所有选举都是在选举委员会的管理下进行的。委员会的委员们由市长委派。其中必须有两名民主党人，两名共和党人。236
各选区的选举工作人员均由委员会任命。每个投票处有一名监察员负责，下设一名办事员、两名检查员。这些任命必须由两大政党平分。

投票者在入口处报了他的姓名并向检查员打过招呼以后，就会得到一张选票，然后走进一个投票间，标出他选的人。在出口处，检查员在让他把票投进票箱之前，要再核对一遍他的姓名，然后投票者离开投票处。每个投票处都配备一名警官。

在选举日那一天，每个候选人都有许多他的支持者在投票站工作。他们站在人行道上(按照法律的要求，至少要距离投票站入口处50英尺)，佩戴着有他们的候选人名字的徽章或饰带。在投票者走过时，他们说，"请别忘了投×××的票，"并发给他们印有同样内容的小卡片。候选人努力挑选那些在本选区知名的人来承担这项工作。

甚至连这些在投票站工作的人也认为他们不会争取到许多选票。他们中间的一个人对我说：

> 你影响不了任何人。人们已经打定了主意。假如我在选举前三四个星期找到你，我说，"比尔，我对这个候选人有兴趣。如果你还没决定的话，能投他一票吗?"十有八九你会说，"干嘛不行?"可是到了选举那一天，就变卦了。你不会这样改变你选的人。

在投票站工作的人的作用之一是注意使反对派候选人的支持者们不会得到不该得到的便宜。过去，经常有人试图恐吓投票者，因此在对立的投票站工作人员之间很可能发生争执。我在观察科纳维尔选举时，常听说在投票站可能会出现麻烦，但是除了一两起小的争吵以外，投票进行得很平静。

参加竞争的各个政治组织都持有一份列有各选区全体选民的姓名和地址的正式名单。在选举前，这些名字都被仔细研究过，对那些肯定会投反对派候选人的人不予考虑，但是对其余所有的人 237 都应预先进行游说，所有愿意乘车去投票站的人的名字上都作上记号，以便在投票那天为他们提供车辆。

以前，每名候选人都可以在各选区的投票站里有一名他的工作人员，以便维护他的利益。这些人有本选区全体选民的正式名单作为参考，可以对进来的每名选民进行核对，对任何可疑人物进行盘问。他们不时地走出去，把那些没来投票的人的名字告诉他们的同伙，以便组织人努力去“让选民出来”。

选举委员会断言，在投票站里工作的这些人曾向外面提供情报，使其同伙能够派一些人以那些未来投票的人的名义去重复投票。于是委员会规定，只有被任命的工作人员才可获准进入投票处。这一规定的效果是把那些政治工作者的核对工作从投票站内部转移到了外部。持有选民名单的人站在离投票站不远的人行道上，当选民走过时，划去他们的名字。由于在选民向选举工作人员报出自己的姓名和住址时，他无法在场，所以这项工作的难度更大了；但是如果他对他的选区十分熟悉，他就能够保留一份非常准确的记录。

在四区和东城的其他地方，有很大一部分选票是重复投票者或不住在本区的人投的。许多由于获得了一份政界的工作或其他好处而对克利夫兰俱乐部感激不尽的人，已经搬到社会公认的更理想的地区去居住了。为了继续为这个组织投票；他们与公寓和旅馆的管理人商定好，当 1 月 1 日警官来核对各幢房子里的居民姓名时，把他们的名字告诉他。做这项工作的官员很少费事去核对向他提供的情况。有的选民设法使自己的行为在法律上无懈可击，他们在 1 月 1 日夜里，在他们登记的地址过夜。这样，许多人虽早已不在这一地区居住，却依然留在选民名单上。他们被称作“床垫选民”。

238 如果一名床垫选民是以自己的名义投票，而且在选民登记名单上有他的名字，那么，在投票站盘问他时，就不会问出什么问题。正如约瑟夫·马洛尼解释的，“如果你打算对那份登记名单提出质疑，就必须至少在投票前 14 天提出。我们通过的法律不允许公民无缘无故受到盘问的威胁。”

在选举这天，俱乐部让许多人去重复投票，每次用一个不在城里或是没来投票的选民的名字。用这种方法，这个组织可以保证它的全体成员和其他许多人都去选举或被选举。

虽然克利夫兰俱乐部干这种事远远地走在了前头，但近来意大利人的政治组织也能为了它们自己的利益虚报选民名单了。由于意大利人无法动员那么多已经搬出这一地区的忠实支持者，所以在登记假名字时比较困难。最初的一位有势力的独立的意裔政治家曾设法让其俱乐部成员向编制居民名册的官员提供外加的名字。在选民登记时，他的某些支持者受命按这些名字登记。他们按指示到选举委员会办公室的某个窗口去登记，政治家显然已经与那里负责的办事员达成了协议。到了选举日，俱乐部的重复投票者用这些名字投票。

没有选举委员会的合作，这种广泛的重复投票是行不通的。委员会里的职务是一个有吸引力的政治要职，因为委员们报酬丰厚，工作轻松，并占据着具有战略意义的地位。为了确保本区某位重要的政治家得到政治支持，市长也许会把一个他的人派到委员会去补缺。然后，这位委员务必使由他负责支持的这位政治家能够将其组织的大批成员安插到他的选区投票站，担任检查员、办事员和监察员。两大政党中被任命的人数按照要求应该对等，不过这对于统一控制四区各投票站来说，并不是一个重大障碍。这种做法是 239
把该区的居民派去担任这些职务。共和党人中能靠民主党政治家派他们到他们的选区中任职的人寥寥无几，所以不可能给他带来什么麻烦。选区的政治家也没有必要让他的人始终把持所有的投票站。只要控制了一定数目的投票站，就可组织大规模的重复投票。

自从不准许政治工作者进入投票站以来，组织重复投票变得更加易如反掌。以前，一个组织要使自己的人到投票站任职，就要贿赂那里的负责人。尽管如此，仍会有反对派候选人的工作人员需要对付。如果这些人不断抗议，警察和官员仅仅出于保护自己，也不得不对投票者进行盘查，从而使这套安排落空。于是，就有必要贿赂反对派的政治工作者，或是在他们走出这幢建筑物时，以暴力相威胁。

如今，唯一必须做的事情是使主管投票的官员，特别是监察员和投票站的警察与筹划重复投票的组织站在一起。如果合法登记的选民后来来到投票站，发现已经有人冒用他的名字投了票，这也不会牵涉到那个组织。假如这个人不怕麻烦，找到投票委员会去证明他的身份，委员会就允许他投票，但这并不影响第一次别人以他的名义投的票。

在竞选国会议员时，约瑟夫·马洛尼控制了拉韦洛家所在的区，傍晚之后，整个选区都有重复投票者在活动。然而，拉韦洛的主要对手布拉纳干控制了六区的各个选区。按照拉韦洛的观察员的报告，布拉纳干从城里最大的一家出租汽车公司雇了 50 辆出租车，把重复投票者和其他选民送往那个区的各个选区。据说，这些机械化小分队里有 50 余名重复投票者，每人在 20 多个选区里各投两次票。这加在一起，等于是一个有两千多名选民的群体。布
240 拉纳干的重复投票数字要大得多，从而增加了他获胜的可能性。不过，重复投票本身并未能决定这次选举，因为布拉纳干的合法选民显然是有限的。

在科纳维尔，人们普遍认为重复投票“不对”。为它辩护的理由是：即使你在投票时不做手脚，别人也会做。敌对的政治组织是以一些针锋相对的群体为基础而形成的，它们是冤家对头。选举不被当作人们进行自由选择的机会，而被认为是权力和威望之争，因此不惜一切代价也要取胜。

选举日的组织揭示出那些参加这项工作的人的社会差异，这从分配给他们的工作上即可看出。投票工作者和重复投票者由街角青年或社会地位与他们相当的老年人组成。重复投票者是一个特殊化的群体，因为并非所有的投票工作者都愿意去重复投票。他们一般是那些处于社会底层的“混小子”。在这个结构中，再往上一层，是那些把选民或重复投票者赶去投票的人。在他们上面，是在特定选区内负责这项工作的人。甚至在 1937 年拉韦洛竞选时，尽管大家一致赞成不设选区组长，也有一些人被派去非正式地主管大多数选区的事务。在选区组长之上，通常有一人主管一个地区或几个选区。在这个组织的最上层是候选人本人或他的组织的头头儿，以及某些有势力的同盟者。他们控制着整个地区，并开着车四处跑，指挥全部行动。

六　政治义务的性质

科纳维尔的政治组织可以被最恰如其分地描绘成一套个人之间互惠的义务。通过观察它们在何种情况下形成，哪些行动造成了这些义务，以及需要采取什么行动才能解除它们，即可了解它们的性质。

谁都承认，如果一位政治家为一名选民帮了忙，这个选民就会对他负有义务。这种义务的解除可以通过投这位政治家的票，或是为他出更大的力——这取决于政治家帮的忙有多大。政治家在 241
为他的选民帮忙时，不必每一次都使出他的全部本领。在与官方打交道时，英语讲得不好或根本不会讲英语的人显然需要一个翻译，甚至从小就讲英语的街角青年一走出他自己的活动领域，也往往张口结舌。此外，没有经验的人不了解政府的复杂组织，也不知如何找到有效的渠道。有时候，选民无可否认地有权要求得到某种帮助，而且只需到对口的部门说明情况，就保证能得到这一帮助。然而，那些不知道应该找哪儿或如何为自己说话的人却必须请一位向导或代言人，而担任这一职务的政治家则可以实际帮忙，结果造成了一种义务。

政治家对那些在竞选中支持他的人负有义务，而政治活动的巨额开支往往使人们高度重视财政支持。政治家能为支撑自己的政治活动出的钱越多，就越不受这种特殊类型的义务的束缚。这也许能说明这样一个事实：与身兼殡仪承办人的政治家相比，身兼律师的政治家与非法团伙成员的关系更为密切。因为对于身兼律师的政治家来说，非法团伙成员是最重要的主顾和最大的竞选资助人。

有关竞选的论述表明了不同的花钱之道，但没有说明政治家如何决定把他的钱投入那些特定的渠道。实际上，政治家把他的大部分钱都花在他缺少普遍支持的地区了。

1937 年菲乌马拉的竞选就说明了这类行为。多年来，约瑟夫·马洛尼一直稳坐市政委员会委员的宝座，以致多数意裔政治家都把注意力集中到其他公职上了。这一次，菲乌马拉对于这个区的选民来说，只是又一名殡仪承办人。当他开始竞选时，他首先着手争取各类意大利人群体和其他非爱尔兰人群体。他为了使俱乐
242 部支持他而给它们钱，还出钱在它们的地区举办选举聚会。他为了自己的利益而花钱。据当地报道，他共花了 6,400 美元，这在四区竞选市议员的历史上是空前的。其中有的钱也许白花了，但是它使得菲乌马拉成为马洛尼老板竞争这一职位的主要对手。菲乌马拉在第一次竞选中得了 3,000 多张选票，仅次于马洛尼。没有这种慷慨解囊，菲乌马拉只不过是又一名无足轻重的竞争者，也不会有机会在 1939 年击败克利夫兰俱乐部的老板。

即使像菲乌马拉这样挥金如土的人也不是把他的钱平均花用的。他试图不花钱就赢得尽可能多的意大利人的支持。在 1939 年的选举中，菲乌马拉在科纳维尔的大部分选举工作者是志愿服务。而在科纳维尔得不到什么支持的马洛尼和凯利却给他们在这一地区的每一名选举工作人员 5 美元。情况大体就是如此。政治家在已经建立起一系列个人义务的地方花的钱很少，而把钱集中花在那些他没有这种联系的地方。

必须对其大部分支持者支付现金的政治家可以向他的选民收取好处费，以贴补他的开支。这种做法已经变得越来越普遍了。

为了得到一份工作，了结一个案子，或得到其他某种帮助，当事人需要付一笔钱，其金额依其得到的帮助的重要程度而异。地区的政治家并不把这笔钱全部据为己有。他必须给有权提供这一帮助的人送钱。如果这件事很重要，必须由一个政治等级制度中的高层人物来办，这笔钱就通过一个中间人转递。地区政治家付钱给“代收贿金者”，由他把钱转交给“大人物”。凡是按照这一制度行事的重要的政治家都有一些可靠的朋友，由他们充当索贿者，以免他们的上司被告发。科纳维尔人都明白，选民的钱并没有被如数交给大人物。地区政治家会拿去他的“一份”，代收贿金者也是如此。既然得到了帮助，选民就不应该去关心他那笔钱的命运。
四区的政治家并不都是根据这一准则办事。有些人，像乔治·拉韦 243
洛，就拒绝为他们的政治服务接受任何现金。

在政治家及其选民之间存在的义务的性质取决于双方的服务究竟是用钱买的还是免费提供的。那些在一件事情上花了钱的选民不像没花钱的选民那样感到负有义务。钱不一定完全破坏个人义务的准则。这在一定程度上取决于花了多少钱和帮了多大的忙。选民也许会对自己说：“我为政治家给我找到工作而付了钱，不过，工作毕竟不好找；许多人为这份工作愿意和我花一样多的钱甚至更多的钱；这位政治家为我办了这件事，真是个好人。下次选举我得支持他。”然而，当选民把钱交给政治家以后，这种义务就不这么保险了。

正如在1939年的竞选中，约瑟夫·马洛尼在攻击他的对手迈克·凯利时说的：

> 有一个候选人至少许了200份工作的愿。他打算怎么兑

> 现它们呢？他得到了一些人的拥护，是的，那些人也都拿到了赏钱。可是我们应该意识到，当他们拿到赏钱时，这种义务也就被一笔勾销了。

有一名街角青年这样表达了他的意见：

> 有时候，如果你为这群政客办事，他们就想给你钱。然后，等你为了找工作去求他们的时候，他们说，“这是怎么回事，我不是给你钱了吗？”……假如你是个聪明人，就别拿那笔钱，然后你或许还能有个机会得到点儿什么。

许多人持相反的观点。科纳维尔社交和体育俱乐部的托尼·卡塔尔多、卡洛和其他几个会员认为，街角青年应该承认，无论如何，他们在选举以后不会捞到什么，所以应该事先要钱。这样，政治家将不会因为他们的支持而对他们负有义务，不过，既然他们已经收了钱，他们就应该满足了。

如果政治家用钱来保证他所得到的大部分支持，他对那些选民就不再负有义务。由于缺乏强有力的个人联系，那些人在选举
244 过后也许会转过来反对他，不过，在下次竞选时，他可以再次用钱把他们争取过来。如果他们永久性地抛弃了他，他可以再找到别的会对同样的刺激作出反应的群体。

不要过高地估计支付现金在保证选票方面的作用。在政治上，街角青年对金钱的态度大体上是这样的：政治是一种非法勾当；政治家只是想利用我们来为他自己谋私利；我们也可以答应他的任何要求，把能从他那里得到的好处都捞到手；然后我们想怎么做就怎么做。关于这一点，回想一下菲乌马拉的支持者在科纳维尔社交和体育俱乐部的讲话是很恰当的，他告诫小伙子们，“别当

傻瓜。拿着他们的钱。你们可以花这笔钱，但是然后进去投菲乌马拉一票。”政治义务不单取决于政治家提供的帮助，还取决于政治家与其选民之间的个人联系。如果没有这种联系，金钱也不能填补这道裂隙。

这一论述不应造成这样的印象，即政治家可以随意选择他的行动方针。如果他在竞选前未能建立起一个足够广泛的义务网，为了赢得支持，他就只好大量花钱。当选之后，如果他无法以其他方式弄到足够的钱，也许就只好为他提供的帮助收费。由于他的许多上司都要现金，他可能也被迫这样做。乔治·拉韦洛之所以没能保证给他的选民更多的工作和恩惠，据说原因之一就是他不愿意用钱去买它们。在他的首届任期内，他向某些大人物要求恩惠，但他们告诉他这些恩惠是有代价的。当关于拉韦洛不肯花钱的话传开后，大人物们干脆告诉他无法提供恩惠。

这并不意味着所有重要的恩惠都必须用钱去买。政治家之间的关系也和政治家与其选民之间的关系一样，既基于个人之间非金钱的义务，又基于现金的支付。由于拒绝付款，政治家使他自己失去了一些恩惠，但并非失去了所有可以获得的恩惠。

按照科纳维尔的标准，出于友谊而帮忙的政治家被认为比为了金钱而帮忙的政治家道德高尚。同样，分文不取地为候选人的 245
竞选出力，并以此来表明他对候选人的事业一片忠心的选民比试图花钱买到某种特殊恩惠的人高尚。帮忙应该是互相的，是出于个人之间的忠诚，就像街角帮内的情况一样。

虽然近年来政治组织已经发生了深刻的变化，多数科纳维尔人却仍然相信这些标准。尽管如此，事先给钱仍然很有吸引力，人们也未必总支持他们最尊敬的人。由于越来越多的选区候选人习惯于靠钱办事，他们的选民在获得恩惠的问题上的选择机会更少了。他们感到花钱买到一份恩惠要比根本得不到任何恩惠强。

至此，我们已经从个人的方面讨论了义务和恩惠问题。在科纳维尔和在其他地方一样，人们认为政治家有义务为他所在的社区争取到公园、运动场以及其他有助于大众福利的改进措施。科纳维尔人强烈地抱怨他们的议员没有尽到这一义务。只需草草地检查一下，就可以证明这一地区在获得这类改善方面不如其他地区。

科纳维尔人对这种状况有多种不同的解释。他们说，政治家背叛了他们，政治家对改善这一地区不感兴趣，或者，说他们不想干得太多，因为他们害怕这里的人以后不靠他们也能成功。这些情绪的流露不大能说明问题。我们不能料想一位真心想取得进展的政治家刚刚当选就会对这一目标失去兴趣。即使他一心只想贪污，在公共改善计划中也可以比在任何其他事情上贪污得更多。

显然，必须从另一方面来作出解释。关键在于政治家与选民和政治家与政治家之间的个人关系。

老百姓都欢迎改善公共事业，但是政治结构并不以老百姓为
246 基础。政治家对某些人负有义务，并通过履行其中一定数量的义务来维持他的组织。

政治家必须集中力量解决最急需解决的问题。如果一个人想要求三件事——不要进监狱，找一份工作，使他的孩子们有新的游戏场所——他不会一下子提出这三项要求。首先，他想使他的自由有保障，然后是有一个挣钱的手段。如果政治家能为他办好这两件事，他会感到满足，也许就根本不提那公园的事了，因为选民们明白

他们能要求政治家为他们做什么取决于他们能为他做什么。

选民们觉得老百姓都有权要求改善社区，所以不认为这是对个人的恩惠。一个有工作也没有违法的人不会为了改善社区而去努力与政治家建立密切的个人关系。

当有人请求政治家为一名街角青年受到的指控开脱，或利用他的影响力去保护非法团伙成员时，他必须与办这件事所需要的警方和地区检察官联系。与这些人尽量搞好关系，对于社区的改善没什么用，因为这类事情不属于他们的管辖范围。当有人请求政治家把某个人列入救济名册时，他必须与主管这类事情的官员联系，而他们也与社区的改善毫不相干。当有人请求他为一个人谋一个政治职位时，他必须设法与政府中的要人们取得联系，并在那里开始接触那些有权改善社区的人。但是他不能什么都要求。政界人士都懂得，一名政治家不能向另一名政治家提太多的要求，除非他能为对方提供重要的服务作为回报。如果他要求得太多，关系就断了，他什么也得不到。

在等级制中，为使社区得到改善而必需的相互作用不同于为
了个人得到恩惠而需要的相互作用。有几个例子将说明这些相互 247
作用的性质。

一个人被一名巡警或警官逮捕了。他与本区的一名政治家取得联系。政治家找领导那名实施逮捕的警官的管区队长谈了。管区队长要求警官不要起诉。警官这样做了，于是这个人获得释放。管区队长主管他的地区，同时在等级制中，在他之上还有数名副警长，一名警长和警察局长。不过，在这件事情上，就像在其他许多事情上一样，相互作用无需惊动这名管区队长的上级。

有人因为犯了点儿小罪被送交法庭。他请求本区一位政治家帮忙。最低一级法院的法官是一些近来在政治上十分活跃，并通过这种活动确保了他们的地位的人。这个区的政治家找法官谈话，法官同意宽大处理。要与更高级的法庭打交道，就需要更重要的关系。但是基层的案子可以作为个人事务处理，而不用提交到等级制中更高的一级。

有人被一名助理地方检察官起诉。他对本区政治家讲了这件事。如果这位政治家已经与等级制度中的这一级拉上了关系，他会直接去找地方检察官说，而地方检察官则会让他的助手丢开这个案子。如果没有这层关系，不把案子提交地方检察官，也常有可能确保好的结局。他的下级很容易受到某些政治压力的影响。

要保证社区得到普遍改善，则需要有不同的行动方针。下面这件事就说明了这一点。

在一个小公园里，几名街角青年在打垒球，几个力气比较大的击球员把球打出了场地的围墙，撞到了马路对面的建筑物上，打破了几块窗玻璃。这幢房子归东城银行和信托公司所有。房屋管理人到银行的房地产部门告状，该部门派人与公园管理员联系。公
248 园管理员规定，16 岁以上者不得在这片场地上打垒球，并要求科纳维尔的警方管区队长采取行动。该管区队长对警官谈了这件事，警官取消了一个星期天下午的一场激烈的比赛。

街角有一个帮的领袖萨姆•佛朗哥一直在组织包括16 个球队的垒球协会。管理员的规定只能更增加人们对垒球的兴趣，萨姆想方设法使用这个公园。他找一位与公园管理员相识的老人谈了这件事。这位管理员去附近的一个教堂作礼拜。萨姆和他的朋友

就在外面等他，并问他的部门能不能在围墙上架一个铁丝网，这样就可保护那幢楼房了。管理员说他没有专款来做这样的事，帮不了他们的忙。几天之后，他们又设法找他谈，但他说，“我不想和你们有任何关系”，并扬长而去。

萨姆曾通过多克的娱乐中心认识了科纳维尔街坊文教馆主管青年工作的肯德尔先生，于是去找他商量。肯德尔先生让萨姆继续进行他建立垒球协会的计划，并安排各队队长每两周开一次会，以便及时了解进展情况并讨论计划。

肯德尔先生找银行在科纳维尔的财产负责人谈了话，此人表示很同情街角青年，但说他帮不上忙。他没有主动提出把这件事向银行的更高级人士反映。后来，肯德尔先生找当地的一位政治家萨姆·韦努蒂谈话，此人与公园管理员有些交往。这位政治家去见了这位管理员，却一无所获。

与此同时，街角青年们一直在开会，萨姆对肯德尔先生说，如果问题不能很快得到解决，他们可能会失去兴趣，组织也会解散。肯德尔先生给市政委员会委员菲乌马拉和市长秘书安迪·科蒂洛打了电话，他俩都答应看看能想什么办法。10 天之后，他又给菲乌马拉打电话。这位市政委员会委员已经忘记这件事了。肯德尔
先生感到这位政治家没有认识到在这个垒球组织中包含着潜在的 249
投票力量，于是带几名队长亲自去见菲乌马拉。

这时，情况急转直下。菲乌马拉答应提出一项议案，呼吁拨一笔款修建围栏，并为此去见市长。同时，安迪·科蒂洛也突然行动起来。两个人都与市长讨论了好几次。每次讨论后，都把结果通知了肯德尔先生。科蒂洛会打电话说，“我刚见过市长，他说一切都

会顺利解决。”5分钟之后，菲乌马拉又会打电话报告同样的消息。两个人都只字不提对方，虽然他们显然曾一起呆在政府机关办公室里。没过多久，钱就拨下来了。协会的第一次球赛被安排在建好围栏之前举行，垒球场改变了方位。这样做虽然给比赛造成不便，但保护了窗户。前来观看这场比赛的至少有一千人，菲乌马拉也在场。比赛结束后，各球队队长在科纳维尔街坊文教馆与肯德尔先生和菲乌马拉见面，以决定协会是应该继续在新安排的球场上比赛，还是等围栏建好以后再说。萨姆说，这个城市至少需要一个月的时间才能建好围栏。菲乌马拉说他第二天早晨就去见市长，想办法催一催。那天下午，市长与一位市里的工程师一起视察了公园的场地。不到一周，围栏就筑好了，每天晚上举行两场垒球比赛。

许多人对这些成果感到惊讶。据说，多年来，这是科纳维尔首次在公园部门预算中得到一笔拨款进行新的建设。一旦找对了路子，计划被付诸实现的速度也是令人惊叹的。

要理解发生的情况，必须对政府中的立法部门和执行部门加以区分。执行部门在行政管理部门——如公园部门——中，有其自己的等级制度。它们要屈从于来自立法者的压力，但在一定程度上又必须抵制这种压力，因为它们在完成其工作要求的同时，形
250 成了自己的相互作用渠道和程序标准。一项涉及某个行政等级制度的新的行动计划不会由于选民们的倡导而得到采纳，除非对立法方面的压力也影响到一个处于可以向某部门负责人发号施令的地位的人。如果要求采取这一行动的是社会底层，要使这一压力对立法部门等级制度最高层产生影响，就必须在每一级上组织和协调力量。

拘捕和开脱

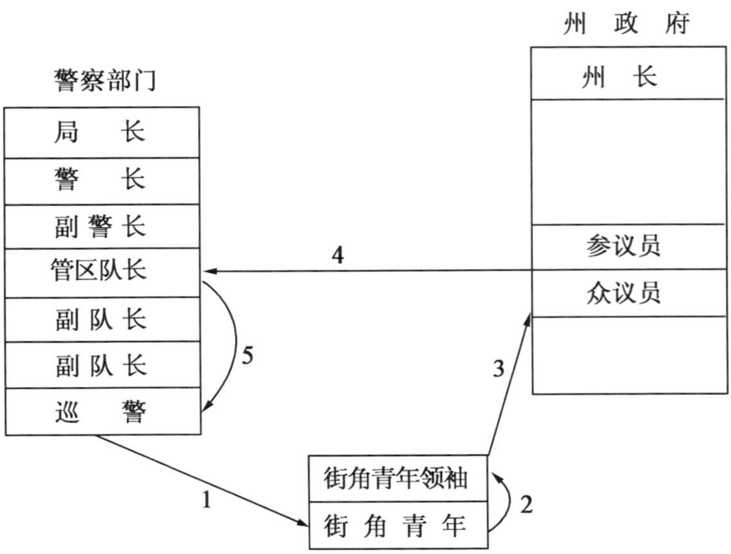

箭头表示相互作用的方向和顺序
方块的位置表示相对地位

在这件事情上，街角青年不能与公园管理员直接打交道。他们的地位相差太远了。萨姆·韦努蒂可以和管理员谈话，但不能对他下命令。安杰洛·菲乌马拉对于为肯德尔先生办事不感兴趣，直到他意识到这位社会工作者是一个紧密结合的组织的一部分，在这件事情上，该组织包括萨姆·佛朗哥、16名街角青年领袖和他们的全体追随者。后来，他和安迪·科蒂洛给市长做工作。科蒂洛就在市长办公室，菲乌马拉是通过科蒂洛才与市长有联系的。两个人都处于向这一立法等级制度中的最高层人物施加压力的地位

建成公园的围栏

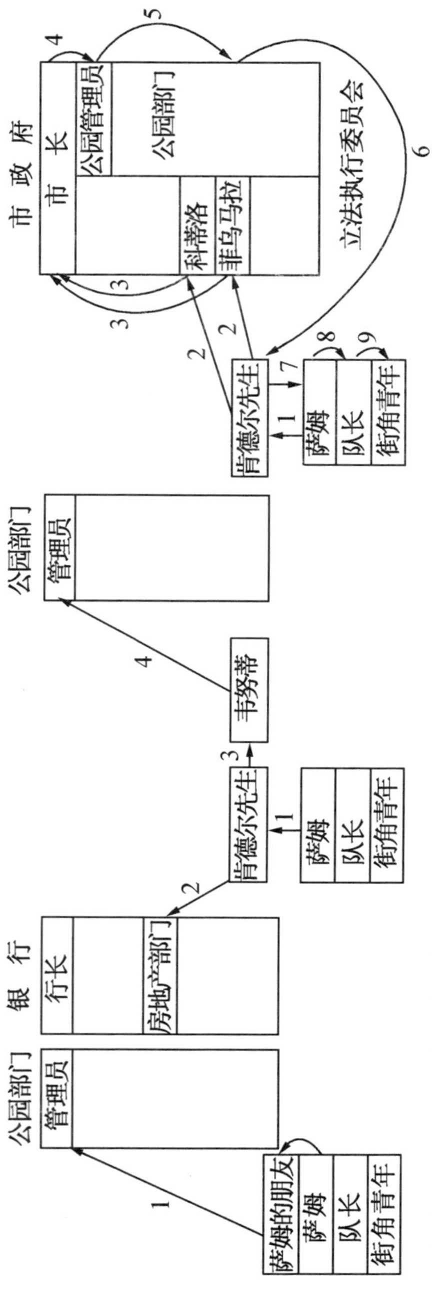

箭头表示相互作用的方向和顺序

方块的位置表示相对地位

上。当他们施加压力时，由萨姆·佛朗哥倡议的行动方针取得了成功。

附图描绘了在两件不同的事情上行动的性质。这些例子表 252
明，保证一项社区改善计划所需要的相互作用过程和保证个人得到一份恩惠所需要的相互作用过程大不相同。多数个人恩惠不必惊动一个政治组织的最高层。这一行动可以在接近等级制度最低层的部位进行。即使必须告知最高层的人物，他也不必让整个等级制度都行动起来。他可以在不打乱他的部门中已经确立的关系的情况下，在个人的基础上处理这件事。要保证社区得到改善，则要求在最低层有组织，并在最高层有过硬的关系。毫无疑问，许多科纳维尔政治家都因为不同时具备这两个条件而未能按照常规的办法办事。由于他们不能做到人们期待他们做的事，所以被认为是骗子。

第　三　编

结　　论

255

结 论

一 帮与个人

街角帮的结构产生于帮的成员之间长时期的经常交往。多数帮的核心的形成可以追溯到成员们的少年时代,那时由于他们的住处相隔不远而使他们有了最初的社会交往机会。学生时期使最初的模式有所改变,但据我所知,还没有哪个帮是通过在教室里或学校操场上的交往而形成的。帮在街角发展起来并且非常引人注目地在那里持续存在,从成员们的少年时代一直存在到他们达到30岁上下。随着岁月的流逝,一些群体由于家庭搬出科纳维尔而解散了,剩下的成员则并入附近街角的帮;但是,经常不断有人搬出这一地区并未使街角青年脱离他的街角。每天晚上,几乎在每个街角,均可看到从城市其他地区或从郊外来到这里与老朋友相会的街角青年。街角青年也可能从这个地区内的某一处搬到另一处居住,但是他几乎总是会继续忠于他最初的街角。

在街角青年的群体活动中家的作用很小。除了吃饭、睡觉或生病外,他很少待在家里,如果他的朋友们要找他,也总是首先到他的街角去找。甚至街角青年的名字也表明了帮对其活动的重要支配作用。你可能与一群人交往了数月,却只知道其中几个人姓什么。对其中的多数人，你只知道群体给他们起的绰号。此外，你很容易忽略已婚男子与单身汉的区别。已婚男子常常每周留出一个晚上与妻子一起出去。还有其他一些机会他们一起外出和招待客人，有的街角青年比别人更关心妻子，但是，无论他们是否已经结婚，你都几乎可以在一周内的每个晚上在街角找到他们的踪迹。

他在街角以外的社交活动也按照同样的规律来安排。许多街 256
角帮每周留出同一个晚上来从事某种特定的活动，如打保龄球。在诺顿帮里，这种习惯如此根深蒂固，以至于在最初的群体解散了很长时间以后，有些成员仍然坚持这样做。

多数群体除街角之外还有一个固定的晚间聚会的场所。几乎每天晚上，大约在同一时间，这个帮都会聚在它喜欢去的自助餐馆用一些“咖啡点心”，或聚在街角的小酒店里喝啤酒。如果那天晚上有别的活动，小伙子们就会在返回街角或回家之前在自助餐馆或小酒店里见面。就餐时的位置是按习惯固定的。每天晚上，各个群体都坐在各自固定的餐桌周围。科纳维尔的其他群体承认他们对这些位子的权利。如果发现在他们通常占据的座位上有陌生人，就只好再另外找椅子，这是一件有点令人恼火的事，尤其是如果在近处找不到座位时。不过，多数群体都是在晚上 9 点钟以后才聚会，那时，除了熟知惯例的常客之外，很少有别人在这里。

街角青年的生活按照固定的、范围限制得很窄的路线运行。正如多克对我说的：

> 这一带的这帮家伙到了大约方圆 300 码之外，就不知道该干什么了。比尔，这是实情。他们下了班回家，在街角闲逛，去吃饭，吃完饭又回到街角，去洗澡，然后又回到街角闲

> 逛。即使他们不在街角，那儿的小伙子们可能也会知道能在哪儿找到他们。他们多数人都长期呆在某一个街角。很少有人改变自己所属的街角。

由于群体的成分稳定，其成员又缺少社会保障，所以形成了群体内部非常高的社会相互作用率。群体结构就是这些相互作用的一种产物。

从这种相互作用中，产生了一种相互义务，这也是群体内聚力的基础。既然人们要作为一个单位来活动，他们就必须经常彼此帮忙。街角青年的准则要求他尽力帮助他的朋友，不做伤害朋友
257 的事。当群体内平安无事时，这种将成员们彼此联系在一起的义务不那么显而易见。有一次，多克让我替他办一件事，我说，他为我做过那么多事，所以我很高兴能有机会报答他。他对我这种说法颇不以为然，说，“我可不希望你是为了这个才帮我的忙。我希望你为我办这件事是因为你是我的朋友。仅仅是为了这个。”

只有在关系破裂时，这种潜在的义务才会明朗化。当亚历克和弗兰克是好朋友时，我从未听到他俩中的任何一个人谈起为另一个人做过什么。但是，当他们为了该群体与阿芙罗狄蒂俱乐部一起活动的问题而发生争吵时，两个人都向多克抱怨说自己以前曾为对方做过那么多事，看在这个份上，对方也不该这样做。换句话说，那些看上去显然是出于友谊而采取的行动原来是一套相互义务的一部分。

并非所有的街角青年都同样出色地尽了自己的义务，这一因素在一定程度上也说明了他们之间的地位差异。如果地位低下者违背了他应尽的义务，可能不会使他的地位发生什么重大改变。

他的伙伴们知道他过去就曾经不履行某些义务，他的地位正是他以往表现的反映。而另一方面，对于群体的领袖来说，所有的成员都指望他履行他的个人义务。如果他做不到这一点，就一定会引起混乱，并危及他的地位。

如果你观察一下他们用钱的方式，地位与这套相互义务之间的关系就再明显不过了。当时我认识一个被称作米勒帮的街角帮。它的领袖是萨姆·佛朗哥。他没有正式职业，只偶尔打一些零工；然而，只要他手里有点儿钱，就会把钱花在乔和奇奇身上。他们是他最亲密的朋友，在群体结构中的地位仅次于他。当乔和奇奇有钱的时候——这种情况较少——他们也会回报他。萨姆还常常为群体中地位接近底层的两个成员付账，有时也为别的成员付账。用科纳维尔的标准来衡量，这两个地位紧排在乔和奇奇之下的人被认为是很富裕的。萨姆说，他有时向他们借钱，但每次从不

多于 50 美分，而且他总是尽早还账。群体中还有 4 个地位较低的 258
人几乎总比萨姆更有钱。但萨姆不记得曾向他们借过钱。他说他在他的街角一带只向人借过一次大数额的钱，那就是向他的一个朋友借过 11 美元，而这个朋友是另一个街角帮的领袖。

诺顿帮的情况也是如此。多克在接过丹尼的钱时毫不犹豫，但他避免接受那些随从者的钱。

领袖为其随从者花的钱多于后者为他花的钱。在群体结构中，一个人的地位看上去越低，那种迫使领袖对其随从者负有义务的财政关系就越少。这并不意味着领袖比别人更有钱，甚至也不意味着他必须花更多的钱——不过他必须总是花钱很大方。这意味着应该从社会的方面来解释这种财政关系。领袖不自觉地——

有时候是自觉地——避免接受群体中地位低下者的恩惠。

领袖对于其群体的组织来说是中心人物。如果他不在，这个帮的成员们就会分裂成若干个小群体，没有共同的活动，也不会共同谈论一件事。当领袖在场时，形势就发生显著的变化。那些小单位组成一个大群体。大家会共同谈论同一个问题。随之而来的常常是统一的行动。在讨论中，领袖成为中心。一名成员开始谈论某件事，但如果他注意到领袖没有在听他谈话，就会停下来，等领袖注意他的时候再从头开始讲。如果领袖离开了这个群体，这种统一就会让位给他到来之前的那种分裂状态。

只有当领袖出现时，成员们才感到这个帮真正聚在一起了。他们承认一切活动都必须等他在场时再开始进行。而当他在场时，他们则期待他为他们作出决定。一天晚上，诺顿帮举行一次保龄球比赛。朗·约翰没钱下赌注，就同意让奇克·莫雷利代他打球。比赛之后，丹尼对多克说，“你绝对不该把奇克放到那个位置上。”

259 多克有点儿恼火地回答说，“丹尼，你听着，是你自己提出让奇克代替朗·约翰打球的。”

丹尼说，“我知道，但是你不应该放手不管。”

当形势要求采取行动时，领袖就要采取行动。他比他的随从者更机敏。过去的事情已经表明他的想法是正确的。在这里，“正确”只不过意味着让成员们感到满意。他最能独立地作出判断。当随从者们对某项行动方针或对某个新来者的品质尚不能确定时，领袖却已经心中有数了。

如果他对他的小伙子说了什么，就不会食言。小伙子们期待得到他的忠告和鼓励，而他则比其他任何人更多地得到他们的信任。结果，他就比其他任何人更了解群体内的情况。每当小伙子们之间发生争吵时，他几乎都会立刻知道。争吵双方都会请他提出解决的办法；甚至当他们不想调和他们之间的分歧时，双方也都一有机会就会把自己对这件事的看法告诉领袖。一个人的地位在某种程度上取决于领袖是否相信他一贯表现良好。

领袖之所以受到尊敬，是由于他为人公正。虽然在某些随从者之间可能彼此不和，领袖却不能对群体中的任何一个人怀恨在心。他固然有亲密的朋友（即地位仅次于他的人），固然对某些成员漠不关心，但是，如果他要保住公正无私的好名声，就不能让个人恩怨压倒他的判断力。

领袖不必是最佳棒球手、保龄球手，或打架打得最出色，但是他必须在群体特别感兴趣的某个方面有些本事。他自然会提倡他所擅长的活动，不鼓励那些他不擅长的活动。只要他能这样影响这个群体，他的地位自然就能使他表现得胜人一筹，同时，他的表现又有助于维持他的地位。

领袖在他的群体之外，比他的任何随从者更有名气，也更受到尊敬。他从事社会活动的能力更强。他最重要的作用之一就是把 260
他的群体与这一地区的其他群体联系起来。不管这种关系是冲突的、竞争的，还是合作的关系，他都被期待着代表他的一群人的利益。政治家和非法团伙成员为了赢得他的随从者们的支持，就必须与领袖打交道。领袖在群体之外的声望往往有助于他在群体内的地位，而他在群体内的地位又有助于他在外人中间的声望。

领袖在与其随从者打交道时，并不把他们当作一个无差别的整体。多克解释说：

> 在任何街角，你都不仅会发现一个领袖，而且也许还会发现两个副手。他们本人也能当领袖，但是他们接受这个人的领导。你会说，“他们是因为喜欢他办事的方式才让他来领导。”确实是这样，不过他的权威是靠他们取得的。你会经常发现街角的有些人呆在幕后，直到发生某种情况时，他们才会出面取而代之，发号施令。像这样的事情有时会变化得很快。

领袖在动员他的群体时，先要与他的副手们打交道。对于米勒帮来说，他们习惯于每星期六晚上去打保龄球。有一个星期六，萨姆没钱了，于是他企图说服小伙子们干点儿别的事。后来，他向我解释了他是怎样改变群体既定的社会活动惯例的。他说：

> 我必须向小伙子们表明，和我在一起将对他们自己有利——对他们每个人都有利。但是我知道我只需要让其中的两个人相信。如果他们领头做什么事，其他人就会对自己说，“既然乔这么做——或者既然奇奇这么做——这对我们来说一定也是一件好事。”我把想法告诉乔和奇奇，并且使他们跟我走。我根本不去注意其他的人。如果乔和奇奇来了，其他的人也就都来了。

米勒帮的另一个例子表明当领袖和他的副手在群体的方针上发生分歧时会出现什么情况。萨姆又对我说：

> 有一次，我们为了在布兰克湖建立一个营地筹款而搞了一次抽彩销售[用当地一位企业家借给他们的地方]。我们筹集了 54 美元，乔和我掌握着这笔钱。那个星期，我知道乔在玩弹子戏，而且他输了三四块钱。到了星期六，我对小伙子们

说，“走吧，咱们到布兰克湖去。咱们要在那小山上建营地。”

乔立刻说，“假如你打算把营地建立在小山上，我就不去 261
了。我想把它建在另一边。”

我早就知道他输了钱，只不过是在找借口，不想让任何人知道这件事。这小山确实是建立营地的好地方。而另一边是沼泽地。要是在那儿建营地那才蠢呢！但是我知道，如果我当时努力让他们实行我的主张，群体就会分裂成两个小集团。有的人会跟我来，有的人会跟着乔走。所以我把这件事暂时搁下了。后来，我单独找到乔，对他说，“乔，我知道你把那笔钱输掉了一些，但是这不要紧。你可以等你有钱的时候还回来，谁也不会说什么。可是，乔，你知道咱们不应该把营地建立在山的另一边，因为那地方不好。咱们应该把它建在山上。”

他说，“好吧。”于是我们把所有的小伙子召集在一起去建营地。

分歧并非总是这样友好地得到解决。有一次，我请多克和萨姆告诉我，他俩都熟悉的一个街角帮的领袖是谁。萨姆说：

多克曾经认为是卡曼。他可看差了。我告诉他为什么他看差了——多米尼克才是领袖。可是，就在那天晚上，这两个人——多米尼克和卡曼差点儿打了一架。现在这个群体分裂成两帮了。

多克说：

有时候你无法分辨出谁是领袖。领导权可能还不确定。也许有两个小伙子在争着要当头儿，不过你可以查明白。

领导地位的变更不是通过底层的叛变，而是通过结构中最上层的人们之间关系的变化。当一个帮分裂成两部分时，可以从领袖与他原来的一个副手之间的冲突中找到对这一分裂的解释。

以上论述不应该造成这样一种印象，即只有领袖才提出行动方针。其他人也经常有一些想法，不过他们的提议如要付诸实行，必须通过正常的渠道。

在科纳维尔社交和体育俱乐部的一次会议上，位于底层的多多建议允许他在俱乐部聚会室经销啤酒，并以75%的利润作为回报。托尼发言赞成多多的建议，但提出把给他的回报的百分比降低一
262 点。多多同意了。尔后卡洛建议让多多以一种迥然不同的方式经销啤酒，托尼同意了。托尼提出动议，全体通过。在这件事上，多多的建议被采纳了，不过，根据托尼和卡洛的意见作了实质性的修改。

在另一次会议上，多多说他有两项动议：把俱乐部的资金存入银行；任何办事人员不得连任两届。这一次托尼不在场。俱乐部主任多姆说，一次只许提出一项动议，此外，在有机会进行讨论之前，多多不应该提出任何动议。多多同意了。后来，多姆评论说，俱乐部可存的钱太少，所以要把资金存起来是很愚蠢的。卡洛表示同意。会议没有对第一项动议作出任何反应就接下去讨论别的事情了，对第二项动议则甚至只字未提。就在这次会议上，处在中间地位的克里斯提议俱乐部成员必须在加入俱乐部满一年以后才得担任职务。卡洛说这个想法很好，并附议，于是它被一致通过。

根据对偶事件和集合事件中的行动的起因，可以看出领导的行动特点。对偶事件指在两个人之间发生的事件。在集合事件中，则是由一个人为另外两个或两个以上的人发起行动。领袖经

常不等他的随从者提出建议就为群体发起行动。在对偶事件中，随从者可以为领袖发起行动，但他并不同时为领袖和其他随从者发起行动，即，他不在包括领袖的集合事件中发起行动。当然，领袖不在场时，如果群体结构中地位较低的人在集合事件中发起行动，也可以发动一部分人。正是通过观察头头不在场时的这种集合事件，才有可能确定那些既非领袖又非副手的人们的相对地位。

街角帮的每个成员在帮的结构中都有自己的位置。虽然这种位置可能长期不变，但不能认为它们是静止的。占据某个位置，意 263
味着个人在与群体其他成员发生相互作用时有一种习惯的方式。当相互作用模式改变时，位置也会改变。成员的位置是相互依存的，一个位置的变化不可能不引起其他位置的某些调整。鉴于群体是围绕着地位最高的人组成的，有些地位低的人可以在不打破该群体的均势的情况下改变位置或退出群体。例如，当卢·达纳罗和弗雷德·麦基不再参加诺顿帮的任何活动时，这些活动依然如故，照常进行。但是当多克和丹尼退出后，诺顿帮就解体了，相互作用模式也不得不按照不同的方针来重新组织。

人们也许会从群体均势方面来概括这些过程。当群体成员按照习惯的模式——即过去和现在组织群体活动的模式——发生相互作用时，可以说群体处于均势状态。相互作用模式可以经受某些更改而并不打破群体的均势，但是突如其来和剧烈的变化却会破坏这种均势。

对成员个人的行动，也可以从均势方面来认识。每个人在与他人发生相互作用时，都有其特有的方式。这也许在很大的范围内是由他的天赋决定的，但是它会通过个人一生中与他人发生相互作用的经验而形成和采取独特的形式。20 世纪美国人的生活要求个人的行动带有高度的灵活性，正常人要学习在一定限度内适应与他人发生相互作用的频率和类型的变化。只有通过经历多种多样的情况，适应不同的相互作用模式，才能形成这种灵活性。个人的经验越有限，他的相互作用方式就越死板，当强迫他改变时，他就越难以适应。

264 这一结论对于理解街角青年的问题有重大意义。正如我们已经看到的，街角帮的活动日复一日地按照一种显然是固定的模式进行。成员们每天聚在一起，非常频繁地发生相互作用。无论他是位于最高层，在集合事件中发起行动，还是位于中层，服从领袖的提议并为那些地位比他低的人发起行动，或是位于群体的底层，在集合事件中总是追随别人，每个成员都有一种相互作用方式。这种方式是稳定的，并通过群体长期不断的活动而固定下来。如果他要使自己在精神上感到幸福，就必须保持他的相互作用方式。他需要使他的活动按照习惯的渠道进行，否则就会感到心烦意乱。

多克对我讲了这样一件事。

> 有一天晚上，安杰洛和菲尔到蒂沃利电影院去看电影。他们的钱不够给弗兰克买票，所以只好把他丢下了。你应该能想像得出他那个样子了。被小伙子们丢下是一件可怕的事。你会觉得弗兰克像在坐牢一样。我和他并排坐在操场旁边。丹尼正在操场上玩掷骰子赌博。弗兰克对我说，“你觉得丹尼会不会给我两角五分钱？”
>
> 我说，“我不知道。你要是愿意，就去问问他。”
>
> 但是弗兰克不想去问他。他问我，“你觉得朗·约翰会有

> 两角五分钱吗?”
>
> 我说,“不会,我知道朗·约翰把钱全花光了。”弗兰克不知道该怎么办才好。如果他鼓起勇气马上向丹尼要两角五分钱,他就会去追那两个小伙子,并且在他们到电影院之前赶上他们。我知道,假如他有钱,就会去追他们。但是他等的时间太长了,所以赶不上他们了。等到这场掷骰子赌博结束时,已经9点半了,弗兰克和我一起走进操场。他想让我去向丹尼提出请求,可是我让他自己去说。他不想这么做。他说他认为他应该回家了,就起身走了。可是后来他又回来了。他问我们打算什么时候到詹宁斯的自助餐馆去。我告诉他,我们10点钟去。现在我们总是10点钟去。他说,他等不了那么久,所以回家了。丹尼、朗·约翰和我就到詹宁斯的自助餐馆去了。我们到那儿大约15分钟以后,弗兰克走进来,在挨着我们的一张餐桌旁坐下,开始看报纸。丹尼说,“弗兰克,你怎么了?不喝咖啡?”
>
> 弗兰克说,“没事儿。我不想喝。”
>
> 丹尼说,“快去,拿你的咖啡。”于是弗兰克拿了咖啡。当我们正准备走时,安杰洛和菲尔来了。我看得出来,弗兰克不想离开,却又不得不离开,因为你应该跟着为你付账的人走。他和我们一起走到家,不过我猜他后来又回到詹宁斯的自助餐馆去见安杰洛和菲尔了。

弗兰克十分尊重丹尼和多克,在早些时候,他曾经非常高兴能和他 265
们在一起。可是,自从安杰洛成为群体的领袖以后,弗兰克与丹尼和多克的交往就很少了,并经常与安杰洛和菲尔在一起。当他失去了他们的陪伴时，由此而产生的那种心神不安十分明显。

在群体中地位低下的人比群体领袖缺少灵活性，因为后者习惯于与他本群体以外的群体相处。这就可以解释为什么弗兰克仅仅为了几个小时就如此心烦意乱。不过，无论街角青年的地位如何，如果他的相互作用方式必须发生剧烈变化，都会觉得难受。朗·约翰的噩梦和多克的阵发性头晕清楚地表明了这一点。

朗·约翰以前就有时做噩梦，但是做完梦以后，那种对死亡的恐惧就消失了，他仍然很容易入睡。在他经历最近的一次噩梦以前，已经有好久没遇到这种情况了。我不知道他以前是在什么情况下做噩梦。但是这一次，朗·约翰的社会处境似乎清楚地解释了他的状态。他已经适应了与多克和丹尼有很高的相互作用率。虽然他对诺顿帮里的随从者们影响不大，但是他们在集合事件中不为他发起行动，而他却有时为他们发起行动。诺顿帮解散以后，多克和丹尼进了斯庞吉的内部核心，朗·约翰就变得无依无靠了。他无法再像以前那样频繁地和多克和丹尼发生相互作用。当他去诺顿街时，又发现随从者们在安杰洛的领导下正在建立他们自己的组织。如果他要参加他们的活动，就必须在由安杰洛发起的集合事件中当一名随从者。那些在诺顿帮里曾经比他地位低的人总想对他发号施令。由于他与多克和丹尼的关系断了，再也没有人保护他不受欺侮了。

多克通过改变朗·约翰的社会处境而治好了他的病。多克把他
266 带进斯庞吉的核心，在朗·约翰、丹尼和他本人之间重新建立了密切的关系。当朗·约翰再一次与多克和丹尼十分频繁地发生相互作用时，他的精神困境消失，在行动中又像以前一样自信了，而自

信正是他以前的行为特征。

当多克失业或没有钱花的时候,他的头晕病就会发作。他认为失业是他发病的原因,而且在某种意义上,它也的确是发病的原因。不过为了理解这一情况,有必要调查一下失业使个人生活必然发生的变化。虽然谁也不会乐得失业和身无分文,不少科纳维尔人却使自己适应了这种情况而不致出现太严重的问题。多克为什么如此不一样呢?如果说因为他是一个特别敏感的人,那只是道出了事情的现象而没有作出解答。对相互作用的观察则提供了答案。多克习惯于与其群体成员有高度频繁的相互作用,并与其他群体成员经常接触。虽然他有时在集合事件中直接为群体发起行动,在对偶事件中,通常却由其他某个成员为他发起行动,然后再由他在集合事件中发起行动。也就是说,有人会提出一项行动方针,然后,多克把小伙子们召集在一起,安排群体的活动。多克的政治竞选事件表明这种模式已经崩溃了。迈克曾一再告诉多克在竞选中该怎样做,我也一直给他讲怎样去找史密斯先生等人要求工作。虽然我们越来越频繁地为他发起行动,他却不能在集合事件中发号施令。由于没钱,如果他参加群体的活动 ,就必须接受别人的资助并让他们来决定他的行动。所以,他常常避免与朋友们交往——就是说,他的相互作用频率急剧降低。当他应该出去与其他群体交往时,甚至与他熟悉的群体,他也无法按照政治模
式来行动,与他最亲密的朋友以外的人接触越来越少。如果他是 267
独自一人,倒也不觉得头晕。可是,当他与一群人在一起,又不能按照他习惯的方式采取行动时,就会受到头晕的折磨。

多克开始在娱乐中心工作以后,这种头晕现象消失了。他再

一次能够发起行动了。首先是为他中心里面的小伙子们，同时也为他自己的街角青年们。由于有了钱，他现在又能与朋友们交往了，而且扩大了他的接触面。在他丢掉了这份工作，钱也花完了以后，多克所适应的相互作用方式再次被打乱。从1939—1940年的那个冬天娱乐中心关闭时起，直到1941年春天他在公共事业振兴署找到一份工作时止，多克一直处于失业状态。头晕病再次发作，而且在他找到职业前不久，他的朋友们说他是神经崩溃。一位在东城颇有名望的医生为他作了检查，但未能查出任何器质上的原因来说明他的症状。1941年5月我访问科纳维尔时，他正再次开始克服这种阵发性头晕。他和我谈起他的病时说：

> 当我丢了工作时，我不常到街角去。而且如果我去，也只是在那儿呆着。我不能做我想做的事。如果小伙子们想去看电影或是去詹宁斯的自助餐馆，或打保龄球，我必须先数数自己的钱，看看够不够。如果我身无分文，就只好找个借口。我对小伙子们说，我不想去，然后自己去散散步。有时候，我对于在斯庞吉那里瞎混感到心烦，可是我还能去哪儿呢？我不得不呆在那儿。丹尼要给我钱，这很好，可是他也很不走运。上个星期他抱怨说，他一贫如洗了，过了两天，他又要给我两美元，我不肯要。我并不想向任何人要求任何东西。有时候我对丹尼或斯庞吉说，“你要抽支烟吗？”他们说，“不，我们有。”于是我说，“那好，我就抽你们的。”虽然我是拿这件事开玩笑，但这毕竟是件挺丢脸的事。除非我极想抽烟的时候，我是绝不会这样做的。丹尼是唯一曾经给过我钱的人。
>
> 在我得到公共事业振兴署这份工作之前，我的样子怪吓

人的。我在家里有饭吃，可是我不能指望他们再为我买衣服。我有一套西装，胳膊肘那儿都磨破了，袖口破碎得赛过菊花的花瓣。我必须出门的时候，总穿着大衣，要不然就把它搭在胳膊上，好把胳膊肘那儿的窟窿遮住。我实际上是在踮着脚走路。你以为我愿意这副模样到处走吗？

卢·达纳罗曾缠着要我和他一道出去。他有一辆新的别克车——一辆崭新的别克车。你知道，那车真不赖。他想让我找个姑娘，我们一块儿出去。可是我不愿意去。因为我将会不得不扮演次要角色。不，这就是你想让我说的话。我的意 268
思是，我不能随心所欲。

去年夏天，他们请我主持诺顿街街坊文教馆的郊游活动。我和那个委员会以及诸如此类的人一起工作。但是在郊游的前一天晚上，整个委员会应该到营地过夜。那可是件很快活的事。但是我没去。我身无分文。第二天早晨我送他们上了公共汽车，我说我过一会儿就出发。我在附近转悠了半天，讨了两美元，就和一个小伙子一起乘车赶去了。我呆了两个小时就回家了。人们认为主持人在那些事情上应该很活跃，他应该那样待人处事。他们认为我是玩忽职守，其实并非如此。问题在于钱。

我已经反复考虑了这件事，我知道我只在一文不名的时候才会头晕。我在这一带的确曾经非常活跃，可惜那时候你还不认识我。那时候的我与现在完全不同。当时我总带着女孩子们出去玩。我借给别人很多钱。我花的是我的钱。我总在考虑要干点儿什么和要到哪儿去。

多克表示他十分明白他的病的性质，然而光是明白还不足以使他痊愈。他需要一个机会，使他能够按照他已经习惯的方式来行动。没有这种机会，他就无法适应社会环境。假如他曾经是一个在群体中地位很低的人，已经习惯于靠别人在集合事件中对他发号施令，那么，这种由于没有钱而造成的依赖性就会与他在群体中的行动方式相适应。鉴于他在他的街角青年中间曾居领导地位，这种地位所要求的行为与他身无分文必然造成的行为之间就不可避免地会发生冲突。

用这种方法来说明朗·约翰和多克的困境有一个优点，即它依据的是对行动的客观研究。一个人的态度是无法被观察的，而必须从他的行为来推断。由于行动可以直接被观察，并可以像其他科学数据一样被记录下来，所以通过研究一个人的行动来了解这个人，似乎是明智之举。这种方法不仅提供了有关非正式群体关系的性质的情况，而且为理解个人如何适应其所在的社会提供了一个框架。

269 二　社会结构

我是从科纳维尔的组织方面来讲它的故事的，因为在生活和行动于科纳维尔的人们眼中，它就是这个样子。他们认为，社会是一个紧密结合的等级制组织，在这一组织中，人们的地位和彼此间的义务被限定和承认。这种看法不仅包括了科纳维尔的世界，而且包括了超自然的世界。如果你观察人们如何用符号来表现他们自己的世界，这一情景就变得清晰起来。

一年一度的主保圣人节不仅显示了宗教信仰和习俗的性质，而且展现了社会组织的轮廓。在1940年夏季以前，从同一城镇来到科纳维尔一带的同乡如果人数够多，就要联合起来欢庆这个节日。每年，各个节日委员会都要留出某个周末，并选择一块地方来修筑一个街头祭坛，立起柱子，在周围挂起一串串彩灯。

星期五和星期六晚上举行管乐音乐会，但是星期天才是真正庆祝的日子。早晨，同乡们为了向他们的主保圣人表示敬意，要参加一次特殊的弥撒。

弥撒代表着教会与这个节日的唯一的直接联系。虽然主保圣人节是一般宗教生活的一部分，但却完全是一个民族的礼俗。

星期天刚过正午，所有希望参加这一仪式行列的人——任何人均可参加——就聚集在祭坛前。委员会接受那些要求被特许抬着圣像走过街道的成员的捐助。有的行进队伍人数较多，数百人抬着圣像游行。除一两个专业乐队外，还有童子乐队和一个或两个意大利宗教团体的鼓笛乐队。穿戴得像天使般的小孩子们举着一束束鲜花。一些男人和许多女人手举点着的蜡烛走着。有的人，尤其是上了年纪的妇女，游行时不穿鞋，甚至连袜子也不穿。

在圣像上方的伞盖上有许多飘带，上面别着人们的捐款。几 270
名妇女撑开一面很大的旗子或被单，以便接住从窗口扔下来的硬币。其他人在街道两旁的人群里穿来穿去请求人们捐款。为了向捐款较多的人致意，专业乐队停下来，对着捐助者的住宅演奏意大利国歌。每当经过一座教堂时，游行队伍都要停下来，把圣像转过去对着教堂，但是并不接着举行宗教仪式。

圣像返回祭坛时，活动达到最高潮。乐队奏乐，有一根绳子被解开，以放下飘带，被关在一个装饰得很漂亮的盒子里的鸽子被放出来，在街道上空盘旋。通常，在把圣像放回原处之前，还会有一些关于主保圣人生平及其与市民的联系的演说。

星期日晚上乐队举行最后一次音乐会，委员会的某些委员作简单的发言，通常会有一位著名的政治家来对意大利民族的宗教信仰表示敬意。

这个节日为那些已经移居其他城市，甚至其他州的同乡提供了一个大团圆的机会。晚上，数以千计的人挤满了街道。卖冰激凌和其他糖果的小贩生意做得特别兴旺。当地的酒吧和餐馆里挤满了庆祝这一节日的亲戚和友人。全家人欢聚一堂，一起吃饭喝酒。主保圣人节是一个宗教和社会仪式，同时也是一种狂欢。它是一项精心安排的活动，耗资达 2,500 美元，而收入的款项则与此相当。

我曾与不同节日的委员会委员交谈，请他们说明这对于他们有什么意义。我的一位被调查者是这样说的：

> 庆祝这些宗教节日的原因是这样的：我们想重建和加强民族对上帝的信仰。我们想使自己成为上帝在这个民族中的信徒。我们以这种方式为年轻人树立了一个好榜样。孩子在成长过程中看到了这个节日，以后轮到他时，他也会以同样的方式把它传给他自己的后代。这样，我们帮助保存了我们的宗教，使它保持强大。基督教徒们直接向上帝祈祷。他们说，
> 271 “上帝了解我们，我们的一举一动他都知道。我们为什么不应该向他祈祷呢？”是的，上帝无所不知，可是我们是软弱无力的罪人。他为什么应该把我们所要求的恩惠赐予我们呢？所以，我们向某个圣人祈祷——向一个曾经是一个像我们这样

的人祈祷，为了成为圣人，他的圣洁和神圣已经得到了证实。我们向这个没有罪孽的圣人祈祷：他的一生如此圣洁，以至于他可以从我们肩上除去我们的某些罪孽。我们请求这个圣人在上帝面前为我们求情，为我们辩护。我们是可怜而渺小的人。如果我们每过二三十年才庆祝一次我们圣人的节日，圣人会问，“祈求我保佑的这些人是谁呢？”不行，于是我们每年为我们的圣人留出一天，每年在这一天庆祝这个节日，从而使圣人能知道我们是他的人，当我们祈求他的帮助时，他就会设法帮助我们。

有些无知的人认为圣人会造出奇迹。这不真实。圣人只能请求上帝造出奇迹。上帝是仁慈的上帝。如果罪人向圣人祈祷，而圣人很受上帝的宠爱，那么上帝就可怜罪人并宽恕他的罪过。这就是精神世界。物质世界也是如此，只不过在这里我们是和物质的东西打交道。如果你开车，警察因为你超速行驶而把你拦住，给了你一张传票，你不会静等着去见法官。你会去找警官、管区副队长或管区队长——找有影响的人——也许这位管区队长认识你的兄弟或你的一个朋友。出于友谊，他会原谅你做的事，放你走。假如这位队长不肯听你的申辩，你去找警官或副队长谈，他会替你去和那队长说。

我问，给管区队长钱以使他高抬贵手与在游行中给圣人钱是不是一回事。

不，那可不一样。当你把钱给圣人时，你这样做是因为你想使这个节日办得成功。你想表明你对圣人的信仰。你发誓说你要献给圣人一笔钱，或者你将赤脚参加游行，或者你将抬

> 着圣像。你这样做是要表示你的信仰。你不能从上帝那里买到恩惠。钱不能左右上帝。你给这笔钱，是为了保持你们的宗教机构。当然，有的人不会只为了友谊而为你办事。他们只追求物质的东西。

的确，这些节日主要是老一代人的活动，但尽管如此，他们表现出来的对社会的看法基本上与年青一代的看法相同。按照科纳维尔人的看法，社会是由大人物和小人物组成的——中间有人起着在他们之间架设桥梁的作用。广大科纳维尔人都是小人物。他们无法直接接近大人物，而必须有一个中间人来为他们提出要求。他们通过与这个中间人拉关系，通过为他效劳，从而使他对他们负
272 有义务，来使他为他们求情。中间人对大人物来说也具有同样的功能。大人物、中间人和小人物之间的相互作用构成了个人关系的等级制，其基础则是一系列的相互义务。

像诺顿帮和科纳维尔社交和体育俱乐部中的小集团这样的街角帮适合于处在等级制度的最下层，尽管在它们之间存在着一定的社会差异。像多克、多姆•罗马诺和卡洛•泰代斯科这样的街角青年领袖起着中间人的作用，向高层人士反映他们的随从者的利益。奇克和他的大学生们虽然地位高于街角青年，但在受到该区域以外的力量控制的另一个等级制度中，他们也是处在底层。当然，在大人物之间，也有很大的地位差异。从谢尔比大街街角的情况来看，托尼•卡塔尔多是个大人物，街角青年中的随从者们与他的关系是受他们的领袖控制的。另一方面，他又充当一名中间人，为街角青年去和大人物们打交道，并试图替大人物们控制街角青年。非法团伙头头儿 T. S. 和州参议员乔治•拉韦洛是科纳维尔最

大的人物。T. S. 通过他的直接下属操纵着地位低于他的人们。虽然拉韦洛不允许在他本人与街角青年们之间出现任何形式上的差别，但是处在底层的人如果通过一名有关系的中间人去接近这位政治家，要比他自己独自试图去跨越这一鸿沟更顺利。

现在，我们已经从以一套相互义务为基础的人际关系的等级制度方面，描述和分析了街角帮、非法团伙和警察组织、政治组织和社会结构。科纳维尔的全部制度都是由这些基本要素构成的。

三 科纳维尔的问题

有人说，贫民区的问题在于它是一个无组织的社会。就科纳维尔的情况而言，这种判断是极端错误的。当然，在科纳维尔内部存在冲突。街角青年和大学生有着不同的行为标准，彼此之间互 273

不理解。在不同代人之间存在着对立，而且，随着一代人接替另一代人，社会也处在一种不断变化的状态——但是，甚至这种变化也是有组织的。

科纳维尔的问题不在于它没有组织，而在于它本身的社会组织未能与它周围社会的结构融为一体。这说明了当地的政治组织和非法团伙组织的发展，也说明了人们对其种族和对意大利的忠诚。如果你仔细研究一下科纳维尔人在本地区或在整个社会中获得发展或承认时通过的渠道，这个问题就很清楚了。

我们的社会高度重视社会流动。按照传统，劳动者从最下层起步，靠着智慧和勤奋爬上成功的阶梯。对于科纳维尔人来说，要爬上这个梯子——甚至只爬到最下面的一级——也是很困难的。

人人都知道他的地区是一个秩序混乱、无法无天的社会。他是个意大利人，而上层阶级的人视意大利人为最不讨人喜欢的移民民族之一，战争更强化了这种态度。即使这个人抓住了梯子的最下一级，他也会发现同样的因素妨碍着他的发展。结果，在东城早已确立的行业的高级职员中，就找不到一个意大利人的名字。意大利人不得不建立他们自己行业的等级制度。当 20 年代的繁荣达到终点时，新来者要以这种方式取得发展就越来越困难了。

要想成功，科纳维尔人必须或进入商业和共和党政治的世界，或进入民主党政治和非法活动团伙的世界。他不能脚踩两只船；这两个世界相距甚远，以致二者之间几乎毫无联系。如果他在第一个世界内获得发展，他就会被整个社会看作一个成功的人；但在科纳维尔，他只会被认为是这个地区的一个异己分子。如果他在第二个世界内获得发展，他就会在科纳维尔获得承认，但在其他地方有身份的人们眼中会变成一个被社会抛弃的人。街角青年在其
274 本地区社会生活中受到的全部教育使他为从事非法活动或进入民主党政治作好了准备。如果他向其他方向发展，就必须花大力气切断曾将他留在科纳维尔的大部分联系。实际上，整个社会鼓励人们不要忠于科纳维尔，并使那些最适应这里的生活的人处于不利地位。与此同时，社会还对那些“成功的”人给予金钱或物质财富方面的令人动心的奖赏。对于多数科纳维尔人来说，只有通过在非法团伙和政治的世界中发展才能获得这样的奖赏。

同样，社会还奖励那些丢弃所有被认为是意大利人特有的特点的人，并将那些尚未充分美国化的人置于不利地位。有人问，“那些人为什么不能不再是意大利人，而像我们大家一样成为美国

人呢?"回答是,他们从两方面受到阻碍:他们本身有组织的社会和外界社会。科纳维尔人想成为优秀的美国公民。我从未听到有人像我在科纳维尔听到的那样感人地表达对这个国家的热爱。然而,一种有组织的生活方式不可能在一夜之间改变。正如对街角帮的研究所表明的,人们变得依赖于一定的行动惯例。如果他们一下子改变了这些惯例,他们会觉得自己背信弃义,并落得孤立无援。而且,即使一个人想忘记他是一个意大利人,他周围的社会也不会让他忘记。他和其他所有的意大利人一样,被打上了下等人的标记。为了维护自己的自尊心,他必须告诉自己和其他人,意大利人是一个伟大的民族,他们的文化无与伦比,他们的伟大的男子汉举世无双。正是由于这一联系,墨索里尼对于科纳维尔人才变得十分重要。奇克·莫雷利在对他的意大利人社区俱乐部讲下面这段话时,表达了一种非常普遍的情感:

> 不管你们对墨索里尼怎么看,你们都不得不承认一件事。他比其他任何人都更多地使意大利人受到了尊敬。与我刚上学时相比,意大利人现在受尊重多了。为此你们应该感谢墨索里尼。

墨索里尼实际上是否当真使美国本地人更尊敬意大利人(在战前),这是个问题。然而,就科纳维尔人觉得墨索里尼为他们赢得 275
了更多的尊重而言,他们的自尊心是增强了。这对于这个民族的士气是一种重要的支撑力量。

如果非法活动-政治的结构和象征性的忠于意大利使科纳维尔与整个美国社会格格不入,那么这显然是无法通过说教来改变的。这种适应必须以行动来实现。如果科纳维尔人有更多的机会参与其周围的社会，他们将会更好地适应它。这涉及要为他们提供更好的经济机会，给他们更多的责任来操纵自己的命运。科纳维尔居民总的经济状况是一个很大的题目，以致短短的几句评论不仅无济于事，而且比不说更糟。

以科纳维尔街坊文教馆娱乐中心计划为例，它将表明鼓励当地人负责的可能性。这个中心计划是社会工作者们为数不多的尝试之一，他们试图以科纳维尔本身的方式来与科纳维尔社会打交道。这项计划的目的在于影响当时已经形成的街角帮。这一计划得出的经验是，通过承认街角青年领袖并赋予他们采取行动的责任，是有可能与他们打交道的。

社会工作者们经常谈论领袖和领导，但是这些用语对他们来说有着特殊的含义。“领袖”只不过是群体工作者的同义词。群体工作者的主要目的之一是在他与之交往的人们中间形成领导。事实上，凡是已经联合起来一段时间的群体——无论是正式的，还是非正式的——均形成了自己的领导，而社会工作者却往往不认识这一点。他们看不到，是因为他们没有去寻找它。他们不考虑领导是什么，而考虑它应该是什么。对外人来说，社区的领导者是令人尊重的企业家和专业人员——是那些已达到中产阶级地位的人。这些步步高升并已搬出科纳维尔的人实际上在当地没有什么影响。靠这些“领袖”无法改变社区。只要外人不准备承认某些被
276 科纳维尔人认为是领袖的人，他们就无法真正了解科纳维尔现实的社会结构并给科纳维尔的生活带来重大变化。

至此，这一讨论听上去颇像人类学家为殖民地官员开出的药方：尊重本地文化，通过这一社会的领袖与这个社会打交道。这当

然是有效地与科纳维尔打交道的一个最起码的要求，但这就足够了吗？如果正式权力机构中所有最高级的职务都由对科纳维尔来说属于外人的人把持，那还有什么计划会取得成效呢？如果一个人不得不服从他认为不同于自己人的人，这对他会有什么影响呢？

多克有一次曾对我说：

你不知道在这样一个地区里长大是什么感觉。你上一年级——奥罗克小姐。二年级——凯西小姐。三年级——查默斯小姐。四年级——穆尼小姐。等等。消防站的情况也是如此。没有一个是意大利人。管区的警察副队长是个意大利人，还有两名意大利人警官，但是在科纳维尔，他们从来没让意大利人当过管区的警察队长。在街坊文教馆，掌权的没有意大利人。

你一定知道，这里的老年人对于像教师这类的人是非常尊敬的。当意大利孩子看到他本民族的人都没有好职业时，他为什么应该认为自己和爱尔兰人或美国人一样优秀呢？这使他感到低人一等。

如果我能够想怎么办就怎么办，我就会让学校里有一半教师是意大利人，让街坊文教馆里有四分之三是意大利人。其余的四分之一保留，好表明我们是在美国。

比尔，当初那些街坊文教馆是必要的。当我们的父母在这里落户时，他们不知道到哪儿去或应该干什么。他们需要社会工作者作为中间人。当时，他们干得很好。可是现在，第二代长大了，我们已经开始长出翅膀了。他们应该撤掉那张网，让我们飞。

附　　录

279 # 附录一　关于《街角社会》的成书过程

自从完成了《街角社会》以后，数年来，我几次想给学生们讲授在对社区或组织进行实地研究时所需要的研究方法。但是和这一领域中的其他教师一样，由于缺少可以为学生指定的读物，我一直未能如愿以偿。

如今，论述社区或组织的优秀出版物很多，但是一般来说，已发表的研究报告对于从事研究的实际过程却不大注意。也有一些有关研究方法的很有用的说明，不过，除少数例外，它们的论述完全是以逻辑推理为依据。它们未能指出，研究者也和向他提供资料的人一样，是一个社会动物。他也要扮演某种角色，也有他自己的个性要求，如果他要成功地行使功能，就必须在某种程度上满足这些要求。当研究者走出大学，每次仅仅到实地去考察数个小时的时候，他可以把他个人的社会生活与实地活动分开。他的角色问题也不十分复杂。另一方面，假如研究者在他所研究的社区中生活一段很长的时期，他的个人生活就会与他的研究纠缠在一起。于是要真正解释研究是如何进行的，就必然包含着对研究者在研究期间的生活作出一种在很大程度上是关于个人的说明。

或许，对于在社区中生活的这一说明也有助于解释对数据资料的分析过程。我们在研究中的想法仅在一定程度上是我们对事实进行认真考虑时形成的一种必然产物。我们在全面考虑问题时一般不是呈直线进行的。我们常有被一大堆乱糟糟的资料所淹没的体验。我们认真地研究这些资料，把我们全部的逻辑分析本领都使出来了。我们提出了一种或两种想法。但是这些资料仍然不 280
能形成任何有条理的模式。于是我们继续和这些资料——和这些人——呆在一起，直到也许是某个偶然的事件对这些资料作出了截然不同的解释，使我们看到了一种我们以前不曾看到的模式。这一模式完全不是一种艺术创作。我们一旦认为看到了它，就须重新审查我们的笔记，也许还得去收集新的资料，以确定这一模式究竟是充分代表了我们所观察的生活，还是只不过是我们想像的产物。然后，推理就起重要作用了。但是我相信，研究时产生的想法实际上并不像我们读到的有关研究方法的正规论述说的那样发展。这些想法一方面是在我们埋头研究资料时产生的，同时也产生于我们的全部生活过程。鉴于这一分析过程大量地是无意中进行的，所以我确信我们永远也无法对它作出全面的说明。然而，说明从事研究的方法或许有助于解释《街角社会》的模式是如何逐渐形成的。

我并不是说其他研究者也应该遵循我在《街角社会》中所用的研究方法。我的方法在某种程度上对于我个人，对于特定的情境和我在开始从事研究时掌握的知识来说，肯定是最合适不过的。另一方面，肯定存在某些实地研究过程的共同的要素。只有当我们已经积累了一系列对于如何实际进行研究的说明之后，才能超越逻辑推理的画面，学习描述实际的研究过程。下文只是为达到这一目的作出的一种贡献。

一　个人背景

我出身于一个地位牢固的中上层阶级家庭。我的祖父和外祖父分别是医生和教育厅长。父亲是大学教授。因此,我的成长与我描绘的科纳维尔的生活相去甚远。

在斯沃思莫尔大学时,我有两种强烈的爱好:经济学(与社会改革结合在一起)和写作。在大学时代,我写过不少短篇小说和独
281 幕剧。毕业后的那年夏天,我试着写过一部长篇小说。这次写作对我来说很重要,这主要是由于它教我了解了自己。我的几篇小说被刊登在大学的文学杂志上,有一篇还被《小说》杂志选中,准备发表(不过一直没有发表)。在斯沃思莫尔大学一年一度的独幕剧本比赛中,曾上演过三出我写的剧。对于一个像当时的我那样希望从事写作生涯的人来说,这是一个很不错的开端。然而我却感到不安和不满意。我写的剧本和小说都是对我亲身经历或目睹的事件和情况加以小说化的说明。而当我试图超越我的经历,着手写一部政治题材的小说时,写出来的东西就完全不行了。甚至在我写最后几章时,我就已经意识到这部书稿毫无价值。我想,我之所以把它写完,无非是为了可以对自己说,我写过一部长篇小说。

我曾读过一些对青年作家经常提出的忠告,即告诫他们要根据自己的切身经历来写作。所以,对于我写的东西只限于自己的经历,我不必觉得不好意思。另一方面,正是在反省自己的经历时,我才变得不安和不满意。我的家庭生活非常幸福,而且能激发人的智慧——但是毫无风险。我从来不必去为任何事情奋斗。我

认识许多很好的人，不过他们几乎都和我一样出身于体面、有教养的中产阶级家庭。当然，在大学里，我结交的是中产阶级的学生和中产阶级的教授。我对贫民区（或者还有高级住宅区）一无所知。我对工厂、农田或矿山中的生活的了解仅限于我从书本上知道的东西。因此，我渐渐感到自己是个大傻瓜。有时候，我十分强烈地感到自己很愚蠢，以致根本想不出还有什么可写的。我开始觉得，假如我真打算写出点儿有价值的东西，就必须设法跳出我以前一直所在的那个狭小的社会圈子。

对经济学和社会改革的兴趣也引导我走向《街角社会》。关于
大学生活，我记得最清楚的事情之一是，有一天，我和一群学生去
参观费城的贫民区，我之所以记得这件事，不仅因为那些东倒西歪
的建筑物和拥挤的人群给我留下的印象，还因为我作为一名游客
在这一地区产生的窘迫感。我有着一般年轻人的那种想为这些人 282
办点儿好事的迫切愿望，然而后来我认识到，在那种情况下，我是
干不成任何事情的，因为我觉得自己即使呆在那儿，也像个无诚意
的涉猎者。有时，我考虑到要回到这样一个地区去，真正学着去了
解这些人和他们的生活状况。

我对社会改革的迫切愿望还以别的形式在校内表现出来。大学二年级时，有15名男生大吹大擂地宣布退出学生联谊会，我也是其中之一。这件事在校园里轰动一时，有些坚定的联谊会会员生怕这个组织会因为这些人而垮掉。其实他们不必担心。没有我们，大学生联谊会也发展得很好。我上四年级时，又投身于为校园改革而进行的另一项努力。这一次，我们的目标是重新组织校园的全部社会生活。不过，这场运动是虎头蛇尾，不久就平息了。

这些失败的改革努力对于我来说有一个重要意义。我认识到改革并不那么轻而易举。我发现自己犯了许多错误。我还逐渐意识到，有些曾经最激烈地反对我的人其实都是一些很好的人。我并没有因此而得出结论说，他们对了，我错了。不过，我渐渐认识到我实际上对那些促使人行动的力量了解得多么少。我反省了自己为校园改革付出的努力的失败，并由此而产生了一种更加强烈的兴趣，要去了解别人。

在这一时期，我还读了一本对我影响最大的书，即《林肯·斯蒂芬斯自传》。我是在中学毕业后、上大学之前在德国的那一年读到这本书的。当时我正努力学习德文，这是唯一一本我花了一段时间阅读的英文书，所以它对我也许比在其他情况下影响更大。无论如何，我看得入了迷，并把它通读了好几遍。斯蒂芬斯最初是一名改革者，而且从未放弃过这种改革事物的热切愿望。然而，他对

283 周围的世界有着无穷的好奇心，以致对于发现社会实际上在如何行使功能越来越感兴趣。他表明，一个与我本人出身相似的人可以跨出自己惯常的活动领域，去深入了解那些活动和信仰均与自己截然不同的个人和群体。这样你实际上可以让那些"腐败的政客"来找你谈话。这正是我需要了解的。当我感觉到我采访的人巴不得让我走开的时候，这种本领有时帮了我的忙。

二　选中科纳维尔

1936年我从斯沃思莫尔大学毕业时，得到了哈佛大学研究员学会颁发的研究员基金。这为我提供了一个极好的机会——为我

从事我希望从事的任何一项研究提供三年的资助。但唯一的限制是不许我积累取得博士学位的学分。现在，我很感谢这一限制。如果当初许可我攻读博士学位，我想，我就会觉得必须利用这一时间和机会去读学位了。既然这条路被切断了，我只好去做我想做的事，而将学分置之度外。

开始，我有个模模糊糊的念头，想去研究一个贫民区。东城提供了几种可能的选择。我领了哈佛大学的研究员基金以后，在最初几周内，我花了一些时间在东城的各个贫民区走街串巷，与各社会机构的人谈话，了解这些地区的情况。

我是根据非常不科学的理由作出选择的：科纳维尔最符合我想像中的贫民区的样子。不知怎么的，我印象中的贫民区是一些三至五层的破旧楼房，里面挤满了住户。在我看来，城里其他一些地方年久失修的木结构建筑并不是真正的贫民区。必须承认，科纳维尔有一个特点使我在比较客观一点的基础上选中了它。它的每英亩居住人口多于这个城市的其他任何地区。如果说一个贫民区就是指过于拥挤，这当然就是它了。

三　制定研究计划 284

在选定我要去的贫民区以后，我立刻着手制订研究计划。当时，只为自己制订计划还不够。我开始阅读社会学文献，并循着林德夫妇的《中城》的思路去思考。我逐渐把自己想成一名社会学家或社会人类学家，而不是经济学家。我发现，虽然社会学文献对贫民区曾十分关注，却没有对这类地区的真正的社区研究。这显然是一项艰巨的工作。我最初的研究方案是要研究这个地区的历史、经济(生活水平、住房、交易、分配和就业等情况)、政治(政治组织的结构及其与非法团伙活动和警方的关系)、教育和娱乐模式、教会、公共卫生保健,以及——尤其是——社会态度。这显然不是一个人可以完成的工作,于是我计划大约需要用10个人来干。

拿着这份计划说明,我去找L.J.亨德森。他是一位出色的生物化学家,是董事会的干事。

我们一起谈了一个小时,后来,我带着我的计划离开了他,心情很不平静。正如当时我在给一位朋友的信中写的:“我这部巨作刚开始就被亨德森泼了冷水。他对我说,我在这个领域中几乎还什么也没做过,所以不该制定如此庞大的计划。更合理的做法是:先进入这个领域,然后随着工作的进展,再慢慢建立一支工作队伍。如果我这个10人计划在秋季实行,那么,领导和协调这项计划的责任将不可避免地落在我头上,因为这是我发起的。我怎么能在一个自己不熟悉的领域里领导10个人呢?亨德森说,他认为,如果我硬要实行这个10人计划,一定会毁了我。现在,我觉得他说的这些都是合情合理的。”

285 这最后一句话一定是在我平静下来以后才写的,因为我记得那次谈话对于我来说曾是一次很大的挫折。我想,有益的忠告与无益的劝告一样,都是难以接受的。然而,我不久就意识到亨德森是对的,于是放弃了那庞大的计划。由于提出逆耳的忠告的人很少得到答谢,所以我很高兴在亨德森去世前不久,我曾又去看望过他一次,并告诉他,我已经感到他的话完全正确。

虽然放弃了这项10人计划,我却不愿完全放弃我的想法。考虑到我承担的工作的繁重性，我认为必须至少有一名合作者。于是我设法找了一位大学里的朋友与我一起工作。随后，在 1936—1937 年的那整整一个冬天，我又对社区研究方案作了几次修改，并多次拜访那些可帮助我获得必要的支持的哈佛大学教授。

当我重读这些不同的研究方案时，我感到印象最深的是它们离我进行的实际研究很远。随着我的研究不断深入，这些方案也渐渐变得更合乎社会学的研究，从而我在这一阶段结束时，计划把重点主要放在对人们的友谊模式进行某种社会测量研究。我想从一个家庭开始，问这家人的朋友是哪些人，与他们不同程度地敌对的又是哪些人。然后我去找这些朋友，了解他们的朋友们的名单，并在此过程中了解有关他们的共同活动的情况。这样一来，我至少能画出社区中某些人的社会结构图。当然，我甚至连这也没有做，因为我渐渐发现可以直接通过观察人们的行动来研究社会结构。

一年之后，在 1937 年秋，约翰•霍华德从物理化学专业转入社
会学专业。他也是哈佛大学年轻的研究员。这时我请他和我一道
从事科纳维尔研究。我们一起共事两年，而霍华德则特别集中研
究了一个教会和它的圣名会。我们之间的讨论曾对澄清我的想法
大有帮助。但是，我开始科纳维尔实地研究后才过了几个月，就完 286
全放弃了建立一支科纳维尔研究队伍的想法。我认为，我发现科
纳维尔的生活如此有趣和值得研究，以致我觉得已经不必再去考
虑大规模的研究了。

虽然我在计划这项研究时，根本不知道该怎么干，但至少在发展实地研究方法方面，我得到了重要的帮助，而这些方法则最后导

致了一项研究计划的制订，并导致了我在这里报告的资料。

现在的人很难想像自1936年我开始科纳维尔研究以来，社会学和人类学对社区和组织的研究取得了多么快的进展。当时，关于W.劳埃德·沃纳的“扬基城”的研究尚无任何出版物。我曾颇有兴趣地读过林德夫妇的《中城》和卡罗琳·韦尔的《格林威治村》，并很有收益。然而，随着我的研究深入，我也越来越意识到，我所从事的社区研究并不是按照他们的路子。当时能读到的其他许多社会学文献往往是从社会问题方面来看待社区，所以根本不存在作为一个有组织的社会系统的社区。

这项研究开始后的第一个夏天，我读了几部迪尔凯姆的著作和帕累托的《心灵与社会》（因为我和L.J.亨德森要在1937年秋参加一个学术讨论会）。我感到这些著作对我有所帮助，但仍然只是一般性的。后来，我又开始阅读社会人类学文献——从马林诺夫斯基开始。虽然这些研究者研究的是原始部落，而我则身处一个很大的城市地区中，这些研究却似乎与我想做的事更为接近。

如果说，那时的文献里能指导我的内容很少，那么，在我着手研究时，更迫切需要的是比我更有才干、更有经验的人的帮助。在这方面，我极其幸运的是刚开始在哈佛大学任职，就结识了康拉德·阿伦斯伯格。他也是一名年轻的研究员，所以我们很自然地时常会面。他曾与W.劳埃德·沃纳一道对扬基城进行过
287 为期数月的研究，后来又随索伦·金博尔去研究爱尔兰的一个小社区。我见到他时，他刚结束这次实地调查旅行回国，正开始整理他的资料。他还与埃利奥特·查普尔一起，正在开辟一条分析社会组织的新途径，共同设法使社会研究建立在一种更科学的基础之上。

他们仔细审查了扬基城的资料和在爱尔兰的研究，并提出了5种不同的理论方案。由于他们自己所作的尖锐批评，或在征求亨德森或埃尔顿·梅奥或其他人意见时对方提出的问题，前4个方案一个接一个地被否决了。最后，他们开始提出一种相互作用理论。他们觉得，在社会研究中，不管其他方面多么可能是主观的，却总可以客观地建立人与人之间的相互作用模式：甲与乙的接触多么频繁；他们在一起的时间多长；当甲、乙和丙在一起时，由谁提出行动方案；等等。那么，如果认真地观察人与人之间的这些事件，就可以提供有关某一社区的社会组织的可靠资料。至少这是一种设想。鉴于这种理论是从已经作过的研究中形成的，以往的这些研究中自然不会包括这种理论所要求的那些定量资料。因此，看来我可能是最早将这一理论拿来用于实地研究的人之一。

阿伦斯伯格和我无休止地讨论这一理论，有时埃利奥特·查普尔也参加。起初我感到惶惑不解——至今我也不能肯定自己全明白了——不过，我越来越感到其中有一些我可以依据的实实在在的知识。

阿伦斯伯格还曾和我一起致力于实地研究方法论的研究，强调了观察行动中的人和详细记录完全离开道德判断的实际行为的重要性。我在哈佛大学的第二个学期，曾上过由阿伦斯伯格和查普尔讲授的有关社会人类学社区研究的课。这固然对我有所帮助，但我更感谢在科纳维尔研究的全过程中，特别是在初期，与阿伦斯伯格的长时间个别交谈。

1937年秋，我与埃尔顿·梅奥选了一门小型研究班课程。这门
课特别要求阅读皮埃尔·雅内的著作，还包括实际采访东城一家医 288

院的精神神经症患者。这次经历为期太短，以致未能使我超越业余爱好者的阶段。不过，它对于发展我的访谈法是有帮助的。

L. J. 亨德森在我发展我的研究方法和理论方面，对我是有影响的。这种影响虽不十分具体，却很广泛。他身为董事会会长，在主持每星期一的晚餐会时，俨然是一位在自己家里的家长。甚至当到会者中包括 A. 劳伦斯·洛威尔[①]、艾尔弗雷德·诺思·怀特海[②]、约翰·利文斯顿·洛斯[③]、塞缪尔·埃利奥特·莫里森和阿瑟·达比·诺克时，对于年轻的研究员们来说，亨德森仍然容易成为最威严不凡的人物。他似乎特别以嘲弄年轻的社会科学家为乐。我第一次参加星期一晚餐会，他就把我当成了靶子，并试图让我明白我对社会的全部看法都是基于愚蠢的自作多情。我经常由于受到亨德森的尖锐批评而忿忿不满，所以更决心使我的实地研究站住脚，使他挑不出毛病。

四　最初的努力

我在刚开始这项研究时，并没有受过社会学和人类学的训练。我认为自己是一名经济学家，所以自然要首先着眼于我们在经济学课上谈到的问题，如贫民区的住房经济学之类。当时，我在哈佛

① 洛威尔(1856—1943)，美国教育家，1909—1933 年任哈佛大学校长。——译者

② 怀特海(1861—1947)，英国数学家，哲学家，1924—1936 年任哈佛大学教授。——译者

③ 洛斯(1867—1945)，美国文学评论家，曾在哈佛大学任教。——译者

大学社会学系上一门有关贫民区和住房的课。作为一项学期计划，我着手研究科纳维尔的一个街区。为了使这一研究合法化，我与一个关心住房问题的私营部门取得联系，并提出把我调查的结果交给他们。有了这一后盾，我开始走家串户地登门拜访，到公寓里看房，并向住户了解他们的居住条件。这使我开始接触科纳维尔人。不过，现在看来，在开始一项研究时，再也没有比我最终采用的方法更不恰当的了。对于这种闯入人家的做法，我觉得很不好，而且我敢肯定别人也这样觉得。我尽快结束了这项街区研究，并认为，就真正得以进入这一地区而言，这一研究是一个彻底的失败。

此后不久，我又有了另一个错误的开端——假如可以把如此 289
犹豫不决的努力也称作开端的话。那时，对于如何设法进入这个地区，我根本心中无数。科纳维尔近在眼前，却又好像远在天边。我可以在这里的街道上信步行走，甚至可以进入某些公寓房间，但我却仍然是一个我所完全不了解的世界的局外人。

这时，我认识了哈佛大学的一位年轻的经济学讲师。他的自信和对东城的了解使我十分钦佩。他曾一度被派到一个街坊文教馆工作，并滔滔不绝地讲起他与这一地区粗野的少男少女们的友谊。他还描述了他如何会偶尔到这个地区的某个酒馆去，结交一个姑娘，请她喝酒，然后鼓励她向他道出自己的生活经历。他声称这样遇上的女人都很感谢这样的机会，但这不包含更多的义务。

这个办法至少看上去和我原来想到的任何办法一样有道理。于是我决定试一试。我选中了位于科纳维尔边缘地带的雷加尔旅馆。怀着几分惶恐，我来到楼上的酒吧和娱乐厅，并四处观看。在那里，我看到了我的导师从未给我讲过的情况。那里确实有女人，但都不是独自一人。有些是与男人成双成对，也有两三对都是女人。我匆匆估计了一下这里的形势。对于自己结识一个女人的本领，我没有什么信心，而同时与两个女人打交道似乎又不可取。但我仍然认定，不能未经争取就承认失败。我又环顾四周，这时注意到有三个人在一起：一男两女。我当时想，这里的女人分配不当，我也许能够加以矫正。于是我走近这伙人，开口说，“对不起，要是我和你们在一起，你们介意吗？”一时无人应声。那男人把我上下打量了一番，然后表示他要把我扔下楼去。我向他保证绝不用让他费事，并证实了我的话，没用任何人帮忙就自己径直走下楼去了。

290 后来我听说，科纳维尔人几乎从来不去雷加尔旅馆。假如我在这家旅馆所作的努力取得了成功，它们无疑会导致我到某个地方去，但那绝不是科纳维尔。

为了我的下一项研究，我找到了当地的街坊文教馆。它们对外开放，你可以直接进去，而且——虽然当时我没这么说——那里的人员都和我一样是中产阶级。我当时甚至就已意识到，要研究科纳维尔，就一定得跳出街坊文教馆的圈子，但是，也许只有社会工作者们能帮我开始我的研究。

如今回过头来看一看，要从街坊文教馆开始这样一项研究，似乎不可能取得成功。假如我能再重新进行一遍，我也许会通过当地的政治家或天主教教会来接近科纳维尔——尽管我不是天主教徒。后来我和一起工作的约翰·霍华德就是通过教会非常成功地打入这个地区的。他也不是天主教徒，不过他的妻子是。

不管怎么样，对于我来说，当时去找街坊文教馆还是对的，因为正是在这里，我结识了多克。我曾对许多社会工作者谈起我要与这里的人们交往和研究这一地区的打算和愿望。他们怀着不同程度的兴趣听我讲。假如他们曾经提出过建议，现在我也只记得其中的一条了。不知怎么的，尽管我的解释含糊不清，那个在诺顿街街坊文教馆主管女青年工作的人却理解了我的需要。她开始对我描述多克，说他是一个既聪明又有才干的人。有一度，他在这文教馆里曾十分活跃，但后来退出了，几乎再也没登过这个门。也许他能理解我想做的事，而且一定有许多我需要的关系。她说她在来去这个街坊文教馆的路上常碰到他，有时还站下来和他聊聊。假如我愿意，她可以替我跟他定个约会，找个晚上在文教馆里见面。终于有了一个似乎很不错的建议。对这样一个机会，我求之不得。那天晚上我来到这个地区时，我感到在这里我将大有可为。291
不管怎样，多克一定会接受我，并愿意和我一道工作。

从某种意义上说，我的研究是在 1937 年 2 月 4 日晚上，即那位社会工作者叫我去和多克见面时开始的。她把我们带到她的办公室以后就离开了，以便让我们谈话。多克稳坐在椅子上，静静地等我开口。我看见这个人是中等身材，很瘦，头发是浅褐色的，与意大利人比较典型的黑头发大不相同。鬓角处的头发稀疏。他的双颊凹陷，浅蓝色的眼睛目光犀利。

我先问他，那位社会工作者是否已经把我的意图对他讲了。

“没有，她只对我说你想见我，还说我会愿意认识你。”

于是，我就作了一番很长的解释，可惜我没有把这记在我的笔记中。据回忆，我说我在上大学时就对人口密集的市区感兴趣，但又觉得它们距离我很遥远。我希望研究这类地区内的问题。可是我觉得，作为一个外人，我研究不出什么成果来。要是我能认识这些人，了解有关他们的问题的第一手材料，就能理解我需要理解的事了。

多克听着我说，表情毫无变化，所以我猜不出他的反应。我讲完以后，他问我，“你是要看上层的生活还是下层的生活？”

“凡是我能看到的，我都想看。我想对这个社区有尽可能全面的了解。”

“那好吧！随便哪天晚上，只要你想去看什么，我就带着你去转转。我可以带你去下等娱乐场所——赌场——我还能带你去街角转转。只要你记住是我的朋友就行。他们只需要知道这个。我对这些地方很熟，只要我对他们说一声你是我的朋友，就不会有人给你找麻烦。只要你告诉我你想看什么，我们就为你安排。”

这个建议太好了，我都愣住了，一时竟不知说什么才好。我们又聊了一会儿，因为我想让他指点指点，我在他那群伙伴中应该如
292 何表现。他警告我说，到了赌场，要是赶上突然有警察来查抄，我也许有被捕的危险。不过他又补充说，这也没什么了不起的。我只须报一个假名字，然后被开赌场的人保释出来，只交 5 块钱罚金就行了。我同意去冒冒险。我问他，到了赌场，我是否应该和别人赌钱。他说这不必要，而且像我这样的生手，千万别这么干。

我终于向他表达出了我对他的钦佩。我说，“你知道，要了解一个社区，开头是最难的。要不是和你一起，只怕我花几年的功夫也看不到这些事情。”

“没错儿。你告诉我你想看什么，我们就安排了。你想了解什

么情况，我去给你打听，你听着就行了。如果你想了解他们的人生哲学，我就去挑起一场争论，你就明白了，如果你想知道别的事，我就想办法给你发起一次行动。你知道，这可不是抬杠，只要你告诉我你想要什么，我就给你找来。”

“太棒了！再也没有比这更妙的了！我一定好好努力配合。不过，要是你发现我有什么偏差，请你随时告诉我。”

“现在咱们想得太有戏剧性了。你不会有什么麻烦。你作为我的朋友到那里去。进去以后，开始，人人都会对你以礼相待。你可以非常随便，不会有人跟你过不去。过一阵儿，等他们都认识你了，就会像对待别人一样对待你。你知道，他们说，亲不敬，熟生蔑。不过你绝不会有任何麻烦。只有一件事你得留神。别在他们身上花钱（请客）。别太大手大脚了。”

“你是说，他们会把我当成冤大头？”

“是的，而且你别想用钱来铺路。”

我们又商量了一下会面的方式和时间。然后，他向我提出了一个问题：“你是要写这方面的事么？”

“对，最后要写。”

“你是想改变这儿的状况吗？”

“哦——对。我不明白，这儿这么拥挤，人们没有钱，或是找不 293
到工作做，可是人们怎么会还到这儿来，而且并不想改变什么。不过我想一个人做事要有自知之明。我不想当改革家，而且我也不是当政治家的材料。我只想尽量了解这些情况，把它们写出来，假如这能产生什么影响的话……”

“我认为你用这个办法可以改变这儿的情况。把它们写出来——事情通常就是这么被改变的。"

这就是我们的开端。当时我觉得很难相信事情会像多克说的那样，在他的帮助下，我可以轻而易举地进入这个地区。不过，后来确实就是这样发展的。

在我与多克采取最初的步骤的同时，我还在科纳维尔找到了一个住处。在哈佛大学，用我的研究员基金，我可以住上一套包括一间非常舒适的卧室、一个客厅和洗澡间的房子。我曾试图每天往返于我的住所和我在科纳维尔的研究地点之间。这从技术上讲是可能办到的，但从社交方面讲，我越来越认为这是不可能的。我意识到，如果我不住进这个社区，我在那儿就将永远是个局外人。此外，我知道，要在科纳维尔建立起亲密的关系，就要投入时间，但我发现这谈何容易。科纳维尔的生活不是在正式约会的基础上进行的。要和人们会面，要了解他们，要和他们打成一片，就需要和他们一起消磨时间——每天都得花费大量的时间。如果每天到科纳维尔去，你也许在某个下午或晚上去了，却发现你想见的人刚好不在。或者，即使见到了他们，你也会觉得是白白花费了时间却一无所获。你也许只是站在他们旁边，而这些人的唯一工作就是为了解闷儿在一起闲聊或到处闲逛。

在哈佛大学，曾有好几个下午和晚上，我盘算着要到科纳维尔去，可是后来我又为自己找出了不去的理由。我怎么知道我会见到想见的人？即使找到了，我又怎么能肯定今天能了解到什么？与其到科纳维尔白白地跑一趟，还不如用这时间看点儿书和文章，
294 以弥补我在社会学和社会人类学方面的无知。不过，我也不能不承认，我觉得呆在自己熟悉的环境中，比在科纳维尔盲目奔走，与

那些我一看就觉得心烦的人们一起消磨时光更自在。

当我发现自己以这种方式为自己找借口时，我意识到我必须立刻改变态度。我只有住在科纳维尔，才有可能了解它并被它接受。不过，找个住处可不容易。在这样一个过于拥挤的地区，实际上根本没有空房。也许，我可以在诺顿街街坊文教馆找一间房，但我意识到如有可能，我应该想个更好的办法。

那位在一份为旅美意大利侨民出版的英文周报工作的编辑为我出了个好主意。以前我曾对他谈起过我的研究，并发现与他很投机。于是我求他帮我找一间房。他让我去找马丁尼家。这家人开了一个小饭馆。我到那儿吃午饭，然后和这家的儿子商议。他很同情我，但表示他家里已经没有地方再多住一个人了。虽然如此，我仍然很喜欢这个地方，也喜欢这里的饭食，所以后来又去吃过几次饭。有一次，我遇见了那位编辑，他请我到他的餐桌去一起用饭。他先问了问有关我的研究的一些情况：我想做什么？我与哈佛大学是什么关系？他们期待我拿出什么研究成果？等等。我回答了他的提问，可是忘了把当时是怎么回答的记下来。他听过之后，对我说他很满意。有些人怀疑我来这里是要"对我们的民族说三道四"，而他实际上已经在这些人面前替我说了好话。

我们又谈起我的住房问题。我提起住到诺顿街去的可能性。他点了点头，但补充说，"要是你能住进一户人家，那会好得多。无论是学他们的语言，还是认识这些人，都会快得多。不过你得找一个好人家，一个有教养的人家。你别到粗俗的家庭里去住，你得找一个真正的好家庭。"

说到这儿，他转身对曾和我谈过话的这家的儿子说，"你们能在这个房子里腾出块地方让怀特先生住吗?”

295 阿尔·马丁尼愣了一会儿,后来说,“也许我们能安排一下。我再跟妈妈说说。”

他真又去和他妈妈说了,而且真腾出了一块地方。其实,是他把自己的卧室让给了我,自己搬去和厨师的儿子共睡一张双人床。对于这种硬给人家添麻烦的安排,我推辞了一番,但是除租金以外,一切都已决定了。他们不知道应该和我要多少钱,我也不知道应该付多少钱。推让了一阵以后,最后我提出每月付 15 美元,而他们定下来只收 12 美元。

房间布置得很朴素,但对我的目的来说,是很合适的。屋里没有暖气,不过,我开始在那里用打字机打我的笔记以后,自备了一个小煤油炉。这幢房子里没有浴缸,可是我反正必须经常去哈佛大学,于是我就利用这所伟大的大学的设备(我的朋友亨利·格拉克的房间)偶尔去洗个澡或冲个淋浴。

从物质条件上看,这个地方是可住的,但它给予我的却不仅仅是一个物质的基地。我与马丁尼一家相处才一个星期,就发现我对他们来说绝不只是一个房客。我经常在餐馆里吃饭,晚上睡觉之前,有时与这家人聊会儿天。后来,有一天下午我去哈佛大学,觉得患了重感冒。由于我在哈佛还有一间房,看来还是留在那儿过夜为妙。可是我没想到应该把这个打算告诉马丁尼家。

次日,我回到饭馆吃午饭时,阿尔·马丁尼热情地问候我,然后说,因为我昨天一夜未归,他们都很不放心。妈妈等我一直等到夜里两点钟。因为我年轻,在这个城里又是个外乡人,所以她设想出我可能遇到的各种事情。阿尔告诉我,妈妈已经把我看成家庭的成员了，我可以按照我的意思随便来去，可是，如果她知道我的计划，就不会着那么大的急了。

这番话使我深受感动，并决心从今以后在马丁尼家要尽量像一个好儿子。

开始，我与爸爸妈妈主要是用微笑和手势来交流。爸爸根本 296
不懂英文，妈妈只会一句，当她想睡午觉时，如果街上有孩子在她窗下吵闹，她就会使用这句话。她会把头探到窗外，吼道，“该死的小杂种！滚蛋！”

在搬进这个地区的几个星期之前，我已开始借助于灵格风[①]自学意大利语。一天早晨，我正对着留声机说话，爸爸由此经过。他在过厅里听了一会儿，想弄明白这奇怪的对话是怎么回事。后来，他一头闯进来，惊叹不已。我们坐在一起，我给他介绍这机器，并告诉他怎么使用。从此，他非常乐于帮我学习意大利语，而我则称他为我的语言教授。不久，我就能进行简单的会话了。多亏了灵格风和马丁尼爸爸的帮助，我讲的意大利语显然很地道。他喜欢让我冒充他的“老乡”——即从他的意大利老家来的人——把我介绍给他的朋友们。我在交谈中，小心翼翼地避开我不会的词汇。有时候，人们会把我当成来自托斯卡纳省维亚雷焦村的移民。

如果一个研究者达到了要学习这个民族的语言的地步，他怎么可能再“对我们的民族说三道四”呢！随语言而来的是理解。如果不理解人们，肯定就更容易批评他们。

和马丁尼一家在一起，我的生活是这样的。我早晨 9 点钟左 297

① 英国一种语言教学体系的商标名，用唱片配合课本进行教学。——译者

右起床，出去吃早点。阿尔·马丁尼告诉我，我可以在饭馆吃早点，不过，尽管我非常愿意适应一下，但永远吃不惯他们的加奶咖啡和一片面包皮的早点。

吃过早点，我回自己的房间，利用上午剩下的时间或大部分时间，把关于前一天的事情的笔记用打字机打出来。我在这个饭馆吃午饭，然后动身去街角。通常我回来吃晚饭，晚上再出去。

我通常在11点到12点钟之间回家。这时，饭馆里的顾客都已经走净了，有时也许还有几位这家人的朋友。于是，我可能去厨房找爸爸聊天，同时帮他把碗碟擦干；或者我在靠近厨房的一张餐桌旁，拉过一把椅子坐下，与这家人聊天。那时，我会端起一杯酒慢慢呷着，靠在椅子上。我多半是听他们说，偶尔也试着用我日见长进的意大利语和他们聊几句。

星期日的情况就不一样了。饭馆下午两点钟就关门了。阿尔的两个兄弟和他们的妻子、他的妹妹和妹夫，以及他们的孩子们都来吃一顿丰盛的星期日晚餐。他们邀请我和他们一起吃饭，并待我像自家人一样，不让我付钱。我总是吃得过饱，不过那菜饭的味道真好，我会喝两平底玻璃杯的津芬德尔葡萄酒，好帮助消化。一周的工作无论多么紧张，此时也消除了。我酒足饭饱，然后回到房间里睡上一两个小时。这使我完全恢复了精力，并为重返科纳维尔的街角作好了准备。

虽然我在饭馆里或通过这家人，建立了一些很有用的关系，但马丁尼一家对我之所以重要却绝不仅仅是因为这一点。从事实地研究是很紧张的。当你还是一个局外人，总想知道人们是否会欢迎你的时候，心情最为紧张。虽然你喜欢你的工作，但只要你在从事观察和访谈，你就要扮演一种角色，你就无法完全放松。在结束了一天的工作之后，你能够回到家里，轻松愉快地和这一家人呆在一起，那种感觉是非常美妙的。假如没有这样一个可自由出入的 298
家，我也许就不会这样集中研究科纳维尔了。

五　与多克交往的开端

我至今仍记得第一次与多克一起外出的情景。一天晚上，我们在诺顿街街坊文教馆见面，然后从那儿走过两个街区，去一家赌场。我迫不及待地跟着多克，走进一栋经济公寓[①]后面的一条又长又黑的通道。我倒并不担心警察会来抄赌，只想着怎样才能使自己合群，被这里的人接受。一进门是一间小厨房，里面几乎没有任何陈设，墙壁上的油漆也已剥落。我刚走进门，就立刻摘下帽子，并想找个地方把它挂上，然而却没有找到。我环顾四周，这时我上了在科纳维尔进行参与观察的第一课：在这栋房子里，不要摘掉你的帽子——至少当你和男人们在一起时不要这样做。如果周围有女士，这也许是允许的，但绝不要求你摘。

多克把我作为“我的朋友比尔”介绍给这儿的经营者奇奇、奇奇的朋友们和顾客们。我和多克一起，一会儿在厨房里听几个人围坐着聊天，一会儿到另一间屋子里看掷骰子赌博。

人们谈论着赌博、赛马、男女关系，以及其他一些事情。我主要是听他们说，并尽量作出一副友好和感兴趣的样子。我们喝酒，

① 指大城市贫民区里供多户分租的公寓。——译者

喝加了茴香酒的咖啡，还大家凑钱买茶点(多克不肯让我第一次来就付钱)。正如多克事先说的那样，谁也没问我的个人情况。不过后来他告诉我，在我去厕所时，这些人一下子就用意大利语七嘴八舌地议论起来了。多克说，他必须向他们保证我不是联邦政府派来的密探。他说，他十分明确地告诉他们，我是他的朋友。于是，他们也就不再说什么了。

299 我们又一起到奇奇的赌场去过几次，后来，我就敢独自一个人去了。当人们很自然、很友好地向我问好时，我觉得已开始在科纳维尔为自己找到了一个位置。

多克不去赌场时，就到诺顿街上闲逛以消磨时光，于是我也开始和他一起去闲逛。对于我来说，起初，诺顿街只不过是个等人的地方，等人到齐了，再到别的地方去。但是随着我与那儿的人混得更熟了，我逐渐发现自己竟也成为诺顿帮的一员了。

后来，诺顿街街坊文教馆成立了意大利人社区俱乐部，多克应邀加入。多克又要了个花招儿，让我也加入了这个俱乐部。而我也乐得参加，因为在这里，我看到的情况与我正在结识的街角帮显然有所不同。

我在开始结识科纳维尔的男人的同时，也认识了一些女孩子。有一次，我带一个女孩子去参加宗教舞会。第二天上午，街角帮的那群小子就问我，“你的那位未婚妻怎么样啊?”我真不知道该怎么回答，这才知道如果你不打算和她结婚，是不应该到姑娘家里去的。幸亏这个女孩子和她家里的人都知道我不懂当地的风俗，所以也不认为我这样做是有所承诺。不过，这件事对我是一次有益的警告。从那以后，即使我见到有些科纳维尔姑娘十分吸引人，也从不敢和她们一起出去——除非是成群结伙地一起出去——也不再去她们家里拜访了。

随着我的研究继续开展，我发现在科纳维尔，姑娘们的生活并不像男人的生活那样有趣和愉快。小伙子们完全有自由东游西逛，姑娘们却不得在街角闲荡。她们只能把时间消磨在自己的家里、女友和亲戚的家里，以及——如果她们有工作的话——工作场所。她们中间的许多人都有着这样的梦想：从科纳维尔以外的地方来一个比较有钱、有一份好工作、并受过良好教育的小伙子，向她们求婚，并把她们带出这个地区。而这样的角色我实难胜任。

六　参与观察的训练

1937 年春是我集中学习参与观察的时期。我学的是如何待 300

人接物，我向不同的群体学习，但特别是向诺顿帮学习。

当我开始在科纳维尔四处闲逛时，我觉得需要对我本人和我的研究有个解释。只要我是和多克在一起，有他为我担保，就没人会问我是什么人，在这儿干什么。可是当多克不在，我一个人在其他群体里，甚至在诺顿帮里窜来窜去时，他们显然就很想打听我的情况。

开始，我煞费苦心地想出了一种解释。我是在研究科纳维尔的社会史——不过，我是从一个新的角度进行研究，不是按照从过去到现在的顺序，而是试图先透彻地了解现在，再追溯以往。当时我曾对这个解释十分得意，但是别人却似乎都对此不屑一顾。我曾有两次使用过这个解释，每次在我说完之后，都出现一段很令人尴尬的沉默。包括我本人在内，谁都不知道该说什么才好。

虽然这个解释至少可以将我可能想做的任何事情都包括在内，对于科纳维尔人来说，它却显然太难以理解，说明不了任何问题。

不久，我发现人们正对我作出他们自己的解释：说我正在写一本有关科纳维尔的书。这个解释也许看上去完全是含糊不清的，不过已经足够了。我觉得自己之所以能被这一地区的人们接受，是靠着我建立的私人关系，这比任何解释都更有用。至于写一本有关科纳维尔的书是不是一件好事，这完全取决于人们对我个人的看法。如果我是个好人，我的计划也不会错；如果我这个人不好，那么，无论我作多少解释，他们也不会相信写这本书是个好的想法。

当然，只凭着人们直接向我提出的问题，还不能满足他们对我的好奇心。比如，他们会去问多克，向他打听我的情况。于是多克一一回答他们的提问，并作了一切必要的担保。

301 我刚到科纳维尔不久，就听说无论研究哪一个群体或组织，至关重要的是取得其中的关键人物的支持。所以，我没有逢人就解释自己的情况，而是向他们的领袖（如多克）更多地介绍自己和我的研究，其信息量大大超过了向普通街角青年介绍的情况。我总是努力给人造成这样一种印象，即我很愿意，而且迫切地想把我的研究尽量告诉一切想知道的人。不过，只有当与群体的领袖们在一起时，我才特别努力地把我的情况和盘托出。

在初到科纳维尔的那段时期里，我与多克的关系发生了迅速的变化。起初，他只不过是一个重要的信息提供者——同时也是我的担保人。但随着我们更长时间的相处，我不再把他当作一个被动的信息提供者了。我十分坦诚地和他讨论我打算做的事、使我感到困惑的问题，以及诸如此类的问题。我们花了大量时间讨论我们的想法和观察到的情况。所以，从一种非常实在的意义上说，多克在这项研究中已变成了我的合作者。

由于充分了解了我的研究的性质，多克十分起劲地寻找和向我指出各种令我感兴趣的观察资料。当我去他与其姐姐、姐夫合住的公寓找他时，他常对我说，“比尔，你昨天晚上真应该过来。你一定会有兴趣。”接着就会把发生的事情告诉我。他的描述总是很有趣，而且与我的研究有关。

多克觉得和我在一起工作很有意思，也很愉快。不过，这种关系也有其不足之处。有一次，他曾发表意见说，“自从你来到这儿，把我的事全耽误了。现在，每当我做什么事，都得先想想比尔·怀特对这件事可能想了解点儿什么，我怎么解释这件事。可是我以前办事从来都是凭本能。”

虽然如此，多克似乎并没有把这看成是严重问题。实际上，虽然他没受过任何训练，却是个目光非常敏锐的观察者，我只需稍加指点，就能帮助他把科纳维尔社会组织的许多活动情况说得一清二楚。我的许多解释其实主要是他的解释，只不过如今已分不清哪些是他的，哪些是我的罢了。

我在工作中，与多克的接触多于与其他任何人的接触。与此
同时，无论研究哪个群体，我还总要去找它的领袖。我需要的不仅 302
是他的担保，还需要他更积极地在研究中与我合作。由于这些领袖在社区中的地位使他们对正在发生的事情观察得比其随从者们清楚得多，也因为一般来说他们的观察本领大大超过他们的随从

者，我发现，通过更积极地与他们合作，我会学到很多东西。

在访谈的方法方面，我曾被教导过，不要与人争论，或者从道德上对他们评头品足。这正合我的意。我很高兴能和这些人打成一片，可是由于我很少进行正式的访谈，所以这种态度未能在访谈中充分表现出来。于是我努力在日常的参与中努力表现出我很愿意与这里的人和社区打成一片。

我学着参加街角对棒球和男女关系的议论。这并不需要什么特殊训练，因为这些话题几乎是人人都感兴趣的事。在谈论赛马时，我无法那么活跃地参加讨论，因为我确实刚刚开始看赛马，只是个非常一般的观众和业余爱好者。我相信，如果我多下些工夫琢磨《清晨电讯报》和其他有关赛马的小报，是会有收效的。不过，凭着我对棒球的了解，我至少可以保证在街角的谈话中不至于插不上嘴。

我避免就一些敏感的问题表态，同时也发现在有些问题上进行争论根本就是社交方式的组成部分。如果一个人不参加争论，就难以参与到社交中去。我常常发现自己卷入了激烈而愉快的争论，为某些职业棒球队队员和管理者的优劣高低而争执不休。每当有一个或一群姑娘从这条街上走过，街角的这帮人就会在心里记下她们的样子，然后讨论他们对这些女性的评价。这些评价主要是关于她们的身材，这时，我也会很高兴地论证玛丽的“线条儿”比安娜的好，或安娜的比玛丽的好。当然，如果街角处正好有玛丽或安娜的爱慕者在场，大家就不会再对她们评头品足了，我也会避开这个话题。

303 有时候我也想，光靠在街角闲逛，是否就足够主动了，可以称得上是在“研究”了呢?!也许,我应该向这些人提出问题。然而,这需要学会什么时候提问,什么时候不要提问,以及问什么问题。

在我初到这里的那几个月里,一天晚上,当我和多克一起在奇奇的赌场时,上了这一课。一个从城市的另一个地区来的人给我们讲了一个组织赌博活动的故事,使我们大饱耳福。我听人说,这个人曾经经营过一个很大的赌场。他很在行地讲了许多这方面的有意思的事。主要是他说,别的人也提一些问题和加几句评论,所以,最后我觉得自己也应该说几句话,以便合群。于是我说,“我想,那帮警察都得了贿赂了吧?”

这个赌徒一下子不言语了。他瞪了我一眼,然后矢口否认警察受贿的事,并立刻改变了话题。此后,整整这一个晚上我都觉得很不自在。

第二天,多克向我解释了头天晚上的那一课。他说,“比尔,你少提出‘谁’、‘什么’、‘为什么’、‘什么时候’、‘在哪儿’这类无聊的问题,你这样一问,人们就什么都不会说了。既然人们肯接受你,你就在这一带多串串,日子长了,不用问什么,你也能得出答案。”

我发现他说得很对。当我坐下来听人们谈话时,我了解到了人们对问题的回答,而如果光靠访谈来获取信息,我甚至根本意识不到应该提出这些问题。当然,我也并没有完全放弃提问。我只是学着对于问题的敏感性以及我和人们的关系作出判断,从而只有当我肯定我与有关者之间的关系十分可靠时,才会向他提出敏感的问题。

我在街角确立了自己的地位以后,用不着费很大力气,资料就到手了。只有当我有时关心某个特殊的问题并感到需要从某个人 304

那里了解更多的情况时，才会找机会与这个人单独会面，进行一次比较正规的访谈。

起初，我集中精力在科纳维尔做到入乡随俗。但不久，我就遇到了这样一个问题，即我打算在多大程度上使自己融于这个地区的生活。我是在一个晚上，和诺顿帮一起在街上散步时偶然遇到这个问题的。由于想参加到他们的闲扯中去，我信口说出了一大串不堪入耳的脏话。这时，大家都不再往前走了，而是惊讶地停下来望着我。多克摇着头说，“比尔，你不该说这样的话，这可不像是从你嘴里说出来的话呀！”

我努力解释说，我只不过是用了街角的人们常用的说法。但多克仍然坚持说我和他们不一样，而他们愿意我与他们不一样。

这一课绝不仅仅限于讲脏话的问题。我从中了解到，人们并不希望我和他们一模一样；事实上，只要我对他们很友好，感兴趣，他们见我与他们不一样，反而会感到很有意思，很高兴。因此，我不再努力完全融入他们的生活中去。不过，我的行为已经受到街角生活的影响了。当约翰·霍华德第一次从哈佛大学来找我，和我一起研究科纳维尔时，他就注意到我在科纳维尔的言谈与我在哈佛大学时大不相同。这并不是由于我使用了下流的词句，也不是因为我讲话时常爱不合语法。我讲话时似乎很自然，然而在科纳维尔很自然的事在哈佛大学就不自然了。在科纳维尔，我发现自己讲话时过于眉飞色舞，字尾的“g”不发音，而且比以前更多得多地使用手势。（当然，我用的词汇也不同了。当我非常深入地与科纳维尔人打成一片时，我发现自己再到哈佛大学去时，竟变得张口结舌了。以前讨论国际关系、科学性之类的问题，我多少是当成家常便饭，而这时我却完全落后了。）

由于诺顿帮和其他群体接受了我，我尽量使自己能讨人喜欢，305
以便人们愿意和我在一起。同时，我又尽力避免影响这个群体，因为我要研究的是尽量没有因为我在场而受到影响的情况。于是，在我生活于科纳维尔的整个期间，我始终避免在任何一个组织里任职或当领导。只有一个例外，即我曾一度被任命为意大利人社区俱乐部的秘书。当时，我产生的第一个念头是谢绝这项任命，但又一想，秘书工作一般被认为只不过是个很低下的工作——作会议记录和管理信件。于是我接受了，而且发现我能打着作会议记录的幌子，写出完整的会议进程报告。

在力求避免影响个人或群体的同时，我在科纳维尔还尽量使自己对别人有所帮助，就像人们期待朋友帮忙那样。当小伙子们中间有人要去市中心办事，想找个人做伴时，我就陪他去。当有人为了找工作，需要写一份自我介绍时，我就帮他写，如此等等。这类行为倒是没什么问题，但是当涉及处理钱财的问题时，我就搞不清楚该如何是好了。当然，我力求做到为朋友们花钱就像他们为我花钱一样。可是如果把钱借给别人，应该怎么办呢？在这样一个地区，人们期待一个人无论何时，只要能帮助朋友，就要帮助，而且所需的帮助经常是钱财上的。我曾几次借钱给别人，但为此我心里总觉得不安。当你把钱借给别人时，他当时自然是感激不尽。可是后来，到了他该还钱的时候，他无力偿还，那时他又会有什么感觉呢？也许他会觉得尴尬，于是尽量躲着你。遇到这种情况时，我就设法打消他的顾虑，对他说我知道他眼下没钱，我不在乎这件事。或者甚至让他把借钱的事完全忘掉。但是忘掉并不等于把它从账本上抹掉，这种不安仍然会存在。我听说，在为朋友帮忙的过程中反而造成关系紧张的情况也是可能出现的。

我知道这个问题很棘手。我肯定，研究人员一定多次听到“千
306 万别把钱借给私人”的极端冷酷无情的劝告。而另一方面，我也相信，无论他的经济来源情况如何，也不该找机会把钱借给别人，而且无论什么时候，即使能够慷慨解囊，也应该避免这样做。

如果研究者想要与不止一个群体打成一片，他的实地研究就变得更复杂了。有时候，如果群体之间发生冲突，可能会期待他表态。在 1937 年春天，有一次，小伙子们举办了一场诺顿帮队对意大利人社区俱乐部队的保龄球比赛。多克当然是诺顿帮队的。幸亏当时我的球艺还没有精湛到这个或那个队会让我加入的地步，所以我可以静坐旁观。在旁观席上，我努力做到不偏不向，为两个队的好球鼓掌喝彩，虽然恐怕我显然对诺顿帮的得分更兴高采烈。

当我与意大利人社区俱乐部的成员在一起时，我一点儿也没觉得在街角青年遭到诽谤时，我应该站出来为他们辩护。可是，有一回，我却遇到了十分令人尴尬的情况。当时我正和街角青年在一起，一名大学生停下来和我交谈。谈话中，他说，“比尔，这帮家伙听不懂我的意思，不过我相信你能理解我在说什么。”这时，我觉得必须说两句了。我对他说，他太低估这些人了，并非只有大学生才是聪明人。

我天生就喜欢这样讲话，同时相信这符合一种完全是实用的立场。我的回答并没有动摇这位大学生的优越感，也并未损害我们之间的私人关系。而另一方面，他刚一离开，他这番话对于街角青年的刺激之深就表现出来了。他们攻击了他一大阵，然后对我

说，我和他不一样，为此他们十分感谢我；又说其实我比那个家伙有学问得多，只是不露出来罢了。

我在科纳维尔度过的第一个春天使我在这个地区的生活中站稳了脚跟。我在那里刚呆了几个星期，多克就对我说，“你在街角这一带已经站住了脚，就像那电线杆子似的。”也许，标志着诺顿街 307
接受我的最大的一件事是迈克·乔瓦尼组织的那场棒球赛。那是对一群十八九岁的诺顿街青年的球赛，是过去曾在球场上取得过辉煌胜利的老将们对正在成长的年轻人的一场比赛。迈克任命我为正式队员，也许算不上是主力队员（我被安排在右翼外场），但至少我上场打球了。到了第九局下半场轮到我打球时，场上比分是平局，有两次出界，而且是满垒。在我弯腰拾棒时，我听见有人建议迈克紧急换人。迈克对他们说，“不用。我对比尔·怀特有信心。他到关键时刻会成功的。”他回答时声音很大，显然是说给我听的。迈克的信任使我振奋起来。我走上去，前两棒都没击中，然后，猛地打了一个地滚球，球从第二垒和游击手守备区之间的空当中穿过去了。至少这是按照他们让我打的方法打的。我赶忙跑回第一垒，忙得事后居然不知道自己是错打还是安全打。

那天晚上，我们出去喝咖啡时，丹尼送给我一枚戒指，因为我成了正式队员，一名优秀的棒球手。这枚戒指使我特别受感动，因为它是手工制成的。丹尼是用一枚在掷骰子赌博中被丢弃不用的透明琥珀骰子做的。他花了不少工夫，用点燃的香烟在它中间烫出了一个孔，又把它的角烫圆，使得上面呈心形。我向小伙子们保证，我会永远把这枚戒指当成宝贝珍藏。

也许，我应该补充一点，即比赛中我赢的球使比分成为18比

17，所以显然击中球的并非只我一人。不过，当他们在指望着我成功的时候，我能击中，仍是一种非常美好的感受，而这也更进一步使我觉得自己是诺顿街的人了。

在我收集初步的研究资料时，我必须确定如何对这些笔记进行整理。在研究的最初阶段，我是单纯地按照时间顺序，将全部笔记收入一个公文夹。但是随着继续对多种不同群体和不同问题进行研究，这种办法显然就行不通了。

308 我只好将笔记进一步分类。似乎可能有两种主要的分法：我可以按题目来组织，依政治、职业、宗教、家庭等等分门别类；或者，可以按群体将有关的资料分类，即按诺顿帮、意大利人社区俱乐部等来划分。当时我并未真正考虑成熟，于是开始根据群体将资料归档，并想等我以后对应该设什么题目有了进一步了解之后，再重新分类。

随着各个公文夹里的资料越积越多，我渐渐意识到，按照社会群体来整理笔记适合于我的研究的进展情况。例如，一名身为意大利人社区俱乐部成员的大学生说，“这些非法团伙成员坏了我们这个区的名声，实在应该把他们从这儿清除出去。”而诺顿帮的一个成员则说，“这些非法团伙成员可真不错。你需要帮助的时候，他们就会给你帮忙。可是那些合法商呀，就连你问问他几点钟，他都不告诉你。”这些话在档案里是不是应该被归入“非法团伙成员：人们对他们的态度”一类呢？如果划归这一类，它们只能表明科纳维尔的人们对这些人持有对立的态度。要说明在这一地区内各种态度的分布情况，只有通过问卷调查（对于这样一个题目做问卷调查是很难做好的）。此外，了解在这个问题上持两种不同态度的各有多少人，其重要程度又如何呢？在我看来，从科学上讲，把这些态度与持有不同态度的个人所属的群体联系起来，其意义要大得多。这表明为什么可以预料到两个人在某一问题上会有截然不同的态度。

随着时间的流逝，各个公文夹里积攒的笔记太多了，以致凭我的记忆，已无法将新的材料迅速放入它应放的地方。于是我设计了一个初步的索引系统：一页纸分为三栏，其中包括每次访谈或观察报告的日期，被采访或观察的人，以及对访谈或观察记录的一个简要小结。这样一个索引要占 3 至 8 页的篇幅。而当我要重温笔记或引用笔记来写东西时，只需查阅 5 至 10 分钟，就足以完全记 309
起我都掌握了什么资料以及各种资料放在什么地方了。

七　政治冒险

1937 年 7、8 月份，我离开科纳维尔，同我的父母一起度假。我之所以没能留在科纳维尔，也许只是因为我太习惯于与家人一起过暑假了。但是我至少找到了这样一个借口，即我需要离开那里一段时间，读点儿书，为我的研究找到某种观点。当时要形成观点并非易事。因为我还没有看出对这里的社区生活进行广泛的研究与对群体的深入研究之间有什么联系。

回到科纳维尔以后，我感到，无论如何也要扩大我的研究范围。这也许意味着我要先放下与诺顿帮和意大利人社区俱乐部的接触，以便深入参与到其他领域中去。按照当时我对于我的科纳维尔研究的看法，这一决定或许是合理的。但幸好我没有这样做。

俱乐部每周只占用我一个晚上,所以我不必被迫抛开它。诺顿帮占去我的时间比这多得多,不过,对于我来说,在科纳维尔有一个使我感到如同在家里一样的角落或群体,是很重要的。当时,我还没有清楚地认识到研究一个群体远远不只是去考察它在某个时刻的活动和人际关系。只是当我开始看到这些群体内的变化时,我才意识到较长时期地观察一个群体的极端重要性。

我与诺顿帮和意大利人社区俱乐部的人一起闲逛,用的是一种多少带有几分惰性的方法。而与此同时,我却决心要通过更广泛深入地考察社区的政治生活来扩大我的研究范围。在科纳维尔,街角的活动与政治不可分割地联系在一起。有几个政治组织谋求树立反对派候选人。我觉得,如果我积极地与某个政治组织合作,就可以从内部了解到绝好的政治方面的情况。不过,我又怕
310 这样一来,人们会把我列入某一派,以后就难以再从事与反对这个政治家的人们有关的研究了。

这个问题自己就解决了。1937 年秋季,在一次市长竞选中,一位曾担任过市长和州长的爱尔兰人政治家再次参加竞选。在新英格兰的上流社会中,墨菲的名字是腐败的化身。然而在科纳维尔,他却享有穷人和意大利人之友的美名。大多数科纳维尔的政客们都拥护他,预计在这个地区,他将获得绝大多数人的拥护而取胜。因此我断定,如果从拥护这个人开始我对政治的研究,那将是个好办法。(我在哈佛大学的一些伙伴听说这一新的政治倾向时都大为震惊。不过我推断,像我这样一个纯粹的新手,在确保一个声名狼藉的政治家当选方面,不会起什么作用。)

为了支持这次竞选,我必须与当地人取得某种联系。我与代

表我们这个选区和另外两个选区的州参议员乔治·拉韦洛建立了联系。在我居住的那个饭馆里，我结识了保罗·费兰特，他是拉韦洛的秘书，也是马丁尼家的朋友。费兰特为拉韦洛办事纯属自愿效劳。当时保罗失业。他为这位政治家工作，是希望有朝一日会因此而在政界谋得一份工作。

在初步交谈片刻之后，我被聘为市长竞选活动期间那位州参议员的义务秘书的义务秘书了。选举结束后，我又再次被聘，因为国会里有一个空席位，为此要举行一次特别选举，而乔治·拉韦洛正在争取这个席位。对于我的研究来说，幸运的是其他所有的政治家至少公开都支持拉韦洛，因为他是在和几名爱尔兰人争选票。因此我觉得我可以积极参加他的竞选活动而又不至于在这个地区的其他任何地方为自己设置障碍。

作为一名为这位州参议员效力的竞选工作人员，我完全与众不同。在这类竞选活动中，绝大多数工作人员都至少可以宣称自己有能力拉到大量选票。而我除了能保证自己这一票以外，什么 311
也不能担保。竞选组织很难容忍这种情况。有一次，拉韦洛带我乘车去州议会大厦，途中他想知道我什么时候能争取到意大利人社区俱乐部的支持。当时，这在该俱乐部内是一个十分敏感的问题。一方面，全体成员都很愿意看到一名意裔美国人当上高官，但是在支持乔治·拉韦洛的问题上，他们又很为难。他当众讲话时词句欠雅，而且有好几次，他在众目睽睽之下的表现令这些年轻人感到难为情。例如，有一次，一位女士对于拉韦洛提交参议院的一份议案提出反对，话刚说了一半，拉韦洛就勃然大怒，并威胁说，如果她再踏进他的地区一步，他就把她拉下码头，扔到港湾里去。还有一次，报上登出一张拉韦洛的照片，一只眼睛周围又青又紫，是他与一位州假释委员会委员交手时被人打的。

我向拉韦洛解释说，支持候选人竞选公职违反该俱乐部的方针。虽然事实恰恰如此，但对于这位参议员来说，这种解释很难令他满意。不过，他并没有进一步催问这件事，或许是因为他意识到意大利人社区俱乐部的支持终究不是什么关乎大局的事。

既然我拉不到选票，就努力干些跑腿儿的差事和零碎活儿，比如在这个区的不同地点钉上拉韦洛的海报牌等，以便使自己有些用处。

我确信谁都不认为我对这位参议员竞选会有什么真正的帮助，但也看不出我会造成什么妨害。所以，我获准呆在总部——这里既是政治办公室，又是殡仪馆。

我觉得这儿是个很没意思的地方，因为我永远无法对殡仪馆采取一种完全科学的超然态度。我对科纳维尔最清晰难忘、最不愉快的记忆之一就形成于这个时期。这位参议员的一名选民死了。由于通向他居室的楼梯太窄，棺材进不去，就把他的尸体停放
312 在这殡仪馆的后屋里，供亲友们吊唁。不幸的是，他的尸体分两部分停放，因为在他死前不久刚做过截肢手术。尸体的其他部分均涂了香料，做了防腐处理，但是人们告诉我，那条截下来的腿无法涂香料。这条腿已经腐烂，散发出极难闻的臭味。在死者的亲友前来向遗体告别时，我们这些政治工作人员都坐在办公室靠前面的地方，努力把注意力集中于政治。保罗·费兰特不时地满屋子洒香水。不过，香水味与腐烂的臭味混在一起，那情况也好不了多少。我那天一直守在我的岗位上，但事后觉得有点儿恶心。

既然这些政治家不知道如何安排我的工作，又愿意让我闲呆在那里，我觉得我可以记述我自己的工作。有一次，在政治工作人员开会之前，我向嘉利·拉韦洛提了个建议——她是这位候选人的妻子，也是他家的真正智囊——提议让我来当这类会议的秘书。于是，开会时我作了记录，并为她打出一份摘要备用（复写纸的发明使我得以对所有的记录都留下了一份副本）。

实际上，对于这个组织来说，这样的记录无关紧要。虽然它们被一本正经地看作讨论政治战略和策略的会议，其实却只不过是为支持拉韦洛的后备政治力量召开的鼓劲会而已。我从未参加过作出真正决策的最高级会议。然而，这些会议记录却的确为我提供了一份有关某一活动领域的翔实的记录。从这些会议开始，我又进而去研究大型政治集会，力求在那些集会上现场记录拉韦洛的主要支持者们的演说和其他活动。

选举日那天，投票站刚开门，我就去投了票，然后到这位候选人的总部去报到。到总部时，我发现自己已经被分配与拉韦洛的秘书一起到另一个选区去工作。那天上午，我跟着费兰特在科纳维尔以外各处转，无论对于我自己还是对于这个组织来说，我们做的事都没有什么实际意义。我倒并不担心自己没起什么作用，因为我越来越深刻地得出一种印象，即以政治活动的名义做的许多事都只不过是浪费时间。选举日的上午，我们不 313
时停下来与保罗·费兰特的一些朋友聊聊天，喝杯酒，或喝上一杯咖啡。然后我们开着车来回走，主动提出送选民去投票站，而在这样一个拥挤的地区里，投票站其实就在拐角附近。我们停了大约 30 次车，才把一位选民送到投票站。这位选民说，她要是步行，无论如何5分钟也能走到。其他的选民或是不在家，或是说他们过一会儿自己走着去。

到了下午两点钟，我问是否可以离开这里回到我的选区去。我立刻得到允许，所以我得以在科纳维尔度过了这一天剩下的时间。

我回到家里以后，听到从拉韦洛的头号对手、那个爱尔兰人政治家居住的选区传来惊人的消息，说他让一个出租汽车队在他的选区里来回转，从而使他的那些重复投票者能够到选区内的各个投票站去投票。事情很清楚，如果我们自己不在选举中做手脚，这个卑鄙的家伙就会从我们手中夺去选举的胜利。

5点钟左右，这位参议员的一名首席助手匆匆跑来找我们。当时，我们一群人正在街角闲呆着，离我家附近的投票站只隔着一条马路。他告诉我们，在我们的选区内，约瑟夫·马洛尼的那个区已经为重复投票者大开方便之门，运送选民的车也已经准备好了，现在只需要有人去干。当时，这个竞选组织苦于人手不够，无法完成这项重要任务。这位参议员的助手也不说让大家自愿参加，而是干脆指示我们上车，到能办这件事的投票站去。我犹豫了一下，不过没有拒绝。

那天晚上，在投票站关门之前，我又投了3次选乔治·拉韦洛的票——这其实不算什么丰功伟绩，因为另一个与我同时开始行动的新手，在同一段时间里竟投了9次票。我把前两张选票投在选区内约瑟夫·马洛尼的管区，第三张则投在我家附近的投票站了。

我正在街角站着，那位政治家手下的一名亲信手里拿着选民名单向我走来，让我进去投票。我解释说，这里就是我住处的投票站，而且我已经用自己的名字投过票了。他们听说我是在刚开门 314
的时候投的票，就对我说没什么可担心的，因为现在值班的是新换上来的人。他们替我挑了个名字，叫弗兰克·皮特里洛。又对我说，皮特里洛是西西里岛人，是个渔民，选举的这天他出海去了，现在我们是在替他行使他的民主权利。我从选民名单上看到，皮特里洛 45 岁，身高 5 英尺 9 英寸。由于我才 23 岁，身高是 6 英尺 3 英寸，我觉得似乎不应该让我来冒充他。我提出了这个问题。他们让我相信这没关系，因为投票站里都是乔·马洛尼的人。尽管如此，我仍旧半信半疑，不过，无论怎么说，在投票站关门之前，当人们纷纷赶来投票时，我仍排到队伍中间，等待再一次轮到我投票。

我说出姓名，门口的那个女人给我登了记，于是我拿起选票，又走进画票间，在选票上标明选举乔治·拉韦洛。正当我要把选票投入票箱时，那女人把我上下打量了一番，并问我的年龄。突然，这种冒名顶替的荒谬触动了我的良心。于是，明知道我应该说 45 岁，我却说不出如此愚蠢的谎话，而是折衷说我 29 岁。她又问我身高多少，我又采取了折衷的说法，说我身高 6 英尺。他们对这样的回答表示满意，但盘问仍在进行。那女人问我的名字是怎么拼的。慌乱之中，我竟拼错了。这时，另一名女监票员走过来，询问我的姐妹们的情况。我记得曾在名单上看到过几个姓皮特里洛的女人名字，心想，如果我编造几个名单上没有的名字，无论如何，它们有可能是没登记的女人的名字。于是我说，“对，我有两个姐姐。”她又问她们叫什么名字。我回答说，“西莉亚和弗洛伦斯。”

她不怀好意地望着我，问道，“这个玛丽·皮特里洛是怎么回事？”

我倒吸了一口凉气，回答说，“她是我的堂妹。”

她们说她们不得不对我的选民资格提出异议，并且请主管这个投票站的负责人来一趟。

我等了一会儿他才走过来，所以我有充裕的时间胡乱设想我未来的命运。我仿佛看到眼前出现了东城小报头版头条的大字标
315 题——“哈佛大学学生因重复投票被捕”。他们为什么不会大肆宣扬这件事？这的确是一条耸人听闻的理想报道材料。当时我下定决心，如果被捕，我至少要咬紧牙关对我与哈佛大学的关系和我在科纳维尔的研究只字不提。

这位负责人走向前来，说他不得不对我的选民资格提出异议，并让我在那张选票的背面写上我的名字。我走向画票间，此时我紧张得要命，竟连我冒充的人姓什么也想不起来了，只好写上“保罗”。这位负责人拿过这张选票，看了看背面，让我发誓这就是我的名字，而且我以前没有投过票。我这样做了。在我要出大门时，他又把我叫住了。当时，我看到许多人在往里走，就想趁机逃掉。可是我挤不出去，所以又回来了。他看了看那张选票，转身走进画票间，背对着我呆了片刻。后来，我看见他把我在选票背面写的名字涂掉了，然后把选票投进了票箱。一声铃响，表明此票有效。他对我说我可以走了，于是我走出投票站，并竭力做出一副若无其事的样子。

我出门来到大街上，告诉那位政治家的助手，他们曾对我的选民资格表示怀疑。“咳，这有什么？这样我们也毫无损失嘛！”我又

告诉他，最后那张选票还是投进去了。“好呀，那就更好啦！听着，他们又能把你怎么样呢？即使警察把你带走，也不会拘留你。我们会为你安排妥当的。”

那天晚上，我连饭也没吃好。说来也够奇怪的，在我想到自己将会被捕之前，对自己的做法，我几乎没有感到如此内疚。当时，我一直是糊里糊涂地跟着干。吃过晚饭，我就去找意大利人社区俱乐部的托尼·卡迪奥。因为，当我到他家所在地区的投票站去重复投票时，曾碰见他正从里面出来。我们面对面走过时他咧着嘴对我一笑，说，“他们今天把你使唤得够苦的了，对吧？”我立刻得出了结论——他一定知道我是要去重复投票。现在，我觉得我必须尽快找到他，尽可能向他解释清楚我做的事和为什么要这样做。幸好那天晚上托尼不在家。等我的紧张消除之后，我意识到我的 316
紧张只是由于我知道自己做了错事，其实别的人和托尼未必都知道我做的事。后来，有一次与托尼议论选举问题时，我间接地证实了这一点，因为他没有对我的投票活动提出任何疑问。

这就是我在选举日的表现。我从中得到了什么呢？通过亲身经历，我明白了重复投票是怎样完成的。不过，这实在没有什么价值，因为我以前也曾身临其境地观察过这些活动，而且无须冒任何风险就获得了全部资料。实际上，我从这次经历中并未学到任何有研究价值的东西，还险些断送了我的整个研究。虽然我逃避了被捕，但这类事情并不像那位政治家的亲信想的那样万无一失。一年之后，在选举期间我不在城内，有人冒用**我的**名字去投票，结果真的被捕了。

即使把被捕的危险撇开不谈，我也面临着其他可能的损失。

虽然重复投票在我们这个选区已司空见惯，但是干这种事的人毕竟为数很少，而且一般都被人看不起，被认为是干卑鄙勾当的人。假如这个字眼加到我头上，就会大大损害我在我个地区的地位。据我所知，关于我去重复投票的事，除了拉韦洛组织中的几位关键人物之外，尚无别人知道。我的重复投票活动主要是在科纳维尔以外干的。我在诺顿街的朋友们的投票地点与我在科纳维尔第二次投票的地点不在一处。那些能提出看法来伤害我的人都没看见我的行动。另外，实在幸运的是，我没有去向托尼·卡迪奥揭发我自己；事实上，在每件事情上我都很幸运。

这次经历的弊大于利。我受的教养是要使自己成为一名品德高尚、奉公守法的中产阶级公民。当我看到自己成了一名重复投票者时，我受到良心的严厉谴责。这不像是我一贯在努力塑造的自我形象，我也无法把它说成是研究之必需而一笑了之。我知道并不是非这样做不可。即使在我要开始重复投票前的那一瞬间，
317 我也是可以拒绝这样做的。其他一些人就拒绝了。而我只是使自己卷进这场竞选的浪潮之中，随波逐流。我应该懂得：为了使某个地区的人们接受你，你不必在每做一件事时都无异于他人。事实上，在一个有着不同群体、不同行为标准的地区内，如果只去迎合某一个群体的标准，就可能造成严重的后果。

我也必须认识到，作为一名实地工作者，不能只想着如何去迎合这个地区的其他人，还必须继续保持自尊心。如果一名参与观察者发现自己在从事他以前曾认为是不道德的行为，那么他就可能会自问，自己究竟是一个什么样的人。如果这位实地工作者不能保持自己一贯理智地保持的形象，他就很可能会

陷入困境。

八　重返诺顿街

竞选结束后，我回到诺顿街，不过我没有完全割断与拉韦洛的组织的联系。我这样做有两个原因：我想为今后可能进一步研究政治而保持我的关系；但另一方面是不想让他们把我也当成那样的“骗子”——当这位政治家好像有机会获胜时就去拍马屁，而当他失势时就把他抛在一边。不过，我的私人关系还没有过硬到能把我与这个组织拴在一起的程度。我很喜欢和尊重嘉利·拉韦洛，对这位参议员则觉得琢磨不透和感兴趣，但从来不认为我能够了解他。在选举结束后，有一段时间，他先前的秘书不见了——还欠着我 10 美元未还。对我个人来说，其他人倒也都无关紧要。而且，如今当我重读我的笔记时，甚至连他们的名字也都没有什么意义了。

当我更加活跃地再次出现在诺顿街时，当地的社会开始呈现出不同的面貌。我所观察的社会正处于变化之中。当我跟随意大利人社区俱乐部的某些成员到女共和党人俱乐部参加全美晚会时，我看到他们正在与美国北方佬控制的上层社会建立联系。我还看到，由于与阿芙罗狄蒂俱乐部和意大利人社区俱乐部的接触，诺顿帮内部出现了压力和紧张气氛。我曾关注多克为准备竞选公 318
职而进行的注定会失败的努力，而全无科学的超然态度。

后来，在 1938 年 4 月的一个星期六的晚上，我无意之中获得了我在科纳维尔的最令人兴奋的研究经验。这天晚上，诺顿帮要举行保龄球大奖赛，这是整个这个季度内最重要的一个夜晚。我记得当时我和小伙子们一起站在角落里，他们正在议论即将进行的比赛。我听着多克、迈克和丹尼在预测名次的得主。起初，这并没有给我留下什么深刻的印象，因为我本人作出的预测虽未说出来，却与他们的预测完全相同。后来，当他们开玩笑和争论起来时，我忽然开始产生了疑问，并对整个形势有了一种新的看法。我相信多克、迈克和丹尼的预测基本上是正确的，然而，为什么这些得分与这个帮的结构如此近似呢？是因为这些头头儿们生来就是比别人更出色的运动员吗？这讲不通，因为弗兰克·博奈利就在这儿，他是个出色的运动员，即使和职业体协的棒球队一起参加选拔赛，也可望取胜。那么，在保龄球场上，弗兰克为什么不应该胜过我们呢？于是我回想起一年前，我们与诺顿街的一群年龄比我们小的青年进行过一场棒球比赛。我看到这个被一致公认是我们中间的最佳棒球手的弗兰克在击球时，姿势优美舒展地挥动球棒，让地滚球从他的两腿之间弹回。接着，我又想起当时无论是我，还是其他任何人，对弗兰克在这场比赛中的表现似乎都并不觉得惊讶，甚至连弗兰克本人也不感到意外。正如他解释的，“我和我认识的人——比如那帮家伙——一起打球时，好像就不会打球了。”

那天晚上，我来到球道旁。对于我将要目睹的情况，我极想看到，却又有点儿怕看到。就在这儿，在这保龄球道上，社会结构正在起作用。它把每一个成员——我也和他们一样——固定在他自己的位置上。我当时并没有停下来作出这样的推理，即我作为多

克、丹尼和迈克的好朋友，在这个帮里的地位接近于最高层，所以
在如此一个重要的场合下，人们也期待着我有杰出的表现。我只 319
觉得自己受到形势的鼓舞。我觉得我的朋友们都在支持我，信任我，想让我打好。当轮到我去打球时，我感到极为自信，相信会命中我要命中的木柱。这种感觉我以前从未有过——此后也没有过。就在这保龄球场上，我主观体会到群体结构对个人的影响。这是一种很奇异的感觉，仿佛当我挥动手臂，把球掷向木柱时，有一种比我自己更大的力量在驾驭着它。

比赛结束后，我看了看其他每个人的得分。我曾依然对自己的体验有些惶惑不解，而此时我却激动地发现，人们的实际得分恰如预言的名次，只有两人是例外，但他们的情况均很容易从群体结构方面作出解释。

事后，当我反复思考这次保龄球比赛时，有两个问题变得十分引人注目。首先，我相信现在我抓住了一个重要的问题：个人表现与群体结构之间的关系——尽管当时我还不清楚这一观察是否符合整个科纳维尔研究的模式。当时我相信（而且至今仍然相信），在任何地方的其他群体活动中均可观察到这种关系。作为一名热心的棒球迷，我曾常常对某些运动员的记录困惑不解。他们似乎能够以高超的技艺击球、投球和接球，却不能成为职业体协棒球队员。还有一些情况也使我不明白，有的人曾一度打得很好，却突然一败涂地；另一些人似乎大有长进，但这些长进无法单纯用经验增加来解释。我怀疑，系统地研究社会结构——比如说，研究一个棒球队的社会结构——将能解释其中某些否则就很难解释的现象。给我留下深刻印象的另一个问题与实地研究的方法有关。我这里

有最后那个晚上人们在保龄球场上的得分。这一套数字当然很重要，因为它显示了人们在那次被公认是当年的头等大事中的表现。
320 然而，同是这群人，他们曾在许多个月里的每个星期六晚上打保龄球，有的人在其他日子的晚上也打球。如果我要将每个人在那个季度每个星期六晚上以及我和他们一起打球的其他晚上的全部得分都一一记录下来，那真是不用费吹灰之力。这将构成一套令我的许多朋友中的某些人钦羡不已的统计数字。而我却没有把这些得分记录下来，因为当时我没有认识到它们的意义。我只是把每星期六晚上保龄球场上的情况单纯看成是我本人和我的朋友们的娱乐活动。我发现自己玩得那么快活，以致不时会为自己忽略了研究而有些自责。我和这些人一起打保龄球，是为了确立一种社会地位，以便能与他们交谈和观察到重要情况。但什么是重要情况呢？只是在已经放过了这个统计数字的金矿之后，我才恍然大悟，原来这些人定期在保龄球场上的行为才是我应该观察的极好例证。我应该是为了观察打保龄球而打保龄球，而不是为了观察别的什么事去打保龄球。于是我认识到，这些人日复一日的常规活动才是我的研究的基础资料。

九　重新制订研究计划

1938 年的春末和夏季给我的研究带来了一些重要的变化。

5 月 28 日，我与凯瑟琳·金结婚。三周之后，我们一起回到科纳维尔。凯瑟琳曾到那家餐馆找过我几次，并认识了我的几个朋友。虽然我已经是一个成了家的男人，也不愿搬出这个地区，幸亏凯瑟琳也急切地想搬进来。这就出现了一些问题，因为，我们虽然要求不高，但确实希望找一套有厕所和洗澡间的公寓房间。我们曾去看了几处，都不大可能，最后终于在谢尔比大街找到了一幢经过改建的房子。我在诺顿街的几个朋友警告我们要小心那里的邻 321 居，说那块地方到处都住着西西里人，这帮人心狠手辣。但是，这套公寓房毕竟有洗澡间和厕所，很干净，通风情况也比较好。虽然没有统一供暖，但厨房里有炉灶，我们可以过得很舒服。

既然如今是两个人了，我们就可以参加新型的社交活动了。凯瑟琳可以学着去结交一些妇女，而我已经和那里的男人们认识了。不过这些社交活动的新领域是以后的事情。眼前的问题是要知道我的研究已进行到什么程度以及下一步往哪里发展。这是一个“盘点”的阶段。

在描述我的科纳维尔研究时，我常说，我在实地呆了18个月以后才知道我的研究方向。从某种意义上说，这样讲是毫不为过的。开始时，我的总的想法是从事一项社区研究。我觉得，为了进行这样一项研究，我必须使自己成为一名参与观察者。在科纳维尔的最初几个月里，我经历了社会学家罗伯特•约翰逊在他自己的实地研究中描绘的过程。我起初是作为一个非参与的观察者。随着我变得被社区所接受，我发现自己差点儿变成了一个非观察的参与者。我有了科纳维尔的生活感受，但是这意味着我已经能够把我的科纳维尔朋友们认为理所当然的事也视作理所当然。我已经陷进去了，然而却还未能了解其中的意义。我觉得自己正在做一件很重要的事，却还无法对自己说明它是什么。

幸运的是，正值此时，我面临着一个十分实际的问题。我的为期三年的研究员基金将于 1939 年夏季到期。这笔基金可以再续三年，要求延期的申请最晚要在 1939 年初春提出。

我很喜欢在科纳维尔的生活，并感到我正在取得某种进展。然而与此同时，我又觉得至少还需要有三年的时间。我意识到，目前我还拿不出什么成果来说明我在已经用去的时间里取得的成就。我在申请延期时，必须同时提出一些证据，以证明我在这第一个三年里干得不错。我必须写点儿东西。于是我花了好几个月的时间写作。但是开始时，这个任务把我吓住了。我坐下来自问，合乎情理地说，我究竟收集到了哪些有关科纳维尔的珍贵资料。有
322 什么材料可以拿过来就写？我反复地思索，又与凯瑟琳以及同我一起在这个地区工作的约翰·霍华德商议。

由于我仍然是从社区研究方面来考虑，所以我发现自己对科纳维尔的家庭生活知之甚少，对有关教会的资料也掌握得不多，虽然约翰·霍华德正着手研究这个方面。我一直与饭馆老板一家同居一室，从这个房间可俯视下面的街角，有时可看到科纳维尔最赫赫有名的非法团伙成员 T. S. 与其追随者们在一起。我曾多次从我的窗口向下看这群人，却从未去结识他们。非法团伙活动在这个地区显然十分重要，而我对它的了解却只限于从一些比我与它的关系稍微接近一点儿的人们那里听到的传言。我对政治生活和政治组织的了解要多得多，但即使在这方面，我也仍然觉得有许多空白，使我难以将支离破碎的材料组织在一起。

既然还有更多的空白需要填补，我还能写出什么来呢？在翻阅各种文件夹时，我发现，诺顿帮和社区俱乐部的文件夹显然比其他的内容更充实。如果说我对科纳维尔还有所了解的话，我所了

解的一定是有关诺顿帮和意大利人社区俱乐部的情况。也许，如果我把这两群人的故事写出来，就会开始为我的科纳维尔研究找到某种模式。

在我撰写诺顿帮和意大利人社区俱乐部的个案研究材料时，一种研究模式在我心里逐渐形成了。

我终于认识到，我所写的社区研究报告不同于通常意义上的社区研究报告。曾经研究过《中城》一书的读者会注意到，它是从整体上描述那个社区里的人。在那个故事中，并未出现具体的个人或群体，除非是用以举例说明作者的论点（它的续篇《中城在变迁》则与此不同，其中有一章是写这个社区内最主要的家族）。读者还会进一步注意到，《中城》是按照这样一些题目写的——如谋生、成家、育儿和闲暇时间的利用。

林德夫妇令人钦佩地完成了他们要完成的任务。我只是认识到我的任务有所不同。我要研究的是特定的个人和特定的群体。 323

我还意识到自己无意中发现了另一点不同。我曾认为，一项社会学研究应该描述和分析在某一时间点上的社区，当然也不能脱离某种历史背景。现在，我渐渐认识到，在我的研究中，时间本身就是关键因素之一。我观察、描述和分析的是随着时间的推移而发展变化的群体。在我看来，与观察某一时刻人们的行为相比，观察某一时期的行为之后对这些行为作出的解释要有力得多。换句话说，我拍摄的是一部活动的电影，而不是一张静止的照片。

但是，如果这项研究是研究特定的个人，而这个地区共有两万多人，我又怎么能以个人和群体为基础反映出整个科纳维尔的重要情况呢？我逐渐认识到，只有当我从个人和群体在社会结构中的地位方面来看待他们时才能做到这一点。我还必须看到，无论个人之间和群体之间有什么差异，总可以找出一些基本的共同点。所以，我不必为了对科纳维尔的街角帮作出有意义的说明而去研究每一个街角帮。只研究一个街角帮肯定不够，假如多研究几个帮能揭示我期待发现的一致性，这部分任务就好办了。

至于意大利人社区俱乐部，我觉得不必再增加什么资料。当时，科纳维尔的大学生人数很少，所以这个群体就可作为这一类人的一个很大的样本了。在我看来，他们还体现了社会结构和社会流动过程中的一些重要特点。正如在他们之前的晚霞剧社曾离开这里一样，在他们离开这个地区以后，当然还会出现别的像他们这样的人。此外，对他们的活动所作的研究也表明了他们与共和党政治及街坊文教馆之间的重要联系。

324 现在我开始认识到我的政治研究与对街角帮的个案研究之间的联系。政治家并不力求去影响科纳维尔单独的个人，而是有意无意地找出群体的头头儿。于是，像多克这样的人就成为连接其群体与更大的政治组织的环节。现在，我可以通过详细研究某些群体来写我的论文，然后，再进一步将它们与更大的社区结构联系起来。心中有了这个模式，我渐渐看出我掌握的政治方面的资料比我原来想到的要多得多。

在我的研究中还有一些重要的欠缺。我对教会在这个社区中的作用了解得支离破碎，这是我希望补上的。我也没有系统地研究家庭。一方面，如果写一篇关于科纳维尔的论文而不论述家庭问题，这似乎是不可思议的；然而与此同时，我又不知道如何把家庭研究写入我心中正在形成的这本书的结构中去。我还必须承认，由于很不科学的原因，我从来都认为政治、非法团伙活动和帮派要比作为人类社会基本单位的家庭更有意思。

最令我担忧的欠缺是在非法团伙活动和政治方面。我对非法团伙活动的作用只有一些很一般的了解，这些资料根本无法与我掌握的有关街角帮的详尽的人际关系资料相比。随着我的书的进展，我感到这个空白必须补上——尽管当时我还不知道如何才能得到必要的内部情况。

我完成了前两篇个案研究报告，并把它们交上去，以支持我提出的延长研究员基金的申请。数周之后我得到回音。研究基金被延长了一年，而不是我所希望的三年。起初，我感到十分沮丧，因为我刚开始找到自己的方向，真不知道怎么可能在剩下的 18 个月里全面完成一项研究。

如今，我却倾向于认为，缩减成一年时间对于我和我的研究来说，是一件大好事。从某种意义上说，对一个社区或一个组织的研 325
究是没有尽头的。你了解得越多，你觉得你应去了解的就越多。假如给我三年的时间，而不是一年，我的研究就会占去更长的时间才能完成。也许它将是一项更出色的研究。但另一方面，当我知道我只有 18 个月的时间从事研究时，我不得不静下心来更加透彻地思考我的计划，在推进我的研究和写作时，目的也更明确。

十　还是街角帮

为扩大我对街角帮的研究，我采取的最重要步骤产生于多克的娱乐中心计划——尽管起初使我感兴趣的还有一些别的事。事情是从我经常努力帮多克找工作开始的。当我听说科纳维尔街坊文教馆终于得到一笔拨款来开设三个临街的娱乐中心时，我竭力说服主管这件事的史密斯先生，在安排人员时应配备一些本地人，例如像多克这样的群体领袖。我发现他曾计划配备一些受过群体工作训练的社会工作者。当我意识到无望使他挑选三名本地人时，就试图至少极力把多克推荐给他。我看得出来，史密斯先生对这个想法很感兴趣，但同时又有些害怕。当我带多克来见他时，我发现自己失了一着。因为，正如多克后来告诉我的，他到了街坊文教馆的办公室以后，忽然感到头晕，根本无法给人留下一种良好的个人印象。假如多克和我曾找准了他头晕的潜在原因，那么，一份稳定的工作和收入——这能使他重新恢复他习以为常的社会活动模式——就可以治愈这些神经性症状。另一方面，我很难就此向史密斯先生解释。我生怕显得自己只是想为朋友帮忙。为了达到目的，我作出的最后努力是把我的诺顿帮个案研究报告复制一份，交给了史密斯先生，并请他保密，因为我还没准备发表。

此举使得情况发生了变化。史密斯先生同意雇用多克。

326 在为建立娱乐中心的初步准备阶段，我开始为我肯定多克会成功的预言担心。在讨论中心计划的预备会议上，多克表现得十分被动，兴味索然。然而，差不多从多克的中心开张时起，它的成功就是显而易见的了。

我最初几次访问多克的中心时，有一次，他把我介绍给萨姆·佛朗哥。虽然我在书里只简单地提到过他，但他在我的研究中所起的作用却重要得多。多克是在中心开业的那天晚上认识萨姆的。萨姆的一帮人在中心外面晃来晃去地琢磨这个地方，然后萨姆就作为这个群体的使者走进来了——这个举动立刻使多克认定他是头头儿。两个人简短地交谈了几句关于中心的话，萨姆就出去把他的一帮人带进来了。在中心开业的第二天晚上，萨姆已成为多克的副手，帮他管理这个中心。多克在这个地区固然也认识一些人，但萨姆认识这里所有的人。

多克知道我要扩大对街角帮的研究，于是提出萨姆或许可以帮助我。多克已经了解到，萨姆一直保存着一个剪贴簿，上面贴着报上有关科纳维尔的活动的报道，以及他本群体内一些人的个人材料。

我请萨姆带着他的剪贴簿来到我们的公寓。在那里，我了解到萨姆是从参加一项青年管理计划之后开始剪贴的。当时，有一个人在写一篇有关这个地区青年问题的论文，萨姆就是为这个人工作。剪贴簿完全是杂乱无章的，但其中确实有一部分特别引起了我的兴趣。萨姆的剪贴簿里有一部分是关于他自己那个帮的，每人一页。页首是这个人的素描(凭记忆画的)，然后他列了以下几点，如：年龄、地址、文化程度、职业和抱负。(在“抱负”一栏下面，通常都写着“无”。)

我现在的任务是说服萨姆，使他明白，虽然把这些人作为个体来看待也很好，但如果从他们的相互关系方面着眼，就会更好。萨
姆一点就通了，并且热情地接受了我的看法。这种事他当然懂；由 327
于他认为这完全是理所当然的，所以才没看出它可能有多么重要。从这以后，一直到我的研究结束，萨姆·佛朗哥一直是我的研究助手。我甚至还设法让哈佛大学付给他100美元的劳务费。

我们从分析萨姆自己的一帮人——米勒帮——开始。我们还

观察来到多克的娱乐中心的其他帮。在这个问题上，我们非常有利的条件是这两名敏锐的观察者可彼此检验对同样一些群体的看法。使我再次充满信心的是，我发现他们对每个帮的最高领导层的构成，看法完全一致——只有一个例外。这个例外一直困扰着我，直到后来它不言自明。

一天下午，我听着多克和萨姆就一个帮的领袖问题争论了好一阵。多克说卡尔是头头儿；萨姆却说是汤米。两个人都举出观察到的证据来支持自己的观点。次日早晨，萨姆冲进我家，带来了这条最新消息："你知道昨天晚上出了什么事？卡尔和汤米差点儿要决出个高低。他们争执得非常厉害。现在这个帮分裂成两半了。一些人跟着卡尔，其余的人跟着汤米。"所以，他们冲突的看法原来是准确地描绘了这个帮里正在发生的事。

在我对其他帮进行研究时，我以为自己已经完成了对诺顿帮的研究。我和多克依然接触频繁，而且继续在某些星期六晚上与诺顿帮残余的人一起打保龄球，不过这仅仅是为了消遣而已。

由于我把注意力转到了别的方面，竟未能看到就在眼前的诺顿帮成员中发生的情况。我知道朗·约翰和前些年一样不打保龄球；也知道他与多克、丹尼和迈克的关系不如以前那样亲近。我还注意到，当朗·约翰来到诺顿街时，追随者们比以前更加挑衅地捉弄他。我应该能看出这些现象之间存在着某种联系，然而却没有从这种形势中领悟出什么，直到多克来告诉我朗·约翰的心理问题。

328 这条信息仿佛在我的头脑中点燃了一盏灯，使我豁然开朗，所有的难题都一起化解了。上个季度，我曾于无意之中发现了在群体中的地位与在保龄球场上的表现之间的关系。现在我又看到了在群体中的地位、表现和精神健康之间三向的联系。不仅朗·约翰,多克的头晕似乎也可以用它来解释得一清二楚。

我们可以这样来更概括地说明这一点。个人变得习惯于某种相互作用模式。如果这一模式受到某种剧烈变化的影响,个人就可能出现精神健康问题。这一提法还很不成熟。如果我们要确定这些变化必须剧烈到什么程度以及是否有可能用其他社会领域中的相互作用来抵消等等,就还需要进一步进行大量的研究。不过,这至少是一种把人际关系与心理调节联系起来的方法。

此外,这还是一次进行心理疗法试验的机会。假如我的处方正确,那么,治疗方针就很明确了:重建一种与朗·约翰原来的相互作用模式相同的模式,神经症状即可消失。这是我初次有机会对我有关群体结构的结论进行实际检验。我确实对它怀着满腔热情。

尽管我对于应该出现的结果很有把握,但是,经过多克熟练地实施这一医疗计划,当朗·约翰不仅神经官能症的症状消失,而且在这个活动季节的最后一场保龄球比赛中获奖时,我应该承认自己仍多少有些惶然。当然,这次胜利不一定能确定这一处方的灵验。对于朗·约翰来说,只要他被重新列在最佳保龄球手中间,就足够了。他获得的5美元奖金正是对相互作用理论的一份可喜的嘉奖。

十一 研究非法团伙活动

我几乎完全是偶然地认识了科纳维尔著名的非法团伙成员托

尼·卡塔尔多。一天下午，我来到最初在科纳维尔居住的那家餐馆。
329 阿尔的大哥埃德·马丁尼当时也在。他抱怨说，他不得已从当地一名警察手里买了两张宴会票。他说他的妻子不喜欢参加宴会；也许我会愿意陪他去。

我问这是个什么样的场合。他告诉我，这次宴会是为当地警察管区副队长的儿子举办的。这个年轻人刚刚通过律师专业考试，就要开始他的律师生涯了。我考虑了一下。哪类人将出席这次宴会，这是十分清楚的：主要是警察、政治家和非法团伙成员。我认定这对我来说可能是个很好的机会。

在宴会厅里，埃德和我在男洗手间外面的长沙发上坐下来。在这儿，我们遇见了托尼·卡塔尔多和他的雇员里科·德莱奥。原来，埃德·马丁尼与托尼不大认识，而里科的家与我家则只隔一条马路。里科问我在做什么，我说我要写一本有关科纳维尔的书。托尼说，去年夏天，他曾看见我拍圣主节的照片，那祭坛就设在谢尔比大街。这件事在他心里留下了很好的印象，于是我就可以尽情谈论我当时想从圣主节中了解什么了——其实这与我的研究并没有什么关系。

我们四个人一起走到一张餐桌旁，在那儿又等了一个多小时才吃上饭。我们一边大嚼着橄榄和芹菜，一边异口同声地抱怨这糟糕的服务。饭后，我们来到楼下，一起打了三盘保龄球。这时，托尼非常友好地请我随时到他的店里做客。

我到那家商店的后屋去拜访过他几次，托尼的有些生意就是在这里经营的。我们相识一周之后，托尼请我和凯瑟琳到他家吃饭。他的妻子年轻漂亮。她后来告诉我们，托尼说我俩一个是哈佛大学的教授，一个是广告艺术家。他只是前一天才告诉她要请我们吃饭，这把她搞得很狼狈，因为她觉得要宴请这么重要的人物，至少需要准备一个星期。尽管如此，饭菜仍做得很精致，每一道菜仿佛都能当一餐。饭后，托尼开车带我们去看他在郊区的几 330
个亲戚，然后一起去打保龄球。

我们在他家吃过两次饭，他们也来我家吃过两次饭。每逢这种时候，除了闲聊以外，研究都是按照同样的模式进行。我们谈论圣主节，谈论来自那古老国家的同乡们的俱乐部生活，谈论那些把托尼与我的研究联系起来的事情。后来，我渐渐能和他聊聊他的生意。我们似乎是自然而然地转向这个话题的，就像一个朋友向一位合法商问起他取得的进展和遇到的问题一样。托尼似乎很乐于说出他的心里话。

此时，我对今后研究非法团伙活动的前景感到乐观。我们似乎与卡塔尔多夫妇相处得很融洽。我已准备好随着托尼迈进这个新领域。然而，在初步交往了几次之后，托尼却好像对我们失去了兴趣。

这突如其来的冷淡使我感到摸不着头脑。我至今也不能肯定自己已经找到了全部答案，但我认为至少包括两方面的原因。

首先，大约就在这个时候，托尼的生意出现了一次危机。一天下午，几个人闯进他的马房，把顾客和托尼的钱财抢劫一空。为了保持与顾客的良好关系，托尼只好如数赔偿他们被抢去的钱，所以那天下午他赔了双倍的钱。最让他觉得窝囊的还有：这几个人逃走的时候，托尼是透过窗户眼睁睁地看着他们跑掉的。他显然想开枪，却不敢这样做。因为他知道，再也没有比开枪更糟的了，这将导致在科纳维尔禁赌。只要你是悄悄地干这类事，警方就不大可能来“难为”你。

这件事也许能说明我们共同的社交生活的中断，却难以说明何以会完全断绝了来往。在我看来，另一个原因是来自社会地位和社会流动方面。起初，托尼对他的妻子——也许还对他的亲友——说，我是哈佛大学的教授。卡塔尔多夫妇都把地位
331 看得很重。他们不准其年幼的儿子与当地的小痞子们一起玩。他们解释说，他们完全是由于生意上的必要才住在这个地区，而且仍然希望能搬出去。我们到他家做客时，他们还把我们介绍给他们的住在城里较高级地区的亲友。

而另一方面，当卡塔尔多夫妇来我家吃饭时，他们见到的却只有我们，并无其他人。此外，托尼见我与谢尔比大街的人有来往，而这些人在他眼里显然是一群微不足道的穷小子。起初，他以为与我交往是件很重要的事；而现在，他也许认为这毫无意义了。

我在某种程度上料到了有这种危险，所以也曾想过请几位我在哈佛大学的朋友来和卡塔尔多夫妇一起吃饭的可能性。我一直把这两类人分开。我在哈佛大学有一个朋友，是符号逻辑学家。他曾经请求我带他去一个掷骰子赌博的赌场，并解释说他已经从数学上算出怎样在掷骰子时取胜。我解释说，我的这群赌掷骰子的朋友已经从他们的指法上得出了相同的数学结论，并请求他放弃这次冒险。还有一次，我在哈佛大学的一位同仁的妻子来我家做客，一个本地人忽然来了。他抓住了这位新听众，对她大讲特讲近年来科纳维尔发生的著名的谋杀案。她睁大了眼睛听他讲。在他讲完一个特别令人毛骨悚然

的故事后，她问，“是谁杀了他？”

我们这位科纳维尔朋友摇着头说，“姑娘！姑娘！在这儿，你可别问这样的问题。”

这件事对我们并无任何伤害，因为这个人对我们非常了解，会把这一切都当成笑话。但是，在把哈佛与科纳维尔混在一起的问题上，我仍旧犹豫不决。我倒不担心科纳维尔会把哈佛怎么样，但我确实担心哪位哈佛大学的朋友会无意间捅个娄子，使我陷入尴尬，或者做出使当地人感到不安的事来。因此，我一直把这两种人分开，而这却意味着托尼无法通过与我们的交往来提高他的社会地位。

我与托尼的交往显然是行不通了，这时，我设法另找途径来研究非法团伙的活动。看来还有两种可能性。托尼有一个哥哥为他工作。我根据推理，认为既然他俩是兄弟，又这么密切地共事，那么，亨利对非法勾当的发展情况可能了解得和托尼差不多。我已经与亨利有过一些交往，并试图进一步建立这种关系。这件事很顺利。我们彼此到对方家中拜访，并在商店的后屋里交谈。（这表明，托尼不理睬我们，并不是由于他对我们有什么怀疑。如果他怀疑，就不会让他哥哥与我们结交了。）

这一交往导致关于托尼的非法活动组织的大量讨论，而这对我是极其珍贵的。不过，我仍然感到一种不安，总觉得我没有得到我需要的东西。我还不打算放弃与托尼亲近和研究他的行动的可能。我知道他是科纳维尔社交和体育俱乐部的成员，这个俱乐部就在我们的公寓对面，只隔着一条马路。于是我加入了这个俱乐部，以重新追踪托尼·卡塔尔多。

起初，我对这一决定的结果感到失望。托尼虽是正式成员，却很少到俱乐部来。几周之后，我已明确地看出不可能在这个领域内增强与他的关系了。下一步该怎么办呢？我想退出俱乐部。如果当时有其他研究机会吸引我的注意力，我也许就真会退出了。但是，由于当时我已计划好要集中研究这个非法团伙成员，没有别的计划，所以我认为应该留在这个俱乐部里。我当时没有记下自己作出这一决定的原因。也许我预感到这里将会出现有趣的情况。或者，也许只是由于幸运。

至少，我认识到这个俱乐部为我的研究提供了某些新的看问题的角度。它比我研究过的任何街角帮都大得多。这是我进一步发展在研究诺顿帮时采用的观察法的机会。

我在写本文的初稿时，曾描述过我如何将这些新方法发展到这样的程度——即我在选举危机出现之前，就已经对这个俱乐部
333 的结构有了系统的了解。换句话说，在托尼进入俱乐部并试图操纵它的时候，我对他打算操纵的结构已经了如指掌了。现在，当我重新审阅我的笔记之后，我必须承认上述说法是我记错了。我在初稿中写的那些内容只不过是我当时本来应该做过的。实际上，直到选举前几周，我才开始系统地观察俱乐部。到危机出现时，我对群体结构也只形成了一个印象派的画面。我当时的笔记不能证实任何系统的结论。

有两个因素促使我更加有意地努力绘出这个组织的结构图。首先，当我开始在俱乐部里消磨时光时，我也开始寻找它的头头儿。我自然没能找到他。既然托尼在这里不常露面，就应该有人趁他不在时接替这个位置。俱乐部里倒是有一名主

任，不过他只是个无决断力的好人，显然起不了什么作用。当然，我没能发现这位领袖，是因为俱乐部里有两派，两个头头儿，而且更让我糊涂的是，在我开始进行观察时，作为其中一派的头头儿的卡洛·泰代斯科居然根本没有加入这个俱乐部。我笨拙地努力想画出结构图，结果把自己搞得晕头转向。所以下一步我必须更系统地研究这些资料。

后来，那次政治危机更突出了推进这些观察的必要性。我必须更多地了解托尼竭力想操纵的这个结构。

我在这里面临的任务比以往的任何任务更复杂。俱乐部有50名成员。幸亏其中经常来的只有大约30名，所以我可以集中研究这较小的数目。但是，甚至这个数目也够令人发憷的了。

我感到，我必须想出一套比我在一个街角内与人数要少得多的一群人相处时使用的方法更为正规、更为系统的程序。我从绘制地位图开始。我认为，在作出决定时，社交中关系最密切的人会站在一边，于是我着手记录每天晚上我在俱乐部里观察到的人群组合情况。在某种程度上，我可以从我住的公寓的前窗来观察和记录。只需调好百叶窗，我就可以使别人看不见我，而我却可以看 334
见下面临街的俱乐部里的情况。遗憾的是，我这套房间比俱乐部高两层，所以从我这个角度只能看到俱乐部活动室的一半。要想全看到，就必须过马路到那些人中间去。

当晚间活动达到高潮时，我环顾这间活动室，看看哪些人在一起交谈、打牌，或有其他相互作用。我数着房间里的人数，好知道需要说明多少个人的情况。由于我对俱乐部活动室的主要陈设都很熟悉，所以不难在心里形成一张图，把人们与桌子、椅子、长沙发、收音机等联系起来。当人们走来走去，或是这些人群之间有某种相互作用时，我就努力记在心里。在一个晚上的时间里，人们的位置也许会整个调换，我无法把每次移动情况都记住，但我努力观察这些移动是从哪些人开始的。等到形成一种新的布局时，我像对第一种布局所做过的那样，又在心里记一遍。

我设法在这些人呆的房间里作了一些笔记，不过，多数图都是我在回家之后凭着记忆画出来的。起初，我一个晚上要回一两次家画图，但随着实践，我能做到至少记住两种布局，并在晚上睡觉之前记下全部笔记。

我发现这种方法极为有效，它对我每天枯燥地、没完没了地画图是一种很大的补偿。随着画出来的图越来越多，哪些是比较重要的社交组合，哪些人动摇于俱乐部的两派之间，就显而易见了。当俱乐部里发生争吵时，我可以预测出谁会站在哪一边。

我在观察过程中共记录了 106 种组合。通过审阅这些资料，我试将这个俱乐部分成我认为我正在观察的两派。后来，在重新审查这些资料时，我发现在被观察的组合中，只有 40%或 37.7%
335 同时包括两派的成员。我又进一步发现在这 40 种组合中，每派成员各占两名以上的只有 10 种。其他 30 种组合里都只有一名另一派的成员参加打牌或聊天。后来，我又把这些组合依其各主要由哪派组成，分别列入两栏。然后，我在那些被我列入某一栏，却并不“属于”这一栏的名字下面画上红线。在全部 462 个名字中，画上红线的有 75 个，或者说约占 16%。当然，我们不能期待任何俱乐部内都纯粹分为两个集团，但这些数字——尽管很原始——却似乎表明确实存在着两派。这对于理解该俱乐部的任何决定都将是很重要的。

对于组合的这一观察本身并未指出俱乐部里有影响的人物。为找出这些人物，我努力特别留心那些由一人为另外一人或多人发起行动的事件——在这些事件中，一项建议、意见或要求能得到积极的响应。在为时 6 个月的时间里，我在笔记中把观察到的每个由 A 为 B 发起行动的事件都列成表。在对偶事件（只涉及两个人的事件）中，列表结果完全是否定的。虽然我的印象可能是：在 A 与 B 的关系中，B 肯定处于从属地位，列表的情况却可能表明 B 为 A 发起行动几乎和 A 为 B 发起行动一样多。然而，当我将集合事件（涉及三人以上的事件）列表时，组织中的等级结构就清晰地显现出来了。

随着这一研究阶段的发展，我更明确了如何将庞大的非法活动组织与街角帮或俱乐部联系在一起。事实上，对于托尼·卡塔尔多在这一背景中的角色的研究就是必要的一环，而这里描述的观察法则为分析这种联系提供了资料。

在我逐渐发展这些研究方法的过程中，我犯了一个严重的错误。这发生在那次政治危机之中。虽然成员们几乎一致倾向于支持菲乌马拉，托尼却一直试图说服俱乐部邀请他的候选人来给我 336
们讲话。在这关键的时刻，我积极地参与进去，说虽然我们都支持菲乌马拉，但我认为，听一听别的政治家怎样讲，这个主意也不错。我发言后不久就进行表决了，表决结果是支持托尼，反对卡洛。这导致在这个俱乐部活动室里为迈克·凯利召开了那次群众集会，并引起俱乐部内部最严重的分歧。

在这件事情上，我违背了参与观察的一条基本原则。我想积极影响事态的发展。而在这样一场势均力敌和非常混乱的竞争中，我表态赞成托尼的立场很可能成为一个决定性的因素。我为什么要介入得这么多呢？

当时，我仍然希望能重新与托尼·卡塔尔多建立密切的关系，并想采取一些行动以达到这一目的。于是我异想天开：想采取一种既不至于惹恼卡洛和他的小伙子们，又能让托尼感谢我的立场。这个尝试是愚蠢的，指导思想是错误的。我确实把卡洛惹火了；只是由于他认为我认不清我这样做时的形势，他才原谅了我。无知总比背叛强，所以我接受了这种托词。

可笑的是，我为取得托尼的欢心而付出的努力完全是徒劳的。在发生这次政治危机之前，他几乎不认识卡洛，也没看出来他在俱乐部里的领导地位。当卡洛激烈而有力地反对他时，托尼立刻认识到卡洛的地位，并竭尽全力与他建立更密切的关系。而由于我在这场危机中站在托尼一边，所以托尼没必要再下工夫与我建立更亲密的关系。

后来，当我反复思考这件事时，我逐渐得出了这样的结论：从一种实际研究的立场来看，我的做法非但不明智，而且违背了职业道德。参与观察者单纯为了加强自己在一参与领域中的地位，而努力想操纵被观察者，并不惜做出不利于他们的事，这对于被观察
337 者来说是不公平的。此外，研究者固然可以利用他对自己参与的人群的充分了解而有意识地从事有影响力的活动，但是，如果他装作不想对任何人施加任何影响并在此基础上确立了自己的社会地位，而在发生冲突时却突然将他的砝码加到某一方，这种做法当然就很成问题了。

十二　向市政厅进军

我想，任何人如果不关心贫民区人民面临的问题，是不会在那里住上三年半的。住了这么久，就很难保持完全做一名消极的观察者。有一度，我向自己想要办点儿实事的强烈愿望让步了。我竭力告诉自己，我只是在检验我从街角帮结构中了解到的某些东西，但实际上我明白这并不是我的主要目的。

我在科纳维尔期间，曾反复听人们说起政治家们如何遗忘了这个地区，如何没有对这里采取过任何改善措施，政治家们如何只想使自己和自己的朋友们发迹。我听到人们对到处堆放垃圾的问题议论纷纷，但是抱怨得最强烈的也许是公共浴室问题了。在1939年和此前的几年，每逢夏天，公共浴室就没有热水。在一个只有12%的公寓有洗澡间的地区，这是一个非常严重的问题。

人们为这些事而怨声载道，但是要想通过当地政治家来解决问题显然无济于事，因为他们首先关心的是为他们自己的朋友和潜在的朋友捞取好处。既然无法通过当地的政治家，为什么不能大家一起去直接找市长呢？如果像我设想的那样，街角帮的领袖们能发动他们的一帮人采取多种行动，那么，就应该有可能通过与少数人一起努力来组织一次大规模的示威。

我把这个想法与萨姆·佛朗哥说了一遍，他积极性很高，恨不得立刻就干。他答应他在科纳维尔的一派人会支持我。在诺顿街地区，我拜访了多克。在乔治·拉韦洛的总部周围的地区，我挑选 338

了一位当地的领袖。由于我在谢尔比大街新认识了一些人，所以我可以通过他们把这个地区的那一端也发动起来。

然后我开始进行将不同的群体组织起来的复杂工作，要把它们凑在一起，并让它们准备同时举行游行。谁来领导这次示威呢？鉴于我与大多数街角帮的头头儿都有联系，又已经开始做组织工作，所以我理所当然地承担了这一责任。不过，我当时并不准备那样远地脱离我的观察者角色。我和其他人达成协议，我可以在组织委员会里做事，不过必须再另外找一个人当主席。我提议让多克来当，大家一致赞成。可是在找多克谈时，我发现他虽然很愿意和我们一道干，却不想当头儿。于是我又提议让迈克·乔瓦尼当，和我一起筹备示威的这一小群人也都同意了。迈克说，他要在科纳维尔安排一次群众大会，好把人们召集起来游行，不过他认为，在会上应该由到会的不同街角的代表选出一名主席。我们都同意这个意见。

但是，当时我们在哪些人参加这次群众大会的问题上出现了误解。萨姆·佛朗哥只从他那个地区带来了几名代表，而谢尔比地区的大部分人却都浩浩荡荡地走到会场来了。于是，在提名谁当主席时，谢尔比大街的一个以前从未参加过制订计划的人被提名并当选了。这使得萨姆·佛朗哥的朋友们大为恼火，因为他们觉得如果他们把自己的人都带来，就会选上他们的候选人。萨姆和其他几个人还怀疑我们这位主席的动机。他们相信他会想办法利用这次示威来谋私利，而我也不得不承认这种可能性很大。我们的委员会必须从这时起，花一定的力量去约束这位主席，以便使他没有机会突然背离原宗旨而为所欲为。

在这次选举大会上，将我们引入歧途的是我们对民主的看法。339
只有在正规组成的组织或选民中选举主席才有意义。而在这次选举中，由于谢尔比大街的代表过多，所以选举的结果完全出乎意料。

接着，在游行日期问题上我们又遇上了难题。原定是在选举大会后约一周举行游行，而现在，谢尔比大街的人对我们说，他们的人都迫不及待，想把日期大大提前。我当时无法将全体委员召集到一起，只好与萨姆·佛朗哥和其他一两位委员商量。尽管如此，我还是告诉他们，我们也许会把游行提前两天。后来，在游行的前一天晚上，我们又安排召开了一次委员会全体会议。当委员们凑在一起时，其中有些人显然因为受到忽视而感到生气，这使我意识到我又犯了一个大错。幸亏此时，一位当地的政治家来了，想反对这次游行。这对士气倒起了激励作用。委员们没有再因为我们执行计划的情况而彼此争论，而是把一肚子火气都发到这位政治家身上了。

次日一早，我们在公共浴室前的操场上集合。在前一天，我们已经到处散发了油印的传单，并通知了报界。我们让我们的委员会作好领导这次游行的准备，并把操场挤得满满的。一些老年人围站在操场四周。我以为他们会和我们一起游行，但令人费解的是他们没有这样做。我们应该事先想到，如果我们想让老一代人参加，就必须通过他们的领袖来做工作。在游行过程中，青年人从四面八方挤进我们的队伍，手里拿着他们自制的旗子。我们就这样穿过中央商业区，直奔市政厅。沿途的交通完全中断了，我们对

此感到满意。但是交通中断的时间不长,因为游行队伍走得太快
340 了。我们犯了一个错误,即全体委员都走在最前面,而后面的人似乎都想要到前面来,以致差点儿把我们这些领头儿的冲散了。一些推着儿童车的妇女则无法跟上队伍。

警方并没有阻拦我们,他们关心的只是当我们聚集在市政厅下面的大院里时,示威应该有秩序。然后,10 名委员去见市长,其他游行者则高唱"上帝保佑亚美利加"等歌曲,还有一支临时拼凑起来的乐队伴奏。我们已经知道市长不在城里,可是我们的示威不能等,于是就去与代理市长对话。他把我们的名字和我们的一条条申诉都记下来了,对我们既严肃又彬彬有礼。在我们的委员开始说话时,我听见萨姆在我身后压低了声音说,"滚出去,你这个下贱的不法商。"我转身看见本地那位政治家——安杰洛·菲乌马拉——正在往里挤。菲乌马拉并不示弱,刚一抓住机会就大声说,"作为一名公民,我个人想表示赞成这次抗议活动……"萨姆打断了他的话,喊道,"他和我们没关系。他只不过想捣乱。"迈克·乔瓦尼重申了萨姆的说法。代理市长决定现在不听菲乌马拉说话。在谈话过程中,我向记者们散发了一份事先准备好的声明。在讨论结束时,代理市长答应将认真考虑我们提出的各项抗议,并将尽可能予以解决。

后来,我们来到公共浴室前的操场,并把刚才在市长办公室里发生的事情告知我们的追随者。这时,安杰洛·菲乌马拉又想对人群讲话,可是我们把他挤出去了。第二天,报纸上登出了有关我们这次示威的大块文章和照片。不同的报纸报道的示威者人数从 300 到 1,500 不等。小伙子们兴高采烈地接受了 1,500 这个数

字，不过我猜想300人更接近于事实。示威后的第二天，工程师们就来检查浴室的锅炉，不出一个星期就有了热水。街道的卫生和垃圾堆放情况似乎也有所改观——至少在一段短时期内是如此。尽管我们曾犯了许多错误，但这次示威显然还是有效果的。但现 341
在的问题是：下一步该怎么办？我们已经组织起来了，并已举行了一次示威。我们必须设法继续使科纳维尔拧成一股绳。

我们的这一努力完全是徒劳的。几次委员会开会均未能在协力行动方面达成任何一致，最后不了了之。我认为，在这方面有几个困难。首先，委员们不习惯于作为个人而聚集在一起或一起工作。除了开会走走形式以外，什么事情都无法让他们聚在一起。与他们联系在一起的是他们各自不同的街角。第二，我们的头一炮打得那么响，所以后来再干别的事都显得平平淡淡。任何活动与我们的抗议游行相比，都显得是小事一桩，很难唤起人们的热情。

我逐渐意识到，必须围绕某种持续的活动，才能把各街角群体组织在一起。第二年春天成立的棒球协会在某种程度上满足了这一需要。事实上，和我一起建立这个协会的仍然是这批人。所以，从某种意义上说，那次向市政厅进军的确有着持续性的效果——尽管这些效果还远未满足我们的迫切希望。

十三　告别科纳维尔

1940年的春季和夏季，我的大部分时间都用来起草《街角社会》。我已经写好了诺顿帮和意大利人社区俱乐部的个案研究报告。接着，我又写了三篇稿子，标题分别为“政治和社会结构”、“科纳维尔社交和体育俱乐部中的非法团伙成员”和“非法团伙活动的社会结构”。

我一边写，一边把其中的各部分拿给多克，并和他一起从头至尾再详读一遍。他的评论对我的修改是极其宝贵的。有时，当我提到他和他那一帮时，他会笑着说，“这会使我很难为情，不过，当时的情况就是这样，你就这么写吧！”

我在1940年仲夏离开科纳维尔时，科纳维尔社交和体育俱乐
342 部为我举行了一次啤酒告别宴会。我们唱了3遍“上帝保佑亚美利加”，6遍“啤酒桶波尔卡”。我在一生中，也曾多次从一地迁居到另一地，却从未像这一次那样，有一种强烈的离家的感觉。唯一没能做到的是与诺顿帮告别，因为这不可能做到——当时诺顿帮已经不复存在了。

十四　重访科纳维尔

我在撰写本文时，离开这个地区已经40多年了，似乎已无任何理由再保持它虚构的名字，也没有理由对其中的几位主要人物仍使用假名了。我研究的是波士顿北区，是这个国家历史上最著名的地区之一，今天，旅游者们仍可参观位于北街的保罗·里维尔①的故居和坐落在塞勒姆大街上的古北方教堂。在北区的最南边是法纳尔礼堂，美国革命的领袖们有时就在这里会面。作为港

① 保罗·里维尔(1735—1818)，美国独立战争时期的民族英雄。——译者

口中的一个半岛，北区还是波士顿茶党案的发生地。[1]

在19世纪和20世纪初的政治史上，北区也是个重要的地方。它位于第三选区，当时受西区的亨德里克斯俱乐部的控制，赫伯特·甘斯在《城市村民》中研究的就是这个地区。在本世纪的最初几十年内，林肯·斯蒂芬斯[2]最欣赏的选区政客马丁·洛马斯尼一直在这里称雄。当我在1937年开始我的研究时，洛马斯尼已经去世了。在约翰·I. 菲茨杰拉德的领导下，这个由爱尔兰人把持的俱乐部正在失去它对地区政治的控制。

1980年，北区正处在改造之中。这里依然是一个以美籍意大利人为主的地区，不过中产阶级也移居到这里来了。高架铁道在数十年以前就被拆掉了，从而使人们可以从这里看到码头区。这促使在沿码头一带兴建了许多高级饭店和公寓大厦。在这个地区的另一头，昆西商场的重建特别引人注目，更增加了北区的吸引力。从那里，步行就可到达波士顿的商业、银行和政治中心。

这个地区的大部分地方看来并无变化。1980年的北贝内特 343
街（诺顿街）看上去仍和我1940年离开时一样。奥兰迪家族的卡普里饭店早已不存在了，但是我一开始居住的位处汉诺威大街拐角帕特门特大街7号的那幢楼看上去依旧是老样子。在汉诺威大街477号凯瑟琳和我结婚后住的那幢楼仍然矗立在那里，离码头

① 波士顿茶党案（1773年12月16日），美国独立战争前，波士顿居民为反对英国国会通过的征收高额茶税的《茶叶条例》，伪装成印第安人，将港内英船装载的东印度公司的茶叶倾入海内。——译者

② 林肯·斯蒂芬斯（1866—1936），美国新闻记者、演说家、政治哲学家。——译者

只隔半个街区。而马路对面的汉诺威联谊会(科纳维尔社交和体育俱乐部)却已不复存在。当初它所在的那幢房子已被改建成一座公寓大厦。

这本书对北区有什么影响呢?我还无法证明它产生了什么重要影响,甚至也无法证明这里的人们曾普遍读过它。在它出版后十余年的时间里,第一版的护封(是由凯瑟琳·怀特设计的)曾被张贴在图书馆分馆的广告牌上,被列为“近期出版的有趣新书”。但在街角青年中间,拉尔夫·奥兰代拉(萨姆·佛朗哥)却发现,除了收到我的赠书的那些人以外,其他人均未读过这本书。

当然,当地的社会工作者确实读了这本书,但它对他们的制度并无显著影响。我间接地听说,北贝内特大街工业学校(诺顿街街坊文教馆)的工作人员都很恼火(只有一人是例外),因为他们当时都对我不错,而我后来却转过来和他们作对,并使他们在其他社会工作者和他们的上流社会支持者面前丢了面子。使我稍感宽慰的是那唯一的例外,即女青年工作的负责人,正是她介绍我认识了欧内斯特·佩奇(多克)。我听说,她认为我的研究是对这个机构和地区情况的准确写照。到了50年代,这所工业学校终于有一位专职人员做男青年的工作,他土生土长在北区,不过除此之外,他还上过大学,并接受过一些社会工作方面的训练。

北区联合会(科纳维尔街坊文教馆)对这本书似乎有着矛盾的反应。1953年,弗兰克·哈韦(肯德尔先生)对我说,他毫不怀疑这本书的准确性,但是对于街坊文教馆能在多大程度上做到既不失
344 去它的老主顾,又能吸引街角青年,他感到心中无数。后来,他又对我谈起街坊文教馆曾得到一笔拨款,雇用当地一名第二次世界

大战中的英雄，此人曾组建了一个有42支球队的篮球协会，从而使联合会成为它有史以来最活跃的场所——显然并没有打乱街坊文教馆的正常计划。遗憾的是，等这笔拨款用完以后，这位当地人也被解雇了。在50年代初，联合会的职员中确曾有过两名美籍意大利人，但二者均来自其他地区。

哈韦承认自己感到很为难。一方面，他承认让土生土长的人来领导很重要；另一方面，他也知道社会工作计划的评估者们提倡的标准。培养社会工作者的学校一直在努力提高其毕业生的专业声望。如果社会工作机构雇用的年轻人是在街角接受的基本训练，社会工作又怎么能被视为一种专业呢？

据哈韦所知，还没有人由于雇用了不具有社会工作专业硕士学位的人而受到削减经费的威胁。不过，也经常有人问他的职员中间有多少人是硕士，他还常听别人议论其他不“合格”的机构。通过调查，他会了解到这些不合标准的机构是指那些坚持雇用无高级学位的人的机构。

在我准备这第三版期间，曾再次与弗兰克·哈韦交谈。到他在1974年退休时，他已在北区联合会工作了长达40年之久，并受到波士顿地区整个社会工作界的敬仰和爱戴。对他的敬重不仅表现在为他举办了一次很感人的礼节性的宴会：波士顿大学的一位教授已开始一项口述历史计划，研究哈韦在北区工作的40年，并与他进行了广泛的交谈。哈韦希望有一天，这些回忆将成为一本书——而我将怀着极大的兴趣做它的读者。

哈韦说，在70年代，要把街坊文教馆与街角联系起来，仍遇到同样的问题。他本人曾经作过好几次努力，想把当初曾是街角青

年的北区人吸收到他的职员队伍中来。他特别回想起两名曾在联合会里干得很出色的人，但数月之后，他俩都退出了。他对此的解
345 释是：他们被夹在街坊文教馆的标准与街角的标准之间，左右为难。他还说，如果被雇用的人是从事被认为用不着具备社会工作学历的工作，就毫无问题。不过，如果一个男人被雇来管理一项篮球计划，或者，一个女人被雇来教缝纫，他们在事业上当然不会有什么发展前途。

尽管联合会在社会工作界享有盛誉，多年来，哈韦却从来未能说服波士顿任何主要的社会机构派学者或职员到联合会兼职，以提供联合会无力提供的咨询服务。这些机构只向那些由具有社会工作硕士学位的人来监督计划实施的部门派人。只有当联合会能雇到有社会工作专业硕士学位的专职职员时，才能克服文凭障碍。

60 年代，全国各地靠本地人管理的临街娱乐中心和其他计划越来越受欢迎。这一局面的出现与我有没有关系呢？我不能肯定。我认为，这一变化来自贫民区人民不断增强的斗争精神，它迫使人们日渐认识到，旧的家长式方针行不通了。我的书至多只可能是从学术上说明了这股潮流的合理性，也计曾促使那些规划、讲授和学习社会工作的人们重新思索。但是，如果只是安插当地的领袖负责一些“额外的”计划项目，而这些职务又不可能使他们因工作出色而获得晋升和职业保障，那就不可能解决根本问题。

近几十年来，随着受教育水平的普遍提高，无大学学历者要在私营企业中担任管理工作变得越来越难了，不过有时仍有这种情况出现——在某些领域内甚至门户大开。总的来说，要担任管理工作，只要有大学学历就可以了。在许多公司里，在竞争多数职务

时，研究生学历并不会给竞争者带来什么便利。难道说如今文凭障碍在社会工作界比在私营企业中还要厉害得多吗？

1940 年以后，本书中的一些主要人物的情况如何呢？约瑟夫·兰格纳（乔治·拉韦洛）早已去世，不过他家仍在北区开着那间殡仪馆，他的一个儿子在 1980 年当选州议会议员。 346

欧内斯特·佩奇（多克）过了很久才在经济阶梯上为自己找到了一个有保障的位置。他一直没能找到稳定的工作。后来，战争带来了突然的景气，于是他抓住了这个机会，而且混得不错。不过，战后生产缩减，人们根据资历被辞退，佩奇也再度失业。

最后，他在一家电子工厂找到了工作。我最后一次去看望他时（1953 年 12 月），发现他已经好不容易地当上了这家工厂生产计划部门的经理助理。这个部门是工厂的神经中枢，统管着全厂各部门的计划调度。

虽然佩奇在提高自身地位方面取得了一些成功，却往往妄自菲薄。他解释说，“我在技术上一无可取。我唯一真正比别人突出的地方是我能四处奔走，说服领班放弃原来打算采用的规程，采用一种更优越的新规程。我能让他心平气和地这样做。”所以，佩奇是把他在北区时表现出来的某些社交本领用在工厂这个新环境中了。不过，他这个行业在技术上非常先进，所以，缺乏这个领域的知识为他的晋升设置了上限。

在第二次世界大战期间，佩奇找到了第一份稳定的工作，不久就结婚了。他的妻子是个很标致的北区姑娘，聪明能干，曾自己开过一家小服装店。

本书出版大约 5 年以后，我去拜访过佩奇。他对这本书的反应似乎既感到自豪,又感到难为情。我问起他那帮人对这本书的反应。他说弗兰克·卢翁戈(迈克·乔瓦尼)好像很喜欢这本书。吉洛(丹尼)唯一的评论是:"我的天哪,你这小子还真有两下子。我
347 要是个女的,非嫁给你不可。"这个帮的其他成员呢?据佩奇所知,他们从未读过这本书。问题很清楚。一天晚上,在街角有个小伙子对佩奇说,"喂,我听说比尔·怀特的书出来了。也许咱们应该到图书馆去看看这本书。"佩奇没让他们去,说,"不用去。你们看那本书准觉得不带劲。全是一堆空话。那是写给教授们看的。"

还有一次,佩奇与《意大利新闻》的编辑谈话。这位编辑想就这本书发表一篇文章。佩奇劝他别做这种事。于是,没有出现书评文章。

我想,佩奇之所以悄悄地竭力阻止当地人读这本书,是因为这本书可能会使许多人——包括他自己——感到尴尬。例如,对于贝内特人中间的下层阶级成员来说,当读到这本书里提到他们的地位如何低下和他们遇到何种困难时,很难感到心情舒畅。所以,我完全理解佩奇为限制这本书的传播而作出的努力。

几年之内,我听说佩奇已被提升为生产计划的主管,此后就再没有听到他的消息。直到60年代,我才知道他已经去世了。我很后悔曾与他失去了联系。不过,当时在我们之间似乎隔阂越来越大,导致我们彼此疏远。时至今日,我仍然不完全明白这是怎么一回事。我曾努力与他保持书信往来,但佩奇甚至比我更不认真写信。在他给我的最后一封信里,他请求我今后不要对任何人说谁是"多克"。

本书出版后的最初几年,佩奇曾应邀到哈佛大学和威尔斯利

大学给学生们讲话。在我的印象中，他在这些场合下表现极佳，尤其给威尔斯利大学的女学生们留下了深刻的印象。很自然地，佩奇开始厌倦这种事情了，而我也乐于顺从他的要求。

有一次，凯瑟琳和我在访问波士顿地区时，曾去佩奇夫妇在城郊梅德福的家。那次，我们似乎十分融洽。但几年之后我们再到 348
波士顿时，却未见到他们。我们在电话里说想见见面，但佩奇给我的印象是他忙着许多别的事情，不大想见我。

也许，佩奇觉得我靠《街角社会》名利双收，而他虽然为我打入那个社会起了关键作用，却没有得到他应得的一份好处。当然，要确定多大的一份是应得的，这是不可能的。但是，其实佩奇从我俩的交往中在物质上确实是有收获的。他上了当时非常红火的电视节目“64,000 美元的问题”，虽然没得到巨奖，却的确因此而开走了一辆卡迪拉克轿车。他从来没向我透露过他为参加拍摄这个节目都写过什么，电视播音员也没提到过《街角社会》，但我怀疑佩奇一定吹嘘过他生活中的这个方面，因为为了上这个节目，一个有希望的竞争者必须设法使自己特别能引起别人的兴趣。

或者，我们之间的隔阂也许仅仅是因为在我最后一次去拜访他时，佩奇已经远远地脱离了街角，以致对于旧日的关系已经毫无兴趣了。

弗兰克·卢翁戈搬出了北区，成为一名工会领袖。开始，他在一项迅速发展的战时工业中找到了一份工作。弗兰克刚上班，就开始琢磨组织工会。不久，他被解雇了。他为这件事到政府有关部门去告状，控告公司由于工会活动而解雇他。于是公司奉命让弗兰克重新回来工作。他写信告诉我，当他再次出现在工厂时，情况似乎突然发生了戏剧性的变化。别的工人还以为再也见不到他了呢！如今他向人们表明能够做些什么，于是他们也开始签名加入工会。一连数月，弗兰克在工厂门口发放入会承诺书，每天提前半小时到厂，下班半小时后才回家。他亲自动员1,500人加入了工会。工会获得承认以后，弗兰克当上了副主席。他还每周一次
349 为工会报纸上题为“CIO先生”的栏目写文章。这个专栏办得丰富
多彩，在当地肯定曾颇受注意。

在此后的那次工会选举中，弗兰克竞选主席。他在给我的信中说，他的对手在组建工会时并没做什么事，但是很得人心——而且是个爱尔兰人。弗兰克失败了。不久，战争结束了，公司开始大规模解雇工人。弗兰克在工会里不担任职务，所以他的资历也救不了他，于是失去了这份工作。

我离开波士顿以后，我们曾经在好几年内有信件往来，但后来通信断了。我一直不知道弗兰克的踪迹，直到多年以后，科奈尔大学的一名学生来到我的办公室，告诉我，他为写一篇关于组织工会的论文，曾作过一些实地研究，遇见了弗兰克。当时弗兰克是纺织工人工会的组织者，就在纽约州的斯图依维森特工作。

大约一年以后，我打算开车去波士顿，于是写信给弗兰克，提议凯瑟琳和我在回程中到他那里停一停，和他见个面，一起吃一顿午饭。他热情地答应了。但在我们约好见面的那天早晨，我给他打电话确定一下安排时，却听说他住院了。我们来到医院，与他和他的妻子一起呆了大约一个小时。那次会面使人心情很沉重。弗兰克患了癌症，已到晚期，而且知道他已不久于人世了。

我们谈起了过去，弗兰克又详细地向我介绍了后来那些年的

情况。他一直从事工会的组织工作。最后，他对我说，在那段时期，经常有大学生或大学教授来找他了解工会的情况。他补充说："我对那种事已经厌烦了。我再不会为大学里的人做任何事了。"我问他为什么有这种感觉。

"我总是为他们花费时间。我为他们从卷宗里找材料，并且尽量解答他们的全部问题。我从来不要任何回报，只是对他们说，'等你们的研究完成之后，把你们写的东西复印一份给我行吗？'他 350
们从来是满口答应，说他们将会很愿意这样做。可是我却什么也没收到过。所以，去他们的吧！"

我很高兴自己当初没忘记给弗兰克寄去一本《街角社会》。社会研究者们并没有由于弗兰克·卢翁戈今后拒绝合作而受到损失，因为我们去看他之后，过了几个星期，他就去世了。我之所以在这里引用他对我说的最后这番话，是希望今后的研究者们将更努力恪守他们对实地研究时的人们许下的诺言——即使已经不再需要他们了。

克里斯托弗·扬奈拉(奇克·莫雷利)的情况又如何呢？这是我特别关心的问题，然而在寻求答案时我却犹豫不决。我作过一番思想斗争。我最后断定，克里斯可能是我曾伤害过的人。我必须查明这本书对他有什么影响。于是我打电话给克里斯，问我能否去见他。起初他想不起我的名字了，但后来他热情地应允了。不过，对于当我们坐下来交谈时会出现什么局面，我心里仍然没底。

我发现他已搬出北区，但奇怪的是，他仍然住在原来的选区内。当年曾是个街角青年的佩奇已移居市郊，而正在步步高升的克里斯却依然留在市中心。

克里斯把我介绍给他的妻子——一位漂亮文静的姑娘，既非北区人，也非爱尔兰血统。我们在公寓的起居室内坐下，房间里的家具、书籍、窗帘等均呈现中产阶级的特色。在刚开始的几分钟里，我俩都绕开我们明知要讨论的话题。后来，我请克里斯坦率地告诉我他对这本书的看法。

克里斯说，就他而言，主要有两点批评意见。首先，他说，他认为我在引用他的话时，没有充分将他与街角青年们的讲话方式加以区分。“你把我写得讲话太粗野了，就像个痞子。”

我对此表示诧异。这时他的妻子也插进话来，说她认为我把克里斯写得像个势利小人。克里斯表示同意，说他也有这种印象。351 他的妻子从书架上抽出这本书，把其中的一段念了一遍。在这一段里，我引用了佩奇在一次政治会议上的讲话，并说在会上克里斯上下台 7 次，去拿他打算为候选人出售的票。这段描写把他俩都逗笑了。克里斯说，他再也不会干这种事了。她说，在他们结婚之前，克里斯对她说，曾有过一本写他的书。但她又补充说，直到他们结婚以后，他才让她读这本书。

克里斯为这件事笑了起来，接着又说到他的第二点批评。“比尔，你对我们的所作所为的描写都属实，不过你应该指出，我们那时还都很年轻。那只是我们经历的一个阶段。自那以后，我已经改变很多了。”

他表示很关心别人对我这本书的反应。“你知道，这本书出版了一段时间以后，我遇到佩奇。他确实为这本书感到很恼火。他对我说，‘真叫人难以想像！我为比尔·怀特干了那么多事，可是你瞧他在书里把我写的。你知道那件事吧！当时我说你会踩着你最好的朋友的脖子往上爬。是呀，我也许说过这样的话，可我并不是真有这个意思。我当时是气坏了。'”

克里斯似乎很关心这本书对我与佩奇的关系有什么影响。我没告诉他佩奇曾经逐页读过原稿，也没有向他作出我的解释——佩奇这样做只是为了在他的一些内心想法被公之于众后设法补救一下。

克里斯让我相信，他并不是书里说的那种难打交道的人。（“其实我是个有求必应的人。”）他还给我举了个例子，说他曾经尽全力帮助朋友，自己不图半点儿好处。

我准备告辞时，问克里斯对这本书是否还有什么要说的话。

“哦，比尔，我不知道你当初能不能干点儿比这更有意义的事。你觉得出版这样的东西真能起什么好作用吗？”

我问他这话是什么意思。他提出，我在书里指出他发不好
“th”这个音（这是当初他自己对我说的）。我还写到这些人有时 352
在剧场里捣乱，还提到他们有时参加舞会不系领带这一事实，等等——所有这一切，都使得北区看上去像是一个极不文明的地区。（我在这本书里没找到任何提及在剧场里捣乱或有人在舞会上不系领带的地方。）

“比尔，令人烦恼的是，人们一点儿也没有提防你，你却让他们上了你的当。的确，你写的是事实，可是人们觉得这也未免有点儿太涉及人家的私事了。”

在他与我一起去地铁站的路上，我们谈到他的政治生涯。当我听说他因为少三票而没能被选入议会时，真吃了一惊。我所知道的这个克里斯·扬奈拉从来没能这么接近于当选。不过我没有让

自己的惊讶表现出来，而是试着让他谈谈这件事。

“比尔，你知道，有意思的是我在北区得到的选票并不多。看来，那些与你一起长大的人看见任何一个人要出头都会觉得嫉妒。支持我的是我现在居住的这一带的人。我认识街角的这些人，而且确实能和他们打成一片。”

仿佛是为了向我显示这一点，在我们路经几个街角时，他向呆在那里的人群热情地又是点头，又是挥手。在后来的一次拜访中，我听说克里斯·扬奈拉终于当选，并在 1980 年当上了波士顿市议会的议长。

克里斯使我反复思考了许多问题。首先，我见到他以后，感到一种难以描述的宽慰。虽然他在最初读这本书时肯定受到了伤害，但他居然能够泰然处之，甚至如今还能为当年的表现而自嘲。后来，当我和佩奇谈起这些事情时，我才开始想到，说不定这本书还帮过克里斯的忙。提出这个看法的是佩奇。他说，能够有机会客观地看待自己的人并不多。也许，读了这本书，使克里斯改变了他的行为。佩奇说，克里斯的变化当然很大。他仍然拼命想出人头地，不过他似乎已经不再是当年那个一心只顾自己，对其他事都
353 麻木不仁的人了。为了在民主党政治中可望出头，克里斯当然不得不有所改变——而且不知为什么，由于我至今也搞不明白的原因，克里斯断定他的前途取决于民主党人，而不是共和党人。在我离开北区时，他好像正朝着这个方向发展。所以，这本书至少没有伤害克里斯，而且看来确实有可能曾对他有所帮助。

我还很欣慰地发现克里斯基本上接受了这本书。身为作者，我当然为此而高兴，而这对于克里斯也是一种称赞。我想，一个肯

于接受对自己的这样一种描述的人也是一个能改变被描述的行为的人。

克里斯对这本书提出的异议看来很有意思。关于我在书里引证的他说话的方式，我觉得那是有根有据的。他说话确实与街角青年们不同，但区别并不如他想像的那样大。如果在援引的他的话里有一些不合语法的说法或典型的街角青年的用语，我完全有理由确定这些部分是真实可靠的。我对克里斯与街角青年之间的差异十分敏感，所以不可能想像出任何使他们显得更加相似的表达方法。克里斯的意见与其说是在批评我的研究方法，还不如说是在批评他自己的地位和抱负。

也许，我的确应该指出克里斯和他的朋友们当时都很年轻，只是在经历一个发展阶段。但是年轻本身似乎还不能说明全部问题。这些人已经过了青春期，至少已是 25 岁左右了。重要的是，事实上他们在社会上还没有站稳脚跟。这些青年已经离开了家，却还一事无成。我倾向于在解释这一时期克里斯及其朋友们表现出来的侵犯性和自我中心等情况时，把这作为一个重要的因素。后来，当克里斯为自己找到了某种位置以后，他就可以放松一些了，并能够更多地关心别人。这难道只是从贫民区进入中产阶级地位的一种社会流动现象吗？当我回想自己的经历时，也会有点 354
儿难为情地想起自己早期的一些言行——当时，我拼命要在学术的阶梯上为自己找到一块立足之地。当你一旦地位有了保障，并赢得了一定的承认时，就容易表现得谦虚谨慎了。

克里斯说我趁人们毫无防范，让他们上了我的当。对此，我无可争辩，而且很同情有这种感觉的人。假如报界要来采访你，你会穿上像样的西装，系上最好的领带，把厨房里的碟子都洗得干干净净——总之，要采取一切你认为与你在公开场合露面有关系的步骤。你在公众面前扮演的是你愿意在他们面前扮演的角色。但是，对一名来和你一起生活的社会研究者，你却无法这样做。对于解决这个难题，我束手无策。我想，在我们的报告中，肯定总会有一些方面令我们的研究对象在某种程度上感到难堪。当我发现克里斯在这些事情上的反应远不像我担心的那般严重时，这至少使我感到宽慰。

关于这本书对佩奇、克里斯等许多人的影响，我们只是推测。但是，我却能肯定有一个人受了它的深刻影响——不过我不敢说这种影响一定总是建设性的。由于和我共事，拉尔夫·奥兰代拉——一个高中辍学生——想从事社会研究。关于这一点，可以让拉尔夫自己来讲他的故事（见附录二）。

十五　使《街角社会》作为一篇博士论文被接受

尽管我已渐渐放弃了原先想成为一名小说家的雄心壮志，却决心要写《街角社会》，以便使学术界以外的人也能读到它。起初我把手稿交给了雷纳尔和希契科克出版社。这是一家商业出版社，曾宣布要举办一次非小说书稿大赛，并要求这些书稿要以学术研究为基础。我差一点儿就成功了。我的名次仅次于一本哲学著作。

355 由于 W. 劳埃德·沃纳和埃弗里特·C. 休斯的鼓励，我后来将这部书稿交到芝加哥大学出版社。没过多久，编辑部就同意出版这本书了。但后来，我又收到业务经理的一封信。他对我说，我必须将书稿删掉三分之一，并交纳 1,300 美元的出版补贴，因为这本书的销量不会太大。对于我们这对两年来一直靠研究员基金生活的夫妇来说（先是每年 600 美元，后来是 1,500 美元，还要减去 300 美元的学费），这个数目是很吓人的。不过，我们还是设法凑齐了这笔钱，主要是靠我们在北区生活时期的积蓄。由于我在交书稿之前已经大大压缩了篇幅，所以开始时我更关心的是怎样再进一步压缩。如今我回过头来再看这件事时，我认为这个规定对我是有益的。我已不再记得被我删去的那些内容。而在压缩的过程中，《街角社会》也成为一本更像样的书了。

与此同时，我还面临着使《街角社会》作为博士论文被接受的任务。我是在箱子里装着论文的书稿，来到芝加哥攻读研究生的。我也曾进行过某些改写和加工，不过，在我的记忆中，我对自己作的分析并未作任何改动。由于我从一开始就不是按照常规做的，所以在结束研究生学业时，也需要采取一些不符合常规的策略。我用一周的时间参加了学科考试，接着又用一周通过了论文考试。不过，按照规定，在通过学科考试后，至少要过 9 个月方能取得博士学位，所以我得到博士学位的时间是在 1943 年，而不是 1942 年。

正如常见的情况那样，社会学系内部存在着严重的不和，所以，凡是面临论文审查的学生，都不得不寄希望于得到支持他的一派人的暗中帮助和鼓励，以顶住反对派的攻击。当我即将过关时，我的系主任 W.劳埃德•沃纳正在休假，这使我的处境更为不利，所以我只得希望埃弗里特·休斯和比尔·怀特共同保我过关。

356 当时，芝加哥大学要求所有的博士论文都要印制出来，于是我决定将它作为一本趣味读物和一篇博士论文同时发表。为此，我没有按照传统的写法，在书的开头先回顾一番有关贫民区的文献，或在结尾用一章的篇幅总结我对这一文献的贡献，包括最后那句必不可少的话——“对这一问题尚需进一步研究”。我采取这种态度倒并不完全是出于写作上的原因。对于我来说，幸运的是我在从事实地研究时对有关贫民区的社会学文献并不熟悉，正如我在刚开始研究时自认为是一名社会人类学家一样。在芝加哥大学学习的那两年，我把自己埋在社会学的文献堆里，并认识到多数文献都是毫无价值、误人子弟的。在我看来，如果要我在开始研究之前先清除这堆垃圾，这对我完成眼前的任务是不利的。

不出所料，最激烈的攻击来自路易斯·沃思。他本人曾写过一部较好的研究贫民区的著作。开始，他要求我为贫民区下一个定义。他提问的目的是很明显的。当我论证北区实际上是很有组织的，有许多结合得很紧密的群体时，他认为，我如果不引入“社会解组”的概念，就无法为贫民区下定义，因为在以前的贫民区研究中，社会解组是一个核心问题。

我回答说，贫民区只是城市里的一个地区，那里高度集中着低收入的人，他们住在破旧的房屋里，卫生和健康条件恶劣。沃思反对说，这不是一个社会学的定义。但是，我不肯迎合他对概念的兴趣，只回答说，正是我提到的这些状况导致了我对北区的研究，我认为确定人们在这种条件下如何生活是一个从实际观察中提出的问题。

虽然对我的回答并不满意，但最后他终于相信他不可能得到他所希望的回答。于是，他又攻击我胆大妄为，居然在论文中只字不提几代社会学的文献。这引起一阵激烈的交锋，在交锋中我力图表明我确实知道这些文献。

这时，埃弗里特·休斯出来打圆场，使我们达成了一种妥协。357
社会学系将同意这本书作为我的论文，条件是我要再另外写一篇对文献的回顾，以表明我对这一文献有什么新的贡献。这份附加材料可以随后印出（我自己出钱），并与这本书装订在一起。这样，当它存入大学图书馆时就可以使比尔·怀特的论文与研究生院的传统协调一致了。

后来我想到，既然我非要写一篇对文献的回顾不可，那么，也许我还可以在完成这项任务的过程中找到一些我以前发表过的文章（我的确找到了，这从我在附录三列出的参考文献中即可看出）。当其中的两篇文章被认为可以发表时，我又去找休斯商量。他说服社会学系把这些已发表的文章作为我的论文中的文献回顾部分，并放弃那种形式主义的要求——即这些文章必须与图书馆收藏的那本书装订成一册。

就这样，多亏了休斯，我总算通过了论文答辩这一关。我的这本书出版了，但凡是我认为不相干的材料均未收入。此外，我从两篇文章和这本书起步，开始了我的学术生涯。

十六　50年后重访街角社会

一开始，这本书得到的反应并未表明它有朝一日可能被当作

"一部社会学的经典"。美国社会学学会的会刊《美国社会学评论》并未评论这本书。在《美国社会学杂志》中，杰出的犯罪学家埃德温·萨瑟兰在评论中对我表示赞许，不过这篇书评仍然倾向于把这本书仅仅看作又一部研究贫民区的杰作。

起初，这本书在学术界以外受到了更多的好评。哈里·汉森是一位通过报业辛迪加在全国多家报纸上发表文章的专栏作家。他曾用整整一栏介绍这本书，并在结束语中说，"怀特就美国社区生活这个一向十分重要的主题提供了新资料，从人的角度生动地展示了它。"

358 特别令我高兴的是索尔·阿林斯基在社会工作刊物《调查》中发表的热情洋溢的评论。他是《激进派的进军号》的作者。他承认自己对社会学家普遍持有偏见，然而却认为《街角社会》对他作为一名社区组织者过去一直在其中工作的那种贫民区作了令人叹服的现实主义的分析。

最初的销售情况似乎证实了出版社业务经理的悲观预测。这本书于1943年12月出版。到1945年，销售量已微乎其微，好像快要沦为特价书了。

到了1946年的年中，我的版税支票却使我喜出望外，它表明上一年的销售量增加了两倍。这是怎么回事呢？首先，第二次世界大战中的老兵们一窝蜂似地返回大学和研究生院，他们可以用复员费购买大量书籍。同时，许多教社会学的教师变得不满足于只指定学生读教科书，还要求学生阅读研究专著。

然而，到50年代初，这本书的销售量却每况愈下，看来又快卖不出去了。出版社的一位编辑亚历克斯·莫林告诉我，他最近重读了《街角社会》，希望我设法加以修订，也许能以此为理由再出一个新版本，使这本书继续发行。受他的启发，我想到写这篇关于我的实地研究经历的附录。这篇附录最初出现在 1955 年扩充了的版本中，后来又增加了一些内容。

看起来，学术界仿佛秘密商定要对实地工作者的亲身经历闭口不谈。在多数著作中，那些曾注意到自己的研究方法的作者只在书中提供了一些零零星星的情况；或者，他们好像是在讲如果实地研究者在进入这个领域后知道了他将取得什么样的成果，他就会使用什么样的方法。我们找不到任何揭示一名实地工作者必然经历的错误、困惑或本人身不由己被卷进去的真实的说明。

我决定为填补这一空白尽自己的菲薄之力。在完成这项任务的过程中，我觉得要紧的是应尽可能对自己实事求是。这意味着 359
不要把那些使我显得很蠢的事件删去，比如，我曾枉费心机地想在斯科利广场的那家小酒店里结交一名女孩子，或者我曾参与了一次违反联邦宪法的犯罪活动（在一次选举中投了 4 次票）——虽然我的几位同事曾劝我不要承认这后一件事。我如实写出了自己的所作所为，不仅是为了净化我的灵魂，而且更重要的是为了帮助今后的实地工作者懂得：尽管可能干一些蠢事，犯一些严重的错误，但仍然可能完成一项有价值的研究。

1955 年扩充后的版本使这本书获得了新生。到了 60 年代，销售量再度减少，但是平装本的出版又带来了一个新的销售高峰。

尽管在 70 年代后期《街角社会》的销售量再次减少，在科奈尔纽约州立工业和劳工关系学院我所在的系为我退休举行为期两天的庆祝活动之前，我却一直没考虑再出一个新版本。这些活动的中心是由在实地研究计划中曾作为我的助手或伙伴的 7 个人进行介绍和论述，他们是：安杰洛·拉尔夫·奥兰代拉；玛格丽特·钱德勒、梅尔文·科恩、克里斯·阿吉里斯、伦纳德·塞尔斯、乔治·斯特劳斯和约瑟夫·布拉西。我将永远珍视所有这些老朋友们的贡献，而玛格丽特·钱德勒和拉尔夫·奥兰代拉的讲话则尤其使得我以一种新的观点来思考我的研究。

虽然我在访谈和观察方面并没有正式指导过奥兰代拉，当然也没有为增强他作为街角帮领袖的能力作出过任何贡献，他却说通过与我共事，他学会了访谈、观察和分析群体结构的方法，这有助于他在后来的生涯中担任领导和管理职务。以前，当我考虑我使用的方法时，主要是从它们在行为科学的实地研究中的应用方面来考虑的。而拉尔夫在他的军队生涯中，却显示了一种卓越的才能，他可以博得上级军官和部属，以及其他单位的人们的信任，

360 并能让他们共同为新的计划而工作。他还能发展一些军事基地与周围社区之间的合作项目，如他在主持建立世界上第一个“美国童子军弹道导弹探险者中队”时所做的那样。后来，他又将同样的本领用于管理一个城市的公共工程部。拉尔夫在附录二“怀特对一个弱者的影响”中讲述了他自己的故事，这篇文章是根据他在我的退休庆祝会上对一群热情的听众的讲话整理出来的。

《街角社会》在它于 1943 年出版大约半个世纪之后，忽然又变成了学术界关心的一个新的焦点。1991 年秋季出版的《重新构想组织文化》（弗罗斯特等编）用很大篇幅“对研究组织文化的样板进行探讨”。在这部分中，首先长篇摘录了我在 1955 年为《街角社会》写的附录，接着是行为科学家（迈克尔·欧文·琼斯、艾伦·布里

曼、帕特里夏·赖利和约翰·M. 杰米尔）对这本书的 4 篇评论文章，最后是我写的“对《街角社会》的评论者们的评论”。1992 年 4 月号的《当代人种志杂志》则完全是论述《街角社会》的。在编者序之后，这期杂志登载了我在本书序言中提到的 W. A. 玛丽安娜·贝伦的那篇文章。贝伦指责我在与“科纳维尔”和与将我介绍到这一地区的主要向导多克的关系中，违背了道德。她宣称，我没有认识到年轻人在街角闲荡的习惯是从意大利带来的。她说，街角帮之间的共同语言是意大利语，我对这种语言懂得不多，所以我并没有充分理解那里发生的事情。

正如我在本书序言中说明的，贝伦的攻击性文章后面，紧接着是我的反驳文章以及安杰洛·拉尔夫·奥兰代拉的文章。在这一期的最后，是由行为科学家阿瑟·J. 维迪克、劳勒尔·理查森和诺曼·K. 邓金撰写的 3 篇论文。

对于在《重新构想组织文化》和《当代人种志杂志》中发表的 7
位行为科学家的文章，我无须为我的品德或我这本书的声誉辩护， 361
因为他们都承认《街角社会》是“一部社会学的经典”，或说了类似这个意思的话。然而，他们却的确提出了一些问题，这些问题有趣地表明了在过去半个世纪内批评的标准发生了怎样的变化，尤其是伴随着近年来变得很流行的批判认识论。

在下文中，我将主要就《重新构想组织文化》（用 ROC 表示）和《当代人种志杂志》（用 JCE 表示）的有关争论发表意见。

《街角社会》的知识背景

杰米尔认为，“《街角社会》表现出芝加哥学派认识论的强有力影响”(ROC,第 227 页)。贝伦也以一种否定的手法提出了同样的论点:说我为了使自己的解释符合社会学的芝加哥学派而不惜曲解。

正如我在 1981 年版的《街角社会》中指出的(这 7 位行为科学批评家均不曾读过那一版),我到芝加哥大学读研究生以前,就已经完成了《街角社会》的初稿,而后来的压缩和改写并未以任何方式改变我对北区资料的分析。当我在 1936 至 1940 年从事实地研究时,我认为自己是一名社会人类学的学生。我曾在康拉德·M.阿伦斯伯格的指导下,广泛阅读那个学科的著作。当时,我并未读过任何芝加哥大学有关城市研究的著述。在对《街角社会》的学位论文审查中,我曾不得不抵制路易斯·沃斯和赫伯特·布卢默的努力——他们努力想把《街角社会》纳入当时在芝加哥等地十分盛行的社会解组的框架。

关于研究者与被研究者的关系

贝伦(JCE,第 33—34 页)在提到我时问道,“他没有带着他的手稿回到他的研究地点,与被试们一起核对这些资料和内容,这是不是在道德上犯了一条大罪呢?”

这条“道德上的大罪”是贝伦的一个创造。在我进行研究的那个时代,从未听说过这样一项义务。今天,一些社会学家和社会人
362 类学家提倡对研究地点有某种反馈,但是,我仍然没听说过在社会学或人类学中有哪条职业道德准则提出了这样的要求。假设我曾试图实行贝伦的原则,我又能怎样做呢?你怎么能把研究者对一个有两万人的社区——或者甚至是我研究的这个社区中的某些部

分——的资料和内容反馈回去呢?

在我离开之前,多克读了我带到芝加哥去的手稿,而且我们就他的建议和批评进行了长时间的交谈。我还与萨姆·佛朗哥进行过无数次反馈性的讨论。

我应该把我关于社会等级划分和领导模式的发现反馈给作为一个群体的诺顿帮吗?有一次,我曾问他们,谁是他们的头儿,他们说他们都是平等的。如果向他们揭示出在行为上他们不是平等的,这样使多克感到困窘,并使他的随从者们感到心烦意乱。

请注意,贝伦在谈到实地的种种关系时,仅仅是从研究者对被研究者的假设的义务方面来论述的。她没有考虑研究者有权按照自己的看法来公布其结论和解释。如何权衡我们对被研究者的义务和作者发表我们的研究成果的权利,这是一个很复杂的问题,绝不是简单地用贝伦所说的"大罪"就能解决的。在《从实地学习》(1984)中,我已经对这个问题的某些方面进行了论述。

我是剥削了多克吗?贝伦报告说,多克的儿子们认为我剥削了他,认为我应该与他一起分享《街角社会》的版税。我承认,从我们的关系中,我得到的东西比他多,但是当时我已经尽我所能酬答了他(JCE,第61页)。

理查森(JCE,第116页)设想多克本人认为我还欠着他的情,并提出了这样一个假说:"怀特视多克为共同研究者,多克的解释与怀特的解释混在一起。然而,到头来,怀特却独自作为《街角社会》的作者;怀特由于这本书而名"利"双收。对于经常失业的多克来说，这些钱也许算得上是一笔巨大的财富。”

这一假说的问题在于：它把多克置于“暂停”，而把我置于“快放”状态。当《街角社会》在1943年出版时，由于支付这本书的出
363 版补贴，我花光了自己的全部积蓄，而且在我患骨髓灰质炎后，在一年的恢复期内分文未挣。第一版并没有给我带来任何版税，直到1944年以后，才有了一些略多于我支付的出版补贴的版税。到1955年的版本问世后，《街角社会》才开始给我带来大量版税。我最后一次见到多克是在1953年，当时他仍然像对待朋友那样接待了我。

我在科纳维尔的那段时期，多克的确“经常失业”，但是从1942年开始的战时的繁荣使他找到了一份工作，他干得很好，直到战后人员削减时他才被解雇。过了一段时间，他在一家大电子公司里找到了工作。在那里，他的地位被提高到担任管理职务。在我最后一次拜访他时（1953年12月），他是生产计划部门的经理助理。1967年他去世时，是生产计划部门经理，这是一个关键性的中级管理职务。

抛开我的个人经历不谈，我们从研究者与其主要被调查人之间的关系中，能够得出什么一般性的结论呢？是否应该付给他们报酬？如果应该，付多少才算合理？怎样确定是不是合理？在我看来，似乎不可能就这类问题作出任何普遍通用的规定。我认为，当研究者与被调查者双方都同意自愿合作时，这种关系能发挥最好的作用；而如果研究者在对被调查者进行访谈时，许诺为此而付钱给后者，那就是在彼此的关系中注入了一种斤斤计较的成分。在有些情况下，不可避免地要付钱，但

是这样一来，就可能大大增加研究的开支，从而使某些本来双方都欢迎的项目被取消。

是否应该许诺支付附带的酬金呢——如分享书的版税？对于社会学或人类学的专著来说，这似乎太不现实了。这样的专著难得能有大的销量——而且，就我的情况而言，是在这本书初版13年后才拿到版税的。

我是从人与人之间互惠的原则方面来引导我与多克的关系的。我们在一起共事时，我努力对他有所帮助，而多克似乎对这种关系也很满意。后来，他也许得出结论说我剥削了他，就像他的儿子们现在认为的那样。

遵循人与人之间互惠的原则并不能保证在若干年之后某个主 364
要被调查者——或者他的儿子们——仍然认为这种关系是公平的。

既然人与人之间的互惠不能保证维持研究者与主要被调查者和合作者之间的良好关系，我们能否为建立这种关系找到另一个基础呢？

我与我的一些同事一道，已经逐渐相信，**参与行动研究**为弥合专业研究人员与我们所研究的组织的成员之间的差距提供了一种重要手段。作为一种方法论，在参与行动研究中，研究者邀请被研究的组织的某些成员和他们一起参与研究的全过程——从研究的设计，到收集和分析资料，直到对研究成果的实际应用。多数行为科学家对于参与行动研究依然不熟悉，但是至少从60年代以来，人们就在实际运用这种方法了（怀特1989；怀特主编1990；怀特、格林伍德和拉泽斯1989；怀特1991；哈卡维和帕克特1991；格林伍德、怀特和哈卡维 1993)。

就我们在这里讨论的问题而言，参与行动研究有着双重的优越性。在处理实地研究的关系方面，它使我们能够超越人与人之间的互惠关系，把主要被调查人与专业社会研究人员联系在一起。在研究过程中，被研究社区或组织的成员逐渐对期待中的行动结果负有义务；与此同时，他们变得不再那么关心个人在与研究人员一起做的事情中得到了什么。这也可以使研究人员不再为了我们个人是否充分回报了他们为我们做的事而感到无法确定和心神不安。

参与行动研究还帮助我们解决了批判认识论者关心的一个问题：开辟了一些途径，至少使被研究组织的某些成员能在外来者的声音中加入他们自己人的声音。这可以丰富资料的收集和分析过程，并提高研究报告在被研究社区或组织内被接受的程度。

当前，人们正在探讨参与行动研究的潜力和局限性。在 30 年代后期，我是不可能做到这一点的，因为那时我正在努力遵循在当
365 时很流行的哈佛大学的规范，强调致力于“纯科学”，而不卷入任何社会行动。而且，我当时也不在任何组织中拥有一个牢固的地位，使我可以有机会组织一个参与行动研究计划。当社会研究者是一个持续存在的组织的成员，并能够发展一种长期的关系时，实施参与行动研究的方针效果最好。单枪匹马的研究者如要实施需要长期进行的研究计划，则处于不利的地位。

参与行动研究方针只在为数有限的形势下能够有效地实行。在那些有可能从事参与行动研究的地方，它会提供机会来改善研

究者在实地的关系，改进研究的方法，并取得实际的效果。

关于后基础批评[①]

当我同意对贝伦的攻击作出答复时，我曾设想在那一期 JCE 中发表文章的三位行为科学家会得出这样的结论——我的为期三年半的实地研究是以在事件发生或访谈后不久用打字机打出来的大量笔记作为依据的，这与事隔 30 或 45 年之后经过挑选的被调查人的回忆相比，将会更准确地说明 30 年代后期科纳维尔的实际情况。这三位行为科学家均未在这一问题上表明立场。维迪克(JCE，第 80 页)只简单地说，“读者可以就这些文章中提出的有争议的问题得出他们自己的结论”，但是接下去就是称赞《街角社会》对于在城市贫民区的社会理论与实践有着经久不衰的价值。理查森和邓金没有涉及这个问题，因为在他们看来，批评游戏的性质自从我的那项研究以来已经发生了变化。理查森(JCE，第 103—104 页)宣称，她“如今是在一种与《街角社会》产生时截然不同的背景下”写文章评论这本书的。“有人把当前的知识背景称作‘后基础’。这一后基础趋势的核心是不相信任何论述能占有一个特许

① 作者在其 1993 年 8 月 3 日致译者的信中曾对“后基础批评”(postfoundational critique)作出如下解释：“后基础批评，代表了对于曾在本世纪大部分时间内指导着那些谋求将科学推向前进的行为科学家的实证主义哲学的一种抵制。实证主义强调的是客观(生活中可以被直接观察和测量的方面)与主观(生活中无法直接观察，而依赖于作者对它们的解释的方面)之间的差别。实证主义者宣称通过集中精力研究客观，即可使科学得到最好的发展。那些奉行‘后基础批评’(解构主义、批判认识论)的人们则强调主观，不承认任何‘叙述’都取决于作者的解释，不承认任何叙述都不会包括全部事实。在理查森和邓金引用的文章中鼓吹的就是这条路线。我努力要表明我不同意这种类型的批评。”——译者

的地位，*不相信*任何原著能权威性地垄断真理。”

邓金（JCE，第 130 页）称我是一名“实证主义-社会现实主义者”，并接着说（第 126 页），“今天，社会现实主义正受到攻击。如今它被看成只不过是讲述外部的那个世界的故事的一种叙事方法。”

366 赖利（ROC，第 218 页）也按照相同的路子发表议论。在解释克利福德·格尔茨的论述时，她写道，“经过人种志学家们过滤的文化描述实际上是二流或三流的小说……根本没有什么可以由观察者准确地描写的‘外部的’文化或组织。”

在《著作与生活》（格尔茨，1988）中，格尔茨论述了研究文化的学者面临的问题，正如该文副标题“作为作家的人类学家”所表明的那样。他认为，社会人类学家面临着一个知识的危机（第 71 页）：“内心的严重不安也在烦扰着他们，这种不安几乎达到了认识论上的怀疑症的地步，担心一个人怎么能知道别人关于其他生活方式的说法是否属实。”

在认真研究了某些最著名的社会人类学家（列维-斯特劳斯、埃文斯-普里查德、马林诺夫斯基和贝尼迪克特）的著作之后，他对确立科学的结论不抱希望，而是说“通过使你自身可信而使你的描述可信”（第 79 页）。他又补充说，“人种志在 20 年代和 30 年代是隐晦地，而在今天则是越来越公开地转向了内省。要想成为一名惯常的‘我-目击者’，你必须首先成为一个令人信服的‘我’，情况看来就是如此。”

于是民族学的写作变得依赖于说服读者。但是，格尔茨又进一步说（第 133 页），“现在要去说服的是谁呢？是研究非洲历史、文化的专家，还是非洲人？是研究美洲印第安人及其文化的专家，还是美洲印第安人？是日本学专家，还是日本人？而且，说服什么呢：事实的准确度？理论的范围？富于想像力的理解？道德的深度？要回答'上述所有这一切'是很容易的。而要写出一本能作出这样的答复的教科书，就不是这么轻而易举了。"

关于后基础的框架和社会科学

当我开始研究街角社会时，我是想为建立一门关于社会的科学作出贡献——而且至今我仍未放弃这一执著的追求。我自己的框架是以对于客观（即在那里有待观察的东西）与主观（即研究者或其他人如何对观察到的现象加以解释）的基本区别为基础的。我曾设想自己应该集中精力研究客观，努力做到尽可能根据我所观察到的情况以及那些我认为是感觉敏锐、观察准确的观察者所 367
告诉我的情况来作出我的解释。

通过认真思考"后基础的"民族学，我逐渐认识到，客观-主观的差别并不似我曾经认为的那样一清二楚。例如，请考虑一下我对街角帮的社会结构的研究。它主要依据的是直接观察，但是研究者不能观察到所有的情况，而且，即使我们试图这样做，我们最后收集到的也会是一堆各式各样的资料，从中无法得出清晰的模式。我们努力观察那些对于我们的研究目的来说意义重大的行为。因此，对观察行为的选择取决于某种暗含的或明示的理论——这一过程在很大程度上是主观的。不过，这一选择并非随意的。如果我们详细说明我们的理论设想和我们使用的研究方法，别人就可以利用同样的设想和方法来检验我们的结论或对其提出质疑。

遵循着由埃利奥特·D. 查普尔和康拉德·M. 阿伦斯伯格首先提出的理论框架(1940),我集中精力观察并粗略地计量了街角帮成员之间**相互作用**的频率和持续时间,并集中观察了**群体活动变化**的发起情况。(在此之前,社会学家没有使用过这种研究方法,而且时至今日在社会学家和社会人类学家中间用得也不普遍。)

为了确定非正式群体的领导层,我依靠的是对**对偶事件**(两个人之间的相互作用)和**集合事件**(三个以上的人之间的相互作用)进行明确的区分。在观察对偶事件时,我发现并非总能够确定谁的影响较大。而在观察集合事件时,这一模式就变得很清楚了。

在诺顿帮这一个案中,我是通过以下几种类型的观察确定多克是领袖的。在他到达他的街角之前,我会看到人们三三两两地在一起交谈。当多克来到这里以后,这些小群体就会解散,并围绕着他组成一个较大的群体。如果另一个成员在对群体讲话,但后
368 来发现多克没有听他讲,他就会住嘴,然后设法再赢得多克的注意。改变群体活动的建议经常是由多克提出来的,但也不总是如此。如果另一名成员提议的行动得不到多克的支持,随之就不会有任何活动的改变。只有当多克提出或赞成某项建议时,我才会看到群体活动发生变化。对于我在 30 年代后期使用的确定非正式群体结构的观察方法,今天任何希望长时期观察一个非正式群体的研究者均可对其进行检验。

至于这种结构观察的理论意义,我不同意赖利的说法(ROC,第 219 页)——说我关于打保龄球的社会学和关于相互作用模式的变化与精神健康之间的关系的结论“已证明比其他结论更有启

发性，但它们应该被视为一种个别的说法，在时空上均受到支配着其产生的规律的限制”。

这番议论使我回想起40年代初我在芝加哥大学读研究生时曾遇到的有关方法论的争论。在那个时代，在个案研究与统计学之间争论激烈。提倡个案研究的人说它能产生“理解”，而提倡统计学的人则声称统计学才是通向科学的唯一途径。我们这些做学生的很喜欢促使赫伯特·布卢默（个案研究）与塞缪尔·斯托弗（统计学）进行争论；在布卢默和乔治·伦德贝里之间还进行过一场全国性的辩论。这场辩论如此尖锐激烈，以至于最后他们握了握手，以便给人一种错误的印象，好像他们之间并无敌意。

我很喜欢听他们辩论，不过，他们争论问题的方式使我感到不快。从统计学的方面来说，它内含的想法是，我们论述的是社会调查问题，这在当时和现在都是运用定量方法的社会学家的主要工具。我从50年代以来，已在多种研究中使用过调查法，只是在40年代没有使用这种方法；我想使对行为的观察数量化。

与赖利的说法相反，我认为，个案研究可以发现一致性，这些一致性可以在其他个案研究中，从实验中和（或）数量上进一步得到检验。此外，个案研究还可以得出一些见解，导致作者或其他人 369
在理论上取得进展。

O.J.哈维曾和穆扎法尔·谢里夫一起，对男孩子的群体进行过一项实验，以检验他们的社会等级与在体育活动中的表现之间的关系。他的发现和我的发现相类似，虽然难以证实在每一个案或每种情况下都存在这种关系，但它们至少表明，有可能通过实验来对个案研究的成果进行检验。

相互作用模式的明显变化与精神健康之间的关系可以在临床实践中检验，以确定这一框架是否可被用于心理疗法。

人类学家斯卡德·梅基尔(1943)发现，我那篇论“街坊文教馆的社会角色”的文章(怀特 1941)与美洲印第安人和印第安人事务局的官员之间的关系非常相似。他发现，他只需把“街角青年”换成“印第安人”，把“街坊文教馆的工作人员”换成“印第安人事务局的官员”，其他一切就都既符合他的个案，也符合我的个案。在我进行北区研究数年之后，赫伯特·甘斯(1962)发现在相邻的西区，街坊文教馆的工作人员和街角青年之间也有着同样模式的关系。

在理论发展方面，多年来，根据我的北区观察的某些内容，我已建立了自己的概念框架(1991)，而乔治·霍曼斯(1950)则利用我对诺顿帮的分析发展了他自己的框架。

466

结　论

当我开始实行我的《街角社会》计划时，我认为我理所当然地应该以对科学知识作出贡献为目标。今天的许多行为科学家却似乎认为，这个目标是不可能实现的。这时，我就自问，为什么有这么多杰出的学者采取了这样一种失败主义的态度。

我想，这是因为，他们把注意力集中到一些无法得出科学答案的问题上面了。例如，格尔茨和那些他正研究其著作的人类学家关心的是对某个部落或社区的文化的研究。

370 文化有多种定义。按照它最广义的定义，它包括亲属关系和其他组织结构，共同持有的神话、信仰和态度，广泛共有的习俗、仪式和礼仪，共同的相互作用模式和活动，谋生的方式，使用的工具和技术，等等。人类学家认为，这些成分不是任意分布的，并试图从它们的关系中发现某种模式。

要在如此众多的成分之间假设的关系模式中找出逻辑，研究者就必须不仅仅限于单纯的报告和描述。要成功地完成这项任务，就需要想像力和创造性——高度主观的思考过程。最后的出版物对于某些读者来说，也许有说服力，也许没有说服力，但是却找不到一种对它进行科学检验的方法。

这并不是说，社会人类学家对某一文化的解释是无用的。一项卓越的文化研究可以为理解这种文化的成员并与之交流提供有益的指导。这与科学证明不是一回事——但是，如果人们只对经过科学证明的命题作出反应，他们所能采取的行动就寥寥无几了。

如果研究者想要探求可以接受科学验证的一般性结论，我们就必须集中研究文化中的某些可以被直接或间接地观察和测量的成分。我在对街角帮的研究中做的就是这件事。我不敢说自己对科纳维尔的整个文化作出了什么全面的解释。对于妇女的角色、家庭生活和教会的角色，我几乎没有涉及。实际上，我放弃了进行一项全面研究的目标，而全力以赴研究我掌握了大量系统的资料的领域：街角帮及其与非法团伙成员和政治组织的关系。今天研究社区组织的学者可以以我所使用过的方法和得出的结论作为进一步研究的基础，并对其加以完善。

虽然我反对批判认识论的标准，我却承认在殖民地时期之后的时代里，他们通过邀请局外人对我们自己关于某种文化的假想提出质疑并力图了解那种文化的成员的看法，也许为达到 371
一个有益的目的起过一些作用。但是另一位局外人对这一目的并无贡献——此人在多年之后才进入这一文化，让经过挑选的被调查者讲述他们的故事。我们也许承认，任何局外人都无法真正充分地了解某一文化，不过，我们接着还应该问一声，是否任何局内人都能充分了解他或她的文化呢？在强调局内人的知识是一个有利条件的同时，我们不要忘记，局外人也可以做出重要的贡献——正如许多年前阿列克西·德·托克维尔对美国的可作为里程碑的研究一样。

杰米尔和邓金的观点与我的观点形成了最为鲜明的对照。杰米尔（ROC，第233页）称我是一名实证主义者，并说，"批判认识论者坚持认为，真理存在于不断加深的主观的反思和揭示之中；当科学起的作用最小时，它的作用最大。"按照这种观点，我们就得争论究竟我的"真理"是否比你的"真理"更高明。

邓金在他的文章的开头，承认《街角社会》是一部"社会学的经典"，但在他的评论的最后，却提出了这样一个否定的说法（JCE，第131页）："如今20世纪已进入它的最后一个10年，我们可以很合时宜地问，我们是否还需要这种社会科学。我们是否需要由怀特制造出来、由贝伦以她自己的否定方式予以支持的这种社会学的经典？"

批判认识论者提议的可供选择的方法是什么呢？如果像邓金说的那样，被他称作"社会现实主义"的东西现在被看成"只不过是一种叙事的方法，来讲述外部的那个世界的故事"，那么，批评者只能依靠对作者的说服力的判断。于是，科学辩论就变成了文学批评。我们的判断标准就将随着文学评论思潮的变化而改变了。

在谈到行为科学今后的发展时，邓金的见解把我们带进了死胡同。我相信，批判认识论将逐渐被视为一种风靡一时的狂热，而那些受其迷惑的行为科学家将会迷途知返，去寻求科学的知识。

*　　*　　*

我十分感谢达维得·J. 格林伍德、马丁·金·怀特、赫伯特·甘斯和詹妮·弗里对我早些时候的一份草稿提出的有益评论和批评。对于这本书的历史的回顾是根据1993年《社会学论坛》（即将出版）上刊载的“重访街角社会”改写的。 372

参考书目

Adler，P. A.，P. Adler 和 J. M. Johnson 编。1992。Special issue：*Street Corner Society* Revisited（专刊：重访《街角社会》）。载于《当代人种志杂志》21（1）（四月号）（*Journal of Contemporary Ethnography*）。

Chapple，E. D.（与 Conrad M. Arensberg 合作）。1940。*Measuring Human Relations：An Introduction to the Study of the Interaction of Individuals*（《测量人际关系：研究人与人之间相互关系入门》）。（遗传心理学论著，第22期）（Genetic Psychology Monograph）。Provincetown，Mass：The Journal Press。Frost，P. J. 等编。1991。*Reframing Organizational Culture*（《重新构想组织文化》）。Newbury Park，Calif：Sage Publications。

Gans，Herbert 1962（1982）。*The Urban Villagers：Groups and Class in the Life of Italian Americans*（《城市村民：意裔美国人生活中的群体和阶级》）。New York：The Free Press。

Geertz，Clifford。1988。*Works and Lives：The Anthropologist as Author*（《著作和生活：作为作家的人类学家》）。Stanford，Calif：Stanford University Press。

Greenwood，D. J.，W. F. Whyte 和 Ira Harkavy。1993。“Participatory Action

Research as a Process and a Goal"("作为过程和目的的参与行动研究")，载《人际关系》46(2)，(二月号)(*Human Relations*)。

Harkavy，Ira 和 John L. Puckett。1991。"Toward Effective University-Public School Partnerships：An Analysis of a Contemporary Model"(《建立有效的大学-公立学校伙伴关系：对一种当代模式的分析》)。载《师范学院记录》92(4)，(夏季号)(*Teachers College Record*)。

Harvey，O. J. 1953。"An Experimental Approach to the Study of Status Relations in Informal Groups"(《研究非正式群体内地位关系的一种实验方法》)。载《美国社会学评论》18(4)：第 357—367 页(*American Sociological Review*)。

Homans，G. C. 1950。*The Human Group*(《人类群体》)。New York：Harcourt Brace。

Mekeel，S. 1943。"Comparative Notes on the 'Social Role of the Settlement House' as Contrasted with That of the United States Indian Service"(《"街坊文教馆的社会角色"与美国印第安人事务局的社会角色对照比较笔记》)，载《应用人类学》3(1)：第 5—8 页(*Applied Anthropology*)。

470 373 Whyte，W. F. 1941。"The Social Role of the Settlement House"(《街坊文教馆的社会角色》)，载《应用人类学》1(1)。

——。1981。*Street Corner Society* (3d ed.)(《街角社会》，第三版)。Chicago：University of Chicago Press。

——。1984。*Learning from the Field*(《从实地学习》)。Newbury Park，Calif.：Sage Publications。

——。1989。"Advancing Scientific Knowledge through Participatory Action Research"(《通过参与行动研究发展科学知识》)。载《社会学论坛》4(3)：第 367—385 页(*Sociological Forum*)。

——。1991。*Social Theory for Action：How Individuals and Organizations Learn to Change*(《旨在行动的社会理论：个人和组织如何学习变革》)。Newbury Park，Calif.：Sage Publications。

Whyte，W. F. 编。1990。*Participatory Action Research*(《参与行动研究》)。Newbury Park，Calif.：Sage Publications。

Whyte,W. F. , Davydd Greenwood 和 Peter Lazes。1989。"Participatory Action Research:Through Practice to Science in Social Research"(《参与行动研究:从社会研究的实践到科学》)。载《美国行为科学家》,32(5):第367—385页(*American Behavioral Scientist*)。

374

附录二　怀特对一个弱者的影响

威廉·福特·怀特教授的著作和友情在长达40余年的时间里，从“社会学的角度”对我的行为和生涯产生了深刻和持续的影响。

为了最有说服力地说明他对我的生活产生的这种影响，我需要介绍一下自己早年的一些情况，即在比尔首次在他的实地研究笔记中把我描绘成米勒帮（一个街角帮）的头头儿萨姆·佛朗哥以前的情况。

1911年1月11日，我出生于波士顿北区一个拥挤不堪和非常简陋的红砖公寓区，这个公寓区有“小意大利”之称。在我出生以后的20年里，我一直与我那一帮人在街角闲荡，希望找点儿事情做。

回想起来，在我们这个帮里，无论是“希腊人”皮特、博博、断胳膊、约翰尼·布拉、黑迈克、神父米恩、倒霉馅饼、幽灵、基奇·库尼、三指、还是三只眼弗兰基，有谁能想到今天我居然能置身于此地——置身于康奈尔大学一群以他们的同事为荣的知识分子中间呢？这位同事就是全国著名的社会学家、管理学研究的学科带头人和社会学经典著作《街角社会》（我的帮在这个社会中占有一席之地）的作者。

在比尔深入到北区之前，这个区曾被外人视为无人管理的危险的贫民区，似乎随时都可能引发犯罪和疾病。那个时期，我十分清楚这种每况愈下的局面。深夜，当我努力想入睡的时候，这种局面常常搅得我心烦意乱。

为了进一步说明这里的社会风气，我需要提及某些不公正的历史事件。正是这种不公正煽起了偏见的烈火。

一、司法部长帕尔默指挥对被怀疑的移民激进分子的住家进行多次袭击，这些袭击臭名昭著，而且出于政治原因。

二、警察局长大卫·C. 亨尼西在新奥尔良遇害。大批意大利 375
移民被野蛮地拖出街区，投进监狱。大约 5,000 名暴徒袭击了警察局，并无端地私刑处死了 11 名意大利人，而这些暴徒的头子后来却当选为市长。

三、一个装有 230 万加仑糖浆、高 50 英尺的大铁罐爆炸，造成 15 英尺高的潮浪涌向位于北区的商业街。它肆虐街区，使 21 人窒息致死，40 人受伤，30 匹马死亡；一些高层建筑物、6 幢楼房以及一艘海军船只被毁坏。人们立刻迁怒于意大利移民，指责他们是“无政府主义的炸弹”，却无视这样一个事实：用来建造筒形储浆塔的钢板未达到送交“波士顿建筑委员会”备案的计划中规定的厚度。6 年以后，这一点果然在法庭上得到了证实，听证会涉及的单独损害讼案多达 119 件。

四、萨科和万塞蒂被用电椅处死后，他们的遗体被分别置于并排摆放着的两口棺材内，棺材停在北区汉诺威街兰戈恩的殡仪馆里。我母亲握着我的一只手，我也像她那样触摸了萨科和万塞蒂的遗体，并划着十字。我们周围有一大群人，其中大多数人和我的母亲都含着眼泪。

五、按照参议员亨利·卡博特·洛奇的说法，恩赐态度和蔑视态度都与新来的意大利移民有关，他们属于"讲英语的民族永远不会与之同化的种族，他们与美国人民的伟大主体完全格格不入。"

除此之外，北区还有着其自身的某些伤疤，而正是这些伤疤容易使人对它的真实面貌产生误解。在这样的情况下，你可以更清楚地意识到比尔·怀特所面临的挑战。我愿向读者提供一点我个人的认识，这种认识比揭示北区的真实世界更显得重要。

在禁酒和大萧条时期，在我父亲的 5 个兄弟中，有两个——费利斯·奥兰代拉叔叔和约瑟夫·奥兰代拉叔叔——在北区干非法贩酒的营生。费利斯叔叔住在凯撒·安杰洛家对面的街上，当时他开了一家合法的食品杂货店，生意很兴隆。他家的墓地与马萨诸塞
376 州莫尔登的圣十字公墓毗邻，那些相似的价格昂贵的花岗石墓碑都是由同一位雕刻师设计的。

食品杂货商凯撒·安杰洛有5个儿子。其中之一名叫杰里，与我同龄。我们在北区进的是相同的学校，一直到念完米开朗琪罗初级中学。杰里·安杰洛一向待人友善、彬彬有礼，然而却直言不讳，他为人聪明，衣着整洁，令人无可挑剔。他偶尔开着自己的新式赛车从我们的一些狭窄的街道上疾驶而过。如今，杰里是一位有着数百万家财的富商，他拥有大批不动产，在北区的王子街还设有一个办事处。杰里唯一的姐姐斯蒂拉嫁给了奥兰代拉家的人。

据司法部估计，1967 年新英格兰黑手党通过其行动，在一年之内就搞到了 5 亿美元。罗德岛普罗维登斯的雷蒙德·塞尔瓦托·洛雷多·帕特里亚卡被描绘成新英格兰黑手党的头目，而杰那罗（杰里）·安杰洛则硬被说成是波士顿地区犯罪活动的头目和新英格兰黑手党的第二号人物。

北区确实名声不佳。这一点，再加上移民身份或意大利移民子女的身份，使我强烈感到被那些经济和社会地位比较优越的人看不起。当我和我的爱尔兰老师及其他外来者交往时，总会产生一种自卑感，这就不足为怪了。实际上，这就是我在念到中学最高年级时反而辍学的主要原因之一。

在这一点上，我已经揭示了一种不幸和野蛮的局面。然而，正像怀特在《街角社会》中强调指出的，“这样的描绘中有一个错误：其中没有人。”

正是在这种背景下，我于 1939 年首次与比尔·怀特相遇。那时我 20 岁，而比尔则是靠一笔哈佛大学的研究员基金，正在北区从事研究。不久，我开始非正式地与比尔一起工作，并希望这项研究将有助于外界更好地了解使北区运转的究竟是什么？以及北区究竟需要什么？

我从比尔那里学到的，是一整套对街角帮开展系统研究的方 377
法，这一研究是在观察、采访、了解各种社会网络和非正式领导的基础上进行的。我还观察和分析群体作用的变化情况，并通过揭示该群体的集体行动是如何产生的，来识别其非正式的领袖。于是，我生平第一次不再仅仅为了找点儿事情做而在街角闲荡。

是的，比尔·怀特完全、彻底地改变了我的生活。他拓宽了我的思路，使我能够更正确地评价和理解北区、北区的结构和社会模式，使我更好地认识到，尽管北区由于被视为贫民区而形象不佳，但是从社会学的意义上说，它却有着严密的组织。事实上，我认识到北区的坏名声完全应归咎于极少数与暴力和违法活动有牵连的人。

这里有一个很能说明问题的例子。我父亲曾在一家鞋厂工作了大约 15 年，直到大萧条时期这家公司关闭时为止。他从未想过要为我那两个有钱的叔叔工作，或请求他们在经济上接济我们。我父亲的其他各个兄弟姐妹，包括与我们有远亲关系的一些家庭（其中在北区的就不少），也都没有这样做。我母亲甚至不许我们谈论任何非法的事情。

现在我真正想说的是，我的父母——我的家庭——是北区大多数家庭的代表：贫穷、诚实、自豪；除了极少数人参与有组织的犯罪活动外，北区是一个非常太平的地区。在众多充满凝聚力的非正式群体内，家庭纽带结合得很紧密；“吃吧，吃吧，我的孩子！”是我们家庭生活中的礼貌准则，不管人们是属于同一家庭中的成员，是亲戚，同乡，还是联系极少的外来者，都遵守这一准则；无论白天还是夜晚，在北区，我们的人身安全都得到全面的和很大程度的保障，针对家庭和商店的抢劫及破坏活动几乎是不存在的；只有对家庭的忠诚超过了对街角帮的忠诚（而且在第二次世界大战期间，当家庭和国家遭到外部武装势力的威胁时，意裔美国人曾经是在军
378 队中服役的美国最大的一个种族群体）；我们在过于拥挤和不合标准的住宅中也总是“自得其乐”；这类住宅基本上是卫生间建在屋外、不供热水的公寓，既没有澡盆或淋浴设施，也没有冰箱或阳台，只有鼠害猖獗的地下室和危险的屋顶作为游戏的场所。除这些之外，还存在着语言上的障碍，社会上的不公正，以及贫穷。

换句话说，在具有自己的种族文化、种族特色和种族激情的北区，在一个由家庭成员、亲戚和朋友组成的生活网中，我们确实拥有某些对我们来说十分流行的东西。这些特征有助于我们与逆境

抗争。

有一种“常见的、并被一再重复的主题，即力求消除歧视的年轻人，竭力回顾他们的文化传统，以便使自己相信，他们并非一帮无业游民的后代”。所以，你们看，我对北区生活的新看法要比上述主题具有更为深刻、更为本质的意义。请想一想，就是这样一个人所共知的主题，我还是从比尔那里听说的，此前对它居然一无所知。事实上，在比尔与我在街上相识之前，我的词汇中还不曾有过社会学这个字眼儿。

对于我来说，最重要的大概是我认识到：当我们贫穷的移民父母和子女在一次极大的历史性不公正的冲击下被打倒，却又不甘于在重压之下（这种压迫必定会表现在社团和个人政治生活的几乎各个方面）被活活扼杀时，他们其实是完全有足够的勇气和动力去战胜因遭受歧视而造成的痛苦的。

这一想法是在我的研究中自然而然出现的一个副产品。我产生这一想法，倒不是由于受到了比尔的任何进一步的启示。一个直接的结果是，我得以挣脱了束缚我长达 20 余年的自卑感的枷锁。然而，假如我没有为比尔工作并因此不再仅仅为了找点儿事做而在街角闲荡的这段经历，上述结果本来是不会出现的。

在这一点上，作为受比尔影响的一个直接结果，我提出了几个影响我的洞察力和价值观的因素。然后，我还需要解释一下这一认识是如何起作用的。

比尔离开我们不久，我们就卷入第二次世界大战的旋涡中去
了；二战结束了我们的街角帮和街角俱乐部的活动。当时我几乎 379
没有认识到，作为美国海军陆战队和空军的一名军士，以及最后过

平民生活时作为马萨诸塞州伯灵顿公共工程局的负责人，我从比尔那里获得的知识，其作用居然能得到验证。换句话说，我的全部生涯的记录强有力地证明：比尔为我提供了一份“社会学保险契约”，它使我以后的生活有了保障。

除了我的北区经验外，我所进行的试验还依靠在比尔的指导下形成的非正式社交本领，而不是依靠在管理方法和管理体系方面接受的正式教育。不过，在军队服役期间，我曾通过阅读有关管理问题的书籍和去夜校听课而增强了自己的社交本领，从而能把从书本上和课程中受到的正式教育与从比尔那里学到的知识一起置于某种行动框架之中。

尽管比尔从未正式指导我如何进行采访，他却花了很多时间来采访我，与我交谈，而且，我采取了比尔教给我的模式，即在涉及对各种具体事件的看法时，不要局限于一般性的表述。后来，在没有他人帮助的情况下，我使用了比尔的方法以及我自己创造的为数不多的几种新方法。

我在军队服役期间的采访行为是很简单的。例如，为帮助分析某空军基地的士气问题，我经常呆在飞行员和军士们工作和聚会的场所，以便与他们交往和闲聊（闲聊既在基地内，也在基地外进行）。在大本营里，参加到解决士气与福利问题的顾问委员会中去，是我喜爱的一种调查途径。我发现，我能够与这些人打成一片，以便使他们，或帮助他们无拘无束地与我交谈。有时，我也不掩饰自己的个性——尽管这意味着会与他们发生争论。这样做是为了使他们以一定方式表达出他们对自己的各类问题的看法和情感；这样的表达方式能使我很快捕捉到他们的问题。

后来，在平民生活中，我在担任公共工程局负责人时也使用了同样的方法。当人们未经事先约定而走进我的办公室的时候，我喜爱的一些“计划”便出台了。来访者中有下级人员、镇上选举或任命的官员、私房房主、承包商以及诸如此类的人。他们来访的目 380
的是讨论公共工程方面的问题，寻求帮助，或发牢骚。我最成功的访谈很可能是在特意安排的工间喝咖啡时间里进行的，对象通常是某位非正式的领导人及其直接上司；访谈通常是在全体职工大会和镇选民大会期间，以及在晋升、雇用、解雇和确定奖励的过程中进行。

与“行动-研究”有关的是，当我认为参加讨论对采访对象有益时，我会适时地介入，因为这样做有助于促进我们之间相互支持的关系。另外，对于提供情况的采访对象，我从来不付报酬。我想说，在我进行实地调查时，“灵活安排”一语最恰当不过地道出了我通常的采访方式。

在我这个讲话余下的部分里，要谈到纠纷调解人的作用，这是指分析问题原因，提出解决办法，以及（或）采取正确行动的能力。沿着这些思路的另一个要点是：对于我在北区、在部队，以及最后在市政府看到的那些重要事件，我都在现场或事件发生后不久便作了纪实性的描述，它们将被记入一份详尽的手稿（即我的自传）中。这项工作是 1977 年在比尔的帮助下开始的。

1944 年 2 月发生的那次事件，大概最恰当不过地描述了比尔对我的影响有多大。当时，第 22 海军陆战队第 5 两栖部队攻占了埃尼威托克岛，该岛是马绍尔群岛一个严密设防的日本帝国要塞。我们乘坐美国船“米德尔顿”号前往，这是一艘进攻型运输船。3

个月以前，即 1943 年 11 月，正是这艘船参加了袭击塔拉瓦期间的大屠杀。塔拉瓦是一个很小的“V”字形珊瑚岛。在那里，第 2 海军陆战队舰艇分队的 1,000 名官兵和日本帝国军队的 4,000 名官兵战死。而如今轮到我们担任直接的正面进攻了。

在炮击和轰炸埃尼威托克岛期间，最难熬的时刻是当牧师通过船上的有线广播系统让全体海军陆战队官兵跪下祈祷的时候，我从未经受过如此使人极度痛苦的焦虑和担忧。我们照着牧师吩咐的做了。他用一种缓慢的、不祥的声调继续说道，“让我们以上
381 帝，以耶稣基督和圣灵的名义……”这一切就发生在“米德尔顿”号美国船上。仅仅几秒钟之后，我们就收到信号，要我们跨过舷栏，登上指定的登陆艇。

与此同时，炮击和轰炸的节奏加快了。密集的海上和空中掩护汇集成一场由烈焰、钢铁和黑色浓烟组成的风暴，使大气中弥漫着浓烈的火药味和柴油味。在“徐进弹幕射击”中，一艘艘战列舰、巡洋舰、驱逐舰、火箭发射舰，以及许许多多较小的舰艇，再加上海军和海军陆战队的飞机，一齐向珊瑚岛发起了无情的攻击；炮击、轰炸和低空扫射交织在一起。各种噪音和大地震颤的声音响彻云霄，就像持续不断的雷鸣和放大了百万倍的定音鼓声。

我内心的紧张情绪随着军事行动的升级而加剧。一种从内心深处产生的无法控制的绝望感完全控制了我。也正是在这个时候，我的全部世界突然一下子重现在我眼前：罗斯、我的父母和姐妹，还有比尔·怀特。

我把 M－1 式 30 口径半自动步枪挎在肩上，跨过舷栏，松开

绳梯，把它顺着船帮放下去。下面的登陆艇看上去就像是一个漂浮在起伏不定的水面上的软木塞。我在爬下绳梯时，由于情绪过于激动，肌肉绷得紧紧的，以致竟感觉不出我是否抓牢了绳梯的横掌。

我登上突击艇后，发现艇上的人个个看上去面色苍白。在他们卧倒的时候，一个个就像是戴着面具的机器人。艇长开动了发动机，我们随即出发，作为第一梯队发起攻击。我们很快就进入强大而令人生畏的火力中心。由于我们都把脸贴着船底，所以我只得用手摸索着检查我步枪上的保险栓，并确定已经上好了刺刀。当时我心里想，“我再也见不到我所爱的人了，也再不可能读到比尔的书了。”

这本书出版时，我正在赴海外的途中。在我乘船离开美国前与比尔的最后一次接触中，我告诉他，无论我到哪里去，都不能带着书。所以比尔把这本书寄给了住在北区的罗斯。

后来的情况是，又过了好几个月，我才收到《街角社会》。那是 382
在“米德尔顿”号美国船为我做了临终祈祷以后。马绍尔群岛被攻下来了，而我则最后从夏威夷的临时医院被转移到圣迭戈的美国海军医院。这时，罗斯才把这本书寄给我。在附信中，她告诉我她如何仔细地把这本书包好，珍藏在她的嫁妆箱里，一直等到我回来。

比尔从未给我看过这本书的草稿，因此当我阅读它时，令我惊讶的是，来自外界的人居然能真正了解到北区的真实内情。而且，由于我当时无法回到罗斯和我的家人身边，所以，这本书是在我心理上和身体上最需要的时候，把除罗斯和我家人以外的北区的情况带给了仍在圣迭戈的我。

甚至在我住院康复期间，比尔·怀特也曾去过那里。尽管我在这本书中所起的作用很小，但是，以一本已经面世的书的形式产生的反馈作用，从一个新的高度激起了我对社会学的兴趣。例如，当海军陆战队一等兵多姆·祖奇尼作为执行海军陆战队的一项任务，来医院向我们发放应急现金时，尽管他的级别比一名技术军士还低，我却很快注意到他身上非正式的领导的特征。不久，我便发现自己是以海军陆战队警卫小分队的一名志愿者-病人的身份与多姆一起工作了；在这里，我还注意到下士鲍勃·诺福特辛格是另一种类型的非正式领导人。

没用多久，在这所第二次世界大战期间海军最大的医院里，我们实际上是在管理着这支小分队，负责从战区送回来的数百名海军陆战队伤残人员的管理工作。我们的指挥官是弗兰克·墨菲上尉（外号“土豆”）。他经常非正式地让我们帮助解决行政管理和人事方面的问题，而这样做时，则忽略了他的高级军士和下级军官。

第二次世界大战以后，我作为一名军士长，在波士顿海军陆战队后备队的定期培训期间进行过领导地位与群体过程的现场试验。在试验时，我请海军陆战队的一名军官挑选 4 个人去完成一项任务，同时我在心里则记住我本人关于谁与谁发生联系以及群体如何有效地完成任务的观察和预言。

383 在这些试验中，我有时观察被确认为非正式领导人的个人，有时观察被确认为随从者的个人。后来在观察这一过程时，我发现在操作方面存在着很大差别。由随从者组成的群体在完成被分派的任务时，与该群体在有非正式领导人领导时的情况相比，需要的时间更长，并表现出更多的混乱或冲突。我从多次试验中得出了关于各类人员组成的网状系统或人际关系和非正式领导的一系列结论。

在朝鲜战争刚开始时，我的心情十分沉重，因为我不得不再次离开罗斯，而且此时我们已经有了两个年幼的儿子。我记得曾对比尔说，一个海军陆战队的士兵无权期望能在一场战争后幸存下来，接着再去打完第二场战争并安然无恙。那时我是海军陆战队正规部队第 6 队第 2 分队勒琼营的军士长。

我永远不会忘记那个不寻常的早晨。当时，我的士兵们正往卡车上装我们的水手袋，准备出航。忽然，一辆吉普车驶到我站立的地方一下子停住了。开车的是名军士，他对我说，营部指挥官要我尽快去一趟，并要我带上衣服和装备同他一起回营部。此外，他什么别的情况也没有提供，我能听明白的只是：某位军士长在朝鲜阵亡，我必须急速赶赴战区去接替他。我拿起水手袋，跳进吉普车，并向我的士兵们挥手告别，而以后就再也没有见到过他们了。

我与比尔通了长途电话，他记得我打电话时的声音很激动。我说，“比尔，这简直就像演电影一样！昨天我刚接到乘船去朝鲜的命令，今天就接到来自上级司令部要我改变路线的电文，派我去马克斯韦尔空军基地航空大学报到。”

这一没有先例的“借”一名海军陆战队员直接去为空军工作的做法，是由比尔提议并紧催着办的，而海军陆战队和空军的指挥官将军们则不得不批准了这一做法。

在航空大学，我是第一名，也是唯一一名被指派为人类资源研 384

究所政府资助项目的主要研究人员的士兵。我曾从一部长达200页、名为《美国空军的纪律》的手稿中摘编了一系列选段，这是我为空军宪兵司令即空军监察长准备的材料，是作为培训手册提交的，并由“大陆空军司令部”以同名出版(《一般培训指南》，第二卷，1956)。序言中指出，“作者是一个务实和颇有洞察力的人，亦熟知科学家在解决人的问题时所采用的许多方法。……这项重要研究定将证明其对空军全体人员的激励作用。”

当出现一些与实地研究有关的问题时，我和我的两三位同事就被派往不同的空军基地——据报那里士气问题严重，因而需要我们帮助查明情况。在这种时候，我就能深入进去，不出几天，即可对问题的性质作出可靠的判断，并提出一系列解决问题的措施。

这种努力有助于为我树立起一个解决难题专家的形象。人类资源研究所心理战理事会的执行官员是这样说的：“在研究法国和摩洛哥的空军基地社团关系的时候，实地调研小组有必要采访法国三个基地和非洲一个基地的飞行员。军士奥兰代拉与众不同的访谈技巧将是实地调研小组的一笔至关重要的财富。”

位于查佩尔希尔的北卡罗来纳大学办了一份《通信周刊》，上面有这样一段话：“最近一周来，拉尔夫一直很忙。他正在查阅有关空军一个维修中队里发生的严重事件的大量材料，而在平民研究者中，几乎没有什么人会注意到这些事件，或者能实际上真正捕捉到这些事件。他受惠于康奈尔大学的比尔·怀特的帮助，因而在从军事角度进行观察研究方面具有丰富的经验，并受过一些很好的训练。”这与我闲荡于街角真有着天壤之别！谁又能对社会学保险契约的高额红利提出非议呢？

在战略空军司令部范登堡基地，我“由于开办阿特拉斯导弹-洲际弹道导弹人员培训班”和“为导弹专业人员制订在职职业培训 385
大纲(这样的大纲以前从不曾有过，但迫切需要)”，而获得了信任，而且我的这些努力“在帮助第 576 部队成为战略空军司令部和美国空军的第一个可以作战的洲际弹道导弹-阿特拉斯导弹部队方面发挥了积极作用”。

在战略空军司令部的奖状中没有提及的是与此有关的一些社会学方面的问题，例如，我们如何确定问题，如何采访、选择，以及如何激发包括非正式领导人在内的一群军人和平民对于制订培训大纲的积极性。这个群体中有来自以下各部门的技术方面的代表：康维尔宇宙航行部门、火箭推进装置部门、通用电气公司和巴洛兹计算机公司。

现在我想问：在这个领域里，一个曾在街头闲荡的街角帮的头头儿，如何才能有效地组织和管理这样一个群体，使之根据一种独特的和非常专门的需要来进行工作——或者，在这方面发觉自己确确实实是在参与呢？答案不能不是：靠比尔·怀特！

在此后的 7 年中，我在战略空军司令部第 8 航空队的几个军士领导学校(全体学员住校)里任负责人，同时还任第 8 航空队司令官的军士咨询委员会的主席或协调人。这两个角色为我提供了最广泛的机会，使我能在韦斯托弗空军基地把怀特的某些思想和我解决棘手问题的本领应用于领导与管理领域。我在韦斯托弗的第 8 年即在那里的最后一年，我被再次指派担任另一项全面负责的工作，即担任考察第 8 航空队士兵职业动机的军士。

我学到的社交本领在日本也得到了应用。空军联队(即第67战术侦察联队)培训官在文件中是这样记载这件事的:“不管奥兰代拉事先是否向中队的指挥官、监督官员和受训者简要地作过介绍,他使用的这些方法和技巧都是有启迪作用的和极为成功的,它们是对日常在起作用的、巧妙的人际关系的一种显示。”

386 越战期间,我担任泰国王室空军基地第56战地支援队的人事军士长和基地军士长,我解决困难问题的技巧和社交本领对我担任的这两个角色极为宝贵。那个空军基地位于那空拍侬,是泰国北部的一个秘密设施。

我刚刚完成在泰国的海外任务就立即又被派往斯科特空军基地空军通信部门工作。1970年7月我退役时的军衔是一级军士长,身份是人事主任参谋。

大约两个月以后,即1970年10月,我在马萨诸塞州的伯灵顿城开始了我的第二项事业。在那里,社会学各种应用技术在又一个7年内的轨迹记录证实,只要使用得当,它们对于解决各种管理和组织方面的问题是很有价值的。

伯灵顿市镇管理委员会雇用我作为解决难题的专家,协助公共工程负责人工作并重新组建和加强公共工程局。受这个局管辖的服务性机构包括自来水供给系统和污水卫生处理系统、工程部门、公路部门、公墓管理部门、规划委员会以及行政管理部门。这是一项耗资数百万美元的计划。

下面是某些极为重要的因素,它们反映出这里高度混乱的状况以及立即采取整治措施的必要，如：行政管理朝令夕改，混乱不堪；士气消沉；人浮于事和用人不当；预算制定和成本会计管理均不令人满意；大量优先资助的建设项目迟迟不能竣工；急需扩建供水和污水排放系统以适应城市的发展；水源被盐污染；落后的供水和排水手工记账系统；一箱箱杂乱无章和未答复的函件及工程文件在公共工程局负责人办公室所在的那层楼上随处可见；没有集中管理的文件归档制度或统一的在职人员名单；与城镇其他服务性机构的通讯联系处于完全瘫痪的状态。

作为一个解决难题专家，看来这是个好机会，几乎可以无限地施展我的才能。借助怀特的社会学保险契约的暗中帮忙，我在三个月之内，从公共工程局的行政助理被提升为公路管理部门负责人，并在这里同样获得了实地调查的经验。 387

三个月之后，我被再次提升，担任公共工程的负责人。在这个最高职位上，我的三位前任在位的时间均未超过一年，而我却在这个职位上干了将近 7 年，直到我于 1977 年 5 月 31 日自愿退休时为止。

在此期间，我采取的"研究行动"之一是观察下属在工作中和工作之余非正式的相互作用。在这些相互作用中，一些非正式的领导人开始显露出来，然后我让他们担任正式的监督职务。尽管存在着令人难以想像的行政部门的拖拉作风、繁琐手续，以及各种压力，这些行动最终还是完成了。

大概最重要的是必须认识像下面这样一些正式团体的结构，如：市镇管理委员会（由我的 5 位上司组成）、筹款委员会、镇选民大会成员、学校高级职员，以及像"本镇人"和富有的本地承包商那样的特殊利益集团。这包括加入像当地的扶轮国际俱乐部①和新英格兰供水系统协会这样一些团体，在这些团体中，可以对本城某些最优秀的专业人员进行观察，并与他们发生相互作用。一旦看清了这些团体的结构，我便努力取得已出现的领导人的信任与支持，同时我心里也十分明白，仅仅根据他们个人的正式职位来与他们打交道是不够的。这样，我就能使自己保持清醒，并更有成效地推动公共工程局计划的实施。

我必须得到某种支持，单枪匹马是干不成什么事的——如果你们考虑到在我的管理下，在一个高度政治化的城镇里出现的一些行动和变化，则尤其如此。

当我受到行政部门拖拉作风和繁琐手续的种种压力时，我就会"捣乱"，态度粗暴，拒不合作；对不称职的平庸之辈，我采取解雇或强迫退休的办法；当承包商、企业或公用事业公司应对不合标准的建筑物负责，或给城镇财产造成损失时，我就提出严厉批评——凡发生这类情况，我们的城镇都获得了全部赔偿。

388 我采用和发展了在职培训标准、附加职责和交叉培训方法，以提高效率和提供向上流动的机会；建立了奖励制度和文件集中归档制度；健全了在职人员名单和一个顾客服务部门，这个部门内有一台收发两用的无线电通讯设备，可与公共工程局的所有机构和在现场作业的所有车辆取得联系，我的办公室也包括在内；把供水和排水的手工记账系统承包给服务部门，采用计算机管理；拯救城

① 扶轮国际是一种由从事工商业和自由职业的人员组成的群众性服务社团；其各次会议轮流在各成员的事务机构举行，在许多地区设有分社。1905 年创建于美国芝加哥。——译者

市水源免遭进一步污染，方法是：在一种独特的六地区互相监督的思想指导下，利用一些非正式领导人，连续三个冬季实行冰雪管理，做到既不使用氯化物（即道路融雪用的盐），又避免冰雪天的死亡事故（这件事在一份全国性杂志上被突出介绍）；建造了一座耗资450万美元的水处理工厂和蓄水池；在物价急剧上升之前，完成了一项耗资1,700万美元的污水卫生处理计划和城市暴雨积水处理计划；我还改善了城市供水系统，从而使市内所有家庭和工商企业的火险投保率下降。

所有这一切，我都完成了，而且实际完成的比这还要多得多，而职工总数却并未增加，同时，人均预算和成本还低于伯灵顿附近的其他任何可比城镇。对，我们在办这些事的时候，用不着离开我的办公桌去处理某个工会或市镇雇员联合会的申诉。大多数问题在我的办公室举行的每周一次的工作班子成员会议上就解决了，参加会的有主要监督管理人员，在很多情况下还包括非正式领导人。

还是在这一时期（1976年），在东部社会学学会和美国社会学协会的几次会议上，威廉·福特·怀特教授和我联合主办了关于实地研究方法的教学研讨会。

由此可见，社会学的检测标准揭示了比尔对一个弱者产生深刻影响的实情。他发现我在街角闲荡只是为了找点儿事情做，于是把我毫无意义的生活变成了很有意义的职业生涯——两项事业。

这一切的关键全在于培训和获得的"反馈"——它们全靠友谊 389
支撑。参与这一长期合作的还有凯瑟琳·金·怀特，她也曾给我鼓励和指导。是的，我认识比尔和凯瑟琳的时候只有 20 岁。再过几个月我就 62 岁了，这说明我们的友谊已经持续了多长时间！

谢谢你们，比尔和凯瑟琳。能够认识你们二位，以及今天能有机会令人羡慕地来到这里，在康奈尔大学，在你们的杰出的同事和朋友中间，这对于我来说是一种荣幸。我相信我的全家和我的父母正在某个地方自豪地注视着我们，让我代表他们对你们说一声：多谢了，朋友们！非常感谢你们！

安杰洛·拉尔夫·奥兰代拉

附录三　参考文献举要 390

为方便那些有兴趣把《街角社会》一书与我的其他著作联系起来考虑的读者，我特将我写的书和挑选出来的其他有关文献开列如下。

书

Industry and Society (editor)(《工业与社会》)(编辑), New York: McGraw-Hill, 1946。

Human Relations in the Restaurant Industry(《饮食业中的人际关系》), New York: McGraw-Hill, 1948。

Pattern for Industrial Peace(《劳资和睦的典范》), New York: Harper and Row, 1951。

Money and Motivation(《金钱与动力》), New York: Harper and Row, 1955。

Men at Work(《工作中的人们》), Homewood, Ill.: Richard D. Irwin, Dorsey Press, 1961。

Action Research for Management (coauthor)(《管理行为研究》)(合著), Homewood, Ill.: Richard D. Irwin, Dorsey Press, 1965。

Toward an Integrated Theory of Development: Economic and Non-Economic Variables in Rural Development (coauthor)(《关于发展的:综合理论:农村发展中的经济与非经济变量》)(合著), Ithaca, N. Y. New York State School of Industrial and Labor Relations, 1968。

Organizational Behavior: Theory and Application (《组织行为:理论与应用》), Homewood, Ill.: Richard D. Irwin, Dorsey Press, 1969。

Dominación y Cambios en el Perú Rural(coauthor)(《秘鲁农村的优势及变化情况》)(合著),Lima Peru:Instituto de Estudios Peruanos,1969。

Organizing for Agricultural Development(《农业发展的组织工作》),New Brunswick,N. J. :Transaction Books,1975。

Power,Politics and Progress:Social Change in Rural Peru(coauthor)(《权力、政治与进步:秘鲁农村的社会变化》)(合著),New York:Elsevier,1976。

Worker Participation and Ownership:Cooperative Strategies for Strengthening Local Economies(《工人参与与所有制:加强地方经济的合作战略》)(合著),Ithaca,N. Y. :ILR Press,1983。

Higher Yielding Human Systems for Agriculture(《更高产的农业人力系统》)(合著),Ithaca,N. Y. :Cornell University Press,1983。

Learning from the Field:A Guide from Experience(《从实地学习:来自经验
391 的指南》)(这本书汇集了我所学到的有关实地研究的方法),Newbury Park,Calif. :Sage Publications,1984。

Making Mondragon:The Growth and Dynamics of the Worker Cooperative Complex (《创建蒙德拉根:工人合作综合企业的成长与动态》)(与凯瑟琳·金·怀特合著),Ithaca,N. Y. :1988 和 1991。

Participatory Action Research (《参与行动研究》)(主编,合著),Newbury Park,Calif. :Sage Publications,1990。

Social Theory for Action:How Individuals and Organizations,Learn to Change(《旨在行动的社会理论:个人和组织如何学习变革》),Newbury Park,Calif. :Sage Publications,1991。

与《街角社会》有关的文章

"Race Conflicts in the North End of Boston"(《波士顿北区的种族冲突》),载于 1939 年 12 月号 *New England Quarterly*(《新英格兰季刊》)。这是从历史的角度研究意大利移民"侵犯"一个以前的爱尔兰裔美国人居住区问题的一篇文章。当然,使用"种族"这个词是不恰当的,不过北区的人就是这样看待这个问题的。

"Corner Boys:A Study of Clique Behavior"(《街角青年:集团行为研究》)载于1941年3月号*American Journal of Sociology*(《美国社会学杂志》)。本文分析了非正式群体结构,其内容后收入《街角社会》。

"The Social Role of the Settlement House"(《街坊文教馆的社会角色》),载于1941年10—12月号*Applied Anthropology*(《应用人类学》)。其内容也收入《街角社会》。

"A Slum Sex Code"(《贫民区性道德标准》),载于1943年7月号*American Journal of Sociology*(《美国社会学杂志》)。本文虽未收入《街角社会》,但却成了我的最受欢迎的重印本。

"Social Organization in the Slums"(《贫民区的社会组织》),载于1943年7月号*American Journal of Sociology*(《美国社会学杂志》)。本文是应芝加哥大学对博士论文的要求而对有关学术文献进行回顾的一部分。

"A Challenge to Political Scientists"(《向政治学家的挑战》),载于1943年8月号*American Political Science Review*(《美国政治学评论》,鲍勃斯-梅里尔重印本丛书第117期)。本文是文献回顾的一部分。在回顾中我提出,政治学家应停止坐而论道,而去研究政治行为。

"Sicilian Peasant Society"(《西西里农民社会》),载于1944年1—3月号 392
American Anthropologist(《美国人类学家》)。大约在20世纪初,物理学家和人类学爱好者吉尤塞普·皮特雷出版了20部以上论述西西里岛习惯和民俗问题的书。我研究了其中未用方言印刷的部分并把描述农民生活的部分汇编成本文。

"Politics and Ethics:A Reply to John H. Hallowell"(《政治学与伦理学:对约翰·H.哈洛韦尔的答复》),载于1946年4月号*American Political Science Review*(《美国政治学评论》,鲍勃斯-梅里尔重印本丛书第295期)。为了对我的《向政治学家的挑战》一文作出反应,哈洛韦尔指责我是个实证主义者。我在本文中继续论证研究政治行为是件值得赞许的事情。

"On *Street Corner Society*"(《论〈街角社会〉》),见E. W. Burgess和D. Bogue编:*Contributions to Urban Sociology*(《都市社会学论稿》),Chicago:University of Chicago Press,1964。在本文中我试图评价《街角社会》一书对行为

科学的贡献。

“Whyte on Washington's Review of *Street Corner Society*”(《怀特论华盛顿对〈街角社会〉的评论》),载于1978年春季号 *Reviews in Anthropology*(《人类学评论》)。本文是对罗伯特·E. 华盛顿《重访都市贫民区》一文的评论。

索　　引

（按汉语拼音顺序重新排列；页码为
英文原书页码，即本书边码）

A

B

C

D

E

F

G

H

J

K

L

M

N

P

Q

S

T

W

X

Y

Z

图书在版编目(CIP)数据

街角社会:一个意大利人贫民区的社会结构/(美)威廉·富特·怀特著;黄育馥译.—北京:商务印书馆,2017
(汉译世界学术名著丛书:120年纪念版:珍藏本)
ISBN 978-7-100-14486-5

Ⅰ.①街… Ⅱ.①威… ②黄… Ⅲ.①意大利人—贫民窟—社会结构—研究—波士顿—1936-1940 Ⅳ.①D771.26

中国版本图书馆CIP数据核字(2017)第154123号

汉译世界学术名著丛书
(120年纪念版·珍藏本)
街角社会
一个意大利人贫民区的社会结构
〔美〕威廉·富特·怀特 著
黄育馥 译

商 务 印 书 馆 出 版
(北京王府井大街36号 邮政编码100710)
商 务 印 书 馆 发 行
北京新华印刷有限公司印刷
ISBN 978-7-100-14486-5

2017年12月第1版　　开本710×1000 1/16
2017年12月北京第1次印刷　　印张32¼
定价:160.00元